米林年鉴

སྨན་གླིང་ལོ་རིམ་མེ་ལོང་།

2020（总第4卷）

中共米林县委办公室　编

图书在版编目（CIP）数据

米林年鉴. 2020 / 中共米林县委办公室编. -- 北京 : 方志出版社，2021.9

ISBN 978-7-5144-4850-4

Ⅰ. ①米… Ⅱ. ①中… Ⅲ. ①米林县－2020－年鉴 Ⅳ. ①Z527.54

中国版本图书馆CIP数据核字（2021）第264802号

米林年鉴（2020）

编　　者：中共米林县委办公室
责任编辑：王　娜

出 版 者：方志出版社
地址　北京市朝阳区潘家园东里9号（国家方志馆4层）
邮编　100021
网址　http://www.zgfzcb.cn
发　　行：方志出版社图书经销中心
电话（010）67110500
经　　销：各地新华书店
印　　刷：河南金宝丽印刷科技有限公司

开　　本：889×1194　　1/16
印　　张：20.5
字　　数：542千字
版　　次：2021年9月第1版　　2021年9月第1次印刷
印　　数：001～500册

ISBN 978-7-5144-4850-4　　定价：350.00元

数字米林 2019

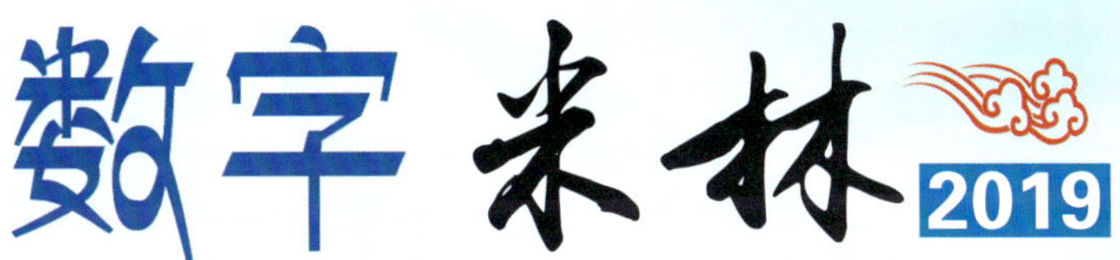

区域总面积：9494.5698平方千米

户籍人口：23433人

地区生产总值：18.14亿元

第一产业增加值：1.71亿元

第二产业增加值：8.08亿元

第三产业增加值：8.35亿元

社会消费品零售总额：2.97亿元

全县一般公共预算收入：1.2亿元

工业增加值：0.26亿元

农牧民人均可支配收入：19710元

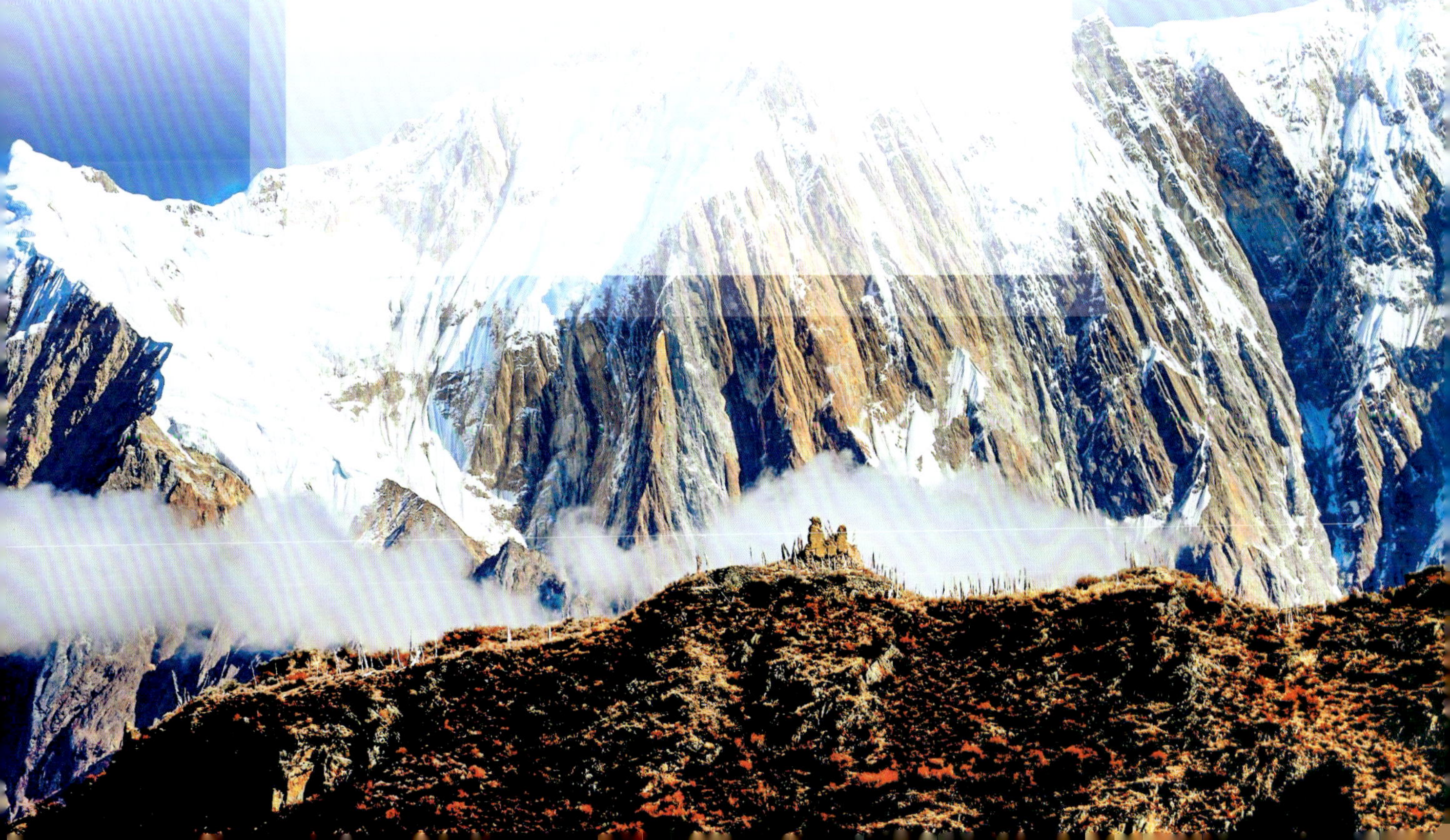

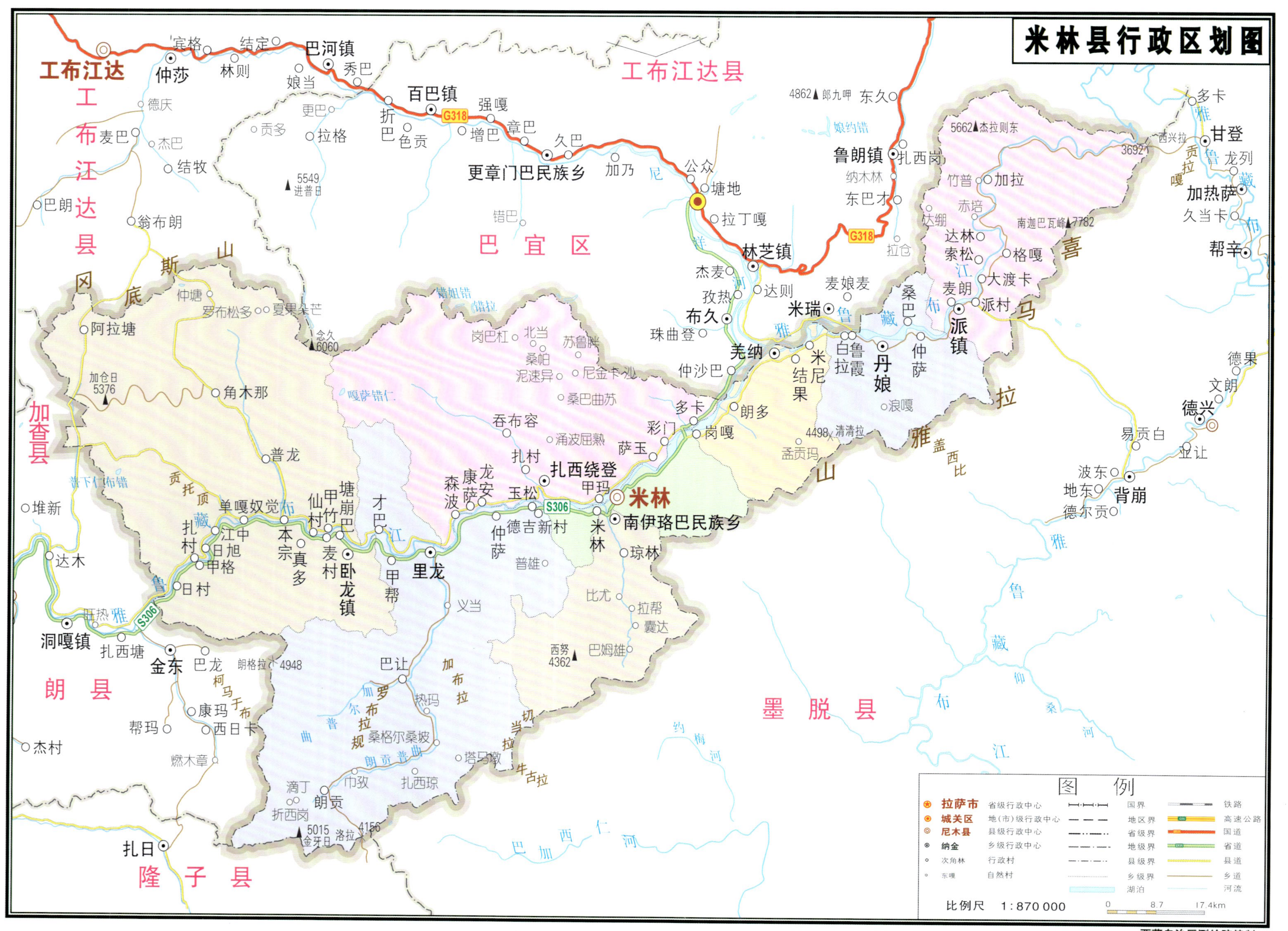
米林县行政区划图
工布江达县
巴宜区
墨脱县
隆子县
朗县
加查县
工布江达
工布江达县
仲莎
林则
结定
巴河镇
秀巴
娘当
百巴镇
强嘎
增巴
章巴
久巴
更章门巴民族乡
加乃
公众
塘地
拉丁嘎
林芝镇
鲁朗镇
扎西岗
纳木林
东巴才
东久
4862▲郎九呷
娘约错
拉仓
G318
德庆
麦巴
杰巴
结牧
巴朗
翁布朗
更巴
贡多
拉格
折巴
色贡
5549进普日
错巴
冈底斯山
仲塘
罗布松多
夏果朵芒
阿拉塘
念久6060
加仓日5376
角木那
普龙
贡托顶
单嘎奴觉
扎村
江中
日旭
甲格
日村
本宗
真多
仙甲塘
村竹崩
巴
麦村
卧龙镇
才巴
甲帮
里龙
义当
堆新
达木
洞嘎镇
扎西塘
金东
巴龙
朗格拉4948
柯马子布
康玛
西日卡
帮玛
杰村
燃木章
扎日
巴让
加布拉
热玛
加罗布拉
尔规
桑格尔桑坡
朗贡普曲
塔马敦
巴加西仁河
巾孜
扎西琼
滴丁
朗贡
折西岗
5015金牙日
洛拉4156
当切拉
牛古拉
嘎萨错仁
错姐错
错拉
岗巴杠
北当
桑帕
泥速异
尼金卡沁
苏鲁姆
桑巴曲苏
吞布容
涌波屈熟
扎村
扎西绕登
森波
康萨
龙安
玉松
S306
德吉新村
仲萨
普雄
米林
南伊珞巴民族乡
米林
甲玛
琼林
比尤
拉帮
囊达
巴姆雄
西努4362
萨玉
彩门
多卡
岗嘎
朗多
仲沙巴
羌纳
珠曲登
布久
玫热
杰麦
达则
米瑞
麦娘麦
米结尼果
白拉鲁霞
丹娘
浪嘎
4498清清拉
孟贡玛
仲萨
桑巴
麦朗
派村
派镇
大渡卡
格嘎
索松
达林
太绷
赤培
竹普
加拉
5662▲杰拉则东
南迦巴瓦峰▲7782
喜马拉雅山
3692
西兴拉
多卡
甘登
龙列
加热萨
久当卡
帮辛
德果
文朗
德兴
易贡白
让
波东
地东
背崩
德尔贡
盖西比
雅鲁藏布江
约梅河
仰桑河
尼洋河
图例
拉萨市 省级行政中心
城关区 地(市)级行政中心
尼木县 县级行政中心
纳金 乡级行政中心
次角林 行政村
东嘎 自然村
国界
地区界
省级界
地级界
县级界
乡级界
湖泊
铁路
高速公路
国道
省道
县道
乡道
河流
比例尺 1:870 000
0 8.7 17.4km

2019年6月3日，广东省委书记李希（前排左一），省委副书记、省长马兴瑞（后排左一）一行到米林县邦仲村实地调研边境小康村建设工作。西藏自治区党委书记吴英杰（后排左二）陪同

2019年7月11日，西藏自治区党委书记吴英杰（右三）一行到米林县南伊珞巴民族乡琼林村调研抵边搬迁工作。自治区人大常委会副主任、林芝市委书记马升昌（右一），米林县委书记李牧之（左三）陪同

2019年6月18日，国家林业和草原局副局长李树铭（左四）一行到米林县里龙乡调研防沙治沙建设工作

2019年10月7日，国家体育总局副局长李建明（右六）一行到米林县检查指导全民健身工作，图为检查期间在南伊珞巴族民族乡才召村观看民族传统体育项目——抱石头

2019年8月19日，西藏自治区党委常委、纪委书记王卫东（前排左三），林芝市委常委、纪委书记喻昌（前排左四）一行到米林县纪委调研纪检监察工作，图为调研期间与米林县委书记李牧之（前排左二）及县纪委监委工作人员合影

2019年6月5日，西藏自治区党委常委、西藏军区司令员许勇（左一）一行到米林县里龙乡仲萨村调研西藏军区精准扶贫示范园建设情况，林芝市委副书记谢英（左二）陪同

2019年7月14日，西藏自治区人大常委会副主任、林芝市委书记马升昌（前排右一）一行到米林县中学检查教研工作

2019年5月28日，西藏自治区政协副主席、区工商联主席、总商会会长阿沛·晋源（右二）一行到米林县润鑫建材有限公司考察指导工作

2019年3月12日，西藏自治区驻林芝市维稳督导组副组长、自治区公安厅党委副书记、巡视员晶明（右二）一行在米林县卧龙镇派出所督导检查维稳工作

2019年9月28日，西藏自治区教工委副书记、自治区教育厅党组成员、巡视员范春文（右四）一行到米林县中学督导检查扫黑除恶专项工作，林芝市委常委、宣传部部长张海波（右二），米林县委书记李牧之（左三）陪同

2019年2月25日，中国共产党米林县第九届委员会第四次全体（扩大）会议召开，县委书记李牧之主持会议。县委委员、候补委员、纪委委员出席会议

2019年2月27日，中国共产党第九届米林县纪律检查委员会第四次全体会议召开，县委书记李牧之出席会议，县委常务副书记荆洪文主持会议

2019年2月25日，米林县委2019年经济工作会议召开，主要任务是以习近平新时代中国特色社会主义思想为指导，深入贯彻落实中央以及区党委、市委经济工作会议精神，总结2018年经济工作，部署2019年经济工作

2019年4月4日，米林县召开2019组织宣传统战政法工作会议

2019年2月26日，米林县第十二届人民代表大会第六次会议召开第二次全体代表会议

2019年2月25日，政协第九届米林县委员会第四次会议召开

2019年5月22日，米林县召开全面建成小康社会与守边固边治边稳藏座谈会

2019年12月26日，米林县召开雅鲁藏布大峡谷创建国家AAAAA级旅游景区推进会

2019年1月8—12日，由中国旅游景区协会主办的“中国旅游景区协会二届四次理事会暨第三届中国景区创新发展论坛”在广东省韶关市举办，米林县雅鲁藏布大峡谷景区在此次论坛上荣获“山岳类”中国优秀旅游景区

2019年3月28日，米林县举行纪念西藏民主改革60周年“升国旗·唱国歌”活动

2019年4月1日，以“游雅鲁藏布大峡谷·赏百里桃花仙境”为主题的大峡谷分会场——桃花音乐盛典在雅鲁藏布大峡谷景区索松村开幕，图为文艺演出活动现场

2019年4月28日，米林县举办“青春心向党，建功新时代”五四运动100周年文艺会演。县委常委、县人大常委会主任陈绪全（二排左九），县委常委、县政协主席刘安奇（二排右八），县委常委、组织部部长许登顺（二排右七）出席活动

2019年5月8日，以“消费援藏 产业援藏 粤林携手奔小康”为主题的“广东——西藏（林芝）‘消费援藏’暨招商推介交流会”在广州市举行，其中米林县签约项目7个，协议资金达16.8亿元

2019年5月26—28日，为提升国家（广东）突发急性传染病防控卫生应急队在卫生应急处置过程中的联合作战能力，国家（广东）突发急性传染病防控卫生应急队到米林县米林镇雪卡村组织开展国家卫生应急队泥石流灾害模拟场景联合演练

2019年5月28日，西藏米林第十三届黄牡丹藏医药文化旅游节暨“大花黄牡丹研究与保护行动”举行开幕启动仪式

2019年8月2日，米林县召开2019年上半年“遵行四条标准、争做先进僧尼”教育实践活动先进集体和先进个人表彰大会

2019年9月10日，米林县举办第35个教师节表彰大会暨文艺会演

2019年10月26日，由四川省农业科学院和西藏农牧科学院联合举办的“西藏苹果标准化种植示范现场会暨技术培训会”在米林县羌纳乡林巴村苹果标准化种植科技示范基地举行，图为米林县委副书记、县长才旺尼玛（前）在现场会上致辞

2019年11月17日，林芝市2019年“深化改革 聚焦课堂 提升质量”初中主题教研活动暨校长论坛在米林县中学举行

2019年12月12日，米林县公安局交通管理大队组织开展“12·12”交通宣传日活动

2019年，卧龙镇卫生院改扩建项目建成完工并投入使用，总面积778.93平方米，总投资266.47万元

2018年6月15日，本宗至普龙农村公路开工建设，位于米林县卧龙镇境内，线路起点位于本宗村，终点位于普龙村，线路总长12.941公里，项目总投资3410.1065万元，于2019年完工，项目的建成解决了普龙村36户135人通畅问题

雅鲁藏布大峡谷位于喜马拉雅山脉、横断山脉和念青唐古拉山脉汇集之处，拥有全国山地生态系统最完整的垂直植被组合，系森林覆盖率最高的峡谷，为西藏自治区生物资源最为丰富的地方

雅鲁藏布江由西向东贯穿米林县，境内干流全长250千米，占雅鲁藏布江河长的12.2%，流域面积170862平方千米。图为雅鲁藏布江扎西绕登乡萨玉村河段

南迦巴瓦峰坐落在米林县城以东103千米处，为喜马拉雅山脉东段主峰，山系覆盖巴宜区和米林县、墨脱县。2005年被《中国国家地理》杂志评为中国最美山峰

扎贡沟原始森林位于米林县南部的南伊珞巴民族乡扎贡沟内，距县城20千米，森林总面积达820公顷，纵深40多千米

南伊沟景区位于南伊珞巴民族乡辖区内，拥有原始森林、千年云杉王、董龙吊桥、峡谷小拐弯、沙棘岛、天边牧场等特色景点

南伊沟天边牧场

《米林年鉴》编纂委员会

《米林年鉴》编辑部

编辑说明

一、《米林年鉴（2020）》以马克思列宁主义、毛泽东思想、邓小平理论、“三个代表”重要思想、科学发展观、习近平新时代中国特色社会主义思想为指导，坚持辩证唯物主义和历史唯物主义的立场、观点和方法，旨在全面、系统、翔实地记载米林县年度经济、社会发展情况，为社会各界人士了解和研究米林县提供基本的地情资料。

二、《米林年鉴（2020）》采用分类编辑法，主体内容设类目、分目、子分目、条目等结构层次。条目为记述内容的主要形式，一事一条目，个别条目内容较多则采用分段记述。

三、《米林年鉴（2020）》设特载、大事记、概况、中共米林县委员会、米林县人民代表大会、米林县人民政府、中国人民政治协商会议米林县委员会、纪检·监察、军事、法治、人民团体、经济综合管理、社会事业、农业农村·林业·水利、交通·邮政·通信、城建·环保、金融、公共服务、乡镇·街道、荣誉、统计公报、附录等篇目。

四、《米林年鉴（2020）》载录的内容资料由各乡镇、各单位等承编部门供稿，稿件经供稿单位审核签批后送《米林年鉴》编辑部初编、统编，再返回供稿单位核对、反复修改确认定稿。

五、经济社会统计资料主要由县统计局提供，如供稿单位数据与县统计局数据有出入，编辑部采用县统计局数据。

目 录

特 载

大事记

概 况

中共米林县委员会

综述

县委办公室

组织工作

宣传工作

统战工作

米林县人民代表大会

综述

人大常委会办公室

米林县人民政府

综述

政府办公室

中国人民政治协商会议米林县委员会

综述

政协办公室

纪检·监察

综述

巡察

军　事

人民武装

武警米林中队

法 治

政法及综治

公安

检察

法院

司法行政

人民团体

工会

共青团

妇联

工商联

经济综合管理

发展和改革

财政

统计

自然资源管理

税务

市场监督管理

商务

文化和旅游

外事办工作

应急管理

消防

森林消防

边境管理

社会事业

民政

人力资源和社会保障

行政审批和便民服务

退役军人事务

教育　体育

中学

小学

幼儿园

卫生健康

医疗保障

脱贫攻坚

扶贫开发

“三岩”易地扶贫搬迁

中波台

农业农村·林业·水利

农业农村

林业和草原

水利

交通·邮政·通信

交通运输

公路养护管理

邮政

公共服务

气象

供电

自来水厂

乡镇·街道

米林镇

卧龙镇

派镇

里龙乡

羌纳乡

丹娘乡

扎西绕登乡

南伊珞巴民族乡

荣　誉

统计公报

附　　录

特 载

在县委九届五次全体会议上的报告

中共米林县委书记 李牧之

（2020 年 1 月 3 日）

2019 年是新中国成立 70 周年，是西藏民主改革 60 周年，大事多喜事多。一年来，在区党委、市委坚强领导下，县委常委会团结带领全县各族干部群众，坚持以习近平新时代中国特色社会主义思想为指导，认真学习贯彻党的十九大和十九届二中、三中、四中全会精神，认真学习贯彻总书记关于治边稳藏的重要论述和系列重要批示指示精神，认真贯彻落实区党委、市委各项决策部署，紧紧围绕“1251”工作思路和“旅游兴县、实干立县、产业融合、富民强县”发展战略，大力实施以“神圣国土守护者、幸福家园建设者”为主题的乡村振兴战略，不忘初心、牢记使命，真抓实干、攻坚克难，推动发展稳定生态以及党的建设各项事业取得了长足进步。

一年来，县委常委会主要做了以下几方面工作。

一、坚定坚决践行“两个维护”，始终忠诚拥戴信赖捍卫核心。县委常委会始终把坚决做到“两个维护”作为根本政治标准，以上率下、发挥好“头雁”效应，引领全县各级党组织和广大党员干部始终坚定坚决地拥戴信赖忠诚捍卫核心。认真学习宣传贯彻习近平新时代中国特色社会主义思想。坚持把学懂弄通做实习近平新时代中国特色社会主义思想作为首要政治任务，与学习十九届二中、三中、四中全会精神结合起来，与学习总书记关于治边稳藏的重要论述结合起来，与学习区党委九届五次六次全会、市委一届七次八次全会精神结合起来，读原著、学原文、悟原理，采取研讨交流、专题辅导等多种方式，力求学深悟透、知行合一。坚持把践行“两个维护”转化为实际行动，自觉从新思想新理论中汲取营养、寻找路径，主动对标区党委、市委各项决策部署，先后召开县委九届四次全会、经济工作会、组织宣传统战工作会等，对思路目标再标定、对任务措施再梳理、对责任分工再压实，强化督促督办，确保总书记和党中央的重大决策部署以及区党委、市委具体安排在米林落地见效。扎实开展“不忘初心、牢记使命”主题教育。严格按照市委部署要求，及时对主题教育进行动员部署，成立县委主题教育领导小组以及 5 个巡回指导组、1 个专项整治小组，结合实际制订细化方案，分类分级组织实施，主题教育取得了重要阶段性成果。先后围绕 13 个专题开展集中学习研讨，举办“礼赞七十年、奋进新时代”主题论坛暨专题党课、“赞颂辉煌成就、军民同心筑梦”等系列活动，创新开办“红色夜校”，并通过讲党课、廉政教育、观看教育影片等多种方式强化党员干部理论武装、党性锻炼。围绕“10+6”调研内容，县委常委班子带头走基层、访民情、查问题，推动调研成果转化34个；创新开展党员群众“家访”活动，累计走访党员2328人、走访农牧民群众681户3213人、梳理意见建议132项，进一步密切了党群干群关系。始终坚持问题导向，实施“三级并行、逐级认领、同抓同改”的整改措施，全县各级班子对照查摆问题528条、完成整改523条，整改率为99%。在主题教育情况通报测评中，对主题教育总体评价为“好”的达到100%。一以贯之、春风化雨加强群众思想教育引导。围绕庆祝新中国成立70周年和西藏民主改革60周年，组织学习《伟大的跨越：西藏民主改革60年》白皮书，举办“米林岁月”成就图片展、“中国梦·我们加油”主题演讲、“谈变化、话发展、颂祖国、感党恩”主题茶话会等系列活动，举办各类文艺文化活动50余场次，凝聚起了各族干部群众感恩奋进新时代、同心共筑中国梦的强大力量。继续深化“两学一做”“四讲四爱”“遵行四条标准、争做先进僧尼”等教育活动，因地制宜、分类施策，累计开展各类学习宣讲活动3300余场次、受教育干部群众达20.65万人次，引导各族群众进一步坚定感党恩、听党话、跟党走的信心决心。严肃反分裂斗争纪律规矩和党员不信仰宗教承诺，开展党员政治教育培训328场次、签订党员不信仰宗教承诺3800余份，引导广大干部群众坚定不移维护祖国统一和民族团结。

二、全面从严管党治党，持续巩固风清气正政治生态。县委常委会坚决扛起全面从严管党治党政治责任，认真贯彻落实新时代党的建设总要求，推动党内政治生态持续向好。坚持和改进党的全面领导。支持并保障县人大及其常委会依法行使职责，县人大制定出台《米林县人民政府向米林县人大常委会报告国有资产管理情况的贯彻落实方案》，听取和审议专项工作报告13件，对7部法律法规实施情况进行检查，分年度、分批次对“一府一委两院”部分组成人员履职情况进行评议。持续推进法治政府、服务政府、廉洁政府建设，坚持涉及经济社会发展全局、政策措施制定等重大问题，均提交县委常委会集体讨论研究，实现党的集中统一领导和政府作用更好发挥有机统一。加强协商民主建设，支持和保证人民政协依章程开展民主监督，县政协形成视察调研报告5份，提出意见建议20余条，参与各项协商活动7次。积极支持法检两院依法履行职能，深入推进群团组织改革，深化军民融合发展，巩固发展团结一致的政治局面。着力加强基层组织建设。不断优化基层党组织设置，新设立党组9个、更名6个、撤销6个，将“两新”党支部整合为3个，成立临时党支部28个，推进31个村、4个机关和“两新”组织活动场所标准化建设，集中整顿12个软弱涣散基层党组织，坚持“一提两进一改”深入推进新时代驻村工作。抓好基层队伍管理，联审村干部544名，开除违纪违规党员8名；选派第一书记67名，录用乡村振兴专干67名。认真抓好排查解决发展党员违规违纪问题试点工作，排查党支部135个，党员821名，制定出台《米林县发展党员工作责任追究意见（试行）》等制度，对存在“带病入党”等问题的5名党员进行处理，对6个党组织及责任人进行追责。大力发展村集体经济，投入资金1753万元、发放贴息贷款1615万元，消除“空壳村”13个，实现67个村（居）全部有集体经济，118个集体经济实体总收入预计达3578.5万元。以边境村旗帜、阵地、活动、服务“四个前移”为载体，以军地组织、思想、活动、稳定“四个共建”为抓手，选派部队军官到边境村党支部帮扶帮建，着力筑牢边境红色屏障、打造特色党建品牌。着力加强干部队伍建设。依托县委党校、挂职锻炼、援藏培训资源等，通过举办专题培训班、外出参观学习、轮岗等形式，提升干部综合能力素养；先后举办专题培训班19期，培训各级干部1044人次，选派85名领导干部参加上级调训学习。严格执行《党政领导干部选拔任用工作条例》，按照好干部标准和民族地区干部“三个特别”要求选人用人，坚持把政治标准放在首位，突出基层导向、群众公认导向，全面推行领导干部任前公示制、新提拔领导干部试用期制，建立健全干部选拔任用监督机制和责任追究机制，严把动议、民主推荐、考察评价、讨论决定“四个”关口，认真落实新提拔干部廉政谈话、廉政知识测试制度，坚决防止和纠正选人用人上的不正之风和腐败问题，提高选拔任用工作的规范化程度。今年以来，县委先后 5 次提拔任用、调整交流科级干部 330 人。11 月，结合干部队伍梯次建设需要，对 37 人进行职级晋升。着力加强党的作风纪律建设。严格执行领导干部个人有关事项报告、述职述廉、外出活动报备等制度，充分运用学习强国、雪域清风、林芝纪检监察、廉洁药洲等平台，定期不定期推送廉政信息、通报典型案例，打好廉政“预防针”，使党员干部习惯在严管状态下工作生活。持续整治作风顽疾、强力正风肃纪，严格落实为基层减负若干措施，今年以来，全县召开会议、下发文件较去年分别减少 32.7%、34.5%；突出扶贫领域、扫黑除恶专项斗争等群众关注的热点难点，紧盯落实中央“八项规定”及其实施细则精神以及区党委实施办法、党员领导干部利用名贵特产类特殊资源牟取私利以及“四风”问题隐形变异的种种表现，累计开展明察暗访 70 余次，受理扶贫领域问题线索 11 件、给予党纪处分 3 人、收缴违纪资金 17.99 万元，受理涉黑涉恶问题线索 9 件、给予党纪处分 6 人、组织处理 1 人、约谈 3 名乡镇主要领导。持续深化政治巡察，制定《2019 年县委巡察工作计划》，充实县委巡察工作“组长库、人才库”，安排开展 2 轮巡察，利剑作用进一步彰显。坚持惩治腐败无禁区、全覆盖、零容忍，建立完善纪检与组织、巡察、审计、公安等相关部门的协调联动机制，精准把握运用四种形态，保持腐败惩治的高压态势；今年以来，县纪委监委共受理问题线索 62 件，谈话函询 9 人、约谈 16 人、诫勉谈话 4 人，给予 15 人党纪政务处分。

三、坚持新发展理念，持续夯实高质量绿色发展基础。县委常委会始终坚持新发展理念，坚定不移走高质量绿色发展路子，以正确处理“十三对关系”为根本方法，扎实推进以生态旅游产业为支柱的“一带三区一基地”建设，产业结构不断优化、内生动力显著增强。2019 年全县生产总值预计完成 18.14 亿元，同比增长 8.1%；公共一般预算收入完成 1.2 亿元，同比增长 7.1%；农牧民人均可支配收入预计达到 19710 元，同比增长 12.7%。产业发展提质增效。牢固树立全时全域旅游发展理念，不断改善旅游交通、景区景点等基础设施，继续加大“山水米林、花谷药洲”旅游形象推介，成功举办桃花旅游文化节和黄牡丹藏医药文化旅游节，大峡谷景区被列入创建 AAAAA 级景区预备名单，全年接待区内外游客 160.12 万人次，同比增长 23.14%，旅游收入达 14.52 亿元。突出农牧特色产业基础和支撑作用，立足上规模、创品牌目标，持续加大资金、项目投入力度，全县实现新增林果种植 2100 亩、藏药材 230 亩、设施蔬菜 210 亩，藏猪存栏 7.27 万头，成功举办全区首届林芝苹果标准化种植现场观摩会，产业规模和效益实现同步提升。项目建设有序推进。全年开复工项目 167 个（不含边境小康村建设），总投资 15.82 亿元，本年度累计完成投资 7.84 亿元。机场商贸物流园建设进度持续加快，拉林铁路米林段建设稳步推进。圆满完成第八、九批援藏轮换工作，第八批援藏项目全部完工。结合“十三五”规划项目实施情况，梳理“十四五”规划项目 159 个，涉及民生改善、基础设施建设、生态环境保护、基层政权及社会管理能力建设和特色优势产业发展等，规划总投资 103.21 亿元，“十四五”规划项目盘子初步形成。编制完成乡村振兴战略总体实施方案。全面改革不断深化。完成党政机构改革，体制机制更加顺畅。深入推进“互联网 + 政务服务”工作，全面梳理发布事项清单和实施清单，优化审批服务流程，便民服务事项网上可办率达到 100%。持续深化农村改革，出台《米林县农村土地制度改革的暂行管理办法》，进一步完善农村土地三权分置，鼓励适度规模经营；截至目前，全县土地流转面积近 3 万亩、流转收益达 1350 万元，在全市率先发放土地经营权抵押贷款共 26 笔 587 万元。完成 8 个乡镇以及 135 个村居（小组）的清产核资和村级建档工作。完善招商引资项目“一对一”专班负责制，完成招商引资签约项目 16 个、到位资金 6.23 亿元、完成固定资产投资 5.7 亿元。

四、坚持民生导向，持续提升各族干部群众幸福指数。县委常委会始终坚持以人民为中心的发展思想，集中人力、物力、财力为民做实事办好事，努力做到困难麻烦由政府解决、把方便实惠送给群众。始终保持脱贫攻坚政治定力。坚持摘帽不摘责任、不摘政策、不摘帮扶、不摘监管，制定《米林县脱贫攻坚巩固提升方案》，紧盯解决“两不愁三保障”突出问题，认真抓好巡视巡察以及督察检查发现问题整改，持续加大基础设施建设、产业扶持、医疗救助、教育帮扶等工作力度，全县建档立卡人口脱贫率达到100%、整改任务完成率达到100%。积极推进“三岩”搬迁工作，安置搬迁群众179户1016人。持续发力做好民生实事好事。坚持教育优先发展，认真贯彻落实林芝市深化新时代教育改革发展的意见，继续深化组团式教育援藏，扎实推进村级幼儿园、学校供暖等教育基础设施建设，大力推进学校阳光体育和全民健身活动，建立健全教师培训教育体系，不断巩固县域义务教育均衡发展成果，2019年其他省市西藏初中班录取47人、同比增长57%，小考成绩居七县区前列。继续深化医疗卫生体制改革，配合做好三级医院对口帮扶，与珠海市第五人民医院、珠海高新区人民医院签订《医院等级创建帮扶协议》，县卫生服务中心成功通过“二乙”评审；持续加强包虫病筛查、疾病预防和食品药品安全管理，县域医疗卫生工作水平不断提升。有序推进县级文明城市创建，成立新时代文明实践中心，大力推进“志愿之城”建设，免费开放县域内各类公共文化设施，启动全民健身群众广场舞活动，新编制作《林芝工布锅庄》，为12个贫困村购置发放文化活动室设备，鼓励群众利用节庆节点开展文艺活动，不断丰富精神文化生活。稳步推进加拉村堰塞湖灾后恢复重建工作，57户213名受灾群众迁入新居。用心用情提高社会保障水平。坚持把就业创业摆在突出位置，大力开展就业创业“一对一”帮扶，持续加强未就业群众技能培训，政府出资购买40个基层服务性岗位，应届高校毕业生就业率达到98.8%，农牧民转移就业7486人次。多渠道开发就业岗位228个，实现城镇新增就业535人，城镇登记失业率控制在2.29%。继续推进全民参保登记，累计发放社保卡1.37万张，五保集中供养和孤儿救助工作进一步加强，县乡村三级退役军人服务中心（站）完成挂牌。

五、坚持稳字当头，持续营造和谐稳定社会环境。县委常委会始终坚持稳字当头、稳定压倒一切，以打赢新中国成立70周年安保维稳攻坚战为主线，坚持以防患于未然为原则做工作、以防止出大事打基础做准备、以敢于担当落实责任为标准看干部，持续谋长久之策、行固本之举，社会大局始终和谐稳定。狠抓机制建设。以党政机构改革为契机，成立县委国家安全委员会及办公室，对政法、国安、公安等相关部门的综治维稳工作职能进行划转调整，将县维稳指挥部调整为县委国家安全指挥部，对指挥部下设各工作专班进行调整充实、对专班职责进行优化整合，实现了指挥体系更加高效、工作运转更加顺畅。坚持县级领导包乡镇、乡镇领导包村居制度，严格执行县级领导轮流值班带班、重点敏感时段主要领导值班带班及集体坐班制度，重要时段派出县级领导带队深入乡镇、寺庙、油气站开展蹲点督导，实现了压力层层传导、责任层层压实。狠抓宗教领域管控。紧紧抓住寺庙管理这个实现社会持续和谐稳定的“牛鼻子”，认真贯彻落实新修订的宗教事务条例，坚持依法管理宗教，着力在“导”上下功夫，严守“三条底线”，积极开展“遵行四条标准、争做先进僧尼”教育实践活动，加强寺庙法制宣传教育，认真做好学经回流人员教育转化，对经幡等宗教标识物进行清理，落实寺内外安防措施，总结推广“三升三降”，参与宗教活动信教群众逐年递减，宗教领域持续和睦和谐。狠抓社会治理水平提升。健全党政军警民联防联控工作机制，充分发挥基层群防群治力量作用，细化完善各类方案预案、强化应急处突演练，认真落实社会面防控、安全生产等各项措施，狠抓各类矛盾隐患排查预防化解，强化社会舆情管控、情报信息搜集，持续深化平安创建，有序推进综治工作中心规范化建设，深入实施“雪亮工程”，认真开展“先进双联户”创建评选工作，社会治理服务水平不断提升，维稳工作防线更加牢固。高位推进三个专项斗争，不断加大“断血”“断勾连”力度，推动三个专项斗争与反分裂斗争深度融合、一体推进，全县共立涉恶案件2起，抓获犯罪嫌疑人17人；办理刑事案件46起，破获44起，抓获犯罪嫌疑人49人；破获九类个案3起，抓获犯罪嫌疑人5人；受理查处治安案件45起，抓获违法人员93人。狠抓固边兴边。按照“屯兵与安民并举、固边与兴边并重”的要求，压实党管武装责任，加强国防教育，加强民兵队伍建设，发动边民组建边境巡逻管控队120个，探索实施“党建引领、四稳一固”边境管控模式，构建了“村村是堡垒、家家是哨所、人人是哨兵”的良好局面，党政军警民合力稳边固边的工作格局得到进一步强化。大力实施“兴边富民”行动，不断健全边境村特色产业发展链条，积极推进琼林村整村前推抵边安置，完成43个边境小康村主体建设，确保了“山这边”比“山那边”好，各族群众守边固边稳边的积极性、主动性越来越高。狠抓民族团结。立足边疆多民族聚居县实际，把加强民族团结工作与脱贫攻坚、全域旅游、生态建设、民生改善等重点任务有机融合，广泛开展民族团结教育和民族团结进步创建活动，深入推进各民族群众共居共学共事共乐共融，大力开展道德模范、“最美人物”评选、民族团结典型事迹巡回宣讲等系列富有特色的群众性活动，在全社会唱响了民族团结的主旋律。

六、坚持生态底线，持续推进美丽米林建设。县委常委会始终树牢绿水青山就是金山银山、冰天雪地也是金山银山的理念，坚定不移走绿色可持续发展道路，生态安全屏障进一步筑牢。生态理念深入人心。积极发挥“双联户”户长、网格格长、生态效益岗位作用，组织开展内容丰富、形式多样的环境整治活动，加大道路沿线、景区景点等重点治理，建立卫生整治常态工作机制，深入开展生态文明宣传教育，城乡人居生活环境显著改善。正确处理好保护生态和富民利民的关系，争取资金把有劳动能力的贫困群众就近就便转成护林员、自然保护区管理员、环境保护监督员等，认真落实生态效益补偿资金，各族群众保护生态的积极性得到不断激发。生态创建持续推进。全面实施天然林保护、封山育林、重点区域绿化、经济林建设等生态工程，扎实开展雅江流域造林绿化，大力发展庭院经济，积极倡导全民义务植树。年初以来，共完成植树造林7702.5亩，完成3.73万株庭院经济苗木种植工作。全面加快国家级生态县和国家森林城市创建步伐，积极推进生态环保项目建设，严格落实河长制，深入开展环境污染防治，生态环境持续向好。生态责任不断压实。坚持把生态环保纳为领导干部考核评价重要内容，建立环保监察、环境监测、城乡环境综合治理常态化工作机制。严把建设项目环境影响评价关口，严格环保监察“双随机”抽查制度，始终保持环境监管高压态势，年初以来，共受理群众举报环保案件2起、监察发现问题2起，共处罚金20万元。

一年来，县委常委会始终高度重视自身建设，坚持率先垂范、以上率下，带头树牢“四个意识”、坚定“四个自信”、做到“两个维护”，不折不扣贯彻落实中央、区党委以及市委决策部署。认真贯彻落实《中国共产党地方委员会工作条例》，坚持民主集中制，健全完善“三重一大”事项集体决策、科学决策制度，加强对上级决策执行、重点工作推进、重大事项落实的领导，强化督促检查和跟踪问效，全年召开常委会会议26次、县委理论中心组学习29次，切实发挥总揽全局、协调各方的领导核心作用。带头转变作风，认真贯彻落实领导干部联系乡镇、村居、学校、寺庙、贫困户、大学生等制度，班子成员带头深入偏远农牧区、边境一线调研走访、慰问群众、解决问题，用真心真情赢得各族群众的信赖和支持。带头学习、模范遵守党章党规党纪，严格落实从严管党治党责任，认真执行请示报告制度，严肃党内政治生活，主动加强党性修养，注重家庭家教家风建设，严管亲属子女和身边工作人员，始终保持清正廉洁、风清气正。

以上报告是县委常委会一年来的主要工作。这些工作的顺利推进和各项成绩的取得，是以习近平同志为核心的党中央英明决策、亲切关怀的结果，是区党委、市委坚强领导、有力指导的结果，是援藏省市大力支援、竭诚帮助的结果，是全县各级党组织和各族干部群众同心同德、攻坚克难的结果。在此，我代表县委常委会，向各位委员，向奋战在各条战线的全体党员干部表示衷心感谢，并致以崇高敬意！

在肯定成绩的同时，我们也清醒地看到，当前面临的困难和问题仍然很多。一是距学懂弄通做实习近平新时代中国特色社会主义思想要求还有一定差距，全面学习、深刻领会、系统把握还不够，还不能完全将其转化为推动工作的具体实践。二是立足西藏特殊区情、特殊矛盾，面对反分裂斗争的尖锐复杂形势，主动应对“后达赖”向“达赖后”转变的重大挑战，加强社会综合治理、强化稳边固边还有待进一步加强。三是推动高质量绿色发展的思路还不宽、成效还不明显，边境与非边境、江南与江北不平衡发展的问题逐步凸显，项目建设、产业发展、招商引资短板制约较多，发展基础仍然薄弱。四是对照人民群众对美好生活的向往，公共产品、公共服务供给能力水平还不高，群众长效增收机制还不完善。五是党建品牌示范带动作用还不明显，党建工作与重点工作、中心工作的深度融合还不够。六是作风转变还不彻底，少数党员干部思想解放还不够，斗争精神、担当意识树得不牢，庸懒散拖、不作为慢作为现象还一定程度存在。针对这些困难和问题，我们将采取有力措施，认真加以解决。请同志们对县委常委会的工作提出意见建议，共同把工作做得更好。

同志们，让我们更加紧密地团结在以习近平同志为核心的党中央周围，坚持以习近平新时代中国特色社会主义思想为指引，在区党委、市委的坚强领导下，不忘初心、牢记使命、继续前进，以发展稳定生态以及党的建设各项事业新成效，为“五个林芝”建设贡献米林力量！

大事记

1月

2日 米林县委常委、副县长宋振兴带领住建局、国土局、城管局、米林镇政府、东措居委会、老干部局等相关人员对已下发《限期拆除通知书》但未拆除的违规建筑进行强制拆除。

3日 米林县召开深化党政机构改革动员部署会，县委副书记、县长才旺尼玛出席并讲话。

4日 米林县召开2018年度党委（党组）书记抓基层党建工作述职评议会，市委老干部局副局长卢玉祥到会指导，县委党建工作领导小组全体成员，党委（党组）书记，县委组织部部务会成员，县“两代表一委员”，退休老干部代表，附近乡（镇）干部代表共60人参会。

同日 米林县举行第四次全国经济普查入户登记启动仪式。

5日 米林县委书记李牧之带领县四大班子领导成员分组慰问驻地部队官兵、困难群众、寿星老人、退伍老兵、残疾人、特困人员等，送去大米、清油、砖茶等慰问品和慰问金共计21万余元。

6日 米林县委常委班子召开2018年度民主生活会，林芝市纪委第一纪检监察室主任巴桑次仁、市委老干部局副局长杨坤全程参会并进行指导。

8—12日 由中国旅游景区协会主办的“中国旅游景区协会二届四次理事会暨第三届中国景区创新发展论坛”在广东省韶关市举办，米林县雅鲁藏布大峡谷景区在此次论坛上荣获“山岳类”中国优秀旅游景区。

9日 米林县召开2018年度县（中、区）直机关党支部书记抓基层党建工作述职评议会，45个县（中、区）直机关党支部负责人参加会议。

同日 米林县召开生态环境保护考核动员部署会，会议由县委常委、副县长宋振兴主持，根据《西藏自治区环境保护考核办法》，将环境保护考核任务进行分解，细化到各单位。

10日 米林县总工会、县妇联联合邀请博泰技能培训学校在南伊珞巴民族乡琼林村举办烹饪技术培训班。

10—12日 米林县人大常委会副主任、“三岩”办主任索朗，县政协副主席、三岩办副主任巴桑带领县发改委、住建局、水利局、林草局、生态环境局米林县分局、人社局、应急管理局业务骨干及乡（镇）负责人，对派镇、丹娘乡、米林镇、扎西绕登乡、里龙乡、卧龙镇10个安置点三岩工作开展情况进行督导检查，并对安置房进行初步验收。

12日 由西藏自治区住建厅副厅长李新昌带队的自治区小康村建设项目调研组一行在米林县南伊珞巴民族乡调研小康村建设工作。

同日 由西藏自治区水利厅党组成员、总工程师周春华带队的检查组一行，到米林县调研米林镇雪卡“三岩”搬迁防洪工程。林芝市水利局党组书记、副局长侯贵收等陪同。

12—14 日　米林县先后在拉萨市和巴宜区召开“三大节日”退休老干部座谈会。县委副书记、县长才旺尼玛，县委常委、县人大常委会主任陈绪全，县政协主席刘安奇，县委常委、组织部部长许登顺以及县委老干部局负责人看望慰问了安置在拉萨市退休干部24名和安置在巴宜区退休干部38名。

14 日　林芝市副市长肖鹤、市林业局局长董贵军在米林县督导检查派镇堰塞湖因灾避险乡村搬迁选址情况与各项林业工作开展情况。米林副县长乔直达等陪同。

同日　米林县委副书记达顿、副县长才拉一行4人到辖区十八军老战士家中走访慰问，为6户家庭送上米、面、油、砖茶等慰问品和慰问金共计5600元。

16 日　西藏自治区水利厅党组副书记、厅长孙献忠一行在米林县调研江心岛和扎绕乡2018年受灾情况，米林县副县长乔直达等陪同。

同日　米林县召开创先争优强基础惠民生活动第七批驻村工作总结表彰暨第八批驻村工作动员部署会。

16—18 日　米林县商务局联合农牧、公安、工商、食药等部门执法人员到辖区8个乡镇开展农村假冒伪劣食品专项整治行动，对农村食品市场开展一次全面“大扫除”，切实保障农民群众“舌尖上的安全”。

19 日至 2 月 1 日　米林县委书记李牧之，县委常委、人大常委会主任陈绪全，县委常委、组织部部长许登顺分别带对深入全县8个乡镇10个村（居）看望慰问乡镇基层干部、“三老”人员、困难党员群众、驻村工作队、党内激励帮扶人员、安置在乡镇的退休老干部，县城困难职工、西部志愿者和自治区劳模。

23 日　米林县十二届人大常委会召开第十七次会议。会议传达学习自治区“两会”精神及西藏自治区人大常委会主任洛桑江村在西藏自治区十一届人大二次会议闭幕会上的讲话；会议通过米林县人民政府关于提请审议米林县保障性住房管理办法的报告；米林县人民政府关于提请审议米林县财政局关于动用财政预备费的报告；米林县人民政府关于提请审议米林县2018年度预算调整方案的报告；米林县人民政府关于提请审议收回西藏林盛助邦木业有限公司房产及土地方案的报告；中共米林县法院党组关于提请任免职人民陪审员的请示；中共米林县法院党组关于提请任命尼玛扎西为审判员的请示；李培灵、次平2人辞去米林县人大常委会委员的申请；米林县人大常委会党组关于提请审议召开米林县第十二届人民代表大会第六次会议的报告。

同日　林芝市2019年文化、科技、卫生、法律和爱国爱教“五下乡”活动启动仪式在羌纳乡西嘎门巴村举行，西嘎村及邻村500余名农牧民群众参加活动。林芝市委常委、市委宣传部部长张海波，米林县委书记李牧之，县委常委、县委宣传部部长宋步川等领导出席活动。

26 日至 2 月 1 日　米林县民间艺术团一行16人到珠海市参加“心连心　手牵手　我们一起过大年”2019珠海和对口帮扶地区春节联欢晚会。

31 日　在米林县老干部活动中心召开退休干部职工“三大节日”座谈会。县委副书记、县长才旺尼玛，县委常委、组织部部长许登顺以及县四大班子在岗领导看望慰问安置在米林县的退休干部职工。

31 日至 2 月 1 日　米林县委常委、统战部部长吉律带领统战民宗干部深入各乡（镇）、宗教场所开展“两节”慰问活动，主要慰问党外爱国人士、归国定居藏胞、驻寺干部、爱国僧尼及其家属。

2月

2 日　林芝市委常委、副市长杨赤卫，市委副秘书长安来天等一行到米林县慰问奋战在建设一线的铁路工人。米林县委常委、副县长宋振兴等陪同。

8 日　林芝市委副书记谢英一行到派镇看望慰问加拉村雅鲁藏布江堰塞湖受灾群众。市人大常委会副主任次旺晋美、副市长徐龙海、市政协副主席央宗、市委副秘书长廖剑一同看望慰问。米林县委副书记、县长才旺尼玛等陪同。

17 日　中国共产党第九届米林县纪律检查委员会第四次全体会议召开，县常务副书记荆洪文主持会议，县委书记李牧之出席会议。

同日　西藏自治区人社厅联合农行西藏分行在米林县卧龙镇开展社保金融卡试点发放工作。自治区人社厅信息中心副主任索朗旺青、林芝市人社局副局长李志平、农行林芝分行副行长扎西顿珠参加活动。

19 日　米林县公安局圆满完成羌纳寺“展佛”佛事活动安全保卫工作。

21 日　米林县委组织部党支部和纪委党支部联合开展“1+12”联创、联建、联学活动，此活动以观看反腐警示片《贪欲・黑洞》为主题，以谈观看感受为载体，推动机关党建品牌工作不断向前发展。

25 日　米林县第十二届人民代表大会第六次会议开幕，县委副书记、县长才旺尼玛出席并代表政府向大会作工作报告。

同日　政协第九届米林县委员会第四次会议开幕。县委常委、副县长宋振兴受邀出席并作县政府关于政协九届三次会议以来提案办理情况报告。

25—27 日　米林县第十二届人民代表大会第六次会议召开，会议听取和审议县政府、发改、财政、人大、法院、检察院 6 个工作报告。

27 日　国家发改委副司长安利民带队调研组一行在米林县邦仲边境小康村考察指导工作。西藏自治区发改委副主任王冠杰，林芝市委副书记、常务副市长许典辉，广东省发改委对口支援一处处长杨增欣，市财政局党组副书记、副局长沈明，市发改委副主任边巴等陪同。

同日　西藏自治区人社厅联合农行西藏分行在米林县卧龙镇开展社保金融卡试点发放工作。自治区人社厅信息中心副主任索朗旺青、林芝市人社局副局长李志平、农行林芝分行副行长扎西顿珠等出席活动。

同日　在米林县政权楼四楼会议室召开中国共产党第九届米林县纪律检查委员会第四次全体会议，会议由米林县常务副书记荆洪文主持召开，县委书记李牧之出席会议并作重要讲话，米林县四大班子在岗领导出席会议，乡（镇）党委书记、纪委书记、纪委专职副书记、纪检专干，县（中、区）直各单位负责人，县委巡察办主任、巡察组组长共 70 余人参加会议。

28 日　驻米林县维稳督导组组长、林芝市政府副市长赵俊一行先后在米林县维稳指挥部、东措便民警务站、中石油加油站等地督导检查 3 月各项维稳工作。

3 月

3 日　米林县委副书记、县长才旺尼玛，副县长陈剑钊、乔直达在米林县消防大队检查指导工作并看望慰问大队全体指战员。

4 日　日喀则市白朗县考察团在米林县开展招商引资交流学习。

7 日　林芝市副市长丁勇辉、市文化局副局长多布杰在米林县调研文物保护及桃花节分会场筹备工作，米林县副县长陈剑钊陪同。

9—22 日　由中共林芝市委、林芝市人民政府主办，林芝市旅游发展委员会、林芝市文化局承办的“2019・爱你依旧——相约中国最美春天”林芝市第十七届桃花旅游文化节新闻发布会暨林芝推介会先后在北京、成都、深圳、西安举办。米林县旅发委推介人员达娃玉珍向来宾展示米林县绝佳的旅游资源及活动。

11 日　米林县委常委、组织部部长许登顺在米林县 13 个驻警点看望慰问基层一线民警，发放慰问金 1.3 万元。

12 日　西藏自治区驻林芝市维稳督导组副组长、自治区公安厅党委副书记、巡视员晶明带领督导组一行在米林县卧龙镇派出所督导检查维稳工作。

同日　米林县宗教领域开展“保护绿水青山、建设生态寺庙”活动，共植树 44 棵，参与植树的干部、僧尼共 18 人。龙达吉玛曲登管委会组织驻寺干部、寺庙僧尼以及寺庙属地村民党员 35 人，清理寺庙周边白色垃圾约 2 吨。

13 日　林芝市公安局党委委员、副局长次仁玛松一行在米林县公安局县城派出所检查“扫黑除恶 打非治乱”专项斗争工作开展情况。

14 日 由林芝市旅发委党组书记裴红梅一行4人到米林县南伊沟景区及林芝工布庄园希尔顿酒店，督导检查3月维稳工作、安全生产工作及景区环境卫生工作开展情况。米林县副县长陈剑钊、县旅发委相关工作人员陪同。

同日 由林芝市林业局副局长白珍一行到米林县卧龙镇仙村安置点、里龙乡茂公安置点就后续产业发展用地征占、用林地相关事宜进行调研。

15 日 西藏自治区人大常委会副主任、林芝市委书记马升昌一行到米林县公安局交通管理大队机场专线服务站督导检查工作。

同日 米林县纪委监委组织召开扶贫领域腐败和作风问题专项治理协作会。县委常委、纪委书记、监委主任次平，副县长旦知尖措，8个乡（镇）纪委书记及脱贫攻坚指挥部办公室和10个脱贫专项组牵头单位主要负责人参加会议。

同日 米林县重大动物疫情防控指挥部在县农牧局三楼会议室召开米林县重大动物疫情防控推进会议，各乡镇主要领导和县直相关职能部门负责人共25人参会。

同日 米林县召开县直机关党建工作推进会，县委常委、组织部部长许登顺出席会议，县直机关44位党支部书记参加会议。

16 日 米林县举行林芝市第17届桃花旅游文化节旅游形象大使暨“桃花仙子”米林县片区初选活动。

19 日 西藏自治区农业农村厅党组成员、副厅长金文成一行到米林县调研农村人居环境整治工作。米林县委常委、副县长周立陪同。

同日 中央广播电视总台央视外语频道30余名记者（其中外籍记者8名）一行到米林县南伊珞巴民族乡南伊村采访。

20—22 日 米林县党政机构改革涉改单位全部进行挂牌，标志着米林县党政机构改革工作进入全面实施阶段。19家集中挂牌的单位包含：米林县行政审批和便民服务局、米林县市场监督管理局、米林县自然资源局、米林县农业农村局（米林县科学技术局、米林县乡村产业发展局）、米林县文化和旅游局（米林县文物局）、米林县退役军人事务局、米林县外事办公室（米林县边界事务协调办公室）等。该轮机构改革后，米林县共设置党政机构37个。

21 日 西藏自治区人大常委会副主任、林芝市委书记马升昌一行到米林县南伊珞巴民族乡琼林村调研整村搬迁点工作。

22 日 西藏自治区党委常委、组织部部长、驻林芝维稳督导组组长陈永奇一行到米林县公安局督导检查工作。林芝市委常委、组织部部长刘业强，市中级人民法院党组书记、院长、市委派驻米林县维稳督导组副组长向巴次仁，米林县委书记李牧之等陪同。

同日 西藏自治区教育厅钟吉云副厅长、林芝市教体局调研员巴桑次仁一行6人到米林县督导检查春季开学工作。

24 日 由中宣部牵头组织，人民日报社、新华社、中央广播电视总台等17家中央媒体组成的采访团在林芝市委常委、宣传部部长张海波的陪同下，在米林县集中采访西藏民主改革60周年发展成就。米林县委副书记、县长才旺尼玛，县委常委、宣传部部长宋步川陪同。

26 日 生态环境部科财司调研员於俊杰在米林县考察调研。自治区生态环境厅副厅长次仁央宗、区林业和草原局、农业农村厅、区扶贫办及林芝市、米林县相关部门负责人陪同。

同日 由林芝市委统战部主办、米林县委统战部承办的以“保护绿水青山、建设生态寺庙”主题实践活动在羌纳寺开展，林芝市宗教办宗教科科长塔尔杰以及县统战、民宗、宗教办相关人员、羌纳寺驻寺干部和寺庙僧人共12人参加活动。其间，共种植苹果树、桃子树、樱桃树21颗，绿化面积0.5亩。

27 日 米林县召开2019年解决企业欠薪问题联席会议第一次全体会议，副县长陈剑钊出席会议。

28 日 米林县各族各界干部群众开展系列活动，热烈庆祝西藏民主改革60周年，共230余名农牧民群众代表、中小学师生代表、离退休干部职工代表，驻县部队官兵代表以及县直各单位全体干部职工参加米林县隆重纪念西藏民主改革60周年“升国旗·唱国歌”活动。

同日 珠海市斗门区人民法院党组副书记、常务副院长刘东升等一行5人到米林县人民法院调研对口支援工作。

同日 米林县委员会国家安全委员会办公室成立。

29日 林芝市第十七届桃花旅游文化节招商引资推介会在林芝市五洲皇冠酒店一楼会议厅举办,米林县委常委、副县长宋振兴,县商务局局长刘国慧等参加此次推介会。此次推介会上米林县共签约合同类项目2个,签约金额合计2.8亿元;签约协议类项目2个,合计1亿元。项目涉及旅游文化业、藏医药产业、特色农牧业等。

30—31日 西藏自治区党委常委、自治区常务副主席姜杰深入林芝市,实地调研米林县边境小康村建设情况,与基层干部群众面对面交流,听取林芝市专题汇报,协调研究相关事宜。在听取专题汇报并实地察看了米林镇邦仲村村容村貌、污水处理和羌纳乡西嘎门巴村旅游、藏纸、藏香、生态农业等产业建设情况后,姜杰对林芝市边境小康村建设工作给予充分肯定,并勉励林芝市继续走在全区边境小康村建设的前列。

31日 以“山水米林 花谷药洲”为主题的林芝市第十七届桃花旅游文化节米林分会场活动在扎绕乡萨玉村开幕。此次活动由中共米林县委、米林县人民政府主办,县旅发委、县文化局承办。林芝市政协党组成员、副主席央宗,林芝军分区副司令次翁扎西,米林县委书记李牧之,林芝市旅游发展局党组书记裴红梅,林芝市文化广播电视局副调研员次仁扎西以及市直相关部门领导,驻县部队领导、县“四大班子”在岗领导,西藏旅游股份有限公司、南伊旅游开发有限公司、林芝山泽居旅游开发有限公司负责人出席活动。米林县委书记李牧之代表县委、县政府致辞。活动还为2018年西藏米林—山泽居联合摄影大赛中的6名获奖代表颁奖。

同日 西藏自治区高级人民法院执行工作巡查督导组文红一行3人在米林县人民法院检查指导工作。

4月

1日 以“游雅鲁藏布大峡谷·赏百里桃花仙境”为主题的大峡谷分会场——桃花音乐盛典在雅鲁藏布大峡谷景区·最美舞台开幕。米林县政协副主席刘安奇、副县长陈剑钊受邀出席活动。

3日 青海省玉树政协主席尕桑带领“藏区民族历史文化保护与全域旅游融合发展”工作组一行在米林县考察调研工作。

同日 林芝市教体局党委书记边巴卓玛一行在米林县检查指导教育扶贫工作。

8日 广东省纪委副书记、省监委副主任陈伟东一行在米林县检查指导工作,西藏自治区纪委副书记、区监委副主任拉巴次仁,林芝市纪委、市监委相关人员陪同。

9日 深圳市公安局党委委员、副局长景文一行在米林县公安局交流考察工作,重点就基层派出所执法办案场所建设进行指导。林芝市公安局党委副书记、副局长钱贤伟等陪同。

9—15日 米林县应急管理局协同广东3名专家组对辖区油气站、建筑工地、烟花爆竹、工矿商贸、人员密集场所、地质灾害、砂石厂、寺庙等41家行业领域进行安全生产检查,共发现安全隐患问题215条,提出整改意见建议236条。

10日 林芝市政府副市长丁勇辉,市政府副秘书长卓玛、市旅游发展局行管科负责人一行到米林县实地调研大峡谷景区全域旅游标识牌系统建设情况、景区智慧平台建设情况和派镇索松村乡村旅游发展情况。米林县副县长才拉等陪同。

同日 林芝市自然资源局局长琼吉一行到米林县就第三次全国国土调查工作开展情况进行检查。

11日 米林县组织入党积极分子(身着志愿者“红色马甲”)、环卫工人(身着“橙色工作服”)到米林县雅江河堤开展“红橙”联创行动,此次活动参加人员共100余人,出动车辆2台次。

12日 米林县委常委、副县长周立主持召开米林县2019年第二季度安全生产暨消防工作会议。

15 日 米林县人社局举行“米林县劳动保障监察大队”挂牌仪式。

19 日 最高人民法院执行局局长孟祥一行利用在国家法官学院西藏分院林芝教学点授课的机会，到米林县法院调研指导执行工作，西藏自治区高级人民法院执行局局长年珠，米林法院党组书记、院长万春等陪同调研。调研组一行实地察看米林县法院诉讼服务中心、执行指挥中心和“基本解决执行难”攻坚决战图，详细了解米林县法院案件审执工作开展情况、网络查控系统的操作流程和执行指挥系统运行情况。

23 日 审计署驻广州特派员办事处一行 3 人在米林县开展小康村和易地扶贫搬迁项目审计工作。林芝市审计局副局长尼玛仓决等陪同。

同日 米林县举办第二届“米林县最美纳税人”评选活动暨颁奖仪式，县委副书记、县长才旺尼玛出席活动。

24 日 4 时 15 分 在林芝市墨脱县附近发生 6.3 级地震。地震发生时，林芝市有明显震感。为确保群众的生命和财产安全，米林县自然资源局立即与县群测群防人员及乡镇联系，了解辖区震后情况，开展地质灾害隐患点排查工作。自治区然资源厅党组成员、总工程师刘鸿飞，林芝市自然资源局党组书记王东升一行到米林县派镇直白村进行排查，询问米林县震后排查情况与监测点情况，了解加拉村地质灾害项目进度，最后讨论加拉村下游地质灾害隐患点情况，并指导震后地质灾害巡查工作。

同日 林芝市人大常委会副主任次仁央宗一行对米林县贯彻实施《中华人民共和国文物保护法》和《西藏自治区文物保护条例》进行执法检查。

26 日 林芝市人大常委会党组副书记、副主任次旺晋美率领市财经委、生态环境局、水利、尼洋河易贡湖综合治理办等负责人到米林县开展水污染防治执法检查。

28 日 林芝市人大常委会副主任张明带领检查组一行在米林县开展《西藏自治区边境管理条例》执法检查工作。米林县委常委、人大常委会主任陈绪全，县委常委、副县长宋振兴等陪同。

同日 米林县举办“青春心向党，建功新时代”为主题的纪念五四运动 100 周年文艺会演活动。激励和引导广大青少年弘扬爱国主义精神，积极投身到决胜全面建成小康社会、夺取新时代中国特色社会主义伟大胜利的新征程中。县委常委、县人大常委会主任陈绪全，县政协主席刘安奇，县委常委、组织部部长许登顺，县人大常委会副主任巩雷斌，县政协副主席达娃等出席活动。

30 日 米林县在白鹭文化广场举行悬挂光荣牌启动仪式，出席仪式有县委常委、人大常委会主任陈绪全，县武装部政委李桥，副县长才拉。县（中、区）直各单位负责人和退役军人共 100 多人参加此次仪式。

5 月

6 日 西藏自治区旅发厅执法总队（扫黑办）、林芝市旅发局执法支队相关负责人一行在米林县岗派公路沿线购物店开展旅游市场扫黑除恶打非治乱专项执法检查。

7 日 米林县召开全县巡察工作会议暨九届县委第五轮巡察工作动员部署会。县委常委、组织部部长、县委巡察工作领导小组副组长许登顺出席会议并讲话。

8 日 以“产业援藏 消费援藏 粤林携手奔小康”为主题的“广东—西藏（林芝）‘消费援藏’暨招商推介交流会（广州站）”在广州市举行。广东省政府副秘书长林积、广东省援藏援疆办副主任黄恕明、广东省商务厅巡视员罗练锦以及省工商联等有关部门领导，广东有关企业、商协会负责人以及林芝市代表团等共 400 余人参加活动。米林县代表团在县委常委、副县长宋振兴的带领下到广州市参加此次活动。此次交流会达成投资签约项目 43 个，金额 108.75 亿元，购销意向和战略合作协议 5 个，金额逾 6000 万元，其中，米林县签约项目 7 个，协议资金达 16.8 亿元。

13 日 国家首席兽医师、国务院安委会第七考核巡查组组长李金祥带领国家考核工作组一行在米林县检查指导工作。西藏自治区区应急管理厅党组副书记、厅长达木拉，林芝市委常委、政府副市长杨赤卫，市应急管理局党组书记德青，米林县委副书记、县长才旺尼玛随行检查。

同日 凤凰卫视黄牌大放送栏目在米林县丹娘乡康布热村采访“全国民族团结进步先进个人”两次获得者曲珍。

同日 米林县纪委监委对新提任的领导干部进行任前廉政考试。考试采取闭卷形式，由县纪委监委统一出题，内容涵盖《中国共产党章程》《中国共产党廉洁自律准则》《中国共产党纪律处分条例》《党政领导干部选拔任用工作条例》等内容。

14日 米林县召开“三岩”搬迁工作交代会。县委副书记、县长才旺尼玛主持会议并讲话，包片乡（镇）县级领导、乡（镇）及行业部门负责人共40余人参加会议。

16日 林芝市扫黑除恶督导组一行7人到米林县公安局扫黑办督导检查扫黑除恶专项斗争工作。

同日 林芝市副市长强巴央宗带领科技工作调研组一行到南伊珞巴民族乡扎贡沟藏药材种植有限公司调研指导。

同日 米林县召开《雅鲁藏布大峡谷旅游景区创建国家AAAAA级景区专项提升规划》《西藏·雅鲁藏布大峡谷旅游景区修建性详细规划》汇报会。副县长陈剑钊主持会议，县委副书记、县长才旺尼玛，县政协主席刘安奇，县委常委、纪委书记次平，县委常委、组织部部长许登顺，县人大常委会副主任巩雷斌，县法院党组书记、院长万春出席会议，米林县雅鲁藏布大峡谷景区创建国家AAAAA级景区领导小组35个成员单位负责人参加会议。

17—18日 西藏自治区自然资源厅党组书记王刚，林芝市自然资源局党组书记王东升一行12人先后到米林县派镇雪卡村、达乃村、加拉村实地调研地质灾害防治、土地增减挂钩、第三次全国国土调查等重点工作。

18日 林芝市委常委、组织部部长刘业强一行到米林县龙达吉玛曲登管委会督查驻寺工作，米林县委常委、组织部部长许登顺等陪同。

同日 米林县教育系统第九届“爱国乐声杯”暨教职工“当好主人翁，建功新时代”传承民族传统体育响箭比赛在多卡乡中心小学举行，米林县中学荣获集体第一名。

21—23日 米林县直机关工委联合县委党校举办为期3天的2019年县直机关发展对象及预备党员培训班。来自县直机关各支部所属发展对象、预备党员共60余人参加培训。

22日 米林县十二届人大常委会召开第二十次会议，会议接受宋步川辞去米林县第十二届人民代表大会常务委员会委员的请求，补选洛桑西绕为林芝市第一届人民代表大会代表。

26—28日 国家（广东）突发急性传染病防控卫生应急队赴西藏林芝市参加国家组织的2019年国家卫生应急队泥石流灾害模拟场景联合演练。国家、自治区、广东省、林芝市4支卫生应急队伍100多人参加实景应急演练，此次演练模拟现场选在林芝市米林县米林镇雪卡村，模拟发生特大泥石流地质灾害后公共卫生救援工作。演练科目包括远程投放与调度、营地建设与自我保障、现场指挥部构建、营地撤离与恢复4个作业科目。通过场景模拟演练，达到锻炼队伍的效果。

28日 2019年米林第十三届“山水米林 花谷药洲”黄牡丹藏医药文化旅游节在扎贡沟开幕。此次活动由中共米林县委员会、米林县人民政府主办，县文化和旅游局、南伊珞巴民族乡人民政府承办。西藏自治区政协副主席、工商联主席、总商会会长阿沛·晋源，林芝市政府副市长丁勇辉，市政协副主席央宗，林芝军分区副司令员次翁扎西，珠海市卫生健康局党委书记、局长徐超龙，援藏省市、市直相关部门领导，驻地部队相关负责人，米林县四大班子在岗领导出席活动，招商引资企业代表、广州同方堂生物科技股份有限公司、西藏旅游股份有限公司、南伊沟景区代表参加活动。米林县委书记李牧之为活动致辞。该届黄牡丹节举办“彩色药洲”摄影展、“舌尖药洲”美食展销、“舞动药洲”灯光之夜、“梦幻药洲”热气球体验等系列活动。

29日 米林县人民医院举行医院等级创建帮扶协议签订暨互联网医院西藏米林中心挂牌仪式。珠海市卫生健康局党委书记、局长徐超龙出席仪式并致辞。米林县委常务副书记、米林农场党委书记荆洪文，县委常委、副县长周立，珠海市第五人民医院院长曹治等相关领导参加。

30日 由拉萨市委老干部局副局长、调研员丁琼英、区党委组织部组织三处副处长唐灿武一行4人组成的调研组以实地检查、查阅有关文件材料、个别访谈的方式到米林县派镇索松村、米林镇邦仲村、南伊珞巴民族乡琼林村检查指导基层党建重点工作推进情况。

6月

4日 米林县召开2019年包虫病及“三病”综合防治工作推进会，县委常委、副县长宋振兴出席并作讲话。

5日 西藏自治区党委常委、西藏军区司令员许勇一行到米林县里龙乡仲萨村调研西藏军区精准扶贫示范园建设情况，林芝市委副书记谢英，米林县副县长旦知尖措、西热江才陪同。

5—20日 米林县纪委监委积极开展扫黑除恶打非治乱专项斗争宣传活动，主要对涉黑涉恶背后的“关系网”和“保护伞”问题类型类别进行宣传，共悬挂宣传条幅8条，张贴公告5张，悬挂宣传栏8版，“廉洁药洲”微信公众号发布相关信息10余条。

10日 来自英国、美国、印度、埃及等30多个国家和地区的69位海内外嘉宾一行到米林县参观西嘎村产业发展情况。

13日 西藏自治区药监局书记郭乃雄、注册处处长次仁罗布到米林县调研藏药、藏药材及藏药制剂监管工作。

14日 全国政协委员、青海省委常委、省军区司令员曲新勇一行10人到达米林县，围绕“西藏自治区开展脱贫攻坚和实施乡村振兴战略情况及军队如何助力地方开展相关工作”开展考察调研。

17日 国务院扶贫办党组书记、主任刘永富带领到米林县邦仲村出席西藏自治区深度贫困地区脱贫攻坚现场推进暨深化对口援藏扶贫工作现场会。西藏自治区党委副书记、区人大常委会主任洛桑江村，自治区政府主席齐扎拉，区党委常委、常务副主席罗布顿珠，自治区人大常委会副主任、林芝市委书记马升昌等陪同。

同日 水利部党组成员、副部长魏山忠一行到米林县调研农村饮水安全情况。林芝市水利局党组副书记、局长土登洛桑，米林县副县长西热江才等陪同。

同日 西藏自治区民政厅党组副书记、厅长陈凡彦，自治区民政厅调研员谭明虎，林芝市民政局党组副书记、局长柏平，林芝市民政局社会福利科科长姜智雄一行到米林县调研民政系统落实党中央、自治区脱贫攻坚政策情况、社会救助、社会福利和社会事务、基层政权等工作开展情况。米林县副县长陈剑钊等陪同。

同日 米林县三岩办按照每户一套厨具（高压锅、蒸锅、烧水壶、保温瓶、塑料桶、塑料瓢）和每户2袋碘盐、1捆砖茶的标准，为7个涉迁乡（镇）13处安置点的191户三岩办搬迁群众发放厨具和部分口粮。

18日 国家民委专职委员（副省级）孙学玉在参加西藏自治区深入贫困地区脱贫攻坚现场推进暨深化对口援藏扶贫工作会议之后，带领国家民委赴藏联合调研组一行10人到米林县南伊珞巴民族乡开展边境地区和人口较少民族聚居区调研。西藏自治区民委副主任多布青、林芝市政府副市长肖鹤以及相关部门负责人陪同。

同日 西藏自治区妇联主席江措拉姆一行到米林县南伊珞巴民族乡琼林村调研指导妇女工作。

20—21日 中央扫黑除恶第十三督导组第三下沉督导小组组长王华春一行到米林县督导检查扫黑除恶专项斗争工作。

26日 米林县三岩办、民政局为各涉迁乡（镇）搬迁群众发放203桶食用油、1188袋糌粑、500袋面粉、500袋大米。

27日 米林县召开“三岩”片区安置入住安排部署会。会议由县委书记、“三岩”搬迁领导小组组长李牧之主持，县委常委、纪委书记、监察委主任次平，县委常委、统战部部长吉律，县委常委、副县长宋振兴，县委常委、组织部部长许登顺，县人大常委会副主任、三岩办主任索朗，副县长陈剑钊，县政协副主席、三岩办副主任巴桑，各涉迁乡（镇）主要负责人，县委办、政府办、组织部等25家单位主要负责人参加会议。

29日 米林县四大班子在岗领导带领全县干部职工迎接广东省第九批援藏工作组的到来。随后，召开第八批援藏干部表彰暨第九批援藏干部见面会，林芝市委组织部副部长赵敬出席会议并就第八、九批援藏轮换工作进行强调，米林县委书记李牧之作讲话，县委副书记、县长才旺尼玛主持见面会，县委常委、组织部部长许登顺宣读中共米林县委员会、米林县人民政府《关于表彰米林县第八批优秀援藏干部的决定》并进行表彰，米林县第八、九批援藏干部代表荆洪文和黄南荫分别作交流发言。

7月

1日 县委书记李牧之，县委常委、组织部部长许登顺一行到米林县小学、县城派出所、米林镇东多村等地开展走访慰问活动。

3日 米林县举行客运站15辆新车移交仪式。仪式由县工商联主席杨俊主持，副县长陈剑钊出席活动。

3—4日 国家林草局驻成都专员办监督三处副处长耿君带领检查人员，对新建川藏铁路拉萨至林芝段项目在米林县使用、临时使用林地及在国家级自然保护区建设行政许可进行检查。林芝市林草局党组书记、副局长郑都陪同。

5日 米林县组织“两新”工委各党支部共14名党员在特困人员供养服务中心开展“主题党日”活动。

同日 米林县举行乡（镇）派出监察室挂牌仪式。

7日 国家发改委基础设施发展司副司长周小棋一行在米林县调研西藏基础设施发展总体规划情况。西藏自治区发改委主任马菁林，米林县委副书记、县长才旺尼玛陪同。

7—11日 湖北省扶贫办原副主任、中南民族大学减贫研究院学术委员会副主任委员柳长毅带领调研组一行到米林县开展扶贫资金专项调研。

8—10日 受国务院扶贫办委托，中南民族大学减贫研究院学术委员会副主任委员柳长毅带领调研组一行到米林县调研扶贫资金投入及使用情况。

9日 林芝市委书记马升昌带领调研组一行，到米林县调研亚青寺接返人员教育转化工作。米林县委书记李牧之，县委常委、统战部部长吉律陪同。

9—10日 西藏自治区文化厅副厅长赵斌一行到米林县羌纳乡巴噶慈祥阳光农庄、公尊德姆农庄、南伊珞巴工坊实地调研文旅深度融合工作。

11日 西藏自治区党委书记吴英杰一行到米林县南伊珞巴民族乡琼林村考察调研边境基层组织建设及整村搬迁调研工作。自治区党委常委、秘书长刘江，自治区人大常委会副主任、林芝市委书记马升昌等陪同。

同日 全国政协委员、自然资源部原党组成员张德霖，国家自然资源督察成都局党组书记、局长董菊卉，西藏自治区自然资源厅厅长梁建平等在林芝市副市长徐龙海，市自然资源局局长白多，米林县委常委、副县长宋振兴及县自然资源局等部门负责人的陪同下，前往米林县南伊珞巴民族乡琼林村、派镇实地察看“三调”、耕地保护、抵边安置建设和“三岩”易地扶贫搬迁及地质灾害防治情况，并在派镇雅江堰塞湖指挥部听取情况介绍、观看相关视频。

同日 林芝市副市长强巴央宗一行到米林县检查督导藏猪产业发展工作并召开座谈会，米林县副县长西热江才就藏猪产业发展工作作汇报。

12日 西藏自治区自然资源厅副厅长周光树、国土空间规划用途管制处副处长王秀如、国土空间规划用途管制处主任科员罗苗苗一行到米林县羌纳乡色沃村、结果村实地考察增减挂钩和易地扶贫搬迁工作。林芝市自然资源局副局长旺堆多吉，米林县委常委、副县长宋振兴陪同。

15日 西藏自治区供销社主任龙大克一行到米林县调研农牧民专业合作社现状，广东省第九批援藏工作队组长黄南荫等陪同。

同日 “2018年贫困村文化活动室设备交接仪式”在米林县政务服务中心一楼前广场举行，为丹娘乡仲萨村、里龙乡德吉新村等12个贫困村发放价值24万元的康巴弦子、台式电脑等文化活动室设备12套。

16日 西藏自治区物价局和林芝市物价局一行5人到米林县开展深入推进价格改革及民生商品价格专题调研活动。

同日晚 米林县委组织四大班子在岗领导和各单位主要领导干部统一观看反腐倡廉警示教育片《全面从严治党在西藏》第二集。

17日 林芝市统计局党组书记、副局长央珍一行到米林县统计局调研人员配置和办公场所配置情况。

18日 西藏自治区党委外事工作委员会办公室主任白曼央宗带领工作组一行5人到米林县南伊珞巴民族乡琼林村调研抵边一线守边村有关情况。林芝市外办副主任傅涛媛、米林县外事办主任刘国慧等陪同调研。

19日 林芝市人大常委会副主任尼玛带领调研组一行到米林县专项调研脱贫攻坚工作。林芝市人大财经委、市扶贫办相关人员、米林县人大常委会副主任巴珠等陪同。

22日 武汉大学教授屠苏带领调研组一行到米林县琼林村调研指导工作。

同日 西藏自治区市场监督管理局党组成员、副局长刘红春一行到米林县开展产品质量调研工作。

同日 西藏自治区退役军人事务厅党组副书记、厅长丁哲峰到米林县退役军人事务局检查退役军人服务中心（站）“五有”情况。

23日 西藏自治区扶贫办党组成员、副主任曾佑志带领调研组到米林县调研脱贫攻坚巩固提升工作。米林县副县长西热江才就米林县脱贫攻坚工作后续巩固提升及如何加强脱贫攻坚风险防范等作简要汇报。

24日 西藏自治区民委党组成员、副主任多布庆一行到米林县派镇吞白村就林芝市少数民族发展资金（兴边富民）统筹整合使用情况、边境小康村建设情况进行调研。林芝市民宗局党组成员、调研员董永宏，米林县委常委、统战部部长吉律等陪同。

25日 西藏自治区党委统战部副部长、西藏佛学院党委书记张良田带领全区宗教工作重点任务督查组一行到米林县督查指导工作。林芝市委统战部常务副部长周学武，米林县委常委、统战部部长吉律等陪同。

同日 米林县组织40名退休干部职工到白鹭文化中心参加《我和我的祖国》宣传视频拍摄活动。

29日 广东省第九批援藏工作队米林工作组组长黄南荫主持召开珠海市中西医结合医院对口帮扶米林县藏医院挂牌仪式及座谈交流会。珠海市中西医结合医院副院长贝伟红、副县长乔直达出席会议。

31日 公安部装备财务局副巡视员廖敏带领保密检查组一行6人，对米林县公安局开展中华人民共和国成立70周年大庆安保维稳保密工作进行检查指导。西藏自治区公安厅副巡视员德庆洛桑，林芝市公安局党委委员、政治部主任徐家志等陪同。

同日 由中央党校培训部副主任、调研组组长李清池等组成的中央党校调研组一行在林芝市委组织部副部长何方俊的陪同下到米林县调研指导工作。

同日 米林县十二届人大常委会召开第二十一次会议。会议学习习近平对地方人大及其常委会工作重要指示及栗战书出席纪念地方人大设立常委会40周年座谈会的讲话精神和中共中央转发《中共全国人大常委会党组关于加强县乡人大工作和建设的若干意见》的通知，听取审议县政府关于开展“七五”普法规划落实情况报告；研究决定接受3人辞去常务委员会委员的报告；通过《米林县人民政府关于提请蒙少杰等同志任免职的报告》，对18名县人民政府各职能部门组成人员进行任命。

同日 米林县举行“军民携手奋进、同心合力筑梦”暨庆祝中国人民解放军建军92周年双拥联欢晚会，县委书记李牧之，县委常委、人大常委会主任陈绪全，县委常委、统战部部长吉律，县委常委、组织部部长许登顺，县人大常委会副主任巩雷斌，副县长乔直达，县政协副主席次仁平措出席。

同日 米林县组织退休干部职工“夕阳红”文艺队与驻地部队在全民健身活动中心开展以“军民携手奋进 同心合力筑梦”为主题的文艺交流演出活动。

8月

2日 米林县委统战部、县民宗局、县宗教办组织全县僧尼开展免费体检活动，体检项目包括B超、血常规、透视、心电图、肝功能等常规检查。

同日 米林县召开2019年上半年“遵行四条标准、争做先进僧尼”教育实践活动先进集体和先进个人表彰大会，表彰在扎实推进“遵行四条标准、争做先进僧尼”教育实践活动中涌现出的先进集体和先进个人。大会表彰“模范寺庙”3座、“优秀组织单位”1个、“优秀僧尼”8名、“先进寺管干部（民警）”5名，共兑现奖金1.5万元。

5日 西藏自治区党委组织部副部长仲崇东带领调研组一行到米林县调研指导工作，调研组以实地检查指导、召开座谈会的形式查看邦仲村边境小康村建设、村级集体经济发展、班子作用发挥情况和米林村党建工作、支部书记培训工作、党员教育管理工作以及白定村民小组软弱涣散整顿情况。林芝市委组织部部长刘业强等陪同。

6日 “不忘初心、牢记使命——共产党来了苦变甜”主题教育实践活动暨文艺“八进”专场巡演启动仪式在卧龙镇举行。米林县艺术团12名演职人员参加演出，卧龙镇干部、群众600余人观看演出。

同日 无锡联勤保障中心督导组督导调研座谈会在米林县召开，米林县委常务副书记、广东省第九批援藏工作队米林工作组组长黄南荫参加会议。

11日 珠海市委副书记、市长姚奕生等一行15人到米林县卫生服务中心调研三级医院对口帮扶工作和县卫生服务中心开展二级甲等医院创建工作。米林县委书记李牧之，县委常务副书记、广东省第九批援藏工作队米林工作组组长黄南荫等陪同。

15日 米林县召开2019年嘉应学院大学生支教志愿服务团欢迎会，副县长西热江才参加会议。

18日 以十三届全国政协农业与农村委员会副主任、黑龙江省政协原主席杜宇新为组长，云南省人大常委会原副主任张百如为副组长的中央“不忘初心、牢记使命”主题教育第十指导组到米林县调研指导工作。

19日 西藏自治区党委常委、纪委书记王卫东，林芝市委常委、纪委书记喻昌一行到米林县调研纪检监察工作。

同日 广东省广州市第四十一中学校长牛应林一行到米林县中学开展校际交流。

22日 米林县监察委员会向乡镇派出监察室集中授印，至此全县8个乡镇派出监察室全部完成挂牌授印。

23日 米林县十二届人大常委会召开第二十二次会议。会议传达学习自治区十一届人大常委会第十二次会议精神，审议通过关于万春免职的议案、米林县人大常委会资格委员会关于补选县十二届人民代表大会代表的资格审查报告、米林县第十二届人民代表大会第七次会议议程（草案）、米林县第十二届人民代表大会第七次会议主席团和秘书长名单（草案）。

27日 全国人大常委会委员、华侨委副主任委员、致公党中央副主席曹鸿鸣带领调研组一行到米林县就青藏高原生态文明建设取得的进展、存在的问题和困难以及意见建议进行调研。西藏自治区党委统战部副巡视员格桑次旦，林芝市政府副市长赵俊，林芝市委统战部常务副部长周学武，米林县委常委、统战部部长吉律等陪同。

28日 米林县召开“四讲四爱”群众教育实践活动第二节点总结暨第三节点培训会。县委常委、统战部部长吉律，县委常委、副县长宋振兴，政协副主席周毅出席会议，各乡（镇）党委书记、宣传委员，各成员单位，县中（小）学、各寺管会主要负责人，农牧民群众宣讲员代表90余人参加会议。

29 日 国家鼠疫防控检查组在西藏自治区、林芝市有关领导陪同下到米林县检查指导工作，检查组一行先后查看应急物资储备情况并听取汇报，对米林县鼠防工作开展情况给予高度肯定。

同日 米林县在县委党校三楼举办“中国梦·我们加油”米林县庆祝中华人民共和国成立70周年主题演讲比赛，县委办、人大办、政府办、政协办、纪委、组织部、宣传部、团县委、教育局相关负责人出席比赛并担任评委。最终评选出一等奖1名、二等奖2名、三等奖4名。

9月

3 日 林芝市教育局党组副书记、局长巴桑次仁到米林县督导检查秋季开学工作。

4 日 林芝市总工会党组副书记、主席夏世红一行到米林县琼林村“巾帼巧手”女职工创业孵化基地和米林镇邦仲村红太阳家庭科技示范农场实地调研。

5—7 日 住建部副部长姜万荣带领2019年脱贫攻坚督查组一行，到米林县对脱贫攻坚成效考核发现的问题开展督查指导。

6 日 中央脱贫攻坚督查组住房和城乡建设部扶贫办副主任、村镇建设司二级巡视员董红梅一行到米林县南伊珞巴民族乡督查脱贫攻坚工作。

同日 米林县举行农村客运站启动仪式，林芝市政府副秘书长涂小伟、米林副县长陈剑钊参加仪式。

7—8 日 由米林县纪委牵头对全县67个村（居）村务监督委员会举办村务监督委员会干部培训班。

9—11 日 针对可能出现的节日公款送礼、公车私用、值班脱岗、大操大办婚丧喜庆事宜等违纪行为，米林县纪委监委对各乡镇、县直各委、办、局开展节前廉政提醒。

11 日 全国政协常委、教科卫体委员会主任袁贵仁和部分全国政协委员一行17人到米林县开展教师节慰问活动。西藏自治区政协副主席桑杰扎巴，林芝市政协党组书记、主席人选谢英，米林县委书记李牧之，县政协主席刘安奇等陪同。

同日 西藏自治区人社厅厅长李富忠一行到米林县调研指导农牧民转移就业、高校毕业生就业创业工作。林芝市人社局局长李继承等陪同。

同日 米林县召开“不忘初心、牢记使命”主题教育动员部署会，县委书记李牧之出席并作动员部署讲话，在岗县级领导、各乡（镇）和县（中、区）直各单位主要负责人以及县委各巡回指导组成员90余人参加会议。

16 日 为庆祝中华人民共和国成立70周年，米林县委宣传部在县厦门文化公园开展“峥嵘七十载 共筑中国梦”喜迎中华人民共和国成立70周年系列展览活动，县委书记李牧之，县政协主席刘安奇，县委常委、统战部部长吉律，县委常委、纪委书记、监察委主任次平，县委常委、组织部部长许登顺，县委常委、宣传部部长才拉，县检察院检察长王辉，县人大常委会副主任索朗、尼玛次仁等在岗县级领导出席活动。

18 日 西藏自治区统计局党组书记、局长索朗扎西一行到米林县白灵芝产业园、山泽居调研民间投资项目情况。

19—20 日 米林县委组织部在县委党校举办村（居）党支部第一书记培训班，县委常委、组织部部长许登顺出席开幕会，全县67名第一书记参加培训。

20 日 西藏自治区文化厅流动舞台车发放仪式在拉萨举行，米林县首辆流动舞台车顺利完成交接，米林县文旅局副局长尼玛央宗参加发放仪式。

20—21 日 米林县开展“点赞新中国·奋进新林芝”喜迎中华人民共和国成立70周年“送温暖、送文化、送法律、送政策、送医送药”米林站演出活动。林芝市委老干部局副局长卢玉祥，市总工会副主席边巴、市总工会党组书记、副主席琼吉，米林县委常委、组织部部长许登顺等领导出席活动。

24 日 米林县举办“不忘初心、牢记使命”主题教育重温入党誓词暨党员政治承诺活动，仪式由县委常务副书记、政府常务副县长黄南荫主持，四大班子在岗领导及各单位主要负责人参加活动。

25 日　西藏自治区林业和草原局党组成员、副局长宗嘎等一行到米林县开展校园及周边环境治理专项督导检查工作。

同日　林芝市主要领导一行到丹娘乡朗嘎、丹娘安置点看望“三岩”搬迁群众，并对搬迁群众的生产生活现状进行查看和了解。

28 日　西藏自治区教工委副书记、自治区教育厅党组成员、巡视员范春文一行到米林县中学开展“扫黑除恶”专项检查工作。

29 日　由中共米林县委员会、米林县人民政府牵头，米林县委宣传部、米林县文旅局主办，林芝市文化局、林芝市书法协会、西藏农牧学院协办的“米林县第一届“青山绿水·大美药洲”暨“不忘初心、牢记使命”——庆祝中华人民共和国成立 70 周年主题书画展在米林县白鹭文化活动中心开幕，县委常委、纪检委书记次平，副县长陈剑钊出席开幕式，县委常委、宣传部部长才拉致辞。林芝市文化局群众艺术馆书法美术家协会主席次仁，米林县直机关、县中小学学生及投稿作者代表近 200 人参加仪式。

同日　米林县“庆祝中华人民共和国成立 70 周年文艺晚会”在米林县白鹭文化活动中心礼堂举行。此次晚会由中共米林县委员会、米林县人民政府主办，米林县委宣传部、米林县文旅局承办，米林县委书记李牧之，县委副书记、县长才旺尼玛及在岗四大班子领导出席晚会，县委常委、宣传部部长才拉致辞，米林县直各单位、各部门、部分乡镇干部职工，县中小学师生代表和广大群众近 500 人观看演出。

同日　林芝市教育局党组书记雷振鹏一行到米林县检查“不忘初心、牢记使命”主题教育及“五个 100%”教育目标开展情况。

10 月

1 日　米林县开展庆祝中华人民共和国成立 70 周年系列活动。上午 9 点，“升国旗·唱国歌”仪式在科技楼前广场举行。县四大班子领导、中国人民解放军部队领导、县直各部门负责人和干部职工代表共 300 余人参加仪式。上午 10 点，全县领导干部职工集中收听收看庆祝大会、阅兵式和群众游行盛况直播。

3 日　林芝市委常委、统战部部长达瓦一行到米林县检查接返人员教育转化工作，米林县委常委、统战部部长吉律等陪同。

7 日　国家体育总局副局长李建明带领调研组一行到米林县检查指导全民健身工作。

9 日　米林县纪委党支部组织干部对“四对一”结对帮扶对象开展慰问活动，为结对帮扶对象送去价值 5500 元的米、面、油、家用小电器等慰问品。

12 日　米林县纪委联合县委主题教育办组织开展米林县“不忘初心、牢记使命”主题教育案例剖析研讨会，县四大班子在岗领导、县直各单位负责人共 55 人参加，县委书记李牧之主持会议。

14 日　林芝市统计局局长熊义东到米林县南伊珞巴民族乡南伊村调研农牧民增收情况。

16 日　西藏自治区人大常委会副主任、林芝市委书记马升昌一行到米林县调研旅游产业发展情况。

同日　广东省市场监督管理局副局长高国盛带领调研组一行到米林县开展质量工作调研，林芝市场监督管理局党组副书记、局长郭全学等陪同。

同日　米林县农家书屋寺庙书屋（西藏自治区 2018 年度）出版物补充更新项目启动仪式在县政府大院白鹭广场举行。仪式为 66 个农家书屋、4 个寺庙书屋配发图书资料 140 包。

17 日　林芝市委“不忘初心、牢记使命”主题教育第三巡回指导组常务副组长尹斌一行到米林县南伊珞巴民族乡检查指导工作。

同日　米林县十二届人大常委会召开第二十三次会议。会议传达学习习近平总书记在庆祝全国人民代表大会成立 60 周年大会上的讲话和西藏自治区人大常委会副主任、林芝市委书记马升昌关于人大工作的批示；审议通过 2018 年米林县本级财政决算与 2019 年上半年财政预算执行情况报告；听取米林县人大常委会组成人员联系县人大代表情况的汇报；通过米林县人民法院关于任命春强为审判员的请示；通过米林县人民法院关于充实审判委员会委员的请示；通过中共米林县委员会关于刘美任免职的通知；通过米林县人民法院关于任命尼玛扎西、陈远鹏2人法律职务的请示。

同日 珠澳合作推介会在澳门威尼斯人酒店举办，米林县受邀参加此次盛会，会上，米林县推介代表身着民族服装，就米林县区位及文旅资源优势、产业方向和政策信息方面进行推介。

同日 米林县扶贫办开展以“不忘初心、牢记使命，全面巩固脱贫攻坚成果”为主题的全国“扶贫日”专题活动。县委书记李牧之，县委常委、宣传部部长才拉、副县长丹知尖措参加活动并致辞。此次活动共发放扶贫资料及印有扶贫标语的小礼物300余份，现场共收到干部职工、群众募捐6464元。

26日 西藏自治区农科院主办的西藏苹果标准化种植现场会暨示范培训会在米林县羌纳乡林巴村盛世农业水果种植基地举行。西藏、四川两地农科院院长，林芝市副市长强巴央宗，米林县委副书记、县长才旺尼玛出席会议。

30日 西藏自治区副主席多吉次珠、自治区人民政府办公厅副巡视员旦巴央培、区文化厅副厅长（正厅级）桑布、区旅发厅巡视员红卫等一行在米林县对旅游基础设施规范化建设及文化产业发展情况进行调研。林芝市副市长徐龙海、市政府副秘书长卓玛、市旅发局书记周传峰、市文化局局长孟存军及米林县副县长陈剑钊等陪同。

同日 西藏自治区纪委监委政策法规研究室副主任马光涛，市纪委常委、监委委员刁锋林一行6人到米林县调研指导工作并召开调研座谈会。

同日 林芝市水利局党组副书记、局长土登洛桑一行到米林县验收雅江干流治理工程。米林县副县长西热江才等陪同。

31日 西藏自治区教科院副院长泽旺曲珍带领林芝市第三批自治区级语言文字规范化示范校评估专家组到米林县中学检查指导工作。

11月

3日 西藏自治区党委副书记、自治区常务副主席庄严，区农业农村厅副巡视员王冠杰，区发改委副主任赵勇一行在米林县调研旅游产业发展情况。林芝市委常委、副市长杨赤卫、副市长徐海龙，米林县委副书记、县长才旺尼玛，县委常委、宣传部部长才拉等陪同。

4日 林芝市主要领导在米林县盛世标准化水果种植基地召开苹果种植新模式、新品种、新技术现场观摩会。副市长扎西达杰参加观摩会，米林县委副书记、县长才旺尼玛陪同。

5日 米林县民政局、深圳固纬科技有限责任公司在米林县白鹭文化广场举办“助力扶贫做贡献 慈善捐赠光明行”无偿捐赠光能路灯仪式。米林副县长旦知尖措出席活动，此次共向米林县捐赠了价值54万元的光能路灯340盏。

7日 水利部监督司副司长曹纪文一行在米林县调研农村饮水安全和项目建设情况。西藏自治区水利厅副厅长赵辉，林芝市水利局党组副书记、局长土登洛桑等陪同。

13日 西藏自治区人大常委会代表人事选举工作委员会主任刘建敏一行在米林县检查雪卡防洪堤工程进展情况。米林县委常委、人大常委会主任陈绪全，县副县长西热江才陪同。

17日 林芝市2019年“深化改革，聚焦课堂，提升质量”初中主题教研暨校长论坛活动在米林县中学举办。

18日 林芝市委常委、副市长杨赤卫一行在米林县中学就“不忘初心、牢记使命”主题教育开展情况进行调研。

同日 林芝市政府副秘书长卓玛带领市统计局、市卫健委、市妇联等单位相关人员在米林县督促检查“两规”（妇女发展规划和儿童发展规划）工作，米林县委常委、副县长宋振兴等陪同。

20日 米林县召开2019年下半年“遵行四条标准、争做先进僧尼”教育实践活动先进集体和先进个人表彰大会，表彰了在“遵行四条标准、争做先进僧尼”教育实践活动中涌现出的先进集体和先进个人。此次大会表彰了“模范寺庙”3座、“优秀组织单位”1个、“优秀僧尼”8名、“先进寺管干部（民警）”5名，共兑现奖金2.18万元。

24 日　林芝市教育局电教馆馆长春扎西一行在米林县中学调研智慧校园建设和城域网使用情况。

24—30 日　2019 年乡村文化和旅游能人专题培训班（第一期）在成都举办，米林县公尊德姆项目入选文化和旅游部 2019 年度乡村文化和旅游部能人支持项目，负责人德吉旺姆荣获中华人民共和国文化和旅游部乡村文化和旅游能人称号。

25 日　米林县召开 2019 年中央脱贫攻坚专项巡视“回头看”和省际交叉考核部署会议。会议由县委副书记、县长、县脱贫攻坚指挥部指挥长才旺尼玛主持。

26 日　西藏自治区公安厅法制总队总队长阿桑带领执法质量考评组一行，在米林县公安局开展执法规范化建设暨执法质量考评工作。林芝市公安局党委委员、政治部主任徐家志、法制支队支队长张生龙、反恐支队政委谷静华等陪同。

28 日　米林县扶贫办与中国人民财产保险股份有限公司林芝分公司签订协议，为全县已脱贫建档立卡户 2035 人购买防返贫保险，总资金为 101750 元。此项活动资金由广东省第九批援藏工作队米林县工作组提供支持。

12 月

4—5 日　由西藏自治区农业农村厅副厅长肖长伟带队的国家和自治区包虫病综合防治工作成效联合评估组一行在米林县开展评估工作，林芝市卫健委主任王洪举、米林县副县长乔直达陪同。

6 日　西藏自治区发展和改革委员会党组成员、副主任赵勇带领调研组一行到米林县调研拉林铁路站前配套设施建设、征地拆迁、重点工程进展及拖欠民工工资等工作。

同日　米林县十二届人大常委会召开第二十四次会议。会议传达学习第十三届全国人民代表大会常务委员会第十四次会议精神（书面）；补选列巴为林芝市第一届人民代表大会代表；听取和审议米林县人民检察院公益诉讼工作开展情况专题报告；通过付江南等 8 人的任免职请示。

10 日　米林县派镇加拉村、直白村雅鲁藏布江堰塞湖灾后安置搬迁点入住仪式举行，县委副书记、县长才旺尼玛出席仪式。

11—12 日　林芝市林草局林改办协同陕西国土测绘工程院有限公司、云南省林业调查规划院生态分院对米林县 2019 年林改工作开展情况进行验收。

15 日　自然资源部地质勘查司副司长熊自力、西藏自治区自然资源厅总工程师刘鸿飞一行对米林县地质灾害进行专项调研，重点对雅江堰塞湖灾后重建及搬迁工作进行调研，林芝市副市长肖鹤、市自然资源局局长白多、米林县委常务副书记黄南荫陪同。

17 日　西藏自治区教育厅副巡视员李志鹏一行到米林县考察数字化校园建设情况。

20—26 日　米林县退役军人事务局与拥军优抚合作门店米林县家家乐超市开展“爱心助困惠万家 拥军优抚送温暖”活动，活动期间总计售出食品 76 万元、百货 110 余万元、家用电器 70 余万元，为现、退役军人等优抚对象优惠 159.5 万元。

26 日　米林县召开雅鲁藏布大峡谷景区创建国家 AAAAA 级景区推进大会，县委副书记、县长才旺尼玛主持会议，林芝市人大常委会副主任、米林县委书记李牧之，县四大班子在岗领导，各乡（镇）党政主要负责人，县（中、区）直、企事业单位及雅鲁藏布大峡谷景区负责人参会。

30 日　林芝市委统战部常务副部长周学武、民族宗教科科长米玛罗杰等一行到米林县委统战部、各寺庙管委会考察指导米林县寺庙管委会改革工作。

31 日　米林县森林消防中队举行挂牌仪式。县委常委、副县长周立出席仪式。

概　况

【概况】 米林县位于西藏自治区东南部，林芝地区西南部，地处雅鲁藏布江中下游，念青唐古拉山脉与喜马拉雅山脉之间。位于北纬 28° 39′ —29° 50′，东经 93° 07′ —95° 12′。东南部与墨脱县相连，西部与朗县相接，北部与巴宜区接连，西北部与工布江达县毗邻。县驻地东多村海拔 2950 米，距离西藏自治区首府拉萨市 480 千米，距离林芝市 72 千米。米林县地形东西狭长，西高东低，多宽谷，相对高度相差较小，全县平均海拔 3700 米，呈山河谷地形。境内主要山脉有喜马拉雅山脉和念青唐古拉山脉，最高峰南迦巴瓦峰，海拔 7782 米，是世界第十五高峰，它与海拔 7294 米的加拉白垒峰隔江相望。雅鲁藏布江从西向东横贯全境，境内河段长 250 千米，全县有 5 条较大的支流，境内河流总长 1077 千米。米林县属高原温带半湿润季风气候。

米林藏语为“药洲”之意，全县辖米林镇、卧龙镇、派镇、里龙乡、扎西绕乡、羌纳乡、丹娘乡、南伊珞巴民族乡 8 个乡（镇），67 个村（居）。2019 年末，全县总人口 28475 人（含流动人口），其中户籍人口 23433 人（农村人口 17795 人）。米林县由较多民族组成，人口密度相对较小，是以农业生产为主的半农半牧县。聚居民族主要有藏族、汉族、珞巴族、门巴族、回族等。全县区域总面积 9494.57 平方千米，东西长约 239 千米，南北跨度 158 千米。耕地面积 4170.23 公顷，农作物播种总面积 4896.2 公顷（其中粮食播种面积 2601.5 公顷，小麦种植面积 1798 公顷，油料种植面积 345 公顷，蔬菜种植面积 151.7 公顷）。主要农作物有小麦、青稞、油菜、豌豆、荞麦等，农副土特产品主要有苹果、梨、核桃、桃、辣椒和藏鸡、藏鸡蛋、藏猪等。林地面积 642783.05 公顷，占全县区域总面积的 67.7%。主要林木品种有冷杉、云杉、高山松、华山松、落叶松、杨树、桦树、高山栎、青冈和巨柏等。药材种类有虫草、贝母、天麻、丹参、红景天、当归、三七、雪莲、秦艽、沙棘、雪山一枝蒿、三棵针及松茸、青冈菌、牛肝菌等多种菌类、蕨类植物。野生动物有野牦牛、叶猴、香獐、水獭、熊、羚羊、野鸡等。矿产资源初步勘探发现有石膏、石灰石、铬、铁、沙金、水晶石及电气石等。主要旅游景区有南伊沟 AAAA 级景区和雅鲁藏布江大峡谷 AAAA 级景区。米林境内有世界第一大峡谷——雅鲁藏布大峡谷；中国最美山峰——南伽巴瓦峰，海拔 7782 米，是世界第十五高峰，它与海拔 7294 米的加拉白垒峰隔江相望；还有尼洋河与雅鲁藏布江交汇处形成江水倒流奇景，丹娘沙丘，南伊原始森林景观和终年不化的冰洞及珞巴民族独特的民俗文化风情。

2019 年，全县地区生产总值 18.14 亿元，同比增长 8.1%，其中，第一产业增加值 1.71 亿元，增长 2.5%；第二产业增加值 8.08 亿元，增长 7.9%；第三产业增加值 8.35 亿元，增长 8.8%。三次产业的比例为 9∶45∶46；农牧民人均可支配收入达 19710 元，同比增长 12.7%。城镇居民人均可支配收入 33041 元，同比增长 11.3%。全县一般公共预算收入 1.2 亿元，同比增长 7.2%；公共财政预算收入占地区生产总值的 6.62%。各项税收收入 0.89 亿元，同比增长 59.1%；公共财政预算支出 12.65 亿元，同比增长 5.2%。2019 年，全县固定资产投资比上年同期减少 17.8%。2019 年,全县社会消费品零售总额达 2.97 亿元,同比增长 10.4%。分区域看,城镇零售额 1.8 亿元,同比增长 10%;乡村 1.1 亿元,同比增长 11%。分行业看,商品零售额 1.7 亿元,同比增长 8%;住宿、餐饮销售额 1.26 亿元,同比增长 13.8%。2019 年累计接待游客 160.12 万人次,同比增长 23.14%;旅游收入达 14.52 亿元,同比增长 29.04%。全年邮政业务总量 40 万元,同比减少 20%;电信业务总量 4647 万元,同比增长 105%。年末,金融机构各项存款余额 20.17 亿元,同比减少 5%;金融机构各项贷款余额 40.98 亿元,同比减少 42%。2019 年,普通中学 1 所,招生 288 人,比上年减少 8%;在校生数 849 人,比上年增长 7%;教职工数 129 人,比上年减少 2%。小学 9 所,招生人数 377 人,比上年增长 8%;在校生数 2421 人,比上年增长 6%;教职工数 265 人,比上年减少 1%。学龄前儿童入学率达 89.76%。2019 年,全县拥有医院 3 个,卫生防疫机构 1 个,卫生院 8 所,卫生技术人员 124 人,其中执业(助理)医师 44 人,医疗机构床位数医院 40 张、藏医院 10 张、乡镇卫生院 51 张。年末,城镇居民社会养老保险参保人数 7772 人,同比减少 12%;城镇职工基本医疗保险参保人数 2132 人,同比减少 9%;失业保险参保人数 1336 人,同比增长 10%;工伤保险参保人数 3634 人,同比增长 20%;生育保险参保人数 2120 人,同比增长 4%。

【巩固脱贫成果】 坚持摘帽不摘责任、不摘政策、不摘帮扶、不摘监管,制定《米林县脱贫攻坚巩固提升方案》,紧盯解决"两不愁三保障"突出问题,认真抓好巡视巡察以及督察检查发现问题整改。持续加大基础设施建设、产业扶持、医疗救助、教育帮扶等工作力度,全县建档立卡 747 户 2351 人脱贫率达到 100%、整改任务完成率达到 100%。全面落实自治区关于昌都"三岩"片区易地扶贫搬迁各项政策,积极推进"三岩"搬迁工作,安置搬迁群众 179 户 1016 人。

【产业融合发展】 始终坚持新发展理念,坚定不移走高质量绿色发展路子,以正确处理"十三对关系"为根本方法,扎实推进以生态旅游产业为支柱的"一带三区一基地"建设,牢固树立全时全域旅游发展理念,不断改善旅游交通、景区景点等基础设施,继续加大"山水米林、花谷药洲"旅游形象推介,成功举办桃花旅游文化节和黄牡丹藏医药文化旅游节。大峡谷景区被列入创建 AAAAA 级景区预备名单。全年接待区内外游客 160.12 万人次,同比增长 23.14%。旅游产业带动群众综合创收 6994.9 万元,兑现旅游惠民资金 962 万元,惠及 2247 人,人均受益 4200 元。突出农牧特色产业基础和支撑作用,立足上规模、创品牌目标,持续加大资金、项目投入力度,落实农牧产业项目 31 个,经济效益和社会效益不断提升。全县实现新增林果种植 2100 亩、藏药材 230 亩、设施蔬菜 210 亩,藏猪存栏 7.27 万头,成功举办全区首届林芝苹果标准化种植现场观摩会,产业规模和效益实现同步提升。一批具有典型代表的农牧龙头企业引领发展,以盛世农业标准化水果基地为龙头的"小苹果、大产业"为全区树立标杆,西藏可心农业发展有限公司扎根米林,米林"三瓶水"量产上市,以派镇公尊德姆庄园为典型的民宿经济蓬勃发展,一产围绕旅游调结构、二产围绕旅游出产品、三产围绕旅游强服务的基础更加坚实。

【项目建设】 全年开复工项目 167 个(不含边境小康村建设),总投资 15.82 亿元,累计完成投资 7.84 亿元。机场商贸物流园建设进度持续加快,拉林铁路米林段建设稳步推进。完成第八、九批援藏轮换工作,第八批援藏项目全部完工。结合"十三五"规划项目实施情况,梳理"十四五"规划项目 159 个,涉及民生改善、基础设施建设、生态环境保护、基层政权及社会管理能力建设和特色优势产业发展等,规划总投资 103.21 亿元,"十四五"规划项目盘子初步形成。编制完成乡村振兴战略总体实施方案。

【深化改革】 完成党政机构改革,体制机制更加顺畅。深入推进"互联网+政务服务"工作,全面梳理发布事项清单和实施清单,优化审批服务流程,便民服务事项网上可办率达到 100%。持续深化农村改革,出台《米林县农村土地制度改革的暂行管理办法》,进一步完善农村土地三权分置,鼓励适度规模经营。2019 年底,全县土地流转面积近 3 万亩,流转收益达 1350 万元,在全市率先发放土地经营权抵押贷款共26笔587万元。完成8个乡镇以及135个村居（小组）的清产核资和村级建档工作。完善招商引资项目“一对一”专班负责制，持续加大招商力度，2019年招商引资签约项目16个，到位资金6.23亿元，完成固定资产投资5.7亿元。

【民生事业】 坚持教育优先发展，认真贯彻落实林芝市深化新时代教育改革发展意见，继续深化组团式教育援藏，扎实推进村级幼儿园、学校供暖等教育基础设施建设，大力推进村级学校阳光体育和全民健身活动，建立健全培训教育体系，不断巩固县域义务教育均衡发展成果，其他省市西藏初中班招生考试录取人数同比增长57%，小考成绩居七县区第一名。继续深化医疗卫生体制改革，配合做好三级医院对口帮扶，与珠海市第五人民医院、珠海高新区人民医院签订《医院等级创建帮扶协议》；县卫生服务中心成功通过二乙评审，包虫病综合防治顺利通过国家验收，持续加强包虫病筛查、疾病预防和食品药品安全管理；县域医疗卫生工作水平不断提升，扎实开展生活饮用水、公共场所卫生监督执法。有序推进县级文明城市创建，成立新时代文明实践中心；大力推进“志愿之城”建设，免费开放县域内各类公共文化设施；启动全民健身群众广场舞活动，新编制作《林芝工布锅庄》，为12个贫困村购置发放文化活动室设备，鼓励群众利用节庆节点开展文艺活动，不断丰富精神文化生活。稳步推进加拉村堰塞湖灾后恢复重建工作，57户213名受灾群众迁入新居。

【社会保障】 坚持把就业创业摆在突出位置，大力开展就业创业“一对一”帮扶；持续加强未就业群众技能培训，政府出资购买40个基层服务性岗位，应届高校毕业生就业率达到98.8%，农牧民转移就业7486人次。多渠道开发就业岗位228个，实现城镇新增就业535人，城镇登记失业率控制在2.29%。继续推进全民参保登记，累计发放社保卡1.37万张，五保户集中供养和孤儿救助工作进一步加强，县乡村三级退役军人服务中心（站）完成挂牌。

【生态环境】 坚持绿色生态发展理念，严格保护米林的好山好水、绿水蓝天、冰天雪地。城乡生态环境质量持续提升，城乡垃圾收集覆盖率100%，基本实现农村垃圾科学无害化处理。严格管理和保护森林资源，加大林业有害生物防控力度，有效防治病虫害林区1600亩，有效遏制印加孔雀草等外来物种的蔓延。征收林地林木补偿费1894万元。公益林管护面积648.68万亩，兑现森林生态效益补偿资金共计3202万元。生态创建力度加大，获得自治区级生态县、7个自治区级生态乡镇、54个自治区级生态村（居）的命名。截至2019年底，7个国家级生态乡镇、9个国家级生态村的申报材料编写工作完成并上报生态环境部，开展“国家生态文明建设示范县”创建工作。

【社会治理】 以党政机构改革为契机，成立县委国家安全委员会及办公室，对政法、国安、公安等相关部门的综治维稳工作职能进行划转调整，将县维稳指挥部调整为县委国家安全指挥部，对指挥部下设各工作专班进行调整充实、对专班职责进行优化整合，实现指挥体系更加高效、工作运转更加顺畅。坚持县级领导包乡镇、乡镇领导包村居制度，严格执行县级领导轮流值班带班、重点时段主要领导值班带班及集体坐班制度，重要时段派出县级领导带队深入乡镇、油气站开展蹲点督导，实现压力层层传导、责任层层压实。扎实开展反分裂斗争，依法管理虫草采集事务，虫草采集管理工作连续3年无案（事）件。依法合理回应群众信访诉求83件次，化解调处率98.6%。扎实开展“三个专项”斗争，人民群众的安全感明显提升。严守“三条底线”，积极开展“遵行四条标准、争做先进僧尼”教育实践活动，依法管理民族宗教事务，全面落实利寺惠僧政策，僧尼爱国爱教作用发挥明显，“羌纳寺展佛活动”和“雪卡日追转山活动”规模同比分别减少18%和52%。全面加强应急管理，扎实推进防汛抗旱、森林防火等工作，严守安全生产底线，全县全年未发生安全生产事故，事故起数、死亡人数实现100%双下降。立足边疆多民族聚居县实际，广泛开展民族团结教育和民族团结进步创建活动，深入推进各民族群众共居共学共事共乐共融，大力开展道德模范、“最美人物”评选以及民族团结典型事迹巡回宣讲等富有特色的群众性活动，在全社会唱响民族团结的主旋律。

中共米林县委员会

综述

【概况】 2019年，中共米林县委员会工作机构有县委办公室、纪检委、组织部、宣传部、统战部、政法委。有县委书记1名，常务副书记2名，副书记4名，县委常委11名。

【党的建设】 强化党的思想政治建设。2019年，米林县坚持把学习宣传贯彻习近平新时代中国特色社会主义思想作为首要政治任务，扎实开展“不忘初心、牢记使命”主题教育，全县累计开展专题研讨141场次，观看先进事迹片、警示教育片等130余场次，讲专题党课169场次，开展志愿服务107次，为民办实事好事41件，形成高质量调研报告31篇，对照查摆出各类问题659个、完成整改501个，主题教育取得阶段性成果；继续深化“两学一做”“四讲四爱”“遵行四条标准、争做先进僧尼”等教育活动，开展各类学习宣传活动3396场次、受教育干部群众20.65万人次，切实将学习贯彻延伸至基层、拓展至全体干部群众、贯穿到改革发展稳定生态事业的全过程；坚决贯彻落实中央、区党委和市委各项决策部署，开展党员政治教育培训328场次，签订党员不信仰宗教承诺书3800余份，常态化开展党章党规党纪和反分裂斗争纪律教育，引导广大干部群众坚定不移维护祖国统一和民族团结，树牢“四个意识”、坚定“四个自信”、做到“两个维护”已经成为广大干部群众的自觉行动。

2019年7月11日，西藏自治区党委书记吴英杰（前排右五）一行到米林县南伊珞巴民族乡琼林村考察调研基层党建、边境小康村建设、易地扶贫搬迁、兴边富民等工作，看望慰问了基层干部群众和部队官兵并合影留念

强化党的组织建设。落实基层组织力提升各项政策措施，按照“把基层党组织建设成为听党话、跟党走，善团结、会发展，能致富、保稳定，遇事不糊涂、关键时刻起作用的坚强战斗堡垒”要求，把抓基层打基础作为治边稳藏的长远之计和固本之举，认真组织开展村（居）组织换届“回头看”、村（居）干部联审、软弱涣散基层

2019年7月9日，西藏自治区人大常委会副主任、林芝市委书记马升昌（右一）一行到米林县督导检查亚青寺返回人员集中教育转化工作

党组织整顿提升等工作，顺利完成排查解决发展党员违规违纪问题和新时代驻村工作试点任务，全面推广琼林村边境“小牧屋”、西嘎村党建促乡村振兴、岗嘎村军地共建、邦仲村双联共建边境党建模式，加快推进31个村、4个机关和“两新”组织活动场所标准化建设，优化边境放牧点“小牧屋”、虫草采集点临时党支部等基层党组织设置，聘请5名部队军官到边境村柔性任职，选派10名干部到“三岩”安置点开展工作，推动基层党组织建设全面进步、全面过硬。

强化党的制度作风纪律建设。深入学习贯彻中共十九届四中全会精神，坚持以制度管人管事，对全县现行制度进行全面梳理总结，抓好制度撤并改立，用制度建设的全面强化推动县域工作的全面过硬。着眼于作风建设制度化、长效化、常态化，坚持人往基层走、钱往基层投、政策往基层倾斜，突出驻村驻寺队伍服务职能，建设县乡村三级便民服务平台52个，切实打通联系服务群众“最后一公里”，在为民服务中拉近党同人民群众的血肉联系；积极组织开展人大代表、政协委员调研视察活动，帮助代表、委员更好地履职尽责，进一步扩大党内民主。坚决执行“三个牢固树立”标准，坚定不移贯彻落实中央“八项规定”及其实施细则精神和区党委实施办法，坚持作风要求凡节凡会必提，持续抓好形式主义、官僚主义以及利用名贵特产类特殊资源牟取私利等问题专项整治，精准把握运用监督执纪“四种形态”，稳步推进监察权向乡镇延伸，巩固米林县风清气正的政治生态。全年共受理问题线索61件，其中，立案审查12件，初核了结37件，12件办理中，给予14人党纪政务处分。

2019年10月16日，西藏自治区人大常委会副主任、林芝市委书记马升昌（前左一）一行到米林县调研旅游产业发展情况

【产业发展】 2019年，米林县始终坚持新发展理念，坚定不移走高质量绿色发展路子，扎实推进以生态旅游产业为支柱的“一带三区一基地”建设，产业结构不断优化、内生动力显著增强，经济发展模式逐步由“输血型”经济向“造血型”经济转变。2019年，全县实现地区生产总值18.14亿元，按可比价格计算，比上年增长8.1%；全县一般公共预算收入1.2

亿元,同比增长 7.2%;全县农牧民人均可支配收入达 19710 元,同比增长 12.7%;城镇居民人均可支配收入 33041 元,同比增长 11.3%。

做强生态旅游业。牢固树立全时全域旅游发展理念,不断改善旅游交通、景区景点等基础设施,继续加大“山水米林、花谷药洲”旅游形象推介,成功举办桃花旅游文化节和黄牡丹藏医药文化旅游节,引导群众通过参与旅游服务融入产业发展,生态旅游产业战略性支柱地位得到持续巩固。2019 年,全县累计接待游客 160.12 万人次,同比增长 23.14%;旅游收入达 14.52 亿元,同比增长 29.04%。

做大特色农牧业。突出农牧特色产业基础和支撑作用,立足上规模、创品牌目标,持续加大农牧特色产业资金、项目投入力度,全县实现新增林果种植 2100 亩、藏药材 230 亩、设施蔬菜 210 亩,收购能繁母猪 3048 头、藏香猪存栏 7.27 万头,产业规模和效益实现同步提升;机场商贸物流园、藏医药产业园建设进度持续加快,县域特色优势产业加快融合发展。

做好项目建设和招商引资工作。深入实施项目带动战略,做好藏中电网拉林铁路供电工程、边境公路等重点项目服务管理,加快实施一批全局性、战略性、基础性的重大项目,预计全年完成固定资产投资 25.3 亿元。坚持“大招商、招大商、精准招商”的理念,成立招引项目“一对一”跟踪服务专班,立足产业发展实际开展招商引资工作,2019 年招商引资签约项目 16 个,协议资金 31.4 亿元、到位资金 6.23 亿元,完成固定资产投资 5.7 亿元。

【改善民生】2019 年,米林县坚持以人民为中心的发展思想,抓住人民群众最关心、最直接、最现实的利益问题,倾听人民心声、顺应群众期待,集中人力、财力、物力为民做实事办好事,各族群众幸福感、获得感更加充实、更有保障、更可持续。

精准施策抓好脱贫攻坚成果巩固。坚持摘帽不摘责任、不摘政策、不摘帮扶、不摘监管,按照“工作力度只增不减、资金投入只增不减、政策支持只增不减、帮扶力度只增不减”的要求,把产业覆盖和产业带动作为巩固脱贫成果、构建增收长效机制、实现全面建成小康社会目标的重要抓手,持续加大基础设施建设、产业扶持、医疗救助、教育帮扶等工作力度,在发展产业中与群众建立紧密的利益联结机制,实现“输血扶贫”向“造血扶贫”转变,全县建档立卡人口脱贫率达到 100%、整改任务完成率达到 100%。

持续发力做好民生实事好事。围绕“幼有所育、学有所教、劳有所得、病有所医、老有所养、住有所居、弱有所扶”,坚持教育优先发展,围绕“五个 100%”教育目标,继续深化组团式教育援藏,扎实推进村级幼儿园、学校供暖等教育基础设施建设,大力推进学校阳光体育和全民健身活动,建立健全教师培训教育体系,不断巩固县域义务教育均衡发展成果。2019 年其他省市西藏初中班录取 47 人,同比增长 57%,小考成绩居七县区前列,切实让每一名孩子都享受到高质量教育;继续深化医疗卫生体制改革,配合做好三级医院对口帮扶,与珠海市第五人民医院、珠海高新区人民医院签订《医院等级创建帮扶协议》,县卫生服务中心成功通过二乙评

2019年7月30日，米林县委书记李牧之看望慰问部队官兵

2019年11月6日，米林县委书记李牧之（左二）到羌纳乡调研扫黑除恶打非治乱专项斗争工作

审；持续加强包虫病筛查、疾病预防和食品药品安全管理，县域医疗卫生工作水平不断提升。

用心用情提高社会保障水平。坚持把就业创业摆在突出位置，大力开展就业创业“一对一”帮扶，创新建立“4+2”就业服务工作机制，持续加强未就业群众技能培训，政府出资购买40个基层服务性岗位，实现167名应届高校毕业生就业创业、农牧民转移就业7480余人次；多渠道开发就业岗位228个，实现城镇新增就业535人，城镇登记失业率控制在2.29%；各类保险参保工作稳步开展，五保户集中供养和孤儿救助工作进一步加强，实现有意愿的五保人员、孤儿全覆盖。

【生态环保】 2019年，米林县牢固树立绿水青山就是金山银山、冰天雪地也是金山银山的理念，尊重自然、顺应自然、保护自然，坚定不移走绿色可持续发展道路，生态安全屏障进一步筑牢。

生态理念深入人心。积极发挥“双联户”户长、网格格长、生态效益岗位作用，组织开展内容丰富、形式多样的环境整治活动，加大道路沿线、景区景点等重点治理，建立卫生整治常态工作机制，深入开展生态文明宣传教育，城乡人居生活环境显著改善；正确处理好保护生态和富民利民的关系，争取资金把有劳动能力的贫困群众就近就便转成护林员、自然保护区管理员、环境保护监督员等，各族群众保护生态的积极性得到不断激发。

国土绿化持续推进。全面实施重点区域绿化、经济林建设等生态工程，扎实开展雅鲁藏布江流域造林绿化，大力发展庭院经济，积极倡导全民义务植树。全年共完成植树造林7702.5亩，完成3.73万株庭院经济苗木种植工作。

生态建设全面加强。坚持把生态环保纳入领导干部考核评价重要内容，建立环保监察、环境监测、城乡环境综合治理常态化工作机制，严把建设项目环境影响评价关口，严格环保监察“双随机”抽查制度，始终保持环境监管高压态势。年初以来，共受理群众举报环保案件2起，监察发现问题2起，共处罚金20万元；全面加快国家级生态县和国家森林城市创建步伐，扎实做好城乡环境综合治理工作，严格落实生态环保项目建设标准，深入开展环境污染防治，依法严厉打击环境违法行为，确保全县生态环保形势持续稳中向好。

（次仁永措）

【机构领导】

县委书记

李牧之

县委副书记、政府县长

才旺尼玛（藏族）

县常务副书记、常务副县长

黄南荫（援藏，7月任职）

县委常务副书记、米林农场党委书记

荆洪文（6月离职）

县委副书记、常务副县长

李丛山（6月离任）

县委副书记、米林农场副书记

周哲文（援藏，7月任职）

县委副书记

达　顿（藏族）

县委常委、人大常委会主任

陈绪全

县委常委、人武部政委

李　桥（1月任人武部政委，12月任县委常委）

县委常委、常务副县长

乔多吉（藏族）

县委常委、纪委书记

次　　平（藏族）

县委常委、统战部部长

吉　　律（藏族）

县委常委、副县长

宋 振 兴

县委常委、副县长

周　　立（穿青人）

县委常委、组织部部长

许 登 顺

县委常委、宣传部部长

宋 步 川（离职）

县委常委、宣传部部长

才　　拉（女，藏族，5月任职）

县委办公室

【概况】 中共米林县委员会办公室（以下简称“县委办公室”）是县委的综合部门，正科级设置，负责推动县委决策部署的落实，按照县委要求协调有关方面开展工作，承担县委运行保障具体事宜，加挂县委保密委员会办公室、县国家保密局、县档案局牌子，管理县委机要局（县密码管理局）、县档案局。县委办公室核定行政编制4名。中共米林县委会机要局（以下简称“县委机要局”）为正科级，列县委工作机关序列，归口县委办公室管理，加挂县密码管理局牌子。

2019年底，县委办公室有主任1名，副主任3名，四级主任科员2名，一级科员4名；县委机要局局长1名，副局长1名，一级科员6名；县档案馆有馆长1名，事业干部1名。

【保持绝对忠诚政治品格】 政治理论学习。2019年，县委办始终坚持以习近平新时代中国特色社会主义思想为指引，认真学习贯彻中共十九大以及十九届二中、三中、四中全会精神，认真学习贯彻习近平总书记关于治边稳藏的重要论述和关于西藏工作的系列批示指示要求以及关于办公厅工作“五个坚持”的指示要求，把维护习近平总书记党中央的核心、全党的核心地位作为第一位政治要求、政治纪律和政治规矩，不断增强“四个意识”、坚定“四个自信”、做到“两个维护”。

开展“不忘初心、牢记使命”主题教育。牢牢把握主题教育的根本任务、主题、主线和目标，围绕“守初心、担使命，找差距、抓落实”的总要求，突出学习教育、查摆整改等重点，先后组织集中学习交流10余次，撰写心得体会20余篇，查摆问题48个，完成整改38个，切实做到理论学习有收获、思想政治受洗礼、干事创业敢担当、为民服务解难题、清正廉洁作表率。

旗帜鲜明反分裂。始终旗帜鲜明反对分裂，自觉维护祖国统一和民族团结，坚守共产党员不信仰宗教的政治承诺，认真开展特殊区情、特殊矛盾、民族宗教等形势政策分析教育，深入揭批十四世达赖反动本质，持续强化广大党员干部思想认识、增强斗争精神，始终在大是大非面前保持政治定力和清醒头脑。

【发挥参谋助手作用】 文稿起草。2019年，县委办围绕经济发展、维护稳定、乡村振兴、党的建设、生态环保等重点工作，贴紧领导工作思路，积极开展调查研究，起草县委各类会议讲话、报告等重要文稿200余篇。

信息采编。紧紧围绕县委各个时期中心工作，认真开展信息收集、采编、报送等工作，全年整理上报自治区信息836期，上报林芝市

2019年6月11日，米林县档案局在县白鹭文化活动中心开展“新中国的记忆”国际档案日宣传活动

信息2158期，被林芝市采用121期。

发文办会。全年累计发文291份、办理各类会议（活动）93场次。同时，积极推动为基层减负各项措施落实落地，积极发挥协调督促职能，制定《2019年度文件会议精简量化目标任务》，会议、文件较上年下降32.7%、34.5%，将督查检查考核事项统筹合并为17项，较上年减少36项，对“责任状”“军令状”“一票否决”等进行梳理清理，清理合并各类临时或者不必要议事机构44个、评比表彰创建活动17个。

【统筹推进办公室各项工作】 检查工作。2019年，县委办对临时变更、增加的督查考核采取归口审批制度，严格贯彻执行《米林县2019年督查考核检查年度计划》，在抓好中央、区党委、市委、县委各类督办事项的同时，积极做好党建、维护稳定、安全生产、环境保护等工作的督导检查，2019年度累计督办各类事项106件，上报《督查专报》28期，下发《督查通报》4期，有效确保上级决策和县委工作部署落到实处。

保密工作。及时组织召开保密工作会议，对67名机要秘书开展培训，梳理完善各项保密制度，先后开展保密检查3次、实现全县各部门全覆盖，全年未发生失、泄密事件。

机要密码工作。共收发密码电报1332份，办理业务电报228份，保障各类会议157次，为全县各单位维护县乡党政信息网163次，县、乡党政信息网传输各类公文信息1.42万条，商用密码使用效率进一步提高。为全县47家县乡党政信息网用户单位配装国产计算机终端和打印机，实现县乡党政信息网所有设备国产化单轨运行，为涉密领域国产化打下坚实基础。

档案工作。完成县委1969—1974年和2016年文书档案整理工作，共112卷1070件，整理各类资料2002份，完成米林县农村土地承包经营权确权登记颁证验收工作，接收部分县直机关移交文书档案8384件（686盒），接待档案查阅34人次、38件次，先后对全县32家机构改革涉改单位进行了业务指导。

地方志工作。组织召开地方志业务工作培训会3次，安排专人赴区内外参加方志业务知识培训5次，与珠海市方志办达成修志援助协议，切实提高米林县方志工作人员的能力和水平。紧紧围绕“两全目标”任务，继续做好第二轮《米林县志（2006—2015）》编修及一年一鉴综合年鉴编纂工作，顺利通过《米林县志（2006—2015）》复审，出版《米林年鉴（2018）》，完成《米林年鉴（2019）（初稿）》编纂。

【树立办公室良好形象】 持续抓好党建工作。2019年，县委办及时召开支部党员大会对支委会成员进行补选，认真做好党员发展工作，严格执行“三会一课”、民主评议党员、请示报告、领导干部讲党课等党内政治生活制度，不断提升党内政治生活的严肃性、时代性、战斗性。深入开展不作为、慢作为等形式主义、官僚主义自查自纠，持续深化作风整治，持续加强党风廉政建设，加强办公室干部警示教育及日常提醒提点，确保办公室始终风清气正。

持续健全完善各项规章制度。健全完善办公室各项管理制度，在上下班、请销假、学习、值班等方面做出明确规定，要求从领导干部到一般工作人员都要严格遵守、认真执行，用制度来约束规范全体人员的工作行为，保证办公室工作制度化、规范化运行。

持续提升办公室干部能力素养。结合“两学一做”学习教育常态化制度化、“不忘初心、牢记使命”主题教育等，不断加强办公室学习，通过办公室轮岗、跟班、一对一帮带等形式，不断提升办公室干部政治能力、理论水平、工作能力，进一步提升干部干事创业精气神。同时，积极开展驻村、“四对一”结对帮扶等工作，完成各项工作任务。

（次仁永措）

【机构领导】

主 任

刘鹏程

副主任

达 娃（女，藏族，5月离任）

吴鸿运

次仁永措（女，门巴族）

胡 峰（8月任职）

农工办主任

扎 西（藏族，5月离任）

农工办副主任

郭洪云（5月离任）

机要局局长

张　玲（女，5月离任）

央金卓嘎（女，藏族，5月任职）

机要局副局长、密码管理局局长

任　伟（5月任职）

机要局（密码管理局）副局长

央金卓嘎（女，藏族，5月离任）

档案局（馆）局长

李月平

组织工作

【概况】 年内，在县委坚强领导和市委组织部精心指导下，县委组织部深入贯彻落实各级组织工作会议和组织部部长会议精神，坚持“重点工作出成果、难点工作求突破、常规工作有创新”的工作目标，扎实推进组织编制老干部各项工作落实。2019年，米林县委组织部干部总人数30名，其中公务员21名（副县级2名，正科实职4名，正科虚职1名，副科实职2名，副科虚职4名），事业干部9名，工人1名，公益性岗位3名。正式党员22名，其中汉族党员14名，藏族党员8名。

【党组织和党员情况】 基层党组织设置情况。2019年，米林县共有基层党组织200个，即党委13个（乡镇党委8个、县直机关工委1个、公安局党委1个、“两新”工委1个、退休党委1个、国税局党委）1个、党组31个、党总支5个（教育局，米林镇帮仲村、东多村、米林村，里龙乡才巴村）和党支部151个，其中县直机关党支部47个（包括县中学党支部、县小学党支部、多卡小学党支部、中波台党支部、气象局党支部、卫生服务中心党支部6个事业单位党支部；邮政党支部1个国有企业党支部）；县“两新”工委有党支部3个；退休党委有党支部4个；公安局党委党支部6个；乡镇机关党支部17个（8个乡镇机关和乡镇卫生院联合党支部、龙达吉玛曲登寺管会、单嘎日追寺管会和7个乡镇小学党支部）；74个村居党支部。

党员队伍结构情况。2019年，米林县共有党员3933人，占全县人口数的14.05%，其中，正式党员3829人，预备党员104人；女党员1381人，占党员总数的35.11%；少数民族党员3336人，占党员总数的84.82%；农牧民党员2499名，占全县党员总数的63.54%。年龄结构：35岁以下的1808人，占46%；36岁至45岁的1049人，占26.67%；46岁至60岁的805人，占20.47%；61岁及以上的270人，占6.86%，其中，农牧民35岁以下的党员918人，36岁至45岁的党员754人，46岁至60岁的644人，61岁及以上的党员186人，分别占党员总数的23.34%、19.17%、16.37%和4.73%。学历结构：本科以上学历的822人，占党员总数的20.9%；大专391人，占党员总数的9.94%；中专84人，占党员总数的2.14%；高中81人，占党员总数的2.06%；初中及以下的2555人，占64.96%。农牧民党员高中以上文化程度的党员49人，占农牧民党员总数的1.96%。

新发展党员情况。2019年，全县共发展党员104人，其中农牧民发展党员50人，占全县全年发展党员总数的48.08%。事业单位发展党员16人，占全县全年发展党员总数的15.38%。

【政治教育】 2019年，县委组织部在“不忘初心、牢记使命”主题

2019年10月10日，米林县委常委、组织部部长许登顺（左三）到“四对一”帮扶点看望帮扶对象

教育中，紧紧围绕“守初心、担使命，找差距、抓落实”的总要求，坚持以学习贯彻习近平新时代中国特色社会主义思想这条主线，全县各党委（党组）累计开展理论中心组学习115次，专题研讨85次，各党支部开展集中学习341次，支部交流讨论209次，确保理论学习有方向、有重点。组织全县3800余名党员签订《党员不信仰宗教承诺书》《自治区共产党员的政治承诺》。通过组织全县各部门各单位观看张富清先进事迹纪录片和《我的喜马拉雅》等各类先进典型、警示教育影片117场次；结合庆祝中华人民共和国成立70周年，举办“青山绿水·大美药洲”庆祝中华人民共和国成立70周年书画展，举办“礼赞七十年，奋进新时代”主题论坛暨专题党课活动，集中举行“迎国庆”升旗仪式并组织观看国庆盛典活动，拍摄制作主题教育短视频4条。组织县处级领导干部及各县直单位负责人等50余人参观林芝市廉政教育基地，坚守初心使命；培训基层党组书记180人次，组织宣讲团队开展入村宣讲活动126次。坚持把调查研究贯穿始终。各县级领导紧紧围绕县委确定的“10+6”个方面调研内容，带头深入基层开展实地调研；县处级领导干部先后到全县30个单位走访调研，形成调研报告15篇，针对全县各领域工作提出相关意见建议42条。依托党员群众“家访”活动，走访党员2328人；走访农牧民群众3213人；组织乡（镇）、县直各单位党支部书记开展“示范党课进一线，结对帮扶促发展”活动，到基层一线开展讲党课活动71次。结合主题教育调查研究工作，通过群众提、自己找、上级点、互相帮等方式检视问题，全县各级党组织通过对照检视查摆问题193个。组织开展主题教育意见建议征求会，面向17个行业领域征求意见建议28条，梳理问题12项。对照县委梳理出的3个大类15项26条问题，制定出台《米林县“不忘初心、牢记使命”主题教育专项整治工作任务分工方案》。细化制定整改措施41项，明确整改牵头部门。

2019年5月28日，米林县委常委、组织部部长许登顺（中）在米林镇调研扶贫工作

【基层党组织建设】 2019年，县委组织部着力优化基层党组织设置工作，撤销党组织6个、更名6个、新设立9个，成立临时党支部23个，将6个“两新”党支部撤并为3个，退休干部职工党支部4个，投入4万元为临时党支部配备办公用品，为党委（党组）刻制公章30枚。全力实施基层党组织标准化建设，统筹整合资金2300余万元，推进31个村级组织活动场所、4个机关、“两新”组织活动场所标准化建设；倒排软弱涣散基层党组织12个，制定整改措施43条，逐条销号整改；开展扫黑除恶打非治乱专项斗争，联审村干部544名，开除涉黑涉恶村干部1名，补选去世村干部3名，约谈乡（镇）党委书记2名、村干部3名，做到扫黑除恶“零容忍”；深入推动排查解决发展党员违规违纪问题试点工作，协调成立以县委书记为组长，以纪委、组织部、公安局等相关部门负责人为成员的工作领导小组，成立工作专班，研究制定实施方案，重点梳理排查解决15类违规违纪问题。根据发展党员步骤，分类建立党员档案问题台账800余份、违规违纪问题台账900余份；落实选派部队军官到边境一线村党支部任职，持续打出特色牌，抓好

亮点推广，立足米林地处边境一线的实际，驻地部队选派5名军官担任3个乡（镇）5个边境村党组织政治辅导员，通过帮助驻地基层党组织制定党建工作计划、完善党务公开和“三会一课”等制度，指导开展组织生活会、党员活动日、民主评议党员，手把手传经验教方法，增强基层党组织的战斗力、凝聚力、向心力。2019年，米林县驻地部队帮助村级党组织制订年度党建工作计划9条，完善党务公开和“三会一课”等制度39项，指导开展组织生活会、党员活动日、民主评议党员71次。打造“生态旅游”示范乡村3个、市委党校挂牌现场教学基地6个；继续深化“四个前移”，打造边境红色屏障，紧盯边境小康村建设任务目标，实现“八到村”“村九有”“十到户”目标要求，真正把边境小康村建设成群众共建共享的民心工程，通过悬挂党旗、党徽、国旗，进一步激发群众守边固边的信心和决心；持续巩固党建促脱贫攻坚成效。制定《米林县抓党建促脱贫攻坚大调研大谈话大落实督导工作方案》，部务会班子成员对8个乡（镇）67个村（居）进行走访调研，细化传导工作压力。采取“四对一”党员干部帮扶等方式，在“三大节日”期间组织广大党员开展帮扶活动150余次，筹集资金物资共计15万余元，帮助困难户解决生产生活困难；持续巩固村集体经济的成果。申报卧龙镇下却村樱桃种植项目、派镇麦朗村沙滩旅游项目，利用西藏军区援建资金、2018年脱贫产业资金，完成甲帮村、里龙村庭院经济项目和里龙乡仲萨村水果种植项目建设。以“庭院+”模式，在55个行政村，投入资金943.68万元种植水果树苗34212株。全县64个村有集体经济收入，共有农村集体经济实体108个，总收入4055.82万元。

2019年11月4日，米林县委常委、组织部部长许登顺作以“不忘初心、牢记使命，争做党和人民满意的党员干部”为主题的教育专题党课

【干部队伍建设】 树立鲜明用人导向。2019年，县委组织部根据新修订的《领导干部选拔任用工作条例》要求，按照“德才兼备、以德为先”的选人用人原则和“二十字”好干部标准，始终坚持严管和厚爱相结合、激励和约束并重，着力推动建设高素质专业化治边稳藏干部队伍。认真落实新时期好干部标准和民族地区“三个特别要求”选用干部，以“三个区分开来”准则和容错纠错机制，提拔任用、调整交流科级干部330人，其中，提拔使用科级干部138人，进一步使用57人，调整交流科级干部135人。

持续强化干部培训。进一步提高干部人才队伍素质，促进作风转变，提高工作效能，根据干部教育培训工作的相关要求，结合米林县干部和人才队伍实际，依托区、市委党校及县委党校主阵地作用，共举办各类培训班23期，参加培训898人次。

强化干部队伍建设。按照庆祝中华人民共和国成立70周年工作要求，完成县级领导和县直部门、乡（镇）主要领导及班子成员督促返岗工作。对全县抽借调、跟班学习人员进行全面梳理，对到期未及时返岗人员通知返岗，确保抽借调、跟班学习工作规范有序。

稳步推进公务员职务与职级并行制度。2019年9月12日，制定印发《米林县公务员职务与职级并行制度实施方案》，明确米林县公务员职务与职级并行制度实施工作的时间表和路线图。

【人才服务】 2019年，县委组织部紧扣《西藏自治区高层次人才引进办法(试行)》的引进条件、引进程序、引进方式等，全面组织完成第八批、第九批援藏工作组轮换工作，为进一步做好柔性引进工作奠定坚实基础。

【机构改革】 2019年，县委组织部研究制定米林县党政机构改革方案，深入推进党政机构改革各项工作，进一步理顺工作体制机制，并按程序报市编委审定后组织实施米林县机构改革工作。完成19家涉改单位31块牌子的揭牌仪式并对外办公，“三定”方案修订的37家单位，修订印发涉改单位“三定”方案34份，始终做到严格控制机构编制，严格按规定职数配备领导干部；开展抓实抓细“放管服”工作。结合涉改单位基本情况，分门别类梳理建立“初领、变更、撤销”统一社会信用代码证的单位清单，加强事中流程优化，规范办理程序，严格审核把关，注重服务效率，提升服务水平，大力推进事业单位登记管理及机关、群团统一社会信用代码工作；扎实开展核查实名制系统工作。做好全县全面核查，彻底摸清底数，掌握现状，实现机构清、编制清、领导职数清、实有人员清，并实行动态管理，做到“随动随调”，进一步规范机构编制日常管理和科学合理配置机构编制资源。

【老干部工作】 2019年，县委组织部积极落实老干部各项政策待遇工作，同时采取以党委理论中心组学习、支部学习、送学上门等形式，引导退休干部职工深入理解习近平新时代中国特色社会主义思想和“不忘初心、牢记使命”主题教育精神实质和实践要求，不断加强思想政治建设；加强落实“两项待遇”工作。“三大节日”期间，对364名退休干部职工进行慰问，发放慰问金18.2万元；划拨40名特殊困难及党内激励帮扶资金2.49万元；向1959年3月28日之前参加工作的退休人员发放慰问金0.45万元；看望患病老干部和去世老干部家属10人，发放慰问金0.8万元；报销老干部到其他省市住院来回交通费34人，共计14.888万元。认真落实老干部信访工作制度，共接待退休干部来电来访35人次，办结35件；帮助解决退休文艺队演出服装资金4万元，制作服装40套；进一步加强离退休干部队伍建设。2019年3月设立4个退休人员党支部，先后配齐配强支委委员14名，各支部制定党支部工作岗位职责，明确岗位分工，切实把各项工作落到实处；正确引导老干部的余热生辉，通过整合老干部资源，在原有老干部志愿团队的基础上，增添20多名党员，2019年底志愿服务队共有退休党员干部115名，把每月15日固定为党员服务日，通过进社区、进敬老院、进乡镇等开展各项服务工作，全面提高志愿服务水平；依托老干部活动中心和退休干部文艺队，组织开展“3·28”纪念西藏民主改革60周年、庆祝中华人民共和国成立70周年等丰富多彩积极健康的文体活动。邀请17名安置在拉萨的退休干部参加“米林县第十三届黄牡丹暨藏医药文化旅游节”等庆祝活动，让老干部们亲身感受米林县的发展变化。

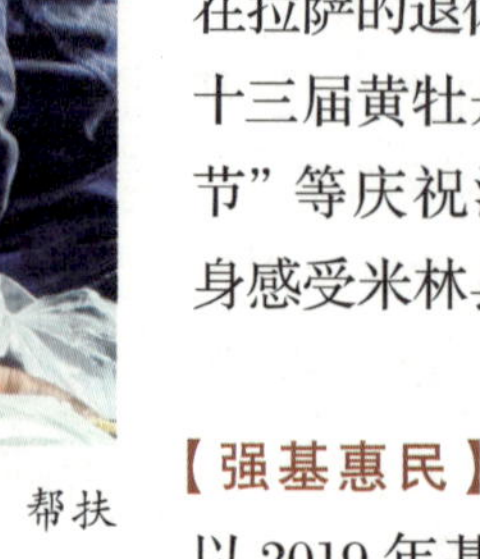

2019年10月9日，米林县直机关工委书记布巴桑（右）深入“四对一”帮扶家中看望帮扶对象

【强基惠民】 2019年，县强基办以2019年基层组织力提升年为

2019年3月28日，米林县老干部局开展庆祝西藏百万农奴解放纪念日活动

抓手，按照集中连片和派驻单位包乡（镇）的原则，将32个行政村合并成16个驻村点，2个乡（镇）实行派驻单位包乡（镇）负责制，立足单位职能优势和村（居）短板弱项，精准调配驻村工作队，共派驻46个驻村工作队184名驻村干部，其中科级干部36名、党员148名，实行试点连片派驻后，有效整合人力资源。印发《米林县强基惠民工作经费管理暂行办法（试行）》，针对每个村强基惠民20万元工作经费明确资金使用范围和用途。同时，为驻村工作队排忧解难，从强基惠民办公经费中为加拉村驻村工作队解决临时驻村点物业费用4000元；助力打赢脱贫攻坚战和包户帮扶工作，全县46个驻村工作队共召开扶贫政策宣讲1729场次，受教育群众55062人次，印发扶贫宣传资料13267份。工作队结合牧区群众特点，在县城租赁门面，帮助群众解决肉类售卖问题和拓宽建档立卡户增收渠道，切实在精准落地上见实效；进一步加强基层组织建设和精神文明建设。结合米林县委组织部出台的《村干部代办工作制度》，扎实开展好村（居）干部能力素质提升工程，夯实基层组织基础。各级驻村工作队共帮助全县67个村（居）健全村规民约41条，党务村务财务公开制度19个，党风廉政建设等方面规章制度14条，举办党员培训班35期，培训党员259人次；全力维护社会稳定，全县各驻村工作队将维护社会稳定工作同开展的“三个专项”斗争工作相结合，召开抵制十四世达赖集团并与其划清界限专题会议437场次，宣传党的民族宗教政策497场次，参与群众6416人次，协助村（居）“两委”制订维稳工作方案和应急预案102个，建立健全农牧区维稳工作机制23条，排查化解矛盾纠纷129件；扎实开展宣传教育活动。驻村（居）工作队用藏语汉语双语宣讲习近平新时代中国特色社会主义思想和中共十九大精神、“两学一做”学习教育、“四讲四爱”等活动2001场次，受教育群众57117人次，举办专题讲座301次，发放宣传资料13095份，讲党课273次，组织党员开展“不忘初心、牢记使命”主题教育252次，参与党员4817人，发放学习宣传资料220份，查摆问题129个，解决问题129个。向农牧民群众宣讲弘扬“老西藏精神”“两路精神”专题讲座269场次，参与群众13827人次，针对农牧民群众中存在的不良习惯和陈规陋习开展教育活动260场次，受教育群众12994人次；协助村（居）“两委”深入开展“七五”普法特别是学习宣传宪法，组织群众学习、宣讲法律常识等活动598场次；向群众宣传防止电信诈骗、禁毒知识教育等394场次，发放宣传资料2649份，让广大农牧民群众树立“过好今生幸福生活”的坚定信念；有力推进乡村振兴战略工作，开展农牧民就业创业技能培训、实用技术培训和产业技能培训38次，帮助贫困群众转移就业137人，进一步拓宽群众增收渠道；严肃驻村工作纪律，加大对驻村工作队巡回检查的力度，县强基办到各乡镇、各驻村（居）工作队督导检查25次，发现问题5条，及时督促各乡（镇）、各驻村（居）工作队进行整改。

【公务员待遇】 2019年3月20日，米林县公务员局正式挂牌成立，5月，米林县老干局原副局长任静担任公务员局局长，并于9月25日启用公务员局印章。自

2019年10月21日，米林县委组织部党支部联合小学党支部开展"1+12"支部联建联学活动

与县人社局工作交接以来，严格按照工作职责，开展2019年度公务员系统统计工作、2019年度公务员考核工作、贯彻落实上级部门关于公务员工资福利待遇，解答工资咨询20人次，全年共调整公务员工资1039人（含年终奖），全力保障公务员的待遇。

（嘎玛多吉）

【机构领导】

县委常委、组织部部长、县委党校校长

许 登 顺

组织部副部长、县委机构编制委员会办公室主任

张 海 荣（女）

组织部副部长

蒙 少 杰（壮族，5月离任）

组织部副部长

何 钢（5月任职）

组织部副部长、老干部局局长

次旺曲珍（女，藏族，11月离任）

县直机关工委书记

布 巴 桑（藏族）

县直机关工委副书记

徐 术 洲

组织部副部长、公务员局局长

任 静（5月免去老干局副局长）

县委党校常务副校长

郭 洪 云（5月任职）

县委党校副校长

昂 索（藏族，5月任职）

宣传工作

【概况】 中共米林县委宣传部是米林县正科级行政机关，加挂3个单位（县人民政府新闻办公室、县新闻出版局、县广播电视局），县委网信办设在县委宣传部，对外保留米林县互联网信息办公室牌子。内设6个科室（文明办、理论科、宣教科、外宣科、政府新闻办、学习型党组织建设办公室），编制16名，2019年实有工作人员22人，县电视台编制8名，实有工作人员24人。2017年设立创建全国县级文明城市领导小组办公室、"四讲四爱"活动办，实有工作人员4人。

【理论学习】 加强和改进理论中心组学习。2019年，县委宣传部起草《中共米林县委理论学习中心组2019年度理论学习安排》，将习近平新时代中国特色社会主义思想、习近平总书记关于脱贫攻坚的重要论述、西藏民主改革、"不忘初心、牢记使命"主题教育等内容列入学习计划，为各级党委（党组）全年理论学习中心组明确了学习重点。县委理论学习中心组充分发挥理论学习"关键少数"的示范带动作用，围绕脱贫攻坚、习近平新时代中国特色社会主义思想、生态环保、"不忘初心、牢记使命"主题教育等主题开展集中学习28次，全县各级理论学习中心组累计开展集中学习400余次。

丰富学习形式。邀请林芝市委党校专家为米林县级领导、县直各单位负责人进行脱贫攻坚、"不忘初心、牢记使命"专题授课，有效带动了米林各级党组织和广大党员干部，特别是领导干部用习近平总书记关于脱贫攻坚和"不忘初心、牢记使命"重要论述武装头脑、指导实践、推动工作。为推动全县领导干部以考促学、以学促能、以能促用，进一步提升工作水平，切实做到真学、真懂、真知、真用，同时组织县委理论学习中心组成员，各乡（镇）、县直各单位科级领导干部190余人参加

脱贫攻坚知识测试。

转化学习成果。起草《关于开展县委理论学习中心组撰写理论文章工作的方案》，鼓励县级领导，各乡（镇）党委、县（中、区）直各单位党委（党组）书记以发展稳定为主题，紧紧围绕中华人民共和国成立70周年、西藏民主改革60周年主线，结合米林经济、政治、文化及社会各项事业发展、民生改善取得的巨大成就，撰写理论文章，共收集各类理论文章20余篇。

发挥"学习强国"平台作用。中宣部"学习强国"平台上线以来，积极推进全县"学习强国"学习平台使用，使平台成为广大党员干部加强理论武装的"加油站"。2019年，米林县完成县、乡两级学习组织架构建设，实现支部建设全覆盖，共有1783名在职干部职工、农牧民党员（有学习能力）加入"学习强国"，实现在职党员干部100%下载学习，米林县学习使用情况综合指数长期稳居林芝市前列。

【宣教工作】 扎实开展"五下乡"活动。2019年，县委宣传部围绕"幸福新时代"主题，积极组织协调相关单位广泛开展"五下乡"活动，为群众普及法律法规、科普知识和卫生保健常识，以强有力的举措实现文化惠民、医药强民、普法到民，活动出动工作人员100余人，派出车辆共31台，受益群众500余人。

西藏民主改革60周年和中华人民共和国成立70周年宣传纪念活动。县、乡、村以及各类学校同步开展"升国旗·唱国歌"活动，3600余人收听收看纪念西藏民主改革60周年大会，5000余名群众观看国庆阅兵直播；组织学习《伟大的跨越：西藏民主改革60年》白皮书；举办"米林岁月"成就图片展等，展示中华人民共和国成立70周年和西藏民主改革60周年来米林的沧桑巨变；开展"不忘初心逐梦前行 祖国我爱你"米林县庆祝中华人民共和国成立70周年签名活动；开展"中国梦·我们加油"主题演讲比赛；开展国防教育工作，有效增强群众国防观念；全县组织开展纪念西藏民主改革60周年文艺文化活动20余场次；举行喜迎中华人民共和国成立70周年文艺文化活动30余场，有效烘托节日氛围。召开"沧桑巨变60载·翻身农奴俱欢颜"纪念西藏民主改革60周年座谈会、迎国庆"谈变化、话发展、颂祖国、感党恩"主题茶话会。清明期间，通过"网信米林"微信公众号上开展"网上祭英烈"活动，在网上向英烈鞠躬、献花、抒写感言寄语，缅怀为国捐躯的先烈，112人参与网上祭英烈活动，以此表达爱国之情。

完善社会面宣传机制，加强全县宣传阵地管理。为规范社会面宣传阵地的使用，按照区党委和市委统一部署，制定《关于做好2019年全县统一使用社会宣传标语刊载工作的通知》，对米林社会宣传标语、宣传栏等社会面宣传阵地的使用提出明确的要求，并制定信息的审核制度。

开展"四讲四爱"群众教育实践活动。召开2019年米林县"四讲四爱"工作动员部署会，将群众教育实践活动开展情况作为党组织意识形态工作责任制考核的重点，作为意识形态工作督查的重点。在农家书屋、学校资料室、寺庙书屋、企业阅览室等配备《习近平谈治国理政》《西藏翻身农奴

2019年3月22日，米林县新闻出版局、米林县广播电视局、米林县人民政府新闻办公室挂牌成立

口述史》等辅导资料，录制藏语音频播报，把党的政策宣传好、声音传播好。在学校大力开展“三官讲法”“我给地球洗洗澡”、习近平总书记致西藏民族大学建校60周年贺信精神学习、“听习爷爷的话，做合格接班人”等系列活动，以“小手拉大手”的方式，实现活动由浅入深。开展学习“习近平新时代中国特色社会主义思想”、“唱支山歌给党听”、“3·28”西藏百万农奴解放纪念日、百万农奴解放纪念巡展等活动，激发群众知党恩、感党恩、跟党走的决心。着力推动“四讲四爱”工作与普及法律知识、劳动技能培训、新旧西藏对比、脱贫攻坚、纪念西藏民主改革60周年、庆祝中华人民共和国成立70周年、“扫黑除恶打非治乱”等活动相结合，把集中性教育与经常性教育结合起来，区别不同受众，采取拉家常、茶话会、文艺演出、新媒体宣讲等多种方式，深入家庭院落、田间地头等生活一线，把工作做到群众心坎里。2019年，针对不同受众、不同群体，开展形式多样、富有特色的教育实践活动，全县累计开展培训55场次，参训1360余人，宣讲2211场次，受众127898人次；开展各类实践活动1185场次，参与人数78608人次。

广泛利用各种平台载体，将宣传教育活动引向深入。及时转发刊载林芝教育、网信矩阵微信公众号系列经典推文，对重要稿件进行深加工、再传播；用好音频、视频、图解等传播形式，推出“四讲四爱”音频专题，策划推出一批有新意、有影响力的融媒报道产品；大力宣传米林各族群众开展“四讲四爱”群众教育实践活动的典型事例和生动实践；推出“醉汉”走向藏香猪养殖的致富道路——乔顿珠脱贫致富的典型事迹等一系列典型。

【舆论引导】 2019年，县委宣传部坚持“舆论持家”，着眼提高讲好米林故事和塑造美好形象的能力水平，舆论引导工作再造新业绩。围绕全县发展战略和重点工作，外宣形成新高潮。全年共接待新华社、人民网、中央电视台、西藏电视台、《西藏日报》、林芝电视台等主流媒体84批次，400余人次；共报道米林各类信息263条，其中国家级媒体报道46条、自治区级媒体报道82条。2019年，米林县电视台共制作新闻339条，播出1504条次，宣传字幕56条，制作专题17个，新闻84条，并向市广播电视台报送176条，采用120条。为进一步扩大电视媒体新闻传播力度，“网信米林”编辑发布米林新闻110期，播出专题7期。全景式展现米林文化资源、历史资源、旅游资源、生态资源等多方特色成就，进而让更多人更加深刻了解米林、走进米林、投资米林。

【文明创建】 培育和践行社会主义核心价值观。2019年，县委宣传部积极开展“时代先锋”“时代楷模”“最美人物”推荐评选活动，开展自治区级文明单位、文明村镇的复查和新申报工作、市级文明村镇、文明单位复查工作以及县级文明村镇、文明家庭、文明单位评选活动，推动社会各层面正向着文明的目标前进。加强未成年人思想道德建设，联合县文化执法大队等部门对各所学校周边环境进行集中检查，坚决排除商店过期食品、周边网吧、娱乐场所等问题，为未成年的成长营造风清气正的社会环境。举办林芝市践行社会主义核心价值观“最美人物”先进事迹巡回报告会，将全市先进人物典型事迹在米林进行宣传、弘扬，使更多的人向先进看齐、向先进学习，助推米林精神文明建设工作。同时，积极推进“志愿之城”建设，注册志愿者人数已达3860人，为林芝市6个县（区）第一，以广泛的志愿者人数基础开展“三乱”整治等志愿服务活动，参与人数超过15000余人次。

以强化理论制度建设为基础，开启文明创建新征程。向各单位印发《2019年米林县创建全国文明城市工作任务分解表》，明确职责、细化任务、各司其职，形成强大合力。印发《米林县创建全国文明城市工作整改清单》，将2018年自治区文明办综合考核中发现的问题通知到各单位，并限期整改，在经过多次督查后，问题已整改完毕。

加强平台建设，大力发展新时代文明实践中心。成立新时代文明实践中心，由县委书记担任实践中心主任，中心办公室设在县委宣传部，宣传部部长担任办公室主任。乡镇一级依托文化站成立新时代文明实践中心，乡镇党委书记担任主任。村一级依托村级党群服务中心成立新时代文明实践站，村党支部书记担任站长。建立“理论宣讲平台、教育服务平台、文化服务平台、科技与科普服务平台、健身体育服务平台、法律服务平台、卫生服务平台”七大工作平台，将现有公共服务设施统筹使用。以各节日为契机，在学习实践科学理论、宣传宣讲党的政策、培育践行主流价值、丰富活跃文化生活方面，持续推进移风易俗，深入推进民族团结、持续淡化宗教消极影响为工作内容，以各种形式活动为抓手，以米林镇和邦仲村为示范点广泛深入推进米林新时代文明实践工作落地生根，快速发展，全县各乡镇、各村悬挂“新时代文明实践中心”“新时代文明实践站”铭牌，按照既定方案有条不紊地落实。全县开展新时代文明实践活动100余场次，参与人数8000余人次。

【网络管理】 落实主体责任，健全管理制度。2019年，县委宣传部把网络意识形态工作纳入意识形态工作责任制和目标管理，与意识形态工作同安排、同部署，纳入年终考核的重要内容，确保了网络意识形态领域绝对安全。成立140余人的网评员和网络举报监督员队伍，带动全县各单位各部门参与正面引导工作，积极传播正能量，使网络空间更加清净。在重要节点全面落实24小时值班制度、执行网络零报告制度、网络舆情监测上报制度，深入开展“网络安全宣传周”“全民国家安全教育日”等系列专题活动，推动网信工作制度化、规范化、常态化。2019年米林组织网评员转发优秀稿件1200余篇，转发次数达6.5万余条次，跟帖评论达3500余条次。

利用“网信米林”微信平台创新工作方式。该平台共设有米林简讯、米林新闻、一周要闻、理论学习、便民服务、网络博物馆、聚焦米林等多个板块，全面展示米林各领域工作亮点及中央、自治区、市主流媒体对米林的新闻报道。全年共发布图文消息1213条，阅读量达319269次，阅读人数达137631人次。

2019年3月31日，米林县中学组织开展“讲党恩 爱核心”庆祝西藏民主改革60周年暨“3·28”西藏百万农奴解放纪念日文艺会演活动

发挥政府门户网站舆论引导作用。2019年，共上传米林县社会经济发展等各类信息1756条。制作“中华人民共和国成立70周年”“西藏民主改革60周年”网站专题，并将专题发布至其他主流媒体及“网信米林”微信公众号，从经济、民生、党建、政务公开等方面全面展示米林各单位各部门工作动态，多角度阐释米林形象。

【文化执法】 2019年，县委宣传部制定印发《米林县2019年“扫黄打非”专项行动方案》，大力开展“扫黄打非·五个专项”“扫黑除恶打非治乱”等系列专项行动，积极参加县“3·15”国际消费者权益日、“3·18”文化市场宣传日、“3·23”综治宣传月等街头集中宣传活动，实现空中压制、地面查缴、网络封堵三位一体的监管防控体系，严厉打击各类“藏独”反动出版物及非法宣传品，坚决严查封堵境外政治性有害出版物向县域内渗透，营造健康向上的社会人文环境。全年共组织出动执法人员405人次，检查经营单位500家次，出动车辆14车次，删除违法歌曲20首，排查安全隐患3处，全部整改到位；立案3起，已办结3件，罚没收入4050元；收缴各类非法书刊8本、盗版光碟

2019年9月16日，米林县网信办牵头组织县教育局、公安局、司法局、三大运营商等20余家相关单位开展以“网络安全为人民，网络安全靠人民”为主题的网络安全宣传周米林县启动日活动

300张；开展街头法律法规宣传3次，散发宣传手册200余册，接受群众咨询6人次；受理“12318”等各类举报共1件。

（李桂彬）

【机构领导】

县委常委、宣传部部长

宋步川（5月离任）

才　拉（女，藏族，5月任职）

宣传部常务副部长

李会艳（女）

宣传部副部长、网信办主任

泽旺仁增（藏族）

宣传部副部长、新闻出版局局长

李　娜（女，5月任职）

文化市场综合执法大队队长

付　丽（女）

文化市场综合执法大队副队长

普　尺（女，藏族）

网信办副主任

李　娜（女，5月离任）

网信办网评中心主任

扎西次仁（藏族）

米林县广播电视台台长

丁　炜（藏族）

统战工作

【概况】 2019年3月，米林县机构改革，中共米林县委员会统一战线工作领导小组办公室设在县委统战部，县民族宗教事务局归口县委统战部领导，实行合署办公。

【思想政治教育】 2019年，县委统战部（民宗局）扎实推进“四讲四爱”“遵行四条标准、争做先进僧尼”两项教育实践活动，在全县广大统战人士中尤其是在宗教领域，广泛开展爱国主义、民族团结宣传教育，以习近平总书记系列重要讲话精神特别是统战篇、民族篇、宗教篇、西藏篇系列重要论述来统一思想和行动，积极引导藏传佛教与社会主义社会相适应，深入巩固拓展统一战线的团结面与包容面，促进各民族交往交流交融，广泛引导各族各界人士更加紧密地团结在以习近平同志为核心的党中央周围，不断增进“四个意识”“五个认同”。全年统战系统共组织民族宗教政策宣传教育活动160余场次，受教育干部群众累计达900余人次，制作“四讲四爱”“遵行四条标准，争做先进僧尼”主题宣传横幅21幅（含1个LED），张贴宣传标语和横幅38张，发放宣传资料600余份，撰写心得体会20余篇。

【维护宗教秩序】 2019年，由县委统战部（民宗局）牵头，按照“属地管理、分级负责”的原则，有效整合属地乡镇、村居、双联户力量，协调宗教领域工作领导小组成员单位加强对辖区寺庙及宗教活动场所的管理；调整充实维护宗教领域和谐稳定工作领导小组，统筹协调宗教领域维稳各项工作。严守“三个不增加”原则底线，严格按照宗教活动审批管理权限，从严审批管理佛事活动，将“五下乡”活动融入各类佛事活动中，做到“群众走到哪里，党的声音就传到哪里，宗教政策就送到哪里”。2019年全县有小型宗教活动1场（2月19日举行“羌纳寺强巴佛展佛活动”），小型民俗类活动1场（6月17日举行“萨嘎达瓦雪卡转山活动”），参与群众同比均明显下降。充分发挥统战、政法、公安、司法等部门工作合力，严格按照“抓早、抓小、抓苗头”的工作要求，联合政法、公安、司法、消防等部门开展督导检查10余场次。

【寺庙管理】2019年，县委统战部（民宗局）支持宗教界人士加强自身建设，推动广大僧尼发挥积极作用，努力造就一支政治上靠得住、宗教上有造诣、品德上能服众、关键时起作用的宗教界人士队伍，共选派4名宗教界人士在自治区佛学院学习深造。整改嘎南日追和厅苦如日追900米用电线路、饮水源管道，推进各寺庙及宗教活动场所的绿化、卫生整治等基础设施建设。各寺管会（特派员机构）扎实开展"一对一"帮扶以及"六个一"活动，深入僧尼家中开展家访60余场次，走访僧尼及其家属180余人次，"三大节日"期间统战系统慰问党外代表、归国藏胞、寺庙僧尼及家属、驻寺干部38人次，投入资金21892元。持续扩大僧尼社会保障体系覆盖面，全县在编僧尼全部享受每人每月500元生活补助，9月协调县人民医院、各乡镇卫生院为僧尼进行免费体检，并对体检人员持续跟进，确保僧尼病患发现及时、掌握及时、治疗及时，实现僧尼群体"病有所医""老有所养"。

"遵行四条标准、争做先进僧尼"教育实践活动共表彰县级模范寺庙6座、优秀寺管会2个、先进僧尼16人、优秀寺管干部10人。

2019年7月26日，西藏自治区党委统战部副部长、西藏佛学院党委书记张良田（右二）带领自治区宗教工作重点任务督查组到米林县督导检查宗教领域工作并召开座谈会

【党外人士工作】2019年，县委统战部（民宗局）开展党外干部、党外知识分子、新的社会阶层人士和党外爱国人士后代基本情况调研，掌握了解基本情况，做好党外代表人士的培养发展工作，加强后备人才储备，增强沟通交流互信，补齐党外代表人士工作短板。注重从拓宽视野、增长见识等方面入手，使党外人士对国情、区情有正确的认识。在党外知识分子中大力开展"弘扬爱国奋斗精神、建功立业新时代"系列活动，组织党外代表人士召开专题座谈会，通过不断强化培养、教育，使党外知识分子成为党和政府与各族各界的坚强纽带，全年选派1名党外干部参加自治区党外干部培训学习，选派2名党外干部参加林芝市庆祝中华人民共和国成立70周年党外

2019年6月27日，米林县委统战部组织亚青寺接返人员实地观摩边境小康村建设成果

2019年2月16日，米林县统战系统召开"遵行四条标准，争做先进僧尼"教育实践活动动员会

人士座谈会、培训会。坚持加强与党外代表人士的联谊交友活动，充分发挥党外代表人士在团结和凝聚社会各方面力量中的重要作用，全年开展走访慰问活动3次。

【藏胞工作】 2019年，县委统战部（民宗局）坚持教育和引导广大藏胞了解祖国、认识家乡，使他们以切身经历和感受传播中国声音，共同维护祖国统一、反对民族分裂。11月积极配合上级部门做好13名境外藏胞信息核实、接待回国探访、组织赴藏交流学习等工作，政治上严格审核，教育上持续强化，情感上热情亲近，争取境外藏胞心向祖国，不断强化"四个意识"，增强"四个自信"。

【自身建设】 2019年，县委统战部（民宗局）深入学习领会中共十九届四中全会精神、习近平总书记关于统战民族宗教工作系列重要论述，进一步提高政治理论素养，系统学习党的民族宗教工作会议精神，进一步掌握和创新运用统战工作方式方法，提高解决实际问题的能力。围绕新形势下统战工作特点，着力在健全工作机制和创新工作载体、工作方法上下功夫，严格执行首问负责制、限时办结制、责任追究制，提升统战民宗部门工作效能。结合"不忘初心、牢记使命"主题教育，以机关支部学习强化初心使命，进一步增强全体党员干部服务意识，针对统战工作重点、热点和难点问题，深入开展统战业务调研，进一步树牢群众观念，全力推动全县统一战线事业不断进步和发展。

（常利伟）

【机构领导】

县委常委、统战部部长
吉　律（藏族）

统战部常务副部长
胡　康（5月任职）

统战部副部长、民宗局局长
支　张（藏族，5月任职）

统战部副部长、工商联主席
杨　俊（5月任统战部副部长）

民宗局副局长
胡原山

宗教办副主任
德吉央宗（女，藏族，9月离任）

米林县人民代表大会

综述

【概况】 2019年，县人大常委会坚持以习近平新时代中国特色社会主义思想为指导，深入学习宣传贯彻中共十九大，十九届二中、三中、四中全会精神，习近平总书记关于坚持和完善人民代表大会制度的重要思想，贯彻落实区党委九届六次、七次全会，市委一届八次、九次全会及县委九届四次、五次全会精神，在县委坚强领导下，坚持党的领导、人民当家作主、依法治国有机统一，紧紧围绕"1251"工作思路和"旅游兴县、实干立县、产业融合、富民强县"发展战略，紧扣县十二届人大六次会议工作目标，认真履行宪法法律赋予的各项职责，开拓创新、主动作为，为推进米林长足发展和长治久安做出积极贡献。2019年，县人大常委会有主任1名、副主任3名、常委会委员20名；办公室主任1名、副主任1名、一级主任科员1名、二级主任科员1名、四级主任科员2名；人大财经委员会副主任委员1名，三级主任科员1名；人大社会建设委员会副主任委员1名；人大教科文卫委员会主任委员1名，副主任委员1名。截至2019年底，米林县实有县级人大代表89名。

【重要会议】 2019年2月25—27日，米林县第十二届人民代表大会第六次会议召开，会议听取和审议"一府两院"报告及县人大常委会工作报告，并作出审议决议。8月25—27日，召开米林县第十二届人民代表大会第七次会议，会议设立财政经济委员会、教科文卫委员会、社会建设委员会，通过各委员会组成人员名单，会议选举米林县人大常委会副主任1名、人民政府副县长2名、人民法院院长1名、县人大常委会委员3名。

全年县人大先后召开6次主任会议、6次常委会会议，传达学习全国"两会"精神、自治区"两

2019年4月28日，由林芝市人大常委会副主任张明（横排左二）带领检查组一行到米林县边境管理大队开展《西藏自治区边境管理条例》执法检查工作

2019年7月19日，林芝市人大常委会调研组一行对米林县脱贫攻坚工作开展专项调研

会”精神等，审议通过米林县人民代表大会常务委员会组成人员守则、米林县人大常委会2019年工作要点、米林县人大常委会关于2019年乡镇人大工作的指导意见等。会议听取审议米林县人民政府关于开展“七五”普法规划落实情况的报告。补选林芝市第一届人民代表大会代表1名，接受万春辞去米林县人民法院院长职务并报米林县第十二届人民代表大会第七次会议备案。会议任命米林县人民政府组成人员18名、免13名；任命米林县人民法院审判员1名，陪审员24名、免9名；任命检察院检察员1名。会议审议通过8个工作报告和十二届人民代表大会第六、七次会议的相关事宜。

【干部任免】 2019年，县人大常委会坚持党管干部原则与人大依法行使任免权有机统一，按照有关法律规定，依法任免国家机关工作人员82名，实现党组织人事安排意图。

【监督工作】 2019年，县人大常委会着力加强任后监督，通过召开履职评议会、走访调查、民主测评等方式，对4名县政府部门主要领导的履职尽责情况进行会议评议，接受4名被任命人员书面述职报告。组织常委会任命的国家机关工作人员进行任前法律考试、宪法宣誓，不断增强宪法意识。

【检查调研】 2019年，县人大常委会针对反映强烈的校园食品安全问题，对县中小学、幼儿园、各乡镇小学及周边商铺食品安全情况开展专题调研，切实保障学生食品安全。对全县农牧民转移就业工作、县医院二级乙等创建等工作开展跟进检查，着力把各项民生实事督促落实好。围绕促进美丽米林建设，牢固树立绿水青山就是金山银山、冰天雪地也是金山银山的理念，开展2019年中华环保世纪行——西藏行活动暨水污染防治法执法检查，为雪域江南天更蓝、草更绿、水更清贡献力量。围绕促进精准脱贫攻坚，详细了解贫困群众搬迁及脱贫攻坚政策措施落实、乡村基础设施建设、公共服务、产业培育发展等

2019年7月26日，米林县委常委、人大常委会主任陈绪全（右一）为新任命干部颁发任命书

情况，形成专题调研报告，为巩固提升全县脱贫攻坚成果提供决策依据。围绕促进法律法规实施，积极开展工会法、文物保护法、边境管理条例实施情况执法检查，调研县法院“基本解决执行难”工作情况，努力推动有关法律法规在米林县全面实施。听取和审议米林县人民政府关于开展“七五”普法规划落实情况的报告，切实掌握“七五”普法规划的执行情况。

2019年1月23日，米林县十二届人大常委会召开第十七次会议

【决定重大事项】 2019年，县人大常委会共召开常委会会议6次，先后听取县政府关于落实中央第三巡视组脱贫攻坚反馈意见的专项报告、相关部门落实述职评议反馈意见的情况报告、扫黑除恶打非治乱专项斗争视察报告，审查批准县政府财政预算安排、财政预算调整方案、上半年财政预算执行情况报告、上半年国民经济和社会发展计划执行情况报告、鲁朗林海景区总规，提出10条审议和审查意见，及时转交县政府研究处理，确保县委重大决策部署得到全面贯彻落实。认真做好规范性文件的报备、登记、存档工作，对县人民政府报送的3件规范性文件及时进行初步审核和备案登记。

【代表工作】 2019年，县人大常委会始终把提升代表议政水平和履职能力摆在突出位置，积极开展人大代表履职能力培训，通过邀请市人大常委会领导和市委党校教授现场授课和县人大党组成员下基层讲党课，不断提升代表的政治素质、思想理论水平和履职能力，重点学习习近平新时代中国特色社会主义思想、代表议案建议的提出和处理、代表的权利和义务等应知应会等内容。组织人大代表开展视察考察活动，共组织视察和专题调研4批157人次，22名县人大代表到云南、贵州、四川考察学习，通过视察考察活动，进一步提高人大代表履职能力，开阔眼界、拓展思路，更好地为全县经济社会及各项事业发展发挥积极作用，同时先后接待来自佛山、鄂尔多斯、新西兰、内蒙古、贵州、广东、广西、澳门等区内外考察组19次。

县人大常委会组成人员带头

2019年2月25—27日，米林县第十二届人民代表大会第六次会议召开，图为米林县第十二届人民代表大会第六次会议主席团第一次会议

走访联系，及时掌握代表履职情况，帮助解决代表履职过程中遇到的问题、困难。依托“人大代表之家”“代表联络站”，指导各级代表积极发挥作用，使代表履职由会场向基层一线延伸，让“家”成为代表“收集民情、汇集民智、反馈民意”的重要载体，切实打通代表联系群众“最后一公里”，使代表与群众的联系更加紧密。为进一步发挥代表闭会期间作用，坚持邀请代表参加各类履职活动，全年共邀请14名代表列席县人大常委会有关会议，邀请35名代表参加常委会和专门委员会组织的执法检查、专题调研等活动，引导和支持代表更好地投身服务大局“主战场”，当好人民群众“代言人”。

高度关注代表提交的67件建议办理工作，坚持把督办好代表建议作为保障代表权利的有效途径，重点对代表普遍关心、社会密切关注的建议进行跟踪督办，回访代表对办理情况满意度的情况，大力推动工作理念由督办文件向督办实事转变，向督进度与重质量并举转变，做到事事有回音、件件有反馈，一批富有建设性的建议成为有关部门科学决策的重要参考。

【自身建设】 2019年，县人大常委会围绕“两个机关”建设目标，精准把握新时代强化人大自身建设的特点规律，持续在党的建设、组织建设、自我提升等重点领域聚焦发力，推动履职能力和服务水平再上新台阶，为高质量高标准开展各项工作奠定坚实基础。认真贯彻新时代党的建设总要求，切实履行管党治党政治责任，深化落实党风廉政建设责任制，严格执行“中央八项”规定及其实施细则精神和区党委实施办法，扎实推动全面从严治党各项措施在人大常委会机关落地生根。抓住深化党政机构改革机遇，增设县人大财政经济委员会、教科文卫委员会、社会建设委员会，实现“一室三委”的机构设置，县人大组织建设得到全面加强。通过每季度“一集中、一培训、一交流”方式，以视察调研、培训、交流、座谈等形式开展，对基层党建、小康示范村建设、“三乱”整治、代表联络小组建设、代表作用发挥情况、各乡镇人大季度工作开展情况等进行交流，进一步增进与乡镇人大之间的联系，加强对乡镇人大工作的指导，达到各乡镇人大之间相互促进的目的。

（刘　美）

2019年4月25—26日，米林县人大常委会以视察调研、培训、交流、座谈会等形式开展2019年第一季度“一培训、一交流、一汇报”工作，图为组织人大代表到扎绕乡视察

【机构领导】

县委常委、县人大常委会主任
　　陈绪全
县人大常委会副主任
　　巴　珠（藏族）
　　索　朗（藏族）
　　尼玛次仁（藏族，8月任职）
县人大教科文卫主任委员
　　白玛益西（门巴族，8月任职）
县人大教科文卫副主任委员
　　邓亚红（女，8月任职）

人大常委会办公室

【概况】 年内，米林县人大常委会办公室在县委和人大常委会党组的领导下，主动履行职责，努力提高服务水平，紧紧围绕县人大常委会各项中心工作，内强素质，外塑形象，充分发挥办公室枢纽

和保障作用，完成年度各项工作任务。2019年，县人大常委会有办公室主任1名，副主任1名，二级主任科员1名，四级主任科员2名，工作人员2名。

【政治理论和业务学习】 2019年，县人大常委会办公室坚持把加强政治理论学习和业务学习作为提升政治能力、坚定理想信念的重要途径，深入学习习近平关于坚持和完善人民代表大会制度的重要思想、习近平对地方人大常委会工作的重要指示批示精神和习近平关于治边稳藏的重要论述，系统学习全国人大常委会委员长栗战书在纪念地方人大设立常委会40周年座谈会上的讲话精神、西藏自治区人大常委会主任洛桑江村在西藏自治区人大设立常委会40周年座谈会上的讲话精神，跟进学习中共十九届四中全会精神，反复研读党章党规，全面重温党史、新中国史和西藏革命建设史，认真学习《中华人民共和国宪法》《中华人民共和国人民监督法》《中华人民共和国地方各级人民代表大会和地方各级人民委员会组织法》《中华人民共和国全国人民代表大会和地方各级人民代表大会代表法》《中华人民共和国选举法》等相关法律法规，进一步坚定理想信念，提高业务水平和能力。

【综合服务】 2019年，县人大常委会办公室健全完善公文处理制度，实行分级负责制，做到层层把关，严格审核，进一步规范公文写作、审核、签发、印制、发送等程序，对来文来电及时准确地签收办理，做好上传下达。严格执行机关车辆、财务、公务接待等管理，为常委会及机关提供优质高效的后勤保障。加强与县委、“一府一委两院”的沟通联系，为机关日常工作顺畅运转营造和谐良好的环境。从文稿起草、会议程序及筹备安排等方面入手，切实把好上会议题关、材料关、分组讨论安排关、常委会审议意见督办关，不断提高服务水平。全年精心策划常委会会议8次、主任会议8次，高效优质完成县人大十二届六次、七次会议有关筹备和会务后勤等工作。

【建议督办】 2019年，县人大常委会办公室坚持做好代表依法履职保障工作，将县十二届人大六次会议上代表所提的67条建议进行分类和梳理并转交县人民政府办理。邀请领衔代表和办理单位召开督办会，听取建议的办理落实情况，督促办理单位高质量、高效率地把代表建议办成民心工程。

【老干部服务】 2019年，县人大常委会办公室以元旦、春节、藏历新年等重大节日为契机，积极开展走访、慰问老干部活动，向老干部讲解中共十九大，十九届三中、四中全会精神，传达县委、县政府的有关决策部署，通报县人大常委会工作情况，并向老干部咨询建议和意见，发挥老干部的政治优势、经验优势、威望优势，为全县经济社会的发展建言献策，促进米林县各项工作推陈出新。

【群众服务】 2019年，县人大常委会办公室根据全县工作和年度常委会监督工作谋划，围绕乡镇人大建设、环境治理等内容，组织开展相关调研，积极参与常委会执法检查、视察活动，把关注民生、维护人民群众切身利益作为工作的出发点和落脚点，积极围绕群众关心的热点难点问题、重点项目等开展调查研究，进一步密切与代表的联系，努力为人民群众解决实际困难。认真办理群众来信来访工作，坚持把人民群众的事情当大事来抓，把人民群众的事情当急事来办，妥善化解各种纠纷和矛盾，促进社会和谐稳定。

【作风建设】 2019年，县人大常委会办公室认真学习贯彻《中国共产党廉洁自律准则》《中国共产党纪律处分条例》，严守党的政治纪律和政治规矩，严格执行中央“八项规定”及其实施细则精神，牢固树立厉行节约、勤俭干事的思想，进一步完善制度、强化措施，自觉接受人民群众和人大代表的监督，进一步树立和维护人大机关干部的良好形象。

（刘　美）

【机构领导】

主　任

洛桑曲珍（女，藏族）

副主任

刘　美（9月任职）

米林县第十二届人民代表大会代表一览表

表 1

序号	姓名	性别	民族	出生年月	文化程度	政治面貌	单位及职务
1	李牧之	男	汉族	1973 年 11 月	大学	中共党员	县委书记
2	才旺尼玛	男	藏族	1972 年 7 月	大学	中共党员	县委副书记、政府县长
3	达顿	男	藏族	1978 年 7 月	—	中共党员	县委副书记
4	陈绪全	男	汉族	1971 年 9 月	研究生	中共党员	县委常委、人大常委会主任
5	次平	男	藏族	1976 年 4 月	大专	中共党员	县委常委、纪委书记
6	吉律	男	藏族	1971 年 4 月	大专	中共党员	县委常委、统战部部长
7	许登顺	男	汉族	1978 年 8 月	研究生	中共党员	县委常委、组织部部长
8	才拉	女	藏族	1971 年 12 月	大学	中共党员	县委常委、宣传部部长
9	巩雷斌	男	汉族	1972 年 11 月	大专	中共党员	县人大常委会副主任
10	巴珠	男	藏族	1974 年 8 月	大专	中共党员	县人大常委会副主任
11	索朗	男	藏族	1977 年 9 月	大专	中共党员	县人大常委会副主任
12	尼玛次仁	男	藏族	1976 年 9 月	大专	中共党员	县人大常委会副主任
13	洛桑曲珍	女	藏族	1976 年 12 月	中专	中共党员	县人大常委会办公室主任
14	邓常松	男	汉族	1974 年 7 月	大学	中共党员	米林农场副书记、副场长
15	白玛益西	男	门巴族	1974 年 5 月	中专	中共党员	米林县教育科技文化卫生委员会主任委员
16	支张	男	藏族	1979 年 9 月	大专	中共党员	米林县统战部副部长
17	林勇	男	珞巴族	1973 年 1 月	大专	无党派	县旅游局主任科员
18	邓亚红	女	汉族	1983 年 3 月	大专	中共党员	米林县教育科技文化卫生委员会副主任委员
19	嘎玛卓嘎	女	藏族	1975 年 11 月	大专	无党派	县人民医院医师
20	阿努次仁	男	藏族	1973 年 12 月	大专	中共党员	县工青妇主席
21	杨玉龙	男	汉族	1966 年 8 月	中专	中共党员	县电力公司经理
22	次旺多吉	男	藏族	1942 年 6 月	中专	中共党员	退休党支部书记
23	强桑	男	藏族	1979 年 11 月	大学	中共党员	县农行行长
24	蒋洪斌	男	汉族	1962 年 8 月	高中	中共党员	银鑫大酒店总经理
25	顾金荣	男	汉族	1980 年 1 月	大专	无党派	西藏旅游股份有限公司米林分公司总经理
26	次仁	男	藏族	1990 年 10 月	本科	中共党员	某部队某分队排长
27	罗布多吉	男	藏族	1978 年 6 月	中专	中共党员	卧龙镇人大主席
28	次仁罗布	男	藏族	1980 年 2 月	大专	中共党员	卧龙镇镇长
29	普布多吉	男	藏族	1986 年 2 月	初中	中共党员	卧龙村党支部书记、村委会主任
30	仁青白珍	女	珞巴族	1960 年 4 月	小学	中共党员	真多村村民

续表 1

序号	姓名	性别	民族	出生年月	文化程度	政治面貌	单位及职务
31	顿珠	男	藏族	1959 年 12 月	小学	中共党员	本宗村支部书记、村委会主任
32	乔多吉	男	藏族	1960 年 3 月	小学	中共党员	仙村村村民
33	布色	男	藏族	1967 年 8 月	小学	中共党员	单嘎努觉村村支部书记
34	白吉	女	藏族	1965 年 8 月	小学	中共党员	普龙村村支部书记、村委会主任
35	白玛旺久	男	藏族	1973 年 1 月	小学	中共党员	扎村村支部书记、村委会主任
36	白玛多杰	男	藏族	1976 年 3 月	小学	中共党员	角木那村村支部书记、村委会主任
37	次仁卓玛	女	藏族	1968 年 1 月	小学	中共党员	甲格村村支部书记、村委会主任
38	尼玛	女	藏族	1981 年 11 月	大学	中共党员	里龙乡人大主席
39	扎西次仁	男	藏族	1974 年 11 月	大学	中共党员	里龙乡乡长
40	索朗卓嘎	女	藏族	1974 年 1 月	小学	中共党员	里龙村“两委”委员、妇代会主任
41	卓贡	男	藏族	1973 年 7 月	小学	中共党员	德吉新村村支部书记、办事员
42	占堆	男	藏族	1978 年 5 月	初中	中共党员	玉松村党支部书记、村委会主任
43	索朗多杰	男	藏族	1974 年 5 月	小学	中共党员	仲萨村支部书记、村委会主任
44	白玛措姆	女	藏族	1977 年 7 月	小学	群众	巴让村村民
45	贡觉赤列	男	藏族	1986 年 8 月	初中	中共党员	才巴村团支部书记、村委会副主任
46	次仁	女	藏族	1980 年 5 月	大学	中共党员	米林镇人大主席
47	甘丽华	女	汉族	1982 年 4 月	大学	中共党员	米林镇镇长
48	次仁多吉	男	藏族	1976 年 6 月	小学	中共党员	帮仲村（热嘎）村民
49	尼玛	男	藏族	1967 年 7 月	小学	中共党员	帮仲村村民
50	巴鲁	女	藏族	1976 年 4 月	小学	中共党员	米林村村务监督委员会委员
51	达娃卓玛	女	藏族	1981 年 1 月	小学	中共党员	东多村“两委”委员、妇代会主任（帮加）
52	李训江	男	汉族	1980 年 9 月	大学	中共党员	南伊珞巴民族乡人大主席
53	达瓦多吉	男	珞巴族	1978 年 4 月	大专	中共党员	南伊珞巴民族乡乡长
54	桑加曲培	男	藏族	1986 年 11 月	大专	中共党员	南伊村村民
55	亚格	女	珞巴族	1976 年 6 月	小学	群众	才召村村民
56	达尼	男	珞巴族	1960 年 7 月	小学	群众	琼林村村民
57	次仁玉珍	女	藏族	1968 年 2 月	初中	中共党员	扎绕乡人大主席
58	达瓦罗布	男	藏族	1982 年 2 月	中专	中共党员	扎绕乡乡长
59	次仁央	女	藏族	1974 年 11 月	小学	中共党员	龙安村村民
60	赤列	男	藏族	1971 年 11 月	小学	中共党员	森波村村委会副主任
61	布阿牛	男	藏族	1958 年 8 月	小学	中共党员	扎村村委会主任
62	聪加	男	藏族	1970 年 6 月	小学	中共党员	雪巴村村支部书记

续表 1

序号	姓名	性别	民族	出生年月	文化程度	政治面貌	单位及职务
63	达林	男	藏族	1965 年 11 月	小学	中共党员	甲玛村支部委员、村委会副主任
64	米玛	男	藏族	1984 年 8 月	初中	中共党员	彩门村村支部书记、村委会主任
65	巴洛	女	珞巴族	1966 年 7 月	小学	中共党员	萨玉村村民
66	米玛	女	藏族	1986 年 1 月	大学	中共党员	派镇人大主席
67	王永明	男	汉族	1974 年 9 月	大学	中共党员	派镇镇长
68	次仁卓玛	女	藏族	1963 年 5 月	小学	中共党员	达林村妇女主任
69	白玛达瓦	男	藏族	1970 年 6 月	小学	中共党员	派村村支部书记
70	格桑次仁	男	藏族	1980 年 4 月	小学	中共党员	雪嘎村村支部书记、村委会主任
71	阿拉姆	女	藏族	1973 年 2 月	小学	中共党员	格嘎村村委会副主任、妇女主任
72	桑杰次仁	男	藏族	1974 年 9 月	小学	中共党员	大渡卡村村支部书记、村委会主任
73	白拉姆	女	藏族	1980 年 3 月	小学	中共党员	多雄村村民
74	强巴旦达	男	藏族	1983 年 7 月	中专	中共党员	羌纳乡人大主席
75	西洛次仁	男	藏族	1970 年 3 月	初中	群众	羌纳寺民管会副主任
76	巴玉	女	珞巴族	1963 年 7 月	小学	中共党员	巴嘎村村委会主任
77	才旺群佩	男	藏族	1978 年 11 月	小学	中共党员	岗嘎村村支部书记、村委会主任
78	达瓦多吉	男	藏族	1973 年 1 月	小学	中共党员	米尼村村支部书记、村委会主任
79	阿鲁	女	藏族	1967 年 1 月	小学	群众	娘龙村村务监管委员会委员(林巴村)
80	次仁顿珠	男	藏族	1973 年 3 月	小学	群众	结果村村务监管委员会委员(伦巴村)
81	小巴桑次仁	男	藏族	1979 年 1 月	小学	中共党员	朗多村村支部书记、村委会主任
82	次桑	男	藏族	1987 年 1 月	大专	中共党员	丹娘乡人大主席
83	平措旺青	男	藏族	1980 年 11 月	大学	中共党员	丹娘乡乡长
84	白玛次仁	男	藏族	1957 年 4 月	初中	中共党员	丹娘村村支部书记
85	次仁旺姆	女	藏族	1978 年 1 月	小学	群众	仲莎村村民
86	央宗	女	藏族	1985 年 9 月	小学	中共党员	仲莎村“两委”委员、妇女主任、宣传委员
87	白玛加措	男	藏族	1992 年 7 月	初中	中共党员	桑巴村监督委员
88	曲珍	女	珞巴族	1962 年 6 月	小学	中共党员	康布热村村支部书记、村委会主任
89	旦真	男	藏族	1959 年 11 月	小学	中共党员	鲁霞村村民

米林县人民政府

综述

【概况】 2019年,米林县人民政府有县长1名,常务副县长2名,副县长7名。设置政府工作部门27个。

【经济运行稳中有进】 2019年,全县实现县域生产总值18.14亿元,按可比价格计算,比上年增长8.1%。全县农牧民人均可支配收入达19710元,同比增长12.7%;城镇居民人均可支配收入33041元,同比增长11.3%,全县66个行政村人均收入全部迈过万元大关,人均收入超过2万元的村40个,占比61%。全县一般公共预算收入1.2亿元,同比增长7.2%。全县社会消费品零售总额达2.97亿元,同比增长10.4%。

【脱贫攻坚战持续巩固】 2019年,米林县紧紧围绕"两不愁三保障"脱贫目标,坚持问题意识和目标导向,扎实推进"重精准、补短板,强意识、促攻坚"专项整改行动和脱贫攻坚巩固提升各项工作,做到在推进中整改、在整改中完善、在完善中提质增效、在提质增效中巩固提高。747户2351人建档立卡贫困群众全部实现脱贫,米林县实现脱贫摘帽。全面落实自治区关于昌都"三岩"片区易地扶贫搬迁各项政策,顺利完成176户995人的搬迁安置任务。

【城乡均衡发展同频共振】 2019年,米林县全面完成米林县公园道路拓宽改造、派镇至直白景区改扩建公路、桃花漫道全民健身公共服务设施等项目的建设,重组米林县城祥客运公司,开通县城至扎绕乡吞布容农村客运班线,县域"二纵七横"路网得到进一步完善。编制完成全县乡村振兴战略总体实施方案,实施完成43个边境小康村主体工程建设任务,17个非边境建设小康村建设任务。投资2288.04万元,推进村级活动场所标准化建设31个。完成派镇雅江堰塞湖灾后搬迁安置任务,安置受灾群众57户213人。投资653.62万余元实施"绿篱笆、花果园",发挥小庭院大经济效益。组织48个村、3487户农牧民种植苹果、车厘子、水蜜桃、李子等庭院经济苗木2.5万株,西嘎、邦仲、麦朗等一批美丽乡村引领农村新发展,农村人居环境持续改善。

【产业融合发展】 2019年,米林县接待游客160.12万人次,旅游综合收入达14.52亿元,同比分别增长23.14%和29.04%,3745名农牧民群众参与旅游业服务实现综合创收6994.9万元。兑现旅游惠民资金962万元,惠及2247人,人均受益4200元。2家AAAA级景区上缴税收近300万元。落实农牧产业项目31个,经济效益和社会效益不断提升。一批具有典型代表的农牧龙头企业引领发展,以盛世农业标准化水果基地为龙头的"小苹果、大产业"为全区树立了标杆,西藏可心农业发展有限公司扎根米林,米林"三瓶水"量产上市,以派镇公尊德姆庄园为典型的民宿经济蓬勃发展,第一产业围绕旅游调结构、第二产业围绕旅游出产品、第三产业围绕旅游强服务的基础更加坚实。

【项目建设】 2019年,米林县开

2019年5月16日，林芝市副市长强巴央宗（左五）带领一行7人到米林县开展科技调研工作

复工项目167个，总投资15.82亿元，累计完成投资7.84亿元。梳理民生改善、基础设施建设、生态环境保护、基层政权及社会管理能力建设和特色优势产业发展等“十四五”规划项目159个，“十四五”规划项目盘子初步形成。

【民生事业持续改善】 2019年，米林县教育事业不断进步，控辍保学扎实有效，学前教育毛入园率89.76%，小学净入学率99.96%，初中阶段毛入学率104.7%，完成既定指标。双语教育普及率、小学数学课程开课率、中学数理化生课程计划完成率和中学理化生实验开出率均达到100%，基本实现“五个100%”教育发展目标，走在全市前列。其他省市西藏初中班招生考试录取人数同比增长57%，小考成绩居七县区第一名，其他省市西藏高中班录取人数同比增长130%。就业形势不断好转，城镇新增就业535人，开发就业岗位228个，城镇登记失业率2.29%；农牧民转移就业3870人，转移就业收入3324.86万元。城乡居民社会养老保险参保人数8567人，达到应保尽保。农民工工资支持得到有效保障，受理投诉举报案件93起，涉及劳动者1045人，帮助解决欠薪2756万元。医疗卫生事业不断进步，三级医院对口帮扶机制更加健全，扎实开展生活饮用水、公共场所卫生监督执法，认真落实疾病预防工作，接种疫苗4425针次，接种率98%。县卫生服务中心创二乙取得实质性进展，包虫病综合防治顺利通过国家验收。

2019年1月30日，米林县委副书记、县长才旺尼玛（左四）到南伊珞巴民族乡开展慰问活动

【生态环境持续改善】 2019年，米林县坚持绿色生态发展理念，严格保护米林的好山好水、绿水蓝天、冰天雪地。城乡生态环境质量持续提升，城乡垃圾收集覆盖率100%，基本实现农村垃圾科学无害化处理。严格管理和保护森林资源，加大林业有害生物防控力度，有效防治病虫害林区1600亩，有效遏制印加孔雀草等外来物种的蔓延。征收林地林木补偿费1894万元。公益林管护面积648.68万亩，兑现森林生态效益补偿资金共3202万元。生态创建力度加大，获得自治区级生态县、7个自治区级生态乡镇、54个自治区级生态村（居）的命名。7个国家级

2019年10月30日，米林县委常委、副县长周立在派镇开展"不忘初心、牢记使命"主题教育专题党课活动

生态乡镇、9个国家级生态村的申报材料编写工作已经完成并上报生态环境部。

【社会治理和谐稳定】 2019年，米林县扎实开展反分裂斗争，依法管理虫草采集事务，虫草采集管理工作连续3年无案（事）件。依法合理回应群众信访诉求83件次，化解调处率98.6%。扎实开展"三个专项"斗争，人民群众的安全感明显提升。严守"三不增加"底线，依法管理民族宗教事务，全面落实利寺惠僧政策，僧尼爱国爱教作用发挥明显，"羌纳寺展佛活动"和"雪卡日追转山活动"规模同比分别减少18%、52%。全面加强应急管理，扎实推进防汛抗旱、森林防火等工作，严守安全生产底线，全年辖区未发生安全生产事故，事故起数、死亡人数实现100%双下降。

【政府建设】 2019年，米林县始终把政治建设摆在政府建设的首位，扎实开展"不忘初心、牢记使命"主题教育，政府履职效能、为民服务、担当作为的意识明显提升。深入学习中共十九届四中全会精神，系统推进政府治理体系和治理能力现代化。全力推进法治政府建设，坚持依法行政，主动接受人大、政协监督，办理县人大建议67件、政协提案26件、市人大建议1件、市政协提案2件，答复率满意率均达100%。行政效能不断提升，"一网通办"事项管理平台梳理六类政务服务事项649项、公共服务事项215项，网上可办率100%。

（马天赞）

【机构领导】

县委副书记、政府党组书记、县长

才旺尼玛（藏族）

县委副书记、政府党组成员、常务副县长

黄 南 荫（广东援藏，6月任职）

县委常委、政府党组成员、常务副县长

乔 多 吉（藏族）

县委常委、政府党组成员、副县长

宋 振 兴（苗族）

周 立（穿青人）

政府党组成员、副县长

旦知尖措（藏族）

何 正 勇

副县长

陈 剑 钊

2019年7月8—10日，米林县召开迎接国家扶贫资金专项调研座谈会

才　　拉（女，藏族，5月离任）
乔 直 达（藏族）

政府办公室

2019年6月28日，米林县政府办党支部开展入党誓词宣誓活动

【概况】 米林县人民政府办公室内设信访局、机关后勤服务中心，有县政府办主任1名，县政府办副主任3名，信访局局长1名，政府办二级主任科员1名、四级主任科员2名，机关后勤服务中心副主任2名，藏语委办（编译局）主任1名，藏语委办（编译局）副主任1名，藏语委办（编译局）二级主任科员1名、四级主任科员1名。

【思想教育】 2019年，县政府办把深入开展"两学一做""四讲四爱"活动作为首要政治任务，围绕活动的总体要求、目标任务、主要内容和方法步骤，制订方案，健全组织机构，强化实施保障和宣传推动，使整个活动"规定动作做到位，自选动作有特色"，确保活动不虚不空不偏、不走过场、富有成效。

政治理论学习。高度重视抓好干部队伍的政治理论学习和业务素质学习，在学习过程中坚持做到党支部学习和日常学习相结合，政治理论学习和业务素质学习相结合，办公室每周四下午进行集中学习，个人坚持每天自习，撰写读书笔记、心得体会等，做到学习日常化、规范化、制度化。确保学习不流于形式，学出成效，切实提高干部队伍的整体素质，树立起坚定的理想信念和科学的人生观、世界观、价值观，不断丰富和完善自身的政策理论水平和业务水平。2019年，系统地学习中共十九大和十九届二中、三中、四中全会精神，学习党的方针政策，学习习近平总书记的一系列重要讲话；组织召开文秘人员工作交谈会，加强学习交流，通过不断地学习、交流和培训，切实提高文秘人员业务知识水平。

开展好"不忘初心、牢记使命"主题教育。按照县委主题教育办的要求和政府办公室学习计划表，在支部书记带头学和领学下，学习《习近平关于"不忘初心、牢记使命"论述摘编》《习近平关于"不忘初心、牢记使命"重要论述选编》《中国共产党党内重要法规汇编》《"不忘初心、牢记使命"优秀共产党员先进事迹选编》，以及十九届四中全会精神等，共开展集中学习5次，交流发言10人次，撰写心得体会20余篇。

【队伍建设】 2019年，县政府办通过集体学习、支部活动等方式，引导办公室工作人员时刻注重自身素质的提高，努力做到政治上"强"、业务上"精"、作风上"实"，精心办文，悉心办会，细心办事。采取以老带新的办法，充分发挥老同志的传帮带作用，让年轻干部跟着干、干中学；根据新进年轻干部个人特点，因人而异派任务、压担子，让干部在实践中成长，提高干部队伍整体素质。

增强集体凝聚力。领导班子坚持民主集中制，充分发扬民主作风，认真吸取办公室好的意见和建议，群策群力，促进决策的科学性。提升党建工作水平，发挥战斗堡垒作用和共产党员的先锋模范作用，全体干部职工自觉服从工作安排，强化大局观念和集体意识，始终坚持心往一处想、劲往一处使，为政务工作提供动力支持。办公室上下团结一致，迎难而上，紧紧围绕各项目标任务，加强沟通、明确职责、分工协作、相互支持，做到思想同心、目标同向、工作同步，形成团结互助、精诚协作、同心谋事的良好风气。

提升干部公信力。全体干部职工不断强化责任意识，正确看待个人得失，正确把握利益关系，牢记宗旨，践行使命，保持对人民的深厚感情、对事业的执着追求、对名利的平常心态，大力发扬拼搏精神，爱岗敬业、不计名利；严格遵守政治纪律、组织纪律、工作纪律、财经纪律、生活纪律，认真开展作风建设，加强机关效能建设，工作作风更加优化，工作节奏和办事效率进一步提升。同时，班子成员带头廉洁自律，忠实兑现廉政承诺，扎实落实党风廉政建设责任制，党员干部的思想政治教育、党风党纪教育和廉洁从政教育得到显著增强，为顺利推进各项工作提供有力的纪律保障。

【业务工作】 精心办文，以文辅政。2019年，县政府办按照精简文件，改进文风的要求，进一步完善公文处理制度，全面落实《党政机关公文处理条例》，严格执行党政机关公文格式国家标准。在公文处理上，坚持从严、从精、从快的原则，严把政策关、文字关、格式关和程序关，加快公文运转，强化过错追究，力求每一份公文都政策清楚、逻辑严密、格式规范、准确及时，确保各类公文的规范性和权威性。2019年，共起草编发县政府〔米政发〕发文72期、县政府党组〔米政党组〕发文20期、县政府〔米政函〕发文65期、县政府会议纪要发文71期、县政府督办通知发文4期、县政府办〔米政办发〕发文140期。在文稿起草上把文稿起草作为办公室工作之基，强化精品意识和效率意识，突出材料的思想性、指导性、实效性。通过平时深入调研掌握实情，大量收集领导会议发言，精选政务信息，以及注重学习新知识，认真研究、吃透上级的各项政策精神等，在文稿起草过程中，紧贴上级精神和领导意图，客观全面反映工作实际，努力在文稿内容上求新，实现文稿质量的较大提高。

细心办会，以会辅政。严格按照中央“八项规定”的要求，精简会议活动，切实改进会风，不断提高办会水平，各类会议力求节约务实。认真做好县政府和办公室重要会议安排、组织和服务工作。树立“细节决定成败”的办会理念，坚持高质量承办会务，高效率处理事务，对重要会议、活动提前介入，精心筹划，统筹协调，周密安排，确保各类会议秩序和质量。全年共召开县政府及其他各类工作会议共140次。

信息调研编报。围绕县委、县政府中心工作和各阶段重点工作，充分发挥参谋助手作用，认真编写、上报信息，及时反映全县经济社会发展新思路、新举措及新成效，充分发挥信息“前哨”的作用，为领导掌握情况、指导工作、科学决策提供较好的信息服务。同时，认真整理县政府领导重要讲话，下发至各乡镇、各部门，确保县政府重大工作安排部署能及时传达到乡镇和部门。2019年，共收集各乡镇、各部门信息来稿共1800余条（篇），向上级上报信息1200余条（篇）。始终把调研工作的着力点放在为领导决策实施的服务上，以全县工作重点定方向，抓住影响改革、发展、稳定的热点、难点以及领导的关注点，积极主动开展调研，撰写调研文章，为领导决策提供重要参考。

沟通协调服务。及时研究协调县政府重大工作安排，认真做好县政府重要活动的安排、组织和服务工作，参与全县重大会议、活动组织和服务工作，强化沟通

2019年9月6日，米林县政府办党支部组织在岗党员学习

协调，确保各项工作有序开展。2019年共承办大型活动和会议达30余次，组织重点项目建设领导调研和视察活动达90余次，均较好地完成任务。全力搞好日常协调，主动与县委办、县人大办、县政协办联系，互通情况，互相支持；加强与乡镇和部门日常工作的衔接、沟通，对涉及部门多、环节多的重大问题，主动牵头协调，及时传达政令，保证政府决策的贯彻落实。

政务督办考核。健全工作机制，创新方式方法，加大政务督办力度，确保县政府各项工作落到实处。紧紧围绕县委、县政府确定的中心工作、重大决策、重点工作任务、会议议定的事项及上级、领导交办的任务开展工作。对年初人大常委会、县政府常务会等做出的重大决策和重要工作部署，进行分解立项，跟踪督查，了解情况，找准问题，分析对策，提出建议，有力推动政府重点工作的顺利开展。做到批一项、转一项、办一项，并及时反馈，不拖沓、不懈怠。共办理办结人大建议67件、政协提案26件，转办市人大建议1件、市政协提案2件，答复率100%、满意率100%。

后勤保障服务。认真贯彻落实中央“八项规定”，加强公务接待管理，严格接待程序，控制接待范围和标准，厉行勤俭节约，加强接待经费管理，按照“有礼、有节、热情、周到、节约”的原则，组织安排好公务接待。对会议筹备、食宿安排、活动路线、安全保卫

2019年10月1日，米林县政府办党支部党员干部在朗多村慰问驻村工作队队员

等每一个细小环节，都坚持高标准、严要求，认真细致地做好每一次接待工作，较好地完成各项接待任务。

信访接待服务。扎实做好信访接待工作，进一步畅通群众诉讼渠道，创新工作机制，加大督查督办工作力度，认真排查化解各类社会矛盾纠纷，认真解决群众反映的信访问题，切实维护群众的根本利益。

维稳值班管理。加强应急管理工作，坚持24小时值班制度，认真做好信息报告、值班值守等工作，不断完善应急预案体系，积极开展应急演练，切实提高救灾减灾应急能力。坚持“安全第一、预防为主”的方针，牢固树立稳定压倒一切的思想，坚决克服麻痹、松懈和侥幸心理，强化政治意识、大局意识、核心意识、看齐意识，做到立场坚定、旗帜鲜明，坚决与十四世达赖分裂势力作斗争，坚决维护祖国统一和民族团结，牢固筑起援藏工作的政治防线和思想防线，团结一致、扎实工作，确保本单位稳定安全大局。

（马天赞）

【机构领导】

县政府办主任

付 江 南（女，11月任职）

县政府办副主任

付 江 南（女，1—10月主持工作）

旦增晋美（藏族，5月任职）

卫 建 华（9月任职）

信访局局长

旦增晋美（藏族，11月任职）

机关后勤服务中心副主任

格桑旺堆（藏族）

王 敏（女）

藏语委办（编译局）主任

次仁白珍（女，藏族，11月任职）

藏语委办（编译局）副主任

索 朗（女，藏族，5月任职）

中国人民政治协商会议米林县委员会

综述

【概况】 中国人民政治协商会议米林县委员会为正县级行政设置，下设办公室、农业和农村委员会、提案委员会、文史民族宗教法制委员会，2019 年实有工作人员 16 名（主席 1 名、副主席 4 名；办公室主任 1 名、副主任 1 名、二级主任科员 1 名、四级主任科员 2 名、科员 1 名、工勤人员 2 名；农业委主任 1 名、副主任 1 名；提案委副主任 1 名）。

2019年9月15日，全国政协常委、科教卫体委员会主任袁贵仁（前排右一）一行到米林县开展教师节慰问活动

【理论学习】 2019 年，县政协坚持把强化创新理论武装放在重要位置，坚持常委会、党组会、主席会逢会必学，引导政协各参加单位和全体政协委员第一时间学、全面系统学、结合实际学，认真学习贯彻落实习近平新时代中国特色社会主义思想，中共十九大，中共十九届二中、三中、四中全会精神，以及习近平总书记关于加强和改进人民政协工作的重要思想、在中央政协工作会议上的讲话精神，自觉把思想和行动统一到党的决策部署上，进一步明确履职的方向和目标，牢固树立“四个意识”、坚定“四个自信”、坚决做到“两个维护”，确保政协工作方向更为明确，履职更有实效。全年组织召开党组理论学习中心组学习会 22 次。

【委员学习培训】 2019 年，县政协坚持“走出去”接受教育培训，继续分期分批组织委员赴外省市学习考察；推进“参与式”教育培训，深入开展案例式、观摩式教育培训，增强委员教育培训的开放性、互动性和实效性，打造“懂政协、会协商、善议政，守纪律、讲规矩、重品行”的委员队伍。2 月，组织委员开展“学习党的十九大精神，提高委员撰写提案能力”专题培训。9 月，邀请市委党校教授集中开展“认真贯彻十九大精神，建设美丽生态文明”专题培训和委员履职能力培训，进一步提升委员履职能力。

【民主监督】 2019年,县政协把提案作为最直接最有效的民主监督形式,在提案办理中,邀请提案人、承办单位进行面对面协商,加强沟通,加大督办力度,及时协调解决提案办理过程中存在的问题,提高提案办理实效。县政协九届四次会议以来,共收到委员提案26件,立案26件,2019年底全部办复完毕,办结率达100%。坚持把视察作为民主监督的重要抓手,组织委员对"三小一摊"食品安全、文化产业和旅游产业融合发展等项目进行观摩视察,先后有委员10余人参与视察活动。推荐委员10人次参与政风行风评议、民主(组织)生活会、领导干部述职述廉等活动,民主监督方式更加灵活多元。广泛开展党员"家访"、主题教育调研活动,进一步收集社情民意信息,及时宣传县委、县政府的决策部署,做到上情下达、下情上报,共收集到社情民意16条。

【协商议政广泛深入】 2019年,县政协围绕城市建设和美丽乡村建设进行调研,组织政协委员到鲁朗管委会、朗县现场观摩,进一步提高政治站位,写好"委员作业",答好时代考卷,以实际行动为全县政协事业发展增光添彩。围绕政协机关党的建设进行调研,提出了要改进思想政治教育的方式方法,提升领导班子的整体能力,激发基层党组织的活力等。围绕"三岩"搬迁工作进行调研,发现农田水利建设滞后、户籍信息不齐全、特色产业发展思路不广等问题,并提出意见、建议。围绕旅游产业和文化产业融合开展调研,提出推进旅游强县战略、加大宣传推介力度、促进文旅融合发展、强化组织领导等对策建议。深入推进民主协商。全委会期间,全体委员围绕发展大局,重点就脱贫攻坚、生态文明建设、重点项目建设、特色产业培育、教育卫生事业发展、美丽乡村建设等事关全县经济社会发展的热点难点问题,提出意见建议10余条。全年共召开4次常委会会议、12次主席会议,形成调研报告3份。充分发挥专门协商机构作用,建立以全体会议为龙头,以专题议政性常委会会议为重点,以专题协商、对口协商、界别协商、提案办理协商为新常态的协商议政格局。

2019年9月5日,米林县政协组织政协委员、政协干部开展履职能力提升培训

【联谊交流】 2019年,县政协密配合自治区政协开展了"水资源保护、如何做好城市污水处理"的调研视察活动,配合市政协开展"民族团结、大学生创业就业、脱贫攻坚""乡村幼儿园建设"工作的调研视察活动。接待山东、贵州、宁夏、河南、深圳、内蒙古等区内外各级政协到米林县考察学习,在接待外地政协到米林考察及赴外地考察学习的过程中,积极宣传推介米林县,扩大米林对外影响力,全年共接待区内外各级政协考察、学习工作组32批270余人次。县政协考察组到云南省昆明市、大理州考察学习旅游产业与文化产业融合、乡村振兴、少数民族融合等方面的做法,到朗县、鲁朗考察学习农牧民特色产业、旅游产业发展、生态文明建设等方面的经验。注重增进团结合作,邀请工商联、群众团体、无党派人士参加调研视察活动,为他们参与政协活动提供畅通渠道,认真贯彻党的民族宗

2019年10月23日，米林县政协邀请区、市、县三级政协委员召开"不忘初心、牢记使命"主题教育征求意见会

教政策，加强与民族宗教界人士的经常性沟通，密切与非公有制经济人士、其他社会阶层人士的联系。认真开展文史编纂，广泛联系政协委员和专家学者，多方式、多角度、宽领域挖掘地方历史文化资源，加大"三亲"史料的征集力度，组织开展《百年实录》《政协年鉴》等编纂工作，充分发挥政协文史资料在"存史、资政、团结、育人"方面的独特作用和优势。

【助推扶贫助困】 2019年，县政协坚持履职为民，关注民生，注重鼓励和动员各界力量扶弱济困、奉献社会，组织市、县政协委员和社会爱心人士捐资4万多元，帮助1户贫困户修建住房以及助学。县政协班子及政协办干部先后3次前往8个村13户贫困户家中看望慰问。

【发挥专门委员会基础作用】 2019年，县政协增设提案委员会、文史民族宗教法制委员会、农业和农村委员会3个专门委员会。

【政协全体委员会议】 2019年2月24日，政协九届四次会议召开，此次会议应到委员41人，实到委员38人。会议主要议程：1. 听取和审议政协第九届米林县委员会常委会工作报告；2. 听取和审议政协第九届米林县委员会常委会第三次会议以来关于提案工作情况的报告；3. 列席米林县第十二届人民代表大会第六次会议，听取并讨论政府工作报告及其他报告；4. 审议通过政协第九届米林县委员会常委会工作报告的决议；5. 审议通过政协第九届米林县委员会关于九届三次会议以来提案工作情况报告的决议；6. 审议通过政协第九届米林县委员会第四次会议政治决议；7. 审议通过政协第九届米林县委员会关于九届四次会议提案审查情况的报告；8. 表彰政协第九届米林县委员会第三次会议期间优秀提案。县委、人大、县政府领导参加开幕会。参会的政协领导有米林县政协主席刘安奇，副主席巴桑、达娃、周毅、次仁平措。

（谢　瑾）

2019年12月4日，米林县政协党组召开"不忘初心、牢记使命"主题教育专题民主生活会

【机构领导】

主 席

刘安奇(藏族)

副主席

巴 桑(藏族)

达 娃(女,藏族)

周 毅

次仁平措(藏族)

政协办公室

【概况】 米林县政协办公室为正科级行政设置,人员编制为2名,其中,行政编制2名,实有工作人员8名(办公室主任1名、副主任1名、二级主任科员1名、四级主任科员2名、一级科员1名、工勤人员2名)。

【精心办文】 2019年,县政协办公室认真对照《中国共产党机关公文处理条例》和《国家行政机关公文处理办法》的规定,对公文处理工作作了改进和完善,坚持严把“三关”(严把起草关、严把“审核关”、严把收发关),确保办文质量。全年完成《政协工作报告》《政协提案工作报告》《政协委员培训总结》等重要材料。

【会务服务】 2019年,县政协办公室完成全委会、常委会会议、党组会议、主席会议、机关工作人员会议及各种专题座谈会议的组织筹备和服务工作。无论是会前的材料起草、会场的服务,还是会后的材料收集整理等工作,都竭力做到细致周到,不放过每一个细节,尽量为与会人员提供一个良好的环境,确保会议顺利召开。全年完成全委会1次、常委会会议4次、党组会议11次、主席会议11次、办公室会议16次、各类调研视察座谈会3次。

2019年7月1日,米林县政协办开展“重温入党誓词”活动

【悉心接待】 2019年,县政协办公室严格接待标准、规范接待程序,认真拟定详细的接待方案,悉心接待,共接待区内外各级政协考察、学习工作组32批270余人次。

【机关内部管理】 2019年,县政协办公室着手对机关内部管理制度进行了修订和完善。加强机关财务管理,严格执行财政法规和财经制度,严格控制接待、车辆

2019年11月6日,米林县委巡察组常规巡察政协办工作动员会召开

费用开支，严把审批关。加强机关考勤和强化机关作风的改进，严格执行请销假制度。加强机关卫生管理，严格按照机关卫生管理制度执行，并定期对卫生区域进行检查，使机关始终保持整洁美观。

【干部队伍建设】 2019年，县政协办公室深入开展“不忘初心、牢记使命”主题教育，全体机关党员进一步坚定理想信念，党性觉悟进一步提高；把“五个能力”党组织建设同党员活动日相结合，学习教育常态化、制度化，打造出一支高素质的政协机关干部队伍。

【提升信息工作质量】 2019年，县政协办公室注重把握政协信息舆情汇集和民意表达的本意，努力抓住重要信息、特色信息、深度信息，为党委政府科学民主决策提供重要参考。

【优化后勤服务】 2019年，县政协办公室按照工作职责，认真做好政协领导、政协委员参加各类会议和活动的联络与服务工作，用心做好老干部工作，并进行节前慰问，认真听取老干部的意见，进一步提高服务质量。

（谢　瑾）

2019年12月10日，米林县政协办党支部召开“不忘初心、牢记使命”主题教育组织生活会

【机构领导】

政协办

主　任

巴桑央吉（女，藏族，5月任职）

副主任

谢　瑾（女）

农业和农村委员会

主　任

登巴曲达（藏族，5月任职）

副主任

石倩琳（女，5月任职）

提案委员会

副主任

卓玛央宗（女，藏族，8月任职）

纪检·监察

综述

【概况】 2019年,米林县纪委监委内设机构分别为综合室、党风政风监督室、监督检查室、审查调查室、案件审理室5个科室和1个纪检监察信息中心。县纪委监委机关核定行政编制13名、事业编制3名,实有工作人员20名,其中,纪委书记、监委主任1名,纪委副书记、监委副主任2名,二级主任科员2名,纪委常委1名,监委委员1名,党风政风监督室、审查调查室、案件审理室各1名主任,四级主任科员2名,一级科员5名,事业干部2名,工勤人员1名。

【队伍建设】 2019年,县纪委监委建立"学习清单",列出学习计划表和"路线图",采取支部带头学、集中交流学、个人主动学等方式,学深悟透、融会贯通,推动学习往深里走;立足全县经济社会发展全局、党风廉政建设和反腐败斗争大局,坚持学以致用,组织开展全县纪检监察干部业务培训班5次,推动学习往实里走;在全县纪检监察系统分期分批开展"以案代训"工作,不断强化纪检监察干部业务水平,选派6名干部到市、县纪委跟班学习,2名干部到广东省纪检监察系统开展挂职锻炼。2019年底,全县8个乡镇纪委突破"零办案"。明确专人负责县纪委监委内部监督工作,积极开展纪检监察干部家访活动,加强对纪检监察干部"八小时以外"的监督。

【细化重点工作】 2019年,县纪委监委紧扣管党治党政治机关这一属性,强化监督执纪问责力度,推动全面从严治党向基层一线和重点领域延伸。协助县委积极履行主体责任,制定印发2019年党风廉政建设和反腐败工作要点,并将重点任务细化分解为六大项22小项。制定印发2019年党风廉政建设监督责任任务分解表,逐项明确工作任务,并组织召开

2019年3月15日,米林县纪委监委组织召开扶贫领域腐败和作风问题专项治理协作会,8个乡(镇)纪委书记、脱贫攻坚指挥部办公室和10个脱贫专项组牵头单位主要负责人参加会议

九届县纪委四次全会，认真学习传达中央、自治区、市纪委全会精神，安排部署2019年全县党风廉政建设和反腐败工作。

2019年7月1日，米林县纪委开展“庆祝七一 永葆初心”系列主题活动之重温入党誓词

【推进监察体制改革】 2019年，县纪委监委推动监察权向乡镇延伸，全县8个乡镇、派出8个监察室，派出监察室人员24名，其中：监察室主任8名，监察员16名（事业4名），并为乡镇纪检监察室提供办公经费等保障，实现对基层党员干部和公职人员的监督全覆盖，切实打通监督执纪“最后一公里”。

【精准把握运用四种形态】 2019年，县纪委监委共受理问题线索61件，其中，立案审查12件，初核了结37件，12件办理中，给予党纪政务处分14人。充分运用第一种形态，谈话函询12人，约谈21人，诫勉谈话4人；准确运用第三种形态，给予重处分9人。

【推进扫黑除恶打非治乱专项斗争】 2019年，县纪委监委制定《米林县纪委监委关于加强扫黑除恶监督执纪问责的工作方案》，建立纪检监察机关与政法机关协商会商、线索双向移送等工作机制，推进扫黑除恶专项斗争持续深入。全年共受理涉黑涉恶问题线索9件（其中司法机关移交4件），初核了结3件，立案6件，结案9件，给予党纪处分8人，组织处理1人，约谈乡镇主要领导3人。

【助力脱贫攻坚】 2019年，县纪委监委通过“廉洁药洲”微信公众号、邮箱、电话、来信来访等“四位一体”监督格局，将老百姓关心的热点、难点、反映强烈的问题线索列为重点，对问题线索实行统一登记、归口负责、集中管理，成立专项案件初核小组，实行案件提醒督办及跟踪追查机制。全年全县各级纪检监察机关共受理扶贫领域问题线索11件，立案2件，给予党纪处分2人，约谈3人，批评教育1人，收缴违纪资金179866.63元。

【基层减负】 2019年，县纪委监委以实地督查、明察暗访、走访谈话为主，突出问题导向，坚持从到会场向到现场、从看材料向看实效、从听汇报向问群众转变，切实改进方

2019年10月12日，米林县纪委联合县委主题教育办组织召开米林县“不忘初心、牢记使命”主题教育案例剖析研讨会

式方法，不断提高监督检查考核实效。全年县纪委监委下发普发类文件2份，召开全县纪检监察会议1次，同时对全县各单位、各乡镇整治形式主义官僚主义突出问题自查报告进行逐一审核把关，对查摆问题宽泛，整改措施流于形式的单位予以退回，并督促其重新查摆。

【深入纠正“四风”问题】 2019年，县纪委监委加强对落实习近平总书记重要讲话和系列重要指示批示精神情况、打好三个攻坚战等重大决策部署执行情况的监督检查，持续督查落实中央“八项规定”及其实施细则精神，党员干部利用名贵特产类特殊资源牟取私利问题，以及“四风”问题隐形变异的种种表现，发挥监督检查、巡察督查等探头作用，紧盯重要节点和重点领域，开展明察暗访、专项检查，以监督检查成效推动纪检工作深入开展。全年共开展明察暗访70余次。

【监督检查】 2019年，县纪委监委加强与组织、巡察、审计等相关职能部门建立有效联动机制，定期不定期开展沟通协调，形成工作合力。同时，有效运用“两个责任”评估系统，健全完善制度规范，压紧压实各方责任，以铁的纪律确保党中央决策部署和自治区、市具体要求落地生根。全年共受理组织、巡察、市审计等部门移交问题线索9件。

【筑牢拒腐防变思想防线】 2019年，县纪委监委以开展“第二十四个党风廉政宣传教育月”为契机，组织党员干部集中观看《全面从严治党在西藏》《贪欲·黑洞》等反腐倡廉警示教育片，组织纪检监察干部到林芝市党风廉政警示教育基地、西藏百万农奴解放纪念馆等地参观学习，接受教育洗礼；以“廉洁药洲”微信公众号为平台，通过易于接受的新媒体在线答题方式，教育引导全县广大党员干部知纪、明纪、守纪，共计500余人次参与答题；以“林芝清风”为主题，征集优秀廉政文化作品30余幅，摄影作品40余张；组织开展任前廉政谈话3场次，任前廉政考试200余人；开展党风廉政建设宣传教育日活动，发放宣传资料2000余张、宣传品2500余份，受教育群众达1000余人。

【回访教育】 2019年，县纪委监委把党纪政务处分决定执行和对执行状况的检查纳入案件审理工作，对下达的处分决定执行状况进行认真的自查，对受到党纪政务处分的3名党员、监察对象进行回访教育。

（徐　蕤）

【机构领导】

县委常委、纪委书记、监委主任
　　次　　平（藏族）
县纪委副书记、监委副主任
　　井莉莉（女）
　　措　　姆（女，藏族）
县纪委常委、监委委员
　　白玛康珠（女，藏族，6月离任）
县纪委常委
　　徐　　蕤
县监察委员会委员
　　许淞凯
党风政风监督室主任
　　黄　　凯（9月任职）
审查调查室主任
　　格桑旺堆（藏族）
案件审理室主任
　　达娃扎西（藏族，9月任职）

巡察

【概况】 县委巡察机构于2017年7月正式成立，设立中共米林县委巡察工作领导小组办公室、中共米林县委巡察一组、中共米林县委巡察二组，均为正科级建制，为县委工作部门。巡察机构核定行政编制6名，核定科级领导职数6名，其中巡察办2名（正科级1名，副科级1名），巡察一组、巡察二组各2名（正科级各1名、副科级各1名）。2019年，在县委的坚强领导下，在市委巡察办的精心指导下，米林县巡察机构高举中国特色社会主义伟大旗帜，坚持以习近平新时代中国特色社会主义思想和中共十九大精神为指引，深入学习贯彻《中国共产党章程》《中国共产党巡视工作条例》《中国共产党纪律处分条例》《中国共产党问责条例》精神及中央、自治区党委、市委、县委关于巡视巡察工作的新部署新要求，牢固树立“四个意识”，牢牢把握“两个维护”根本政治任务，坚持政治巡察职能定位，紧紧围绕党的政治建设、思想建设、组织建设、作风建设、纪律建设和夺取反腐败斗争压倒性胜利及“四个落实”开展监督检查，充分发挥了政治巡察的监督作用。

【学习培训】2019年,米林县持续将加强巡察干部队伍建设,坚持把忠诚干净担当作为巡察队伍建设的目标任务,积极选派巡察干部赴自治区委巡视机构、市委巡察机构学习培训。同时,根据每轮巡察主要内容制定巡察工作业务培训方案,积极举办巡察工作业务培训班,采取"以会代训、集中学习、交流座谈"等方式,邀请县直相关部门专业人员和熟悉巡察工作,参加过自治区、市巡视巡察的领导干部进行现场授课,为巡察干部在巡察前提高政治站位、深化政治巡察、明确巡察方向、掌握方式方法,精准发现问题打下坚实基础。县委巡察组通过成立组务会和临时党支部,积极学习习近平新时代中国特色社会主义思想,特别是习近平总书记关于巡视巡察工作的重要讲话精神,认真学习党章党规和宪法法律,认真研究巡察工作的新特点、新方法,丰富巡察工作技巧,增强巡察工作针对性、有效性,不断提高巡察工作能力和水平。

【巡察机制】米林县巡察机构坚持把建立巡察工作机制作为保障巡察工作顺利开展的有力抓手。年初研究制定《2019年县委巡察工作计划》,明确2019年巡察时间、巡察任务、巡察方式和工作要求。同时,按照忠诚干净担当的要求,面向全县下发《关于推荐县委巡察工作"组长库、人才库"人选的通知》,选拔原则性强、素质过硬、熟悉基层工作、具有相应工作经历、善于发现和分析研究问题的14名正科级干部组成巡察组长库,遴选9名优秀干部纳入副组长库,55名干部纳入巡察工作人才库,为巡察工作顺利开展提供坚强的人才保障。10月28日,米林县组织召开九届县委巡察发现共性问题第一次通报会,对巡察工作开展以来发现的普遍性、倾向性问题进行通报,进一步压实巡察整改主体责任,推动各级党组织对照查摆、未巡先改,不断扎紧制度笼子,规范权力运行。

2019年5月7日,米林巡察工作会议暨九届县委第五轮巡察工作动员部署会召开

【巡察工作】为破解"熟人社会"监督难等问题,2019年,市委巡察办创新监督方式方法,在全市各县(区)间实行"推磨式"交叉巡察,交叉巡察组组长由副县级领导担任。在县委巡察组及交叉巡察组的共同努力下,米林县2019年巡察监督质量得到有效提高。本年度米林县共完成两轮巡察,巡察中巡察组坚持问题导向、紧盯重点问题、严格依规依纪依法开展巡察工作,发现一批问题,取得了良好的巡察成果。县委第五轮巡察按照"六个围绕"开展监督检查,发现政治建设方面问题49个;思想建设方面问题17个;组织建设方面问题59个、作风建设方面问题3个、纪律建设方面问题66个、夺取反腐败斗争压倒性胜利方面问题10个。向被巡察党组织反馈问题204个,提出整改意见99条,向纪委移交问题线索2条。县委第六轮巡察按照"四个落实"开展监督检查,巡察发现贯彻落实党的路线方针政策、上级重大决策和重要部署情况方面问题34个,贯彻全面从严治党战略部署情况方面问题56个,贯彻落实新时代党的组织路线情况方面问题48个,对巡视巡察、审计等各类监督发现问题和主题教育整改落实不力方面问题3个。向被巡察党组织反馈问题141个,并提出相应的整改意见,向纪委移交问题线索6条。九届米林县委2019巡察共反馈问题345条,

2019年5月13日，召开县委巡察一组常规巡察嘎南日追寺管会工作动员会

向纪委移交问题线索8条。

【巡察整改】 为深化标本兼治，强化整改成效，防止整改工作弄虚作假、浮于面上，县委巡察工作领导小组组长、副组长、成员带头参加第五、六轮巡察进驻动员会，第四、五轮巡察情况反馈会，层层传导压力，压实巡察整改责任。同时，为加强对被巡察党组织整改落实日常督查督办，明确县纪委、组织部门对巡察整改的日常监督内容。2019年，县委巡察办会同县纪委、组织部门先后4次对9家被巡察单位整改落实情况进行督查督办，对未完成整改任务的被巡察党组织，及时向党组织主要负责人反馈相关情况，并要求限期完成整改。截至年底，县委第一、二、三轮巡察11家单位整改落实全部完成；县委第四轮巡察反馈问题133个，完成反馈问题整改130个，整改完成率达98%。县委第五轮巡察反馈问题204个，完成反馈问题整改173个，整改完成率达84.8%。

【巡察宣传】 2019年3月，县委巡察办制作米林县委巡察宣传图册，分为巡察的重大意义、巡察的政治定位、巡察的目标任务、巡察的重点工作、县委巡察工作开展情况、干扰和不落实巡视巡察整改要求的制度保障和巡视巡察典型案例等七大板块，分别从巡察的目标要求到各级党组织如何配合好巡察工作做出详细说明，并发放至全县各单位，进一步增强党员干部及群众对巡察工作的知晓率，在全县营造良好的巡察工作氛围。

（高　露）

【机构领导】

县委巡察办主任

杜　　军（11月离任）

格桑旺堆（藏族，11月任职）

县委巡察办副主任

德　　庆（女，藏族）

县委巡察一组组长

蒋　　标（11月任职）

次旺曲珍（女，藏族，11月任职）

县委巡察一组副组长

旦巴江村（藏族）

县委巡察二组组长

巴　　桑（女，藏族）

县委巡察二组副组长

魏　　平

2019年10月28日，九届米林县委巡察发现共性问题第一次通报会召开

军　事

人民武装

【概况】 2019年，在军分区党委、米林县委的双重领导和指导帮带下，县人武部坚持以党在新形势下的强军目标为牵引，深入学习贯彻习近平新时代中国特色社会主义思想，坚定“四个自信”，增强“四个意识”，做到“两个维护”，以军事训练为中心，狠抓部队全面建设，全面贯彻落实中共十九大精神和习近平强军思想，结合本部实际，理清工作思路，突出工作重点，狠抓工作落实，扎实做好经常性基础性工作，高标准完成上级赋予的各项任务，推进正规化建设全面协调发展。

【思想政治建设】 理论武装。2019年，县人武部系统学习《习近平新时代中国特色社会主义思想学习纲要》《习近平强军思想学习纲要》等规定书目，跟进学好十九届四中全会、中央军委基层建设会议精神以及习近平主席视察部队系列讲话。采取集体学与个人学相结合的方式，开展每月心得体会、每季组织交流活动，常态督导落实，不断在学习理解上打牢听党指挥的思想基础。

两项教育。持续抓好“传承红色基因、担当强军重任”和“不忘初心、牢记使命”两项教育，采取专题辅导与小课解惑、集中领读与自学研读相结合方式，提高学习教育质效。围绕主题教育开展情况，在思想政治、练兵备战、工作作风、安全管理等方面，查摆出19个具体问题，聚焦推进整改落实。召开主题教育专题民主生活会，突出问题检视、短板反思，制订部党委深入推进“6个方面专项整治”方案，全面加强自身建设措施。注重把教育向经常参透，开展重温入党誓词、军事日等活动，进一步浓厚红色氛围。注重把教育向基层延伸，结合驻哨巡逻及集训，讲创新理论、学优良传统、谈先进事迹，使广大民兵在潜移默化中接受熏陶。

【练兵备战】 2019年，县人武部针对民兵流动大、去向难掌握、人员在位率低等实际问题，主要采取3项措施，凡属应急队伍所编人员，必须在家、在岗、在职，采取县、乡、村、组四级考查的方式进行逐一落实；凡属复原退伍军人，必须纳入各类民兵组织，参加各类民兵训练；再次要求每个基层武装部在完成规定的编组任务外，重点编一个应急排，做到遇有情况能够快速出动，使民兵整组工作切实“实、准、精、活”。

【日常管理防控】 2019年，县人武部制订安全学习教育计划，编写安全教育方案，并指定专人定期将上级下发的各类安全方面的文件内容进行归纳汇总，装订成学习资料进行下发，确保所有人员能够及时领会上级精神和要求。将安全发展理念与强化法制思维结合起来，修订完善《人武部安全管理细则》，围绕人员、训练、车辆、保密、库房等5个方面管理内容，形成“人人想安全、时时讲安全、处处抓安全”的良好局面。规范文件传阅、文件存放、文件管理，按照军分区《关于开展防间保密教育整顿活动的通知》和条令学习月活动要求，清查所有涉密电脑和载体，并对印章实行集中管理，严格登记使用制度，对发现的安全隐患问题，坚持当查当纠，限时整改。

（胡文光）

武警米林中队

【概况】 2019年，武警中队党支部在支队、大队党委的正确领导下，以强军目标为牵引，紧紧围绕“找准差距，提高标准，打实基础，争创先进”的建队思路，认真分析中队建设形势，统一思想，提高认识，狠抓以提升执勤处突能力为中心的各项任务，完成敏感节点城市武装巡逻及4月担负米林县虫草采挖维稳任务和处置林芝镇救火任务等，受到县委、县政府和驻地群众的高度赞誉。

【聚合力强班子】 2019年，中队支部在县委、县政府和上级党委的坚强领导下，不断强化支部“三个能力”（增强解决自身问题的能力、领导单位全面建设的能力和带领官兵遂行任何作战的能力）建设，充分发挥战斗堡垒的作用，以“两学一做”活动为抓手，重点学习习近平主席重要讲话精神、《党支部工作规范》以及上级的指示精神，严格落实每周进行一次军事考核，每月撰写一篇思想汇报，每季进行一次总结剖析。支部一班人生活中相互关心、工作中相互配合、事业上相互支持，做到分工不分家，有事常商议、无事常沟通，平时常提醒，用主官的团结带动支部的团结。在作风建设上要求战士做到的干部首先带头做，训练场上干部不到场的，战士可以不训练，夜间干部不查铺的，战士可以不上勤，对凡是涉及官兵切身利益的问题，都能够采取民主测评、会议集体讨论、张榜公布等形式真正做到公平、公正、公开，通过以上率下带动部队风气建设。

【强首位固根基】 2019年，按照“支队上大课、中队上小课、班排抓讨论、全员受教育”的要求，中队严格落实主题教育各项制度，把大课辅导之前的理论铺垫和授课之后的小课串讲有机结合起来，针对主题教育政治性理论性强的特点，注重利用现有资源，拓宽教育方式，创新方法使教育效果倍加明显。积极组织广大官兵开展“学红色历史、看红色影视、讲红色故事、唱红色歌曲”活动，利用饭前小广播、课前小演讲、时事小评论、活用小话题“四小”活动载体，广泛开展“做新一代革命军人”大讨论活动，用兵讲兵的故事增强官兵理解认知，深化主题教育效果。严格落实每月专题议教，搞好思想调查与分析，根据官兵的需求和喜好，结合形势任务，科学制订教育计划，坚持做到“三个一”，即战士走上讲台讲一讲、大家发现问题议一议、战友遇到困难帮一帮，充分发挥战士的主体地位，达到上一次台锻炼一次才、议一次事解惑一次疑、帮一次困温暖一片心，强化官兵的使命意识和危机意识。结合中队实际积极开展警营特色文化活动，通过每日观看新闻、读报、课外活动、利用党团生活时间积极开展篮球、足球比赛，不断丰富官兵的业余文化生活，让官兵在有限的空间里，最大限度地汲取精神营养，打造活力警营。

【提能力保中心】 2019年，中队始终树立“训练有为、训练有功、训练有位”的鲜明导向契机，在人员上，重点突出干部、士官和后勤人员的训练，针对后勤人员在位难保证的实际，采取“后勤轮训”的方式提升后勤人员的军事素质。深入贯彻落实“两会”会议精神，下大力纠治安全隐患，规范执勤设施，突出抓好营门哨兵防袭击等勤务训练，提高单兵执勤能力。做好常态战备。按照上级指示要求，全力做好特殊时期的战备执勤工作，每逢重大节日时段，及时修改各类战备方案，加强紧急出动演练，使官兵牢固树立“危险就在身边、战斗随时打响”的忧患意识和使命意识。

【严管理促安全】 狠抓日常规范。2019年，在全中队范围内持续开展官兵基本养成教育训练活动，大力开展正“三相”（学习开会练坐姿、集合站队练站姿、营区行走练走姿）、纠“三手”（袖手、背手和将手）、扬“三声”（要求官兵的歌声、番号声、点名答到声必须洪亮）、治“三乱”（乱丢、乱拿、乱放）等活动，组织观看《基层部队一日生活制度规范》，及时纠治内务不统一、称呼不规范、礼节不周到、卫生有死角等倾向性问题。

从严部队管控。从严抓好请销假制度的落实，严格控制人员外出比例，严格落实两人同行、外出着便服等制度规定，加强与在外休假、集训人员的联系。狠抓武器动态管控，全程由当日值班干部取送，确保枪弹绝对安全。加强对外来人员的管理，严防不明邮寄物品，加大保密制度落实力度，有效确保安全。

突出隐患治理。结合支队组织开展的“安全大排查和百日安全竞赛”活动，按照“三有、三责”要求，先后3次开展隐患排查活动，共分析排查出各类安全隐患10处，针对问题研究讨论整改措施，采取挂账销号、明确时限、责任到人的办法，逐个逐项进行解决，2019年底全部整改完毕。

【抓队伍搞保障】 抓好后勤管理建设。2019年，中队坚持把后勤工作作为影响中心的大事来抓，坚持规范管理，落实各项制度规定，严格落实经费双签、支委会议财等制度，制订后勤应急预案，确保后勤保障快速到位。特别是针对夏季饮食卫生状况差、蚊虫较多等问题，严格落实食物留验制度，及时维修好班里损坏的风扇，确保官兵吃得开心、住得舒适、工作顺心。抓好后勤队伍建设。在现有后勤人员的技术基础上，进一步搞好岗位学习和涉外培训，有计划地提高后勤保障能力，官兵对伙食满意度达100%。

（梁　豪）

法 治

政法及综治

【概况】 2019年，在县委、县政府的正确领导下，县委政法委高举习近平新时代中国特色社会主义思想伟大旗帜，深入学习贯彻习近平总书记关于政法工作的重要批示指示精神和中央、区党委、市委的各项决策部署，增强“四个意识”，坚定“四个自信”，做到“两个维护”，忠诚履行党和人民赋予的新使命新职责，聚焦维护国家政治安全、确保社会大局稳定、促进社会公平正义、保障人民安居乐业的使命任务，深入开展反分裂斗争，大力实施扫黑除恶打非治乱专项斗争，深入推进平安米林、法治米林建设，创新社会治理，努力建设更高水平的平安米林，使人民群众获得感、幸福感、安全感更加充实、更有保障、更可持续。2019年4月，因机构改革，县委政法委不再设立县社会治安综合治理委员会、县社会治安综合治理委员会办公室，县维护稳定工作领导小组及其办公室，相关职责由县委政法委承担。2019年，县委政法委共有行政编制4名，实有工作人员13名，其中有1名副县级虚职领导，1名正科级实职领导，2名副科级实职领导，1名副科级虚职领导。

2019年11月24日，西藏自治区司法厅党委委员、副厅长，自治区综治考评组组长其美加布（左二）一行到米林县检查指导平安建设（综治）工作

【社会局势和谐稳定】 2019年，全县上下始终把反分裂、维护稳定作为压倒一切的政治任务，始终做到警钟长鸣、目标常想、措施常抓、重点常盯、责任常严，在安排部署上扣扣子，责任履行上担担子，工作落实上钉钉子，不断把米林县维稳工作向纵深推进；高标准地完成全国“两会”、中华人民共和国70周年大庆，春节、藏历新年等一系列重大安保警卫任务，加强社会面管控，管控好各类重点人、重点部位，加强值班备勤，开展军警民联防联控，强化维稳值班带班，确保了全县重要时段和谐稳定、重大活动安全顺利、重要节点平稳过渡，实现了

2019年9月15日，米林县委政法委组织开展“平安西藏”综治宣传日活动，县委书记李牧之（左二），县委常委、宣传部部长才拉（左一）到场参观指导

社会和谐稳定的总目标。

【打造过硬政法队伍】 2019年，县委政法委把理想信念教育作为加强政法队伍建设的重要抓手，以“思想为先导、学习为常态、提升为目标”，不断夯实政法队伍思想根基。坚持深学笃用、融会贯通的原则，全面深入推进“两学一做”学习教育、“四讲四爱”、“不忘初心、牢记使命”等主题教育进程，强化队伍思想教育整顿，将习近平总书记重要讲话精神内化于心、外化于行、转化为果，进一步筑牢政法队伍高举旗帜、听党指挥、忠诚使命的思想根基。2019年，组织政法干警集中培训80次，集中学习120多次，受教育干警达8000余人次，组织政法干警开展警示教育31场次，观影20部。坚持严管和厚爱相结合、激励和约束并重，政法各部门认真落实“关爱干警、从优待警”等各项措施，切实解决干警后顾之忧，为其创造良好的工作条件，进一步增强队伍的凝聚力、战斗力。积极落实政法干警交流培训，2019年政法系统培训94人次。在选拔任用上，优先考虑基层政法一线干警，营造选人用人、拴心留人的良好环境，2019年提拔任用干警15名。

【基层基础不断夯实】 2019年，米林县高度重视基层综治工作中心规范化建设，着力把县综治中心打造成“精品工程”，进一步细化完善县乡村三级综治组织标识牌、固定办公场所、工作制度、工作台账，按照“四化”“四有”的标准建强基层综治组织，以视频监控系统为基础，以三级综治中心为依托，以信息化建设为支撑，将社会治安防控触角延伸至乡镇、村居、网格、双联户中，加快推进综治信息平台建设，着力健全完善立体化社会治安防控体系，切实提高社会治理社会化、法治化、智能化、专业化水平，提高预测预警预防各类风险的能力，切实做到硬件标准化、制度规范化、组织健全化、管理严格化；实现“全域覆盖、全网共享、全时可用、全程可控”的总目标。

【平安建设稳步推进】 城乡网格化管理。2019年，米林县整合建立县、乡、村三级网格，科学划分网

2019年11月6日，米林县委书记李牧之（左二）到羌纳乡调研扫黑除恶打非治乱专项斗争工作

格69个，配备网格管理员279人，将人、房、地、事、组织全部纳入网格，充分发挥网格格长、网格管理员的作用，加强对重点人员的教育管控，积极开展矛盾纠纷联调联治，确保社会局势和谐稳定。

平安创建工作。按照“以点带面、先易后难、典型引路、整体推进”的总体思路，从“一个村落、一个社区、一个单位、一个家庭”的小平安做起，稳步推进平安创建工作。全县综合平安创建率达98%以上，创建市级平安乡镇7个、村居38个、单位28个、校园9个、家庭45个、平安酒店3个、平安医院6个。

【“双联户”服务管理】 2019年，县综治办以“先进双联户”创建评选工作为依托，促进社会服务全覆盖。不断创新思路、丰富载体，以联户平安、联户增收为核心，以联户脱贫、联户小康为重点，科学划分联户单位751个，2019年评选村级“先进双联户”1508户家庭，乡级319户家庭，县级101户家庭；县级“先进村居”6个；县级“先进乡镇”2个；以“不忘初心、牢记使命”主题教育为契机，促进双联户工作落地见效。以“不忘初心、牢记使命”主题教育为契机，大力开展双联户服务管理工作，充分调动751个联户户长、2400余名联户党员积极担当平安创建、活动宣讲、矛盾调处、治安联防和为民解难先锋；以“联户党建”工作为抓手，促进党小组引领新农村建设。米林县联户单位建立健全党小组436个，其中党员户长381名，小组成员充分发挥模范作用，积极开展维稳巡逻，在重大节点，由网格长和“双联户”户长牵头，组织责任辖区内党员进行轮班巡逻，积极开展矛盾纠纷排查化解，充分发挥党员群众在维稳工作中的核心作用，不断整合村级治保委员会、调解委员会，形成合力，排查隐患，把矛盾化解在联户单位内部，确保辖区内人人和睦，户户平安。

2019年6月19日，中央扫黑除恶第十三督导组第三小组组长王华春（前一）到米林县督导检查扫黑除恶打非治乱专项斗争工作

【扫黑除恶工作】 2019年，米林县坚持把做好扫黑除恶专项斗争作为一项重大政治任务，主动对标中央、区党委和市委各项部署要求，成立工作专班，印发《米林县扫黑除恶专项斗争实施方案》，明确打击重点和目标任务。

聚焦政治站位抓部署，以高度的政治自觉强化责任担当。先后组织召开专项斗争工作会议11次，县委常委会、政府常务会研究听取专项斗争工作5次，举办专题培训4次，制定出台方案14个，制定完善各类制度11项，完善规范材料2400余份，全县组建工作专班8个，督导检查组2个，专业办案团队1个，强力推进扫黑除恶专项斗争向纵深发展。

聚焦宣传发动抓覆盖，以强大的宣传攻势营造浓厚氛围。着力构建广泛、重点、精准、网上、网下、点对点、面对面宣传辐射网。综合运用传统媒体和新媒体资源，持续开展宣传，形成强大宣传攻势；通过问卷调查、知识测评，扩大政策知晓率和群众参与度；同时把宣传触角延伸至虫草产区、田间地头，通过悬挂横幅、发放资料、普法专题宣讲等方式积极调动各方力量全面检举揭发黑恶势力。全年共制作悬挂宣传横幅1300余条，开展专题宣讲1856次，发放藏语汉语公告4900份，受教育群众2.5万余人次，开展安全感和知晓率测评1.4万余人次。

2019年6月27日，米林县委政法委组织开展综治宣传活动，图为活动期间协调驻地部队官兵为广大群众义诊

聚焦深挖彻查抓打击，以严打的高压态势形成强大震慑。有效整合全县资源力量，形成强大合力，政法机关与纪委监委、组织部门通力协作、信息共享，34家成员单位协调联动，齐抓共管。综合运用法律、经济、行政等多种手段，把扫黑除恶与铲除“保护伞”基层“拍蝇”结合起来，深挖彻查，倒查线索，严格依法办案，从严惩处黑恶势力；把扫黑除恶专项斗争纳入年度目标责任考核和巡查重点工作，开通24小时举报电话6部，设立举报箱90个，最大限度挤压黑恶势力滋生空间。2019年全县共摸排线索26条，制定整改措施30个，撰写报告33篇，办理刑事案件16起，破获14起，破获九类个案3起；立涉恶案件2起，抓获犯罪嫌疑人17人；开展排查1711次，排查整治治安乱点地区4个；受理治安案件20起，查处20起，抓获违法人员21人。

（李晓龙）

【机构领导】

政法委副书记

严 志

综治办主任

江 平（藏族）

政法委副书记

孙玉萍（女，9月任职）

吕 超（9月任职）

综治办副主任

孙玉萍（女，8月离任）

公安

【概 况】2019年，县公安局在县委、县政府和市公安局党委的坚强领导下，全面贯彻落实中共十九大精神和十九届系列全会精神，深入贯彻落实习近平总书记系列讲话精神和治国理政新理念新思想新战略，特别是治边稳藏重要战略思想，认真贯彻全国公安工作会议和各级政法、公安（处）局长工作会议精神，紧紧围绕中华人民共和国成立70周年及2019年公安工作的总体要求，深入持久地开展“三个专项斗争”和整治社会治安突出问题、治爆缉枪、道路交通大整治等一系列专项行动，有力维护全县社会大局稳定，实现“三不出”“三稳定”“三严防”工作目标。县公安局为正科级行政机关，内设21个部门，共有编制70名，实有工作人员147名。

【政治建警，忠诚铸警魂】2019年，县公安局组织开展“不忘初心、牢记使命”主题教育、“两学一做”、“全面加强政治建警 锻造过硬公安队伍”、“践行新使命、忠诚保大庆”等一系列学习教育实践活动，同时严格执行每周二、四定期集中学习制度，以党支部为单位，广泛组织民警学习党的各项政策方针、《习近平谈治国理政》、《习近平扶贫论述摘编》、《习近平关于“不忘初心、牢记使命”重要论述选编》等内容。全年共召开党委理论中心组学习会21次、集中专题学习90余次、党委书记讲党课2次、班子成员讲党课5次、各类知识测试3次，召开专题民主生活会4次，每名民警撰写各类心得体会5篇。持续强化党风廉政建设，以落实“两个责任”（党委负主体责任、纪委负监督责任）为抓手，始终将党风廉政建设置于公安工作的重中之重，与各党支部层层签订《基层党建责任书》《党风廉政责任书》14份，组织观看警示教育片17场次，参观廉政文化长廊2次，受教育民辅警500人次。

【素质强警，提升战斗力】 2019年，县公安局党委始终将提升全警整体素质和履职能力作为队伍正规化建设的基础性工程来抓，按照“仗怎么打、兵就怎么练”的工作思路，探索创新开展了以“小规模、小场地、小时间、小教官、小测试”为主要内容的“五小练兵”，根据不同警种、不同岗位设置不同练兵计划，按照“有空就练，有人就练”的思路，确保实现教育训练内容与实际工作有效对接。各业务部门立足公安工作实际，大力开展基层业务、基础应用与警务实战培训，进一步发挥传帮带作用，推进基层部门各类服务管理工作思路更加明确、步骤更加规范，先后组织开展网格警务工作培训、交管业务工作培训、警务技能培训等，共开展各类培训、演练95次，参训民警达2350余人次。

【从优待警，汇聚正能量】 2019年，为全面加强从优待警措施，县公安局提拔使用干部10人。对民辅警生日、生病住院、家庭困难或突遇变故的，局党委都会组织人员第一时间开展走访慰问活动，共慰问民辅警6人，投入资金4800元。投入7200元对在第四届“你是我眼中的风景、寻找药洲最美警花（警嫂）”活动中的9名最美警花、警嫂及女辅警进行表彰。积极协调争取国家和政府资金1752万元（其中政府资金538万元，占总资金的30.7%）对卧龙派出所、景区派出所、扎绕派出所进行修建，其中卧龙派出所已建成并投入使用，景区派出所、扎绕派出所处于建设当中。为全局146名民警执勤发放岗位津贴240万元。投入136万元资金为一线部门购置了一批警用装备和警用设备，并已全部发放到位。

【精准扶贫，助推脱贫攻坚】 2019年，县公安局党委领导班子始终把扶贫工作和维护稳定工作相结合，结合公安局各驻村点实际情况，选优配强驻村干部，先后选派40余名能力强，素质高的民警进驻驻村点，按照结对帮扶和“四对一”帮扶措施，开展互助互帮工作，帮扶民警不定期地深入帮扶对象家中走访慰问，为他们送去床、米、油、洗衣机等生活用品，仔细了解其生产、生活状况，针对致贫原因，积极为其献计献策，引导其增强自我发展意识，努力寻找脱贫新路子，为做好脱贫攻坚工作打下坚实的基础。同时，还开展惠民政策送教活动，把党的好政策、好的经验做法及时送到群众家中，为脱贫致富提供思想保障。全年共组织全体民警为贫困户捐款达2万多元。

【维护稳定】 2019年，为切实做好各项维护稳定工作，县公安局及时成立由县局主要领导为组长，其他局领导为副组长，边、消、内卫及各部门、各警种共同参与的反恐怖工作领导小组，同时制定完善《米林县公安局2019年春节藏历新年、全国两会及三月敏感期维护稳定工作总体方案》《米林县公安局处置突发性事件应急预案》《米林县公安局新中国成立70周年大庆维稳安保工作总体方案》，先后研究制定各类方案预案，对各警种任务分工进行细化明确，形成分工负责、全警参与的维稳工作机制，确保维稳工作组织领导、对策准备到位，在关键时刻能够“拉得出、冲得上、控得住”。

2019年1月10日，米林县公安局在白鹭文化广场开展以“警民牵手110，共创平安迎大庆”为主题的集中宣传活动

【流动人口管理】 2019年,县公安局为进一步加强流动人口的管理和服务工作,各派出所、警务站强化排查管控力度,共登记流动人口4474人,办证率达100%,实现出租房屋和流动人口信息登记“两个全覆盖”。

【边境一线管控】 2019年,县公安局组织民警、基层民兵、联防队员深入一线进行踏查,向边境群众开展政策法规宣传,了解社情民意及边境动态,引导边境地区群众自觉参与守边护边、自觉遵守国家边境政策及其相关法律法规,切实提升群众守法护边意识。同时,按照“村村是堡垒、户户是哨所、人人是哨兵、生产是执勤、放牧是巡逻”的要求,突出发挥群众信息员的作用,坚决防止分裂分子内潜外逃,防止反动宣传品流入境内,有力构筑起一道铜墙铁壁的边境防线。

【矛盾纠纷调处】 2019年,县公安局始终以“发案少、秩序好、社会稳定、群众满意”为工作目标,依托网格警务工作,以虫草季节、拉林铁路建设、70周年大庆维稳安保期间为重点,针对辖区铁路建设、资源纠纷、“三岩”易地扶贫搬迁、劳资纠纷等容易引发不稳定因素的重点领域,不断加强矛盾纠纷调处化解力度,积极探索建立“123矛盾纠纷调处工作模式”,组织民警不定期深入群众、各企事业单位和行业场所、重点单位、涉爆单位、建筑工地,对各类信息进行拉网式排查,全面了解掌握辖区存在的突出问题和矛盾纠纷,对一些邻里纠纷、家庭纠纷实行现场调解,做到矛盾纠纷不激化、不汇集、不上交,全年共排查化解各类矛盾纠纷79起。

【虫草季节服务管理】 2019年,县公安局以化解各类矛盾为主线,结合米林沟多、线长的特点,制定虫草采挖工作方案、预案,采取“卡点卡、路面巡、上山清”的工作方式,按照县委、县政府的要求,实行县级领导挂点指导各乡镇虫草采集管理工作和公安局领导挂点管理虫草采挖区的工作机制,先后共出动警力224人,组织清山11次。抽调44名警力深入卧龙镇提前设卡,严格盘查过往人员及车辆,认真执行一人一证制度,及时劝返外来虫草采挖人员,严防发生各类案事件。2019年,成功化解涉及虫草矛盾纠纷6起,未发生涉及虫草的刑事治安案件。

【网格警务推进工作】 2019年,在“大部制”改革试点“精简机关、做精警种、做强基层”的基础上,县公安局按照市公安局的统一部署要求,把“网格警务”工作作为夯实基层基础工作的有力措施,推动警力下沉、警务前移,先后为基层一线部门充实警力27名,使得基层民警比例从原来的43.8%上升到62.5%,有效盘活了基层警力,为推动网格警务奠定了坚实基础。同时,根据辖区各乡镇村居特点,按照“一村一警”或“两村一警”的比例选派民辅警到村居,建立村居(景区)警务室,重点抓好矛盾化解、治安巡防、人口管理、交通劝导等基础性工作,对重点区域、部位开展经常性的治安巡防,努力压缩犯罪空间,特别是在案件高发的农忙季节以及重大节日,不间断地联合巡逻,组织群众“邻里守望”。通过包村民警的带动、宣传和督促,村级治保组织得到逐步强化,辖区治安情况明

2019年7月19日,为做好“三岩”搬迁安置工作,米林县公安局驻仙村工作队协助村民搬运物资

2019年8月13日，米林县公安局交通管理大队开展驾驶摩托车未戴头盔清理整治活动

显好转。4个公安派出所共划分13个网格，配备专职民警26人，建立村居警务室7处，景区警务室1处，下沉民警16人，警务工作室完成率达100%。召开宣讲会42场次，发放宣传资料1600余份，发放警民联系卡6000余张，建档2767户，建档率100%。各网格民警共开展送证上门53次，发放二代证715张，开展群防群治处突演练14次，参加人数170人次。

【扫黑除恶专项斗争工作】 2019年，县公安局以中华人民共和国成立70周年维稳安保工作为契机，深入开展扫黑除恶专项斗争，共立破涉恶刑事案件2起，抓获嫌疑人17人；侦破案件3起，抓获嫌疑人5人；移送审查起诉案件3起25人。特别是快速依法打击处置“10·28”家族势力敲诈勒索案、“2·24”恶势力犯罪团伙等一批影响恶劣的重大案件，彰显公安机关扫黑除恶的态度和决心，增强人民群众的安全感、满意度。同时，加强与县委组织部、县纪委监委协作，先后向纪检、组织部门移交问题人员线索2起5人。2019年，全县共立刑事案件22起，破19起；查处治安案件25起；抓获在逃人员5人。

【社会面整体防控】 2019年，县公安局依托网格警务工作，从而实现“小事不出村、大事不出镇、矛盾不上交”，最大限度减少上访事件。特别是在9月17日，成功化解2起因拖欠农民工工资引发的涉及人数多、资金数额大的劳资纠纷，为农民工挽回被拖欠工资285万余元。继续深化行业场所管理新模式，确保实有人口管理的准确性、有效性和动态性，引导社会力量参与社会综合治理，有效激发广大群众参与治安防控的底气、能力、动力，共享治理成果。通过治安巡逻、清查整治、基础管控等手段，进一步严密防控措施，及时发现一批社会热点问题，整治一批社会乱点、难点，破获一批犯罪案件。不断整合警力资源，充实巡逻力量，明确打击整治重点，全面提升打击整治社会效应。全年共开展各类场所督导检查1231家次，整改安全隐患31处；开展法治讲座43堂，发放宣传资料3880余份，悬挂横幅670条。

【民爆物品、管制刀具整治】 2019年，县公安局深入开展枪支弹药、管制刀具隐患排查工作，重点加强对民爆物品、烟花爆竹和油气等易燃物品的购买、运输、储存、销售、使用等环节的安全管理，严防发生重特大治安灾害事件，共开展涉爆单位检查258次，民爆物品专场宣传31次，张贴民爆物品管理通告500余份，下发整改通知书8份。

【公共安全集中整治】 2019年，县公安局深入开展以人员密集场所、寺庙、城乡接合部、“三合一”建筑、“九小”场所、易燃易爆单位、交通和通信枢纽、电力企业、重点单位、重要物资仓库、施工地等为重点的火灾隐患整治，联合消防、安监、工商、商务等部门对辖区学校、娱乐场所、餐饮业等重点场所开展联合执法检查，全面推进消防群防群治工作，预防和减少火灾事故的发生。紧紧围绕“压事故、保畅通、促稳定”工作要求，切实打好打赢“除隐患、防事故、保大庆”道路交通安全整治攻坚战，充分发挥13个交通警务网格作

2019年9月9日，米林县公安局组织开展“护校安园”之学生接送车辆排查整治行动

用，继续严格落实“分段包干”工作措施，严格落实“50公里见警车”工作机制，充分运用“两站两员”等群防力量，最大限度地把警力摆上路面，严密管控重点道路和危险路段，坚决防止发生群死群伤的重特大交通事故。全年共查处交通违法行为3351起，开展道路交通安全隐患排查29次，检查企业27次，约谈企业负责人2次，发放整改建议书7份，发放责令整改通知书2份；开展各类交通安全宣传教育活动33次，共发放各类宣传资料12500余份。

【户籍服务管理】 2019年，县公安局在推进警务体制改革的基础上，将户籍窗口部分户口审批权限下放到乡镇派出所（除县城派出所外），累计办理二代身份证1458张，办理异地身份证72张，办理临时身份证29张，提供便利服务36次，解答群众咨询539次，发放告知单400余张。同时，为切实做好“三岩”搬迁群众户口转移工作，抽调业务骨干成立户籍核查专班，主动上门服务，深入安置地核实、采集搬迁人员信息，一户一册、一人一档做好档案材料，加强与原户籍地公安机关的联系，做好搬迁人员的综合评判工作，对核查问题进行一一登记造册，做到了底数清、情况明。

2019年9月20日，米林县公安局举行70周年大庆维稳安保宣誓仪式

【监所安全管理】 2019年，县公安局始终将监所安全工作放在首位，坚持防范为先，充分运用“人防、物防、技防”相结合工作措施，建立规范、科学、严密的安全防范机制，加强监管工作各个环节的管控，从源头上消除安全隐患的发生。全年共开展安全大检查54次，对监所内外环境进行消毒56次，邀请县驻所检察室检查指导24次，拘留所民警与在押人员谈心150次。

【安保工作】 2019年，县公安局在县委、县政府及上级公安机关的领导下，全县党政军警民凝心聚力，不断强化各项维稳措施，先后投入警力1104人次，完成羌纳乡西嘎村“三下乡”活动、羌纳寺佛事活动、庆祝中华人民共和国70周年及国家各部委领导视察等重大警卫安保任务13次。

（冯小勇）

【机构领导】
党委副书记、政委、四级高级警长
索朗平措(藏族)
党委委员、副局长、四级高级警长
财　历(藏族)
党委委员、副局长、一级警长
刘兴明
杨　辉
党委委员、办公室主任、二级警长
陈　娜(女,1月离任)
党委委员、县城派出所教导员、四级高级警长
占　堆(藏族)
国内安全保卫大队一级警长、大队长
强巴索朗(藏族)
治安管理大队大队长、二级警长
次仁达瓦(藏族)
刑事侦查大队三级警长、大队长
普布多吉(藏族)
看守所所长、四级警长
加永多吉(藏族)
交通管理大队大队长、四级警长
杨　建(藏族)
警务保障室主任、四级警长
刘　猛

检察

【概况】 2019年,米林县人民检察院共有内设机构10个,分别为办公室、侦查监督科、公诉科(未成年人刑事检察科)、刑事执行检察局、控告申诉科、林业检察科、民事行政检察科、派驻检察室、案件管理科、法警大队。设有院党组、党支部、检察委员会,组织机构较为健全。共有检察编制18名,实有干警24名,其中,男12名,女12名,中共党员22名;汉族干警11名,藏族干警10名,珞巴族2名,满族1名;硕士研究生5名,本科18名,中专1名;法律专业16名。全院共有员额制检察官8名,有检委会委员7名,司法辅助人员9名,司法警察1名,司法行政人员5名,工勤人员1名。

【接受监督】 2019年,县检察院公开案件程序性信息39条,公开法律文书16份,发布重要案件信息4条,通过"两微一端一户"发布检察信息244条。组织召开检察开放日活动3次,12家单位先进工作代表、校师生代表、民营企业代表通过参观县检察院相关功能场所、参加座谈会等形式,深入浅出了解检察工作和检察文化。

【化解社会矛盾】 2019年,县检察院完善《米林县人民检察院涉检矛盾纠纷排查预案》,根据"边排查、边化解"的原则,对2名安全隐患人员的思想动态进行了解,并登记建档以便进行跟踪管理。在虫草采挖期间,检察长先后2次到里龙乡督导检查虫草设卡工作开展情况,抽派干警轮流到里龙乡开展为期3个月虫草设卡工作,将隐患消除在萌芽状态。

【开展扫黑除恶专项斗争】 2019年,县检察院健全各项机制,制定《米林县人民检察院扫黑除恶专项斗争工作线索摸排移交机制》《米林县人民检察院办理涉黑恶案件协调和会商机制》。检察长在羌纳乡维稳蹲点期间走访9个村,重点向驻村工作队、村两委班子作专项斗争工作法治宣传,积极动员驻村工作队队员和村两委班子教育辖区村民并引导村民举报揭发各类涉黑涉恶违法犯罪线索。办理的12人涉恶敲诈勒索

2019年2月26日,米林县人民检察院党组书记、检察长王辉在米林县第十二届人民代表大会第六次会议上作报告

案入围2019年度全区十大检察监督案件，检察长荣获“全区检察机关扫黑除恶打非治乱专项斗争先进个人”荣誉称号。

【刑事检察】 2019年，县检察院共受理侦查机关提请审查逮捕案件9件11人，批准逮捕7件7人，不批准逮捕2件4人，不批准逮捕复议案件1件2人。受理审查起诉案件26件44人，经审查依法提起公诉14件28人（含上年结转），不起诉4件5人，已判决案件8件11人（含上年结转），较上年相比，案件数量上升160%，受害人涉及范围广，涉案金额大，新类型案件和复杂案件显著增加。起诉案件有罪判决率及量刑建议采纳率均为100%。严格执行捕诉一体化制度。组织专人制定《米林县人民检察院检察官、检察辅助人员刑事案件轮案办法》，强化分案管理和入额检察官轮案制度，实现“捕诉一体化”模式办理案件7件。积极推进认罪认罚制度，审查起诉案件适用认罪认罚从宽制度占已办案件的42.11%。

【法律监督】 2019年，县检察院侦查监督方面应侦查机关邀请，提前介入侦查重大案件3件，对侦查机关发出纠正违法通知书2份。立案监督方面要求侦查机关说明不立案理由通知书2份。对县林业局2019年办理的8件行政处罚案件进行监督，未发现立案监督线索。刑事执行检察监督方面开展监所检察共40余次，建立社区矫正档案15件15人，建立财产刑档案33件，执行率43.67%。民事行政检察监督方面对县法院2019年行政非诉执行案件进行调研2次。刑事审判监督方面对县法院刑事审判活动是否合法以及所作出的刑事判决、裁定是否正确进行监督，共监督刑事审判活动16次，共审查刑事判决书、裁定书16份。

【公益诉讼】 2019年，县检察院加大案件排查力度，排查案件线索19件，立案审查18件，其中民事公益诉讼4件、行政公益诉讼15件，不立案1件，其中监督食品安全领域案件2件、资源保护和生态环境领域案件16件，较上年相比案件数量增长260%。发出检察建议12份，通过落实检察建议，收缴罚款6万元，关停影响环境保护的生产设施2处。开展“保障千家万户舌尖上的安全”、公益诉讼“回头看”工作及“爱绿护绿、保护生态”涉林生态环境和资源保护公益诉讼检察专项活动，切实履行公共利益代表职责，扎实推进公益诉讼工作。

【未成年人检察】 2019年，县检察院联合教体局召开贯彻落实最高检“一号检察建议”推进会1次，由检察长担任中小学法治副校长，向县中学师生讲授法治教育课2次。在“六一”国际儿童节到来前夕，组织开展以“携手关爱，共护明天”为主题的检察开放日活动。组织专人制作未成年人法治宣传片2部，以该宣传片为教材进校法治宣传2次。配合最高人民检察院走进“三区三州”巡讲团第五组到县中小学开展法治宣讲活动，并向学校捐赠法治教育精品资料。创新宣传形式，组织专人自主创作《蓝天下的守护》动漫视频，为中华人民共和国成立70周年献礼，组织专人自主创作《人文检察 未检之家》微动漫视频，该视频荣获“全国检察机关

2019年4月28日，米林县人民检察院开展以“‘我将无我’奋斗，不负人民重托——共和国建设者走进检察机关”为主题的检察开放日活动

2019年5月8日，米林县人民检察院开展检察官“三官”讲法进校园活动

第四届微电影专题片等新媒体作品征集展播活动”新媒体类优秀作品奖。

【班子建设】 2019年，县检察院召开党组理论中心组学习13次，开展班子成员做交流发言10余次。认真贯彻民主集中制原则，坚持“三重一大”事项上党组会议，召开党组会议23次，研究重大决议35件。认真贯彻落实请示报告制度，向上级院和县委请示报告工作23次。提高班子成员业务能力水平，入额5名班子成员共办理案件87件。

【队伍建设】 2019年，县检察院选派干警参加各类业务培训77次；选派干警参加“双百计划”赴广东岗位实训1人次；派员到阿里、珠海党校参加党建业务培训2人次，提升其党建工作水平和履职能力，为做好各项检察工作提供有力的组织保证。继续开展“米检青年业务论坛”，以检察官讲案例、多轮发言讨论等方式，为青年干部搭建学习、锻炼、展示和交流的平台。以政法系统“纪律作风整顿”“全面加强政治建检，打造过硬检察队伍”“加强政治纪律教育”三个专项活动为契机，紧盯“四风”问题不放松，推动队伍建设向纵深发展。

（彭　云）

【机构领导】

党组书记、检察长、四级高级检察官

王　辉

党组副书记、副检察长、一级检察官

乔次仁（藏族，8月离任）

党组成员、副科级副检察长、正科级检察员、一级检察官

雷　涛

党组成员、正科级检察员、一级检察官

次　仁（藏族）

党组成员、案件管理科科长、一级检察官

王新颖（女）

办公室主任

方立谱（满族）

公诉科科长、一级检察官

尼玛穷达（女，藏族）

民事行政检察科、二级检察官

索朗曲吉（女，藏族）

2019年12月5日，中共米林县人民检察院党组开展“不忘初心、牢记使命”主题教育专题民主生活会

派驻检察室主任、四级检察官
李 利(9月任职)
侦查监督科科长、四级检察官助理
罗 旦(藏族)
林业科科长、四级检察官助理
边巴次仁(藏族)
刑事执行检察局局长、四级书记员
亚 娘(女,珞巴族)

法院

【概况】 2019年,米林县人民法院共有10个内设机构和4个派出法庭,14个部门均为副科级建制,其中内设机构为办公室(审判管理办公室)、司法行政装备管理科、立案庭、刑事审判庭(少年审判庭)、民事审判一庭、民事审判二庭、行政审判庭、执行局、审判监督庭、司法警察大队;派出法庭为米林县丹娘乡人民法庭、卧龙中心人民法庭、派中心人民法庭、南伊中心人民法庭。全院共有党组织2个,其中党组1个,班子成员4名;党支部1个,有支委会成员5名。共有党员19名,其中珞巴族1名,藏族7名,门巴族2名,汉族9名。2019年,全院共有政法专项编制27名,其中丹娘法庭编制5名,卧龙中心人民法庭2名,派中心人民法庭2名。全院实有干警33名,公务员27名,工人2名,副科职级以上干警10名,聘任制书记员4名。本科以上学历干警27名,占全体干警的82%。具有法官资格的9名,其中一级法官5名,二级法官2名,三级法官2名。

【业务工作】 2019年,县法院共受理各类案件242件,审执结231件,综合结案率95.5%,法定审限内结案率100%,结案标的额为3762.91万元。

【依法打击刑事犯罪】 2019年,县法院依法严惩涉及危害生态环境、黄赌毒、贪污贿赂、精准扶贫领域职务犯罪,保持对故意伤害、"两抢一盗"、危害食品药品安全、电信诈骗等犯罪的高压态势,共受理刑事案件17件35人,审结17件,结案率100%,刑事案件审限内结案率达100%。已结案件中,有侵害公共安全类2件、侵犯财产类11件、妨害社会管理秩序罪4件。依法对7名被告人宣告缓刑,对判处非监禁刑的犯罪人员辅以社区矫正,发挥刑罚的教育、感化和挽救功能。

2019年2月26日,米林县人民法院党组书记、院长万春在米林县第十二届人民代表大会第六次会议第二次全体代表大会上作法院工作报告

【"扫黑除恶、打非治乱、扫黄打非"专项斗争】 2019年,县法院党组主动履行主体责任,党组成员带头签订"扫黑除恶、打非治乱"专项斗争工作纪律承诺书,为开展扫黑除恶专项斗争提供有力的组织保障。召开全院扫黑除恶专项斗争动员会议,进一步明确工作任务和要求,院扫黑除恶专项斗争工作领导小组先后7次召开专题会议,2次召开法官联席会议,听取重大案件汇报。召开涉恶案件协调会议5场次,向市委、县委、上级法院汇报案件审理情况7次,报送专题工作信息25篇。发布扫黑除恶相关信息及标语36条,开展专项斗争法制宣传16场次。邀请人大代表、政协委员旁听涉恶案件审理2件6人次,依法审理次某等5人、班某等12人敲诈勒索涉恶案件2件17人,对17名被告人均作出有罪判决。

【民商事审判】 2019年,县法院

2019年4月30日，米林县人民法院召开2018年度总结表彰暨2019年工作部署会，图为县法院党组书记、院长万春与获奖代表合影留念

共受理各类民商事案件187件，其中新收186件，审结172件，结案率91.98%，结案标的3019.25万余元。依法服务供给侧结构性改革，妥善审理民营企业经济类纠纷，营造法治化营商环境，审结建设工程、经济合同等各类商事案件157件。妥善审理涉民生案件，审结婚姻家庭案件11件、劳动争议案件4件，坚持调解优先、多元解纷，通过调解结案114件，撤诉23件，案件调撤率达79.6%。

【维护生效裁判权威】 2019年，县法院围绕"用两到三年时间基本解决执行难"目标，巩固"基本解决执行难"成果，保障当事人合法权益，共受理执行案件38件，执结36件，同比分别上升60.9%、63.6%，案件执结率为94.7%，法定期限内执结率为100%，执结标的534.3万元，实际到位金额355万元。积极推进"阳光执行"工作，全流程公开案件执行信息，自觉接受全社会监督，不断规范执行行为。加大对失信惩戒威慑力度，通过各类媒体公开曝光失信被执行人5名，限制高消费5人，司法拘留1人，1名被执行人慑于信用惩戒主动履行义务。建立"一案一账户"管理系统，已执行到位210万余元案款，均通过"一案一账户"全数据转支。

【服务保障社会发展大局】 参与社会治理。2019年，为进一步开展未成年人犯罪预防工作，保护未成年人合法权益，县法院在"平安西藏宣传日""网络安全宣传周""国际禁毒日""扫黑除恶，打非治乱专项斗争""宪法普法宣传""以案代训、以案代宣"等宣传活动期间，开展法治宣传活动17场次，举办法治讲座2场次，出动干警36人次，发放宣传资料3524册，接受群众咨询329人次。开展"车载流动法庭"下乡85次，巡回办案82件，现场开庭审理案件1件，总行程19885公里。干警参与突发事件处理、虫草采集管理等中心工作5人次。助推生态文明建设，为青山绿水筑起司法屏障，受理2件公益诉讼案件并及时审结。

助推脱贫攻坚。2019年，选派4名干警进驻2个连片驻村点，为民办实事17件。院班子成员深入各驻村点宣讲习近平新时代中国特色社会主义思想、中共十九大精神和扫黑除恶法律政策宣传共11次，在"党员干部进村入户、结对认亲交朋友""四对一帮扶"活动中，干警自筹资金为15户帮扶对象发放慰问品及帮扶资金共计6000余元。

【践行司法为民宗旨】 以人为本，诉讼服务再完善。2019年，县法院加强立体化、集约化、信息化的"一站式诉讼服务中心"建设，打造"立案登记、诉调对接、诉讼服务、涉诉信访"四大职能为一身的诉讼服务中心，切实减轻群众的"诉累"。严格落实跨域立案诉讼服务改革，设立"跨域立案"窗口，将"当场立案、网上立案、自助立案、跨域立案"相结合，实现就近能立、多点可立、少跑快立，进一步强化诉讼服务中心的审判辅助功能，将影响诉讼进程和效率的事项从各个业务庭和员额法官手中剥离出来，靠前配置到诉讼服务中心进行集约化解决。县法院跨域立案工作于2019年10月正式启动。

发挥优势，多元解纷再创新。完善一站式多元解纷机制，

2019年2月22日，米林县人民法院召开2018年度组织生活会暨民主评议党员大会

坚持把非诉纠纷解决机制挺在前面，按照“纠纷解决分层递进”思路，构筑诉前化解、立案调解、简案速裁“三道过滤网”，切实将多元化解贯穿于矛盾纠纷解决的全过程。大力推进“分调裁审”机制改革，建立简案速裁快审配套机制，推进案件繁简分流、轻重分离、快慢分道。2019年，县法院建立完善一站式多元解纷机制制度22项，诉前调解纠纷1件，立案调解案件114件。完善诉调一体对接机制，促进诉调对接实质化，建立诉调对接工作室，规范联系人制度，做到能调则调，当判则判，民商事案件调撤率达79.6%。认真落实《中华人民共和国人民陪审员法》，人民陪审员参与刑事案件审理7件9人，参与民商事案件审理58件58人。9名法官人均办案26件，同比上升108%，其中，院庭长办案224件，同比上升146.1%。

提升公信，司法公开再拓展。加强审判流程、庭审活动、裁判文书、执行信息“四大公开平台”建设，全力构建更加开放、动态、透明、便民的阳光司法机制，充分利用新媒体平台，发挥互联网时代信息数据优势。2019年，县法院通过中国庭审公开网进行庭审直播53次，通过裁判文书公开网公开裁判文书97份，通过中国审判流程信息公开网公开审判流程信息194条，同时加强司法与社会的互动交流，积极开展法院公众开放日活动2次，充分发挥微博以及微信等新媒体的作用，引领社会价值、弘扬法治精神，全年米林法院公众号共推送消息90余条。

推进人民陪审员深化改革工作。深化人民陪审员制度改革，切实扩大陪审员参审案件范围，促进司法民主和司法公开。2019年，经县人大常委会批准，全院人民陪审员人数增至24人，选任后的人民陪审员达到规定的员额法官3倍的要求。人民陪审员的参审，使审判活动透明度增加，确保司法活动在阳光下运行，切实保障人民群众对司法案件的参与权、知情权。

【智慧法院建设】 2019年，县法院按照司法体制综合配套改革要求，依托信息化加快推进远程庭审、诉讼服务中心、执行指挥中心等信息化建设项目。便民自助查询机、网上立案平台、执行值守平台、电子阅览室、IP语音电话等项目已相继建成并投入使用；信访管理、电子卷宗、案件评查、廉政风险、业绩档案、司法统计、智能文书校对等软件应用系统已全部上线使用。网上跨域立案已建设完成，并通过跨域立案完成立案测试，信息化应用在促进智慧法院建设、提升审执效率、方便当事人诉讼方面的作用逐步凸显。2019年，案件当事人通过移动微法院及诉讼无忧网实现网上立案19件，审查通过6件；所有庭审均实现同步录音录像、电子卷宗随案同步生成率达100%。

【基础设施建设】 2019年，县法院坚持需求导向，大力实施“十三五”规划项目，诉讼服务中心建设项目总投资306万元，建筑面积850平方米，并于2019年11月竣工验收，卧龙、派、南伊珞巴民族中心人民法庭已完成建设，总投资927万元，建筑面积3090平方米。争取广东省珠海市对口法院——斗门区人民法院援藏资金20万元，用于庭审语音识别系统的建设。

【自身建设】 2019年，县法院始终把坚持党的领导作为确保司法审判工作正确政治方向的根本保证，切实做到重大司法决策、重大工作部署、大案要案审理等重大问题向县委、政法委和上级法院请示汇报，自觉将法院工作置于党的领导下，确保党的大政方针和县委的决策部署在法院不折不扣贯彻落实，确保工作的正确方向，切实增强接受监督的自觉性和主动性。自觉接受人大及其常委会监督和政协民主监督，健全和完善定向联络、庭审旁听、工作通报和信息报送等制度，注重加强与人大代表、政协委员的联络沟通，定期、不定期地向县人大常委会报告工作情况，主动邀请代表、委员视察调研、旁听庭审，全力做好代表、委员建议和有关事项的办理，通过主动接受人大监督，采纳建议，自觉将审判权的行使置于社会公众的监督之下，充分保障群众对司法审判工作的知情权、参与权、监督权、表达权。2019年，邀请人大代表旁听案件审理5件，听取法院"用两到三年时间基本解决执行难"工作汇报2次，参观法院信息化建设2次，接受人大调研2次。

（周海荣）

【机构领导】

党组书记、院长、四级高级法官
万　　春（8月离任）
党组书记、院长、一级法官
春　　强（珞巴族，8月任职）
党组副书记、副院长、一级法官
边巴罗珠（藏族）
党组成员、民事审判一庭庭长、一级法官
拉巴次仁（门巴族）
党组成员、办公室主任
周　　鹏
行政审判庭副庭长、三级法官
次旺拉姆（女，藏族）
刑事审判庭庭长、二级法官
尼玛扎西（藏族，9月任职）
刑事审判庭副庭长、二级法官
普布卓玛（女，藏族）
民事审判庭副庭长、一级法官
杜　　莎（女）
执行局局长、一级法官
李　　扬
司法警察大队队长、一级警督
徐根良
审监庭庭长
陈远鹏（9月任职）
司法行政装备管理科科长
雷　　蕾（女，9月任职）

2019年5月21日，米林县法院联合相关部门开展扫黑除恶打非治乱专项斗争宣讲会

司法行政

【概况】 年内，米林县司法局在县委、县政府的正确领导及上级政法委精心指导下，以习近平新时代中国特色社会主义思想为指导，认真学习贯彻中共十九大全会精神以及区、市、县政法工作会议精神，紧紧围绕全县中心工作，充分发挥司法行政职能，扎实开展各项工作，为推动和谐、平安建设营造良好的法治环境。2019年，县司法局实有干部13名（科级干部7名，科员6名），其中局机关6名，法律援助中心3名，乡镇司法助理员4名；本科学历12名，大专学历1名；藏族7名，汉族5名，珞巴族1名。

【普法宣传】 2019年，县普法办以"法律七进""五下乡""综治宣传月""综治宣传周""国家安全日"等主题活动为载体，加大法治宣传教育工作力度，全县各普法成员单位共开展集中宣传127

2019年8月7日，南京市司法局、南京市律师协会考察交流团一行到米林县调研法律服务工作并召开援藏工作座谈会

次，举办法治讲座38场次，向广大农牧民群众宣传以《中华人民共和国宪法》《中华人民共和国民族区域自治法》《西藏自治区治安管理处罚法》《中华人民共和国法律援助条例》《中华人民共和国人民调解法》《宗教事务条例》《中华人民共和国森林法》《中华人民共和国治安管理处罚法》《西藏自治区冬虫夏草采集管理暂行办法》《米林县虫草采集管理办法实施细则》等与广大农牧民群众息息相关的法律法规，发放藏语汉语法治宣传资料2.57万余册，受教育人数达2.05万余人。先后14次组织人员在白鹭文化广场、丹娘乡、米林镇、派镇、卧龙镇、扎绕乡、武装部、电力公司、东措社区红卫片区、嘎玛农场片区为广大干部群众讲解黑恶势力的危害性，派出人员40余人次，出动车辆13车次到18个单位、乡镇、村居宣传讲解黑恶势力的危害性，发放各类普法资料2100余份，受教育群众1900余人。

2019年8月13日，米林司法局开展“法律进民营企业”宣传活动

【人民调解与化解矛盾纠纷】2019年，县司法局把全县各村双联户户长纳入本村人民调解员队伍，组织各乡镇司法助理员对辖区双联户户长进行人民调解相关知识的培训。各乡镇人民调解委员会落实常态月排查及重要节点周排查制度，认真排查化解矛盾纠纷，对排查出的矛盾纠纷积极组织人员进行调解。各乡镇司法助理员按照统一部署，对辖区村级人民调解员积极开展培训，促进人民调解工作向纵深发展。积极开展矛盾纠纷排查及调解工作，把矛盾控制在萌芽，化解在基层，共开展全县范围内的矛盾纠纷排查50次，各级人民调解组织共排查矛盾纠纷58件，调解成功58件。

【特殊人群管理】开展送温暖和帮扶活动。2019年，县司法局在春节藏历新年期间，慰问帮扶社区矫正人员、刑满释放人员；协调公安部门为1名“三无”刑满释放人员及时落户，补办户口本和身份证，并协调县民政部门对其开展临时救助，争取临时救助金5000元。

加强走访排查。针对全县范围内的刑满释放和社区服刑人员开展走访排查工作，全面掌握其家庭情况和个人情况，想方设法帮助他们解决存在的实际困难和问题，同时经常性开展基本法律常识教育和反邪教、反传销、反暴恐及防非法集资、防电信诈骗等方面的教育，积极引导两类人员摒弃不良陋习，做守法公民。

扫黑除恶专题教育。积极督促社区服刑人员签订扫黑除恶打非治乱专项斗争承诺书，联合县检察院、法院积极开展社区服刑人员集中学习教育，通过以案释法的形式进一步讲解扫黑除恶打非治乱的相关知识以及发生在米林县的涉黑涉恶案件，教育引导社区服刑人员和刑满释放人员遵纪守法，鼓励其积极举报涉黑涉恶线索。

规范管理、强化教育。为进一步强化对社区服刑人员的管理和教育工作，增强社区服刑人员服刑意识和法律意识，不断提高社区矫正工作质量和工作效率，与各乡镇司法助理员定期组织辖区社区服刑人员，开展集中公益劳动和集中学习，使其进一步强化服刑意识，端正服刑态度。

2019年10月15日，米林县司法局举办法治副校长聘书颁发仪式

【法律服务】 2019年，根据米林县人民政府和南京市律师协会共同签署的律师援藏协议，北京大成（南京）律师事务所先后指派3名业务能力强、经验丰富的执业律师到米林县开展法律服务工作，米林县法律援助中心借助专业律师的知识优势，重点聚焦广大困难群众工作生活中遇到的法律问题、涉法涉诉信访问题和人民调解领域调解失败的矛盾纠纷，积极引导矛盾双方当事人通过合法途径依法维权，对符合条件的当事人积极引导其申请法律援助。通过开展法律援助工作有效化解社会矛盾纠纷，真正做到为群众解难，为政府解忧，有效服务全县经济社会稳步向前发展。全年先后受理2起未成年人犯罪刑事辩护案件，5起派镇村民与西藏旅游股份有限公司房屋所有权纠纷案，7起因火灾事故导致的财产损害赔偿纠纷案（其中4起撤诉，3起已调解结案），2起劳动仲裁案件，累计为政府及其组成部门审查各类合同37份，代写法律文书127份，提供法律咨询323人次。

【行政执法】 2019年，县司法局积极组织全县100余名基层行政执法人员开展为期2天的法治政府建设（行政执法）业务培训，系统学习行政执法工作主要内容及工作方式方法、行政执法三项制度以及法治政府建设工作，并组织参训人员进行考试，切实增强全县行政执法人员依法管理、依法办事的能力和水平，促进形成高效的法治实施体系，深入推进和加快依法执政和法治政府建设。

（唐燕燕）

【机构领导】

党支部书记、局长

米玛索朗（藏族）

副局长

格　桑（女，藏族）

陈振华

刘　锟（11月任职）

南伊司法所所长

唐燕燕（女，8月任职）

卧龙司法所所长

新　东（珞巴族，8月任职）

人民团体

工会

【概况】 2019年，米林县总工会核定编制2名，实有工作人员5名，其中，主席1名，副主席1名，四级主任科员1名，科员2名。全县各基层工会委员会兼职工会干部人数144名，其中，男53名，女92名；本科75名，专科63名，其他7名。成立各级工会组织68个，其中，县直机关、事业单位工会组织51个，全县干部职工会员人数2219人；国有企业工会2个，会员人数83人；非公基层工会委员会15个，会员人数384人。

【宣传活动】 2019年，县总工会积极参与和组织系列宣传活动，并向广大干部职工群众发放《中华人民共和国工会法》《中华人民共和国劳动法》等系列法律法规宣传资料，集中开展宣传活动6次，发放宣传资料2000余份，受教育人次达1500余人。现场解答前来咨询相关法律法规人数达20人次，让广大干部职工群众学会知法、懂法、学会利用法律保护自身的合法权益。

2019年4月11日，全国总工会资产监督管理部部长李庆堂（右二）到米林县检查指导工作

【关爱职工】 2019年，县总工会开展“送温暖”活动，为66名职工发放慰问资金33000元；开展“三大帮扶”救助活动，为128人发放救助资金共14.568万元。开展“三大节日”慰问活动，慰问全县在档困难职工12名，由县财政统一支出1.2万元，5名自治区级劳模由县总工会支出5000元。组织2家国有企业女职工和城市管理局困难女职工33人进行“两癌筛查”检查，检查费用共计9900元。

【“五送”活动】 2019年，林芝市总工会、市委老干部局携手米林县委组织部、米林县总工会，在南伊珞巴民族乡琼林村开展以“点赞新中国·奋进新林芝”喜迎中华人民共和国成立70周年为主题的“五送”活动，此次活动共义诊100余人，发放药品1万余元，发放健

2019年9月20日，林芝市总工会党组书记、工会副主席琼吉在米林县南伊珞巴民族乡琼林村，就做好新形势下的农民工服务工作作重要讲话

康宣传资料、法律法规宣传资料、惠民政策资料等3000余份。

【文艺会演】 2019年4月28日上午，由中共米林县委员会、米林县人民政府主办，米林县工青妇承办的“青春心向党，建功新时代”米林县纪念五四运动100周年庆“五一”国际劳动节文艺会演在米林县中心小学成功举办，参演人数120余人，参与人数400余人。

【劳模工作】 2019年，为庆祝中华人民共和国成立70周年，持续推动深入学习贯彻习近平新时代中国特色社会主义思想和中共十九大、自治区第九次党代会、区党委九届四次全会、中国工会十七大、西藏工会十大精神，林芝市总工会在米林县举行劳模巡回宣讲活动，由林芝市总工会党组成员、副主席刘勇带领的宣讲团在米林县开展劳模事迹巡回宣讲活动。米林县尼玛于2019年4月被评为“西藏自治区劳动模范”荣誉称号，米林县总工会积极协助打造尼玛劳模创新工作室，市总工会申请3万元经费投入劳模创新工作室，充分发挥劳动模范在实施创新驱动发展战略中的示范引领作用和骨干带头作用，大力创新创造积极性和主动性，弘扬劳模精神、工匠精神，引领广大职工再掀万众创新热潮。

2019年9月20日，米林县委常委、组织部部长许登顺（左一）为南伊珞巴民族乡琼林村村级工会授牌

【文体活动】 2019年，在“五一”国际劳动节来临之际，为热烈庆祝中华人民共和国成立70周年、西藏民主改革60周年，丰富和活跃广大干部职工群众业余文化生活，营造职工群众学习中共十九大和积极参与体育健身的良好氛围，县总工会在米林县全民健身活动中心举行第二届“大峡谷杯”暨第一届“职工杯”篮球赛。此次篮球赛有8个代表队参赛，历时8天，经过16场次，120余名运动员参加比赛。此次活动共投入12780元，发放奖金5500元。

【工会自身建设】 2019年，全国总工会资产监督管理部部长李庆堂、全总权益保障部部长粟斌、中国职工保险互助会秘书长、主任王公明组成专题调研组在米林县职工互助保障工作，西藏自治区

总工会党组成员、副主席丹拥拉姆，林芝市总工会党组书记、副主席郑都，县总工会主席阿努次仁陪同调研。

【志愿服务活动】 2019年，为深入贯彻落实中共十九大精神，进一步推进“奉献、友爱、互助、进步”的志愿精神的发扬，米林县紧紧围绕创建全国文明城市工作内容，在全县范围内掀起“学雷锋”主题活动高潮，引导广大干部职工成为雷锋精神的继承者和传播者。米林县工青妇联合县民政局、中铁十七局集团五公司、驻地官兵、县中心小学、南伊小学，县中区直单位16家共70余名志愿者，在米林县福利院为100余名老人开展制作爱心午餐、理发、健康体检、文艺表演、环境卫生整治等志愿服务。

（谭昌荣）

【机构领导】

党组书记、工会主席

阿努次仁（藏族）

党组成员、工会副主席

索朗旺堆（藏族）

党组成员

张　卫

共青团

【概况】 2019年10月14日，米林县工青妇按照中共米林县委办公室印发的文件《共青团米林县委员会职能配置和人员编制规定》的通知，成立共青团米林县委员会，有编制人数2名，领导职数2个，配备团县委书记和副书记，实有工作人员2名。截至2019年底，团县委下辖9个基层团委（8个乡镇团委、1个中学团委），基层团支部数97个，团员1040人。团县委专职团干部3名，金融挂职副书记1名，基层团组织团干部187名，各村团支部书记都进入村“两委”班子。9所小学，1所中学共有少先队大队10个，中队85个，少先队员3098名，大队辅导员10名。

【基层组织建设】 2019年，团县委组织各级基层团组织以“学习强国”“青年大学习”为平台，深入学习习近平新时代中国特色社会主义思想，中共十九大和习近平重要讲话精神，参与学习的青年累计19500人次。引导各基层团支部书记要时常面对面开展团员青年思想政治工作，带领青年听党话、跟党走。以“智慧团建”系统为平台，完成2019年团内各项数据统计与录入，97个基层团组织网上构建完成，并完善190名团干部和1040名团员的信息档案。下发米林县2019年团员分配名额70名，发展新团员63名，各级团组织推优入党共计76人。南伊珞巴民族乡、扎绕乡基层团组织阵地建设打造完成，后续将向其余乡镇推广。

【各类活动】 2019年1月29日，团县委举办米林县春节藏历新年迎新春主题活动，此次活动有拔河比赛、无敌风火轮、数字抱团三大项健康向上的集体活动，参与人数有120余人。5月31日，联合林芝航站组织县级优秀少先队员、学雷锋标兵30余人赴林芝机场开展“我是小小追梦人”主题实践体验活动。在机场工作人员的带领下，孩子们参观候机楼、航管楼及飞机机舱等工作场所。通过实践体验活动，增强孩子们对民

2019年3月5日，团县委在县五保户集中供养中心组织开展以“弘扬雷锋精神 争做时代新人”为主题的敬老志愿服务活动

航事业的热爱。8 月 28 日，邀请广西爱心蚂蚁公益协会青葱课堂走进米林县，对全县 8 所学校（中学 1 所）1023 名学生开展“青葱课堂 · 儿童性教育”讲座。

【志愿服务行动】 2019 年 3 月 5 日，团县委组织开展以“弘扬雷锋精神 争做时代新人”为主题的敬老志愿服务活动，参与活动的青年志愿者达 70 余名，为 100 余名老人提供了爱心午餐、理发、健康体检、文艺表演、环境卫生整治等志愿服务。3 月 29 日，开展“绿色祖国 青年当先”环保志愿服务活动，参与志愿者 80 余人，清除各类垃圾 60 余袋。7 月 30 日，组织 20 余名青年志愿者参加“米林县庆祝中华人民共和国 70 周年晚会”志愿服务活动。8 月 12 日，组织青年志愿者参加米林县第十一届“全民健身日”自行车骑行全民健身活动，6 名青年志愿者参与活动路线指引等相关志愿服务活动。

【纪念五四运动 100 周年系列活动】 2019 年 4 月 11 日，团县委举办“弘扬爱国奋斗精神 建功立业新时代”青年人才论坛，县委常委、组织部部长许登顺出席活动，此次活动共征集各界青年交流文章 14 篇，其中 5 篇获奖，充分展示广大青年干部在促进米林县经济发展和维护社会稳定中的良好风貌。4 月 28 日，举办“青春心向党，建功新时代”纪念五四运动 100 周年节文艺会演，县委常委、县人大常委会主任陈绪全，县委常委、县政协主席刘安奇，县委常委、组织部部长许登顺，县人大常委会副主任巩雷斌，县政协副主席达娃出席活动，县委常委、组织部部长许登顺致辞，此次活动拥有文艺会演节目 18 个，节目包含舞蹈、朗诵、歌曲、健身操表演等多种形式，参演人数 120 余人，参与人数 400 余人。

2019年4月11日，团县委开展以“弘扬爱国奋斗精神 建功立业新时代”为主题的青年人才论坛，县委常委、组织部部长许登顺（左三）出席活动

【助力脱贫攻坚】 2019 年，团县委完成“中国茅台 · 国之栋梁”希望工程圆梦行动，为米林县 5 名新入学的优秀建档立卡户大学生提供每人 5000 元助学金，共发放助学金 2.5 万元。完成“国资委党费专项”资助西藏贫困学生资助名额，为米林县 5 名贫困在校优秀大学生提供每人 4000 元助学金，共

2019年3月29日，团县委开展深化“绿色祖国 青年当先”环保活动

发放助学金20000元。深入开展羌纳乡西嘎村"四对一帮扶"4次，发放慰问金和慰问物资1500元。

【少先队表彰】 2019年9月19日，团县委、县教育局、县少工委在县委党校三楼召开米林县2018—2019学年少先队工作表彰大会，此次表彰大会共表彰少先队工作"先进集体"3个（县中心小学、派镇小学、扎西绕登乡小学），"进步集体"1个（羌纳乡小学），"优秀少先队辅导员"4名，关心支持少先队工作的"先进工作者"6名。

【第四届青少年法律知识竞赛】 2019年9月26日，团县委举办"筑梦新时代——我们与法同行"庆祝中华人民共和国成立70周年暨米林县第四届青少年主题知识竞赛，知识竞赛活动历时1个多月，活动覆盖青少年达3000余人。决赛现场共有小学生组参赛队9个队，中学生组参赛队7个队，小学组颁发集体奖4个，中学组颁发集体奖3个。

【团干队伍建设】 2019年11月4—6日，团县委联合波密县团委、巴宜区团委举办2019年"不忘初心、牢记使命"主题团干部培训，两县一区各级团组织负责人共50余人参加培训，培训以讲授"追寻闪光足迹 赓续红色基因 接力奋斗追梦"主题党课、瞻仰"川藏线上十英雄纪念碑"，深入鲁朗知青点学习知青精神、观看爱国影片《烈火英雄》等方式进行。

（周　羽）

【机构领导】

书　记

陈光利（女，5月任职）

副书记

陈光利（女，5月离任）

扎西拥珠（藏族，5月任职）

妇联

【概况】 2019年10月14日，根据米林县机构改革方案，米林县工青妇按县委办下发文件要求，正式分成3家单位，米林县妇女联合会单独挂牌成立。米林县妇联核定行政编制2名，其中，科级领导职数2名。经2019年8月22日九届县委第六十次常委会会议研究，成立米林县妇女联合会党组，共有党组成员3名，在职职工5名，内设办公室、妇儿工委办公室2个机构。

【"两规"工作】 2019年，县妇联明确把《中国妇女发展纲要（2011—2020年）》《中国儿童发展纲要（2011—2020年）》的落实纳入政府各职能部门的目标管理考核范畴，并建立健全妇女儿童的网络体系。及时调整妇儿工委机构，成员单位由27个扩大到34个，形成党委领导、政府负责、妇儿工委牵头、多方协调、全社会共同参与的工作格局。成立监测、评估领导小组，对规划各项指标完成情况进行自查评估。

【维权工作】 2019年，县妇联联合县司法局成立首家县级婚姻家庭纠纷调解委员会，实现人民调解工作和妇女维权工作协调联动，形成多元化的婚姻家庭矛盾纠纷调解机制。充分发挥"12338"维权热线和妇女儿童维权的重要作用，截至2019年底，米林县挂牌成立妇女儿童维权岗有9个，女子维权合议庭1个，发展妇女信访代理员17人，接待妇女来访

2019年12月3日，米林县妇女第九次代表会议召开，县委书记李牧之（中），县委常委、人大常委会主任陈绪全（右一）等出席会议

3件，接待人员10人次，信访调处率达100%。借助“三八”妇女维权周、综治宣传月、“五下乡”等节庆活动，在全县范围内积极宣传男女平等基本国策、《中华人民共和国妇女权益保障法》、《中华人民共和国未成年人保护法》、《中华人民共和国反家庭暴力法》等一系列法律法规，共发放宣传手册和印有活动标语的手提袋800余份，受益妇女群众达500人次，现场为群众讲解相关法律法规系列知识，解答部分群众提出的咨询难题20余件。

2019年12月2—4日，米林县妇女第九次全体会议顺利召开，图为会议结束参会妇女代表和县领导合影留念

【关爱帮扶】 2019年，县妇联联合县人社局、县法院、部分乡镇举办了14期基层妇联培训班及讲座，培训人员800余人，“三八”国际妇女节当天，代表县委、县政府走访慰问单亲贫困母亲和“两癌”患者48名，送去慰问金2.4万元。“六一”国际儿童节当天，组织人员对米林县多卡小学、幼儿园的20名贫困儿童展开慰问活动，送去慰问金2000余元。12月，米林县举行2019年度贫困妇女“两癌”救助金发放活动，为5名受助对象发放救助金共5万元，每人救助1万元。

【“妇字号”项目】 2018年，县妇联向全国妇联申请“巾帼巧手”项目资金5万元，在南伊珞巴民族乡琼林村建立“巾帼巧手”基地，项目区38户70人受益。2019年，县妇联继续跟踪和完善“妇字号”扶贫项目的实施，热嘎村民小组种植项目已完工，每户分红1万元至1.2万元不等，项目区15户60人受益，5户18人建档立卡贫困户脱贫。9月，扎绕乡康萨村妇女磨坊合作社已整体完工，并完成项目终验。

【基层妇联队伍建设】 2019年，县妇联建立县、乡、村妇女干部信息库，并把带头致富能力强的妇女干部推荐列为后备干部培养，确保米林县各村(居)委会的妇联主席100%进入村(居)“两委”班子，并全部由女性担任。

【开展环境整治】 2019年，米林县、乡(镇)、村妇联组织开展了“美丽家园·幸福人家”创建活动，清理雅江河畔、路边水沟、乡村道路等公共区域内的白色垃圾和生活垃圾。全县8个乡(镇)、67个村(居)开展清洁行动500余次，参加妇女人数达2500人次，清理生活垃圾30余吨；开展巾帼志愿者系列活动4次，参加人数达200余人次。

【重要活动】 2019年3月，县妇联联合县民政局、中铁十七局集团五公司、驻地官兵、县中心小学、南伊小学，县中区直单位16家共70余名巾帼志愿者，在米林县福利院开展制作爱心午餐、理发、健康体检、文艺表演、环境卫生整治等志愿服务活动。

4月22日，由县人社局、丹娘乡人民政府主办，巴宜博达培训学校承办的藏式烹饪技能培训班在丹娘乡文化站开班，共有60余名妇女群众报名参加此次烹饪技能培训。

4月24日，米林县总工会女职工创业孵化基地揭牌仪式在南伊珞巴民族乡琼林村“巾帼巧手”基地举行。县总工会主席阿努次仁与县妇联主席卓玛为女职工创业孵化基地揭牌，南伊珞巴民族乡党委副书记罗布顿珠、琼林村党支部书记达瓦及40余名妇女代表参加揭牌仪式。

5月8日，县妇联邀请林芝市妇联兼职副主席红英和光明医院妇产科主任杨桂华以及内科主任刘刚在东措居委会，为50余名妇女群众针对女性宫颈疾病和一些常见妇科疾病的症状、胃病治疗和自我防护等方面进行健康知识讲座及免费身体检查，并免费发放价值3000余元的药品。

10月，县妇联、司法局、法院、民宗局联合开展《中华人民共和国婚姻法》《中华人民共和国未成年人保护法》《中华人民共和国妇女权益保障法》《民族宗教法》《中华人民共和国刑法》《中华人民共和国民法通则》《中华人民共和国行政法》等相关法律、法规的宣传活动，此次活动共发放资料1000余份，发放胃药等医药用品价值10220元，参与群众200余人。共慰问米林县"三岩"搬迁安置点困难户妇女18名，送去慰问金9000元。

12月2—4日，米林县妇女第九次代表大会全体会议在政权楼四楼召开，会议应到正式代表65人，实到58人，符合会议召开要求。县委书记李牧之出席会议并讲话，林芝市妇联党组成员、四级副调研员达珍致贺词，县委常委、人大常委会主任陈绪全，县委常委、政府副县长宋振兴，县委常委、组织部部长许登顺，县政协副主席达娃出席会议。同时还邀请了县总工会、工商联、残联等人民团体代表，优秀女致富带头人和从事司法、教育、卫生、农牧等领域的优秀妇女代表以及离退休妇女干部作为特邀代表参加会议。会议选举产生第九届妇联执行委员会委员17名，常务委员会委员9名，其中主席1名，副主席1名，兼职副主席3名，委员4名。

（马君君）

【机构领导】

主　席

卓　　玛（女，珞巴族，5月任职）

副主席

马君君（女，8月任职）

工商联

【概况】 年内，米林县工商业联合会紧紧围绕全县中心工作，加强会员队伍建设，履行各项工作职能，拓展服务领域，努力做好自身建设、深化非公经济人士理想信念教育工作，为促进全县非公有制经济健康可持续发展作出不懈努力。2019年，县工商联内设2个办公室，实有干部职工8名，正式党员6名。县工商联会员达51家，其中，企业会员27家，党员21名；个体工商户会员24家。

【非公经济】 2019年，全县共有非公企业347家，比上年新增非公企业57家，增长率为19.7%；农业合作社221家，比上年新增农业合作社11家，增长率为5.2%；个体工商户1861家，比上年新增个体工商户333家，增长率为21.8%。全年米林县税收收入达15164.06万元，其中非公有制经济总税收14818.61万元，占全县总税收的97.7%。

【会员队伍建设】 2019年，县工商联在会员发展中按照不求数量、注重质量、成熟一个发展一个的原则，重点发展一批经济实力强、思想觉悟高、热爱工商联工作、热心社会公益事业的非公有制经济代表人士入会，同时积极

2019年5月28日，西藏自治区政协副主席、区工商联主席、总商会会长阿沛·晋源（左三）一行到米林县指导非公经济发展工作并召开民营企业家座谈会

组织非公经济代表人士和会员企业到区、市、县技能培训，提高会员整体素质。

【服务非公经济】 2019年，县工商联积极发挥桥梁纽带作用，大力宣传国家优惠政策，贯彻落实各项免税、减税政策。积极宣传贯彻落实区、市非公经济发展会议精神，利用微信平台报道会员企业开展的活动和相关扶贫慈善活动，企业家们也通过平台互相交流生产、管理等经验，营造良好的“亲、清”新型政商关系。

2019年8月5日，米林县工商联联合县司法局在西藏可心农业发展有限公司开展“法律进民营企业”宣讲活动

【扶贫救济】 2019年，在春节、藏历新年前夕，县工商联积极组织干部职工走访慰问岗嘎村驻村工作队和20户困难群众、2户五保户，为2户五保户分别送去300元的慰问金，为20户困难家庭送去大米、花生油、砖茶、面粉等生活物资，总计价值9600余元。县工商联党支部联合县交通局党支部开展党员进社区活动，看望慰问困难户乔某并送去300元现金和价值500元的生活用品。开展“中国共产党建党98周年”系列活动，组织党员干部到岗嘎村开展慰问活动，投入慰问资金13780元。

【企业调研】 2019年，县工商联组织人员到企业对非公有制经济现状和企业发展规划进行全面细致地调查研究，同时对县城个体工商户经营场所开展统计调查，询问实际情况，确保数据信息的真实准确，并及时准确地整理和更新了数据库。积极开展非公企业调研工作，及时发现问题，并结合自身实际，帮助和解决企业存在的现实问题，为非公企业健康发展创造良好条件。5月28日，自治区政协副主席、工商联主席、总商会会长阿沛·晋源带领调研组一行，在米林县调研县工商联工作开展情况和非公企业生产经营情况，同时召开民营企业家座谈会，民营企业家们就企业建设中遇到的问题及意见建议纷纷发言，听完发言后，阿沛·晋源指出，区党委、政府高度重视民营企业的发展，调研组将认真了解、梳理企业反映的问题和意见建议，以负责、担当的态度及时予以解决。

（达拉姆）

【机构领导】

主席（商会会长）

杨　俊

副主席（副会长）

达娃卓玛（女，藏族）

经济综合管理

发展和改革

【概况】 2019年，米林县发改委与经济和信息化局、粮食和物资储备局合署办公，下设项目评审中心，内设办公室有文秘办、项目办、小康办、经济受援办、拉林铁路办和重大项目协调指挥部办公室，实有干部职工19名，其中，在岗干部16名，驻村干部2名、抽调到县脱贫攻坚指挥部1名。

2019年3月1日，米林县发改委党支部在二楼会议室召开集中学习会

【边境发展】 2019年，县发改委严格贯彻中央《关于加大边民支持力度促进守边固边的指导意见》文件精神，加大边境村基础设施建设，着力改善边民生产生活条件，全力推进边境小康村建设。全县边境小康村共43个，先期规划资金9.379亿元，2019年底已到位资金6.536亿元(不含产业资金)，已批复投资7.38亿元，累计拨付资金4.5亿元，累计完成实物工程量7.1亿元，主体完工43个村，完工率达100%。2018—2019年，羌纳乡西嘎村、米林镇邦仲村、里龙乡德吉新村等多个小康村已初见成效。在安居住房建设上坚持整体提升和局部改造相结合，完成整体提升4个村159户、局部改造39个村2816户。在基础设施建设上加强村庄道路硬化、街道亮化建设，硬化道路42公里，完成村内铺装4.7万平方米，安装路灯1859盏，新建水冲浴厕1734座，完成“人畜分区”2655户，村庄基础设施和村庄环境显著提升。在公共服务设施建设上本着“因地制宜，因村施策”和“实用、够用、好用”为原则，计划新建和改扩建26个小康村村级活动场所，已完成20个，金融服务网点项目已完成招投标，正在加快实施。在人居环境治理上严格按照“两清一建”的要求，结合乡村振兴战略，在全县67个村居深入开展“三乱”整治工作，共清理积存垃圾1957处，清理乱堆乱放杂物2176处，清理沟塘渠道186处，拆除私搭乱建946处，栽植各类苗木1.2万株，绿化面积

2019年3月21日，米林县委常委、政府副县长周立（右四），县委组织部副部长蒙少杰（左三）等出席米林县发展和改革委员会（米林县经济和信息化局、米林县粮食和物资储备局）、米林县统计局挂牌仪式

3.5 万平方米。

【项目建设】 2019 年，全县开复工项目共 167 个（不含边境小康村建设），总投资 15.82 亿元，累计完成投资 7.84 亿元，其中，续建项目 68 个，总投资 11.88 亿元，2019 年度累计完成投资 5.2 亿元，已竣工项目 64 个；新开工项目 99 个，总投资 3.94 亿元，2019 年度累计完成投资 2.64 亿元，已竣工项目 61 个。31 个“挂图作战”重点项目进展顺利，其中，续建项目 16 个，总投资 2.09 亿元，2019 年度完成投资 9970 万元，续建项目已全部竣工；新开工项目 15 个，总投资 1.68 亿元，2019 年度累计完成投资 8257 万元，完成总投资的 49.15%。大力推进投资项目在线监管平台应用，累计录入项目 56 个，不断优化办事流程，提高服务水平。加强项目开工督办，健全资金使用、管理、监督办法，深入开展清理“双拖欠”工作，将项目资金尾款拨付与工人工资发放挂钩，切实维护农民工合法权益，保证了政府投资资金安全与投资效益发挥。2019 年，全县各单位送审项目 90 个，送审资金 3.74 亿元，批复资金 3.29 亿元，审减 0.45 亿元，较好地完成政府投资项目的审查工作。根据上级要求，经充分征求县级各部门对“十四五”期间项目建设诉求及意见，结合“十三五”规划项目实施情况，共梳理出 159 个“十四五”规划项目，主要涉及民生改善、基础设施建设、生态环境保护、基层政权及社会管理能力建设和特色优势产业发展等五大类，规划总投资 103.21 亿元。

【物价工作】 2019 年，突出做好物价监测和鉴定工作，加强对 34 项自治区重点商品的物价监测，特别是在国庆、中秋等重大节庆期间强化对肉制品、粮油、蔬菜等生活必需品的监测，确保价格保持平稳，切实保障广大人民群众的合法权益。严格按照《关于下放涉案物品价格认定权限的通知》要求，做好全县涉案物品价格认定工作，共鉴定涉案物品价格 12 件，不予受理 6 件。

【粮食安全】 2019 年，县粮食和物资储备局突出做好行业监管，按照粮食安全责任制的要求，狠抓工作落实，把保证市场供给、确保粮食安全作为关系全局的大事要事来抓，进一步规范资金往来账、出入库登记等粮油清查工作，完成 5 万千克储备粮轮换工作。

【经信工作】 2019 年，县经济和信息化局做好全县工业企业的统计工作，经调查，全县共有工业企业 24 家。协助 8 个乡镇完成 98.219 吨碘盐配送工作，碘盐费用由各乡镇按照按每千克 1 元标准执行，并直接交付市碘盐配送公司。

【拉林铁路（米林段）建设】 2019 年，县发改委动员沿线群众支持积极参与铁路建设，有效调处化解矛盾纠纷，扎实开展安全生产及防汛度汛工作，确保铁路建设按计划如期推进。截至 2019 年底，拉林铁路建设在米林县辖区内承建合同金额 69.69 亿元（变更后），累计完成投资 67.59 亿元，完成总合同金额的 97%。全县境内隧道工程共 33 个口（含斜井、横洞），已贯通 32 个口。米林站

2019年3月9日，米林县发改委党支部联合中铁十九局党工委在县五保集中供养中心开展学雷锋、关爱老人志愿服务活动

站房建设合同金额8202.4998万元，岗嘎车站站房建设合同金额4880.3338万元，米林车站站房建设已完成投资2161万元，完成合同总金额的26.35%；岗嘎车站站房建设完成1056万元，完成合同总金额的21.64%。征地拆迁工作共征地131.288亩，其中米林车站征地66.407亩，岗嘎车站32.72亩，铁路红线新增用地32.161亩（含场坪、消防水池等）。通过与中铁各局积极沟通协调，共解决拖欠1862名民工3057万元工资的问题，其中，中铁一局人数278人，工资535万元；中铁十九局人士1024人，工资1947万元；中铁十七局人数560人，工资575万元。

（宋建忠）

2019年11月14日，九届米林县委第六轮交叉巡察组常规巡察县发展和改革委员会党组工作汇报会召开

【机构领导】

党组书记、主任

何　钢（5月离任）

蒙少杰（壮族，5月任职）

党组副书记、副主任

綦　佳（援藏干部，7月离任）

周伟波（援藏干部，7月任职）

党组成员、副主任、经济和信息化局局长

尼玛仁青（珞巴族，7月任职）

党组成员、评审中心主任

孙秋利（女）

党组成员、副主任、粮食和物资储备局局长

龙　恋（7月任职）

县发改委党组成员（主持统计局工作）

罗江美（女，7月离任）

副主任

闫　琳（女）

财政

【概况】 米林县财政局与县国有资产监督管理委员会合署办公，为县人民政府正科级工作部门。2019年，全局实有在编人数23名，其中正科级2名，副科级8名（虚职5名），科员4名，事业7名，公益性岗位1名，临时工1名。

【一般公共预算执行情况】 收入方面。2019年，全县财政一般预算收入完成12040万元，同比增加809万元，增长7.2%，其中，税收类收入完成8911万元，同比增加3309万元，增长59.07%，占总收入的74.01%；非税收收入类完成3129万元，同比减少2500万元，下降44.41%，占总收入的25.99%。

支出方面。2019年，全县财政一般预算支出完成126547万元，比上年同期增加6219万元，增长5.17%，其中，一般公共服务支出完成19657万元，比上年同期减少3234万元，下降14.13%；公共安全支出完成7863万元，比上年同期增加2255万元，增长40.21%；教育支出完成19447万元，比上年同期增加3678万元，增长23.32%；文化体育与传媒支出完成3632万元，比上年同期增加1778万元，增长95.9%；社会保障和就业支出完成6161万元，比上年同期减少3612万元，下降36.96%；卫生健康支出完成7332万元，比上年同期减少259万元，下降3.41%；节能环保支出完成5764万元，比上年同期增加2718万元，增长89.23%；城乡社区事务支出完成774万元，比上年同期减少2336万元，下降75.11%；农林水事务支出完成38407元，比上年同期减少1919万元，下降4.76%；交通运输支出完成191万元，比上年同期减少47万元，下降19.75%；资源勘探电力信息等事务支出完成661万元，比上年同期增加159万元，增长31.67%；自然资源海洋气象等支出完成9137万元，比上年同期增加7783万元，增长574.82%；住房保障等事务支出完成2918万元，比上年同期减少2030万元，下降41.03%；灾害防治及应急管理支出完成590万元，比上年同期增加590万元，增长100%；其他支出完成3674万元，比上年同期增加3221万元，增长711.04%；债务付息支出完成133万元，与上年同期持平。

【政府性基金预算】 收入方面。2019年，全县政府性基金收入完成845万元，同比减少4273万元，下降83.49%；

支出方面。支出完成1585万元，同比减少5384万元，下降77.26%。

2019年8月1日，拉萨用达科技有限公司老师苏浩到米林县财政局开展U8做账软件培训

【“三公”经费管理使用】 2019年，全县“三公”经费预算为845.89万元，其中，公务接待费为144.89万元、公务车辆运行及购置费为701万元（车辆购置费90万元）。全县“三公”经费支出完成716.3万元，同比减少47.4万元，下降6.21%，其中，公务接待完成54.61万元，同比减少41.19万元，下降43%，公务车辆运行费及购置费支出完成661.69万元，同比减少6.21万元，下降0.93%。

【财政监督检查】 2019年，县财政局组织人员到各乡镇、县直各部门财务进行财务检查指导，并对2016年度及以前结余、结转资金进行清查，就资金使用做出相关要求。

【国有资产清查】 2019年，县国有资产监督管理委员会根据政府会计改革等要求，认真开展全县国有固定资产进行清查工作，同时根据《林芝地区财政局关于转发〈西藏自治区财政厅关于林芝地区行政事业单位公务车辆管理办法〉的通知》等相关文件精神，完成对全县57个行政事业单位的公务车辆核编工作。

【队伍建设】 2019年，县财政局党支部始终以《中国共产党章程》和《发展党员工作细则》为依据，坚持有计划发展、入党自愿和个别吸收原则，有针对性地抓好积

2019年11月7日，九届米林县委第六轮交叉组常规巡察县财政局工作动员会召开

极分子培养教育工作，引导优秀干部职工积极向党组织靠拢，共培养入党积极分子3名，2名发展对象发展为预备党员，1名预备党员转为正式党员。

【"不忘初心、牢记使命"主题教育】 2019年，根据县委、县政府的统一安排部署，积极开展主题教育，以深化理论学习为基础，以抓实调查研究为载体，以深入检视问题为契机，努力把学习教育、调查研究、检视问题、整改落实四项重点措施贯通起来，有机融合、统筹推进。全年开展专题学习13次，自学22次，专题讨论6次，支部书记上党课2次，志愿活动1次，观看红色影片3次。先后学习《中国共产党章程》《中国共产党纪律处分条例》《习近平谈治国理政》《习近平关于"不忘初心 牢记使命"论述摘编》等内容，观看《建国大业》《榜样4》《巡视利剑》等红色影片。

【脱贫攻坚】 2019年，全县一般公共预算财力为67211.92万元，预算安排扶贫资金4823万元。自治区下拨第一批脱贫攻坚整合资金（生态补偿脱贫岗位补助）900万元；自治区下拨第一批脱贫攻坚整合资金（中央财政扶贫少数民族发展）1000万元；自治区下拨第一批脱贫攻坚整合资金（中央财政专项扶贫）1800万元；米林县安排本级财政扶贫专项资金1123万元。

（周　帅）

【机构领导】

党组书记、局长

孙臣斌

党组副书记

央金卓嘎（女，藏族，6月任职）

党组成员、副局长

央金卓嘎（女，藏族，6月离任）

边彩红（女，藏族）

牛雯彤（女，6月任职）

任艳华（女，9月任职）

统计

【概况】 米林县统计局于2017年7月成立，为米林县人民政府正科级单位。米林县社会经济调查队于2018年1月成立，为县统计局管理的正科级全额拨款类事业单位。2019年，县统计局实有干部12名，其中行政编制4名，事业编制8名。

【主要经济指标】 地区生产总值。2019年，全县实现县域生产总值18.14亿元，按可比价格计算，比上年增长8.1%，其中，第一产业增加值1.71亿元，比上年增长2.5%；第二产业增加值8.08亿元，比上年增长7.9%；第三产业增加值8.35亿元，比上年增长8.8%。三产业的比例为9∶45∶46。

公共财政预算。2019年，全县一般公共预算收入1.2亿元，同比增长7.2%；公共财政预算收入占全县生产总值的6.6%；各项税收收入0.89亿元，同比增长59.1%；公共财政预算支出12.65亿元，同比增长5.2%。

全社会固定资产投资。2019年，全县固定资产投资比上年同期减少17.8%。

社会消费品零售总额。2019年，全县社会消费品零售总额达2.97亿元，同比增长10.4%，其中，城镇零售额1.8亿元，同比增长10%；乡村1.1亿元，比增长11%。商品零售1.7亿元，同比增长8%；住宿、餐饮销售1.26亿元，同比增长13.8%。

居民人均可支配收入。2019年，全县农牧民人均可支配收入

2019年9月18日，西藏自治区统计局党组副书记、局长索朗扎西（左一）一行在米林县南伊珞巴民族乡白灵芝园调研民间投资情况

达19710元，同比增长12.7%；城镇居民人均可支配收入33041元，同比增长11.3%。

【第四次全国经济普查工作】2019年，县统计局严格按照第四次全国经济普查工作的总体安排部署，狠抓重点环节，经过全县上下8个乡镇普查机构、85名普查工作者近9个月的辛勤工作，完成全国第四次经济普查工作，全面摸清全县各类单位基本情况，查清二、三产业发展规模及布局，查实服务业、小微企业等产业发展状况，为推动全面经济结构战略性调整和促进经济社会全面协调可持续发展提供翔实的统计数据。

2019年9月12日，米林县固定资产投资统计工作会议召开

【统计基层基础工作】2019年，县统计局严格落实联网直报制度，加强数据查询审核，在全县范围内开展乡镇、部门、企业统计基层基础工作规范化指导工作，针对统计基础薄弱的单位，指导其建立健全统计原始记录，完善统计台账，强化各项制度的落实。先后6次对乡镇统计工作进行督查和指导，进一步加大硬件设施投入，促进了基层统计工作向规范化、标准化和制度化迈进。

【统计普法宣传教育】2019年，县统计局利用统计培训学习及年报布置会等契机，大力宣传统计法律法规，进一步提高统计干部和社会各界的统计法律意识和统计法治观念，为依法统计创造良好的社会氛围。通过组织人员到企业实地指导等方式，加强对企业统计人员的业务培训，提高基层统计员的素质，确保统计数据质量。

【统计预警和统计监测】2019年，县统计局按月、按季监测主要经济目标运行情况，对主要目标实行动态管理。建立健全部门统计联席会议制度，及时解决目标运行中出现的问题。按月按季形成指标分析报告，为县领导决策提供科学依据，及时向县委、县政府提出措施和建议。

（张文燕）

【机构领导】

县发改委党组成员

罗 江 美（女，1—7月主持统计局工作）

统计局局长

罗　江　美（女，7月任职）

统计局副局长

白玛拉珍（女，门巴族）

社会经济调查队队长

扎　　西（藏族，6月任职）

社会经济调查队副队长

尼玛旺堆（藏族，9月任职）

自然资源管理

【概况】 米林县自然资源局于2019年3月21日正式挂牌成立，属县政府职能部门，正科级建制，加挂县不动产登记局牌子。其职责由原县国土资源局的职责，以及县发展和改革委员会的组织编制并实施主体功能规划职责，县住房和城乡建设局的城乡规划管理职责，县水利局、农业农村局、县林业和草原局调查和确权登记管理职责等整合组建而成。2019年底，县自然资源局实有干部职工22名（其中行政8名，事业编制12名，工勤人员1名，基层服务岗位1名），下设不动产登记中心、土地储备中心及执法监察大队。

【耕地保护】 根据2018年度土地变更调查，米林县耕地面积为6.81万亩，米林县土地利用总体规划调整修编基本农田保护目标5.32万亩，耕地保有量6.26万亩。全县划定永久基本农田5.32万亩（其中水浇地4.83万亩、旱地0.49万亩），永久基本农田划定面积占规划调整修编耕地保有量85.02%，达到基本农田保护目标。“三调”初步成果中米林县耕地面积为9.42万亩（其中水浇地8.86万亩、旱地0.56万亩）。依据《基本农田保护条例》具体落实基本农田保护责任，县与乡（镇）、米林农场签订保护责任书18份，并层层签订责任书，落实耕地保护目标责任，做到耕地保护责任到户、到人。

2019年3月21日，米林县自然资源局挂牌成立

【土地供应】 2019年，米林县挂牌方式出让11宗国有建设用地使用权，土地面积196895.99平方米（295.34亩），土地用途为工业用地、商服用地，出让底价5586.37万元，其中成交10宗171960.89平方米，成交价4060.34万元（已缴纳全部出让金的1宗633.32万元，其余9宗已缴纳挂牌竞买保证金685.4万元，待签订国有建设用地使用权出让合同后缴纳余款）。同时，严把建设项目用地审查关，认真履行建设项目用地审查职责，办理各类建设项目用地预审161个，初审4个，不涉及新增建设用地证明25个。

【土地利用】 2019年，县自然资源局组织上报1个村镇批次（9月30日已取得用地批复）及4个单独选址农用地专用报批材料，申请用地面积288.5955亩（其中林地277.029亩，草地5.5665亩，建设用地6亩），涉及招商引资及多卡村35千伏变电站、羌纳乡35千伏变电站、米林110千伏变电站及雪嘎通道BF公路用地报批材料。

【不动产统一登记】 2019年，县自然资源局发放不动产权证书252本，其中转移登记212宗（其中共同共有分别持证6宗），房地产首次登记9宗，国有农用地使用权首次登记1宗，变更登记6宗，补证登记2宗，换证登记9宗，更正登记7宗；办理不动产证明25本（一般抵押21本，最高额抵押2本，换证1本，查封登记1本），抵押面积5701.44平方米，抵押额

2019年6月25日，米林县自然资源局到扎绕乡雪巴村开展全国土地日宣传活动

1239 万元，贷款额 1599.75904 万元；办理抵押权注销登记 4 宗，宅基地使用权及房屋所有权不动产权证书 2761 本。

【城乡建设用地增减挂钩】 2019 年，县自然资源局经最终核实，城乡建设用地增减挂钩涉及米林县羌纳乡、卧龙镇 6 个村 141 户共计 495.92 亩建设用地指标，同时已制定出农户住房拆迁补偿标准，并已上报县政府。协助第三方已完成摸底调查与资料收集工作，所有资料已上交至自治区自然资源厅通过自治区级评审，待自然资源部最终审定后，可通过调剂增减挂钩节余指标，为全县脱贫攻坚争取资金 1.49 亿元。待评审通过资金下达后立即组织实施植被恢复等后期工作。

【第三次全国国土调查工作】 2019 年 3 月 27 日，米林县开展第三次全国国土调查工作，已协助技术队完成以二调基础、国家下发的重点图斑和村庄周围所有土地类的外业调查。5 月 12 日，自然资源部第六地形测量队初步成果已提交到米林县自然资源局。5 月 13 日，开始进入县级初检，同第三方质检单位及三调领导小组成员单位一起到实地自检。5 月 21 日，米林县开展"三调"工作县级自评会，将"三调"成果上报国家。9 月 13 日，米林县以差错率 0.63% 通过国家级内业核查。

【永久基本农田储备区划定】 2019 年，县自然资源局根据《西藏自治区自然资源厅加快永久基本农田储备区划定工作进度的通知》和基于"三调"初步成果和部下发矢量数据，以 2017 年度土地变更调查数据为底图，套合永久基本农田、土地利用总体规划等工作收集的资料提取为 31 个划定储备区的图斑，总面积 1129.17 亩，再经过实地核实和技术队内业核查并与县自然资源局协商后上传到国土调查云。9 月 10 日，完成 31 个疑似图斑野外实地举证，确定 29 个图斑 1123.5087 亩符合划入永久基本农田储备区。9 月 16 日，上报县政府进行县级自核并通过。9 月 24 日，通过市级论证，上报至自治区自然资源厅。

【项目建设】 新建项目。米林镇东多村帮加小组高标准农田建设项目，整治面积 500 亩、总投资 76.34 万元，完成总工程量的 98%。米林县里龙乡茂公村土地开发项目，开发面积 365.93 亩，总投资 510 万元，完成总工程量的 100%。米林县卧龙镇仙村村土地开发项目开发面积 289.77 亩，总投资 550 万元，完成总工程量的 100% 并通过验收。

续建项目。米林县丹娘乡措那村、朗嘎村土地整治项目整治面积 500 亩，总投资 384.16 万元，完成总工程量的 100% 并通过验收。

【地质灾害防治】 2019 年 4 月初，县自然资源局邀请四川省华地建设工程有限责任公司对米林县辖区 154 个地质灾害隐患点进行全面的汛前排查，此次排查新增 2 处地质灾害点。2019 年底，米林县地质灾害点共 156 处（其中泥石流 95 处、滑坡 25 处、崩塌 35 处、地裂缝 1 处）。进入汛期以来，向乡（镇）下发关于汛期地质灾害防治工作通知，严格落实 24 小时值班带班制度，要求各乡镇进行日报告制度，做到"有事报事，无事报平安"。充分发挥 33 个地质群

2019年10月1日，米林县自然资源局同县住建局联合举办“我骄傲我是中国人”朗诵活动

测群防员作用，建立微信工作群，每日以图片及视频的形式报告地质灾害隐患点情况。聘请西藏地质二队对米林县地质灾害隐患点开展汛中巡查，与水利、气象、应急办联合下发5起山洪地质灾害气象预警信息。根据气象预警信息要求各监测员在确保自身安全情况下继续加强监测，遇突发灾害，及时运用配发的预警设施，通知群众，及时转移并第一时间上报。根据排查及地质灾害群测群防员巡查，全县未发生重大地质灾害。联合应急、水利、气象等部门开展米林县2019年山体滑坡综合应急救援演练，兑现33名地质灾害群测群防员补助17.82万元（其中县、市级7.92万元，区级9.9万元）。雅江堰塞湖地质灾害应急项目总投资3472万元，含地质灾害巡查排查，3个地质灾害治理工程（派镇打莫沟泥石流、南伊珞巴民族乡南伊沟泥石流、派镇达乃村滑坡）地质灾害预警InSAR监测及地质灾害远程会商应急指挥系统和专业监测预警平台，所涉及的勘查、可研、初步设计、估算、概算、施工图设计等均已完成自治区自然资源厅专家评审，3个地质灾害治理工程已完成招标程序，并与施工单位签订合同。

2019年11月6日，米林县自然资源局在驻村点卧龙镇扎村开展庆祝中华人民共和国成立70周年暨村级组织活动场所启用文艺演出活动

【国土执法监察】 2018年，米林县共有94个遥感监测图斑，调查小组结合自治区自然资源厅下发的最新土地利用数据库、遥感影像及监测图斑，制作调查工作底图，准备手持GPS等调查设备，根据遥感监测图斑的位置分布制定全面、细致的调查路线，完整覆盖每一个遥感监测图斑。据实地调查，米林县2018年土地变更监测图斑共计94个，面积1808.4亩，其中非新增建设用地81个1139.8亩，新增建设用地13个668.6亩，其中合法用地2个，总面积460.4亩（变更时已取得用地批复）、违法用地11个208.2亩，占用耕地面积18.43亩，已整改到位的6个161.4亩，正在整改的5个46.8亩（涉及拉林铁路、党群服务中心等），并对未批先建违法单位下达责令停止违法行为通知书、整改通知书。协调各单位尽快提交相关手续。坚持做好日常巡查工作，下达《责令停止违法行为通知书》6件、《行政处罚通知书》2件，行

政处罚 3.4048 万元。

（次　央　次旦拉姆）

【机构领导】

负责人

扎　　西（藏族，6 月任职）

副局长

索朗卓嘎（女，藏族，6 月离任）

次　　央（女，藏族）

李 扬 洋（5 月任职）

不动产登记中心主任

次仁曲珍（女，藏族）

土地储备中心主任

次吉卓玛（女，藏族）

税务

【概况】 2019 年，米林县税务局紧紧围绕市税务局、县委、县政府的决策部署和年初既定的目标思路，精心统筹，狠抓落实，推进整体工作取得新进展，为全县经济社会平稳发展做出积极贡献。米林县税务局成立于 1994 年，占地 3589.15 平方米，其中办公用房修建于 1995 年，使用面积 701.99 平方米，居住用房修建于 1998 年，使用面积 1905.76 平方米。2019 年，共有在编干部 15 名。截至年底，米林县税务局辖区内共有登记管理户数 1428 户，其中企业及非企业单位 300 户，个体工商户 1128 户。

【班子建设】 2019 年，县税务局领导班子还严格按照要求，开展党内生活，共召开组织党小组会 12 次、支部委员会 12 次，开展书记讲党课 4 次，组织民主生活会 1 次。始终把建设过硬领导班子，造就一支政治过硬、作风优良、团结奋进、开拓创新的领导班子作为工作的目标，扎实开展“不忘初心、牢记使命”主题教育，抓中央和区党委、区局、市局党委的重要会议精神和国家有关党纪党风、廉洁从政等各项政治理论学习，切实抓好纪律作风整顿和党风廉政教育，认真执行党风廉政建设责任制。

【组织税收收入】 2019 年，县税务局严格按照既定工作思路，认真调研、充分掌握税源的基础上逐步建立税源监控体系，大力加强征管，科学预测收入，严格目标考核，狠抓组织收入，坚决杜绝有税不收和人为调节收入进度，坚决杜绝寅吃卯粮收过头税、转引税款等行为，确保税收收入质量。2019 年，共组织各项税收 20305 万元，同比增收 7928 万元，增收 64%。

【提升征管质效】 2019 年，县税务局紧紧围绕国务院重大税制改革总体部署，倾尽全局之力，发挥工匠精神，通过科学部署、高效组织、全面落实环保税改革、个人所得税改革及“减税降费”政策。通过加强税源动态监控，第三方信息采集、对重点项目实行重点监控；对固定性、零散性、季节性、流动性和隐蔽性税源及各类“两头在外”企业，分别采取纳税评估、第三方信息采集、日常检查等形式严加征管，坚决杜绝税款的跑、冒、滴、漏。

【优化纳税服务】 2019 年，县税务局为进一步优化服务环境，通过拓展服务内涵，创新服务载体，着力提高服务水平；强化税收宣传，充分利用全国税收宣传月、便民办税春风行动、营改增专题培训等契机，通过利用微信公众号、税企 QQ 群、微信群、室内外 LED 显示屏等现代媒体和纳税宣传手

2019年7月10日，西藏自治区税务局财产和行为税处处长白玛扎西（左二）到米林县税务局专项调研减税降费政策落实情况

2019年2月8日，米林县税务局组织米林县第二届最美纳税人代表成员在县敬老院慰问五保老人并送去爱心物资

册、个人所得税改革知识小册、“减税降费”优惠政策汇编等传统媒介，大力加强税法宣传和税收违法案件曝光力度，全面营造和谐、法治的良好税收氛围；加大电子税务局推行，充分运用“互联网+”完善便民措施，在全面深入调查的基础上通过宣传辅导逐步提升电子税务局申报面；完成大厅功能升级，按照总局《办税服务厅标准化建设应用手册》的要求不断完善纳税服务大厅标准化、规范化建设，完成办税大厅内饰改造和功能区建设。

【完成“减税降费”工作】 自减税降费政策实施以来，县税务局认真贯彻落实关于减税降费工作各项决策部署，优化纳税服务手段，深入开展减税降费相关各项工作，确保米林县各项减税降费政策措施不折不扣落实到位。2019年，县税务局通过大厅业务咨询台、上门宣传辅导、税企微信群等多种渠道把减税降费优惠政策送到纳税人手上，帮助纳税人全面掌握理解减税降费系列政策，确保纳税人“应知尽知”“应会尽会”“应享尽享”，让纳税人真正享受到“真金白银”的改革红利。在办税服务厅设置了减税降费专窗、个税改革专窗、社保业务专窗等窗口，科学地开展各项减税降费纳税服务工作，同时在办税服务厅安排值班领导，帮助大厅工作人员解决减税降费工作中存在的各类问题。严格办理退税，针对在2019年1月1日至《西藏自治区财政厅，国家税务总局西藏自治区税务局关于落实小微企业普惠性税收减免政策的通知》等普惠性优惠政策发布前在县税务局申报、代开时产生的未享受优惠政策的情况，及时根据文件要求，开展退抵税工作，对正常办理退税手续的纳税人，进行通知和提醒，并开辟绿色通道为其办理退税手续，同时对放弃退税、无法联系的纳税人，也严格按照程序，做好登记和公示。

（马梓竣）

【机构领导】

局　长

扎　　庚（藏族）

副局长

次仁多吉（藏族，4月离任）

琼　　达（藏族，4月任职）

纪检组长

琼　　达（女，藏族，4月离任）

谢　　强（4月任职）

市场监督管理

【概况】 2019年5月，由米林县工商局和米林县食药监局合并成立米林县市场监督管理局，为县人民政府正科级行政机关，核定行政编制3名。2019年底，实有人数17名，其中党员12名，硕士生1名、本科学历15名、大专学历1名。

【“放管服”改革】 2019年，县市场监督管理局严格按照“宽进严管”基本思路，最大限度地放款市场准入条件，扎实推进“多证合一”登记制度改革、企业全程电子化登记改革、“证照分离”改革、简化市场主体登记手续、畅通市场主体退出机制等工作。截至2019年底，全县有各类市场主体2448户（不含农民专业合作社），注册资本（金）466956.22万元。辖区有内资企业350户，注册资本（金）412502.67万元；私营企业283户，注册资本（金）269158.31

万元。核发加载统一社会信用代码企业营业执照2557户，办理“两证合一”个体营业执照1876户。办理食品经营许可证80份，办理健康证明1242份。扎实开展企业年报工作，完成企业年报284户，年报率87.38%；农民专业合作社年报189户，年报率为86.3%；个体工商户年报1519户，年报率为100%。

2019年6月13日，西藏自治区药监局党组书记、副局长郭乃雄（右二），林芝市场监督管理局副局长刘敬奎（左一）一行到米林县督导检查藏药、藏药材及藏药制剂监管工作

【食品安全整治】 2019年，米林县食安委与各成员单位签订《食品安全目标责任书》，将责任层层落实。积极落实食品药品安全监管经费，全年市、县共预算拨付食品药品安全监管经费65万元（其中创建食品安全城市16.4万元、食品抽检31万元，县、乡人员队伍建设7.6万元，食品安全保障5万元，投诉举报奖励资金5万元）。联合教育、公安等部门开展校园及周边食品专项检查，重点对全县各级学校食堂及学校周边食品经营单位、校长责任制和学校食品安全管理机构建立情况、食品安全管理落实情况、食物中毒预防控制措施、食品留样及餐厨废弃物管理等进行多次督查指导。大力推行学校食堂“明厨亮灶”覆盖率，县、乡级完成率达90%。开展食品安全进校园宣传工作，共开展校园食品安全宣讲5场次，现场培训食堂从业人员150人次，制作宣传横幅10条，发放食品药品安全宣传资料5000份。开展专项整治活动，专项整治对象以景区接待中心、旅游团队餐饮服务接待单位及景区内农家乐、超市、小食杂店等为重点，重点检查经营单位持证经营、食品原料索证索票、食品添加剂使用、是否存在使用有安全隐患的野生菌、餐具消毒规范等情况。截至11月，县食安办组织开展景区土特产、学校食品安全、保健食品、婴幼儿配方乳粉、冷鲜肉、卤肉制品等专项整治25次，各乡镇、各部门共出动执法人员200余人次，集中力量检查食品生产经营单位1000家次，检查集贸市场20户次，检查畜禽屠宰场3家次，检查农资销售单位9户次；查处销毁过期饮料、牛奶、饼干、膨化食品、冷冻肉、调料品共500余千克，价值5

2019年3月13日，米林县食药监局、县工商局在县城林邛路（县工商局门口）开展“3·15”国际消费者权益保护日宣传活动

万余元；停业整顿15家，责令整改76家，打击无证照经营商户35家，立案4起，罚没资金100170元。案件办结率100%。

【农产品安全整治】 2019年，县食安办多次联合农业农村局、公安局深入辖区内蔬菜、水果种植基地和农贸市场开展从源头治理到流通环节的全链条专项检查，重点对农产品种植户不合理使用化肥和农药进行宣传教育，指导种植户科学合理使用农药、化肥，自觉采用无毒、低毒和低残留生物农药，引导商户改正错误的生产习惯，同时组织农贸市场所有商户进行集中培训，并签订《农产品质量承诺书》。

【保障药械化安全】 2019年，县市场监督管理局排查疫苗存储使用单位10家，检查药品经营使用单位65家次，对22家医疗器械经营企业和使用单位开展质量管理跟踪检查，责令整改11家，配合自治区药监局完成药品抽样5批次。开展化妆品专项检查8次，排查经营商户75家次，没收不合格化妆品7盒。收集上报药品、医疗器械不良反应报表6例。

【保障特种设备安全】 2019年，县市场监督管理局强化企业主体责任落实，加强人员密集场所特种设备隐患排查，共开展特种设备专项整治5次，检查电梯、锅炉、煤气站、加油站、起重机、观光车等特种设备使用单位18家，发现安全隐患36处，整改36处。配合市检测部门完成辖区内场内观光车和电梯等特种设备检测，检测覆盖率达100%。

2019年4月10日，米林县市场监督管理局配合自治区食品药品检验研究院抽样人员顺利完成药品抽样工作

【维护群众权益】 2019年，县市场监督管理局积极保护消费者权益，发布食品安全和质量安全消费警示4期，为消费者提供咨询服务53人次，受理消费投诉举报31件，为消费者挽回经济损失13万元。与公安部门协同合作，在全县范围内开展传销人员摸排工作，将打传和宣教工作相结合开展工作。开展反垄断和反不正当竞争工作，将该项工作与创建文明城市和扫黑除恶工作有机结合，重点加大对民生领域、社会关注度高行业的反垄断调查，强化反不正当竞争执法，持续开展农产品销售、保健品、建筑领域市场乱象专项检查。

【宣传培训】 2019年，县市场监督管理局以"3·15"国际消费者权益日、食品安全宣传周等宣传活动为契机，举办各类宣传咨询和培训活动16场次，制作横幅12条，发放食品安全宣传手册3万册。全年县电视台播报食品安全工作5次，通过微信、移动短信等网络平台发布食品安全预警公告3次。

【产品抽检】 2019年，县市场监督管理局针对群众消费热点食品开展市场抽检工作，按照米林县总人口量，定量完成不少于4份每千人的工作目标，已完成农产品抽检量112批次（含蔬菜、水果、水产品、畜禽产品），不合格2批次，已立案处理。县级完成自主抽检预包装食品29批次（含学生营养餐食品和保健食品3批次），合格率100%；化妆品抽检10批次合格率100%，工业产品抽检12批次（含幼儿玩具、汽油、婴儿纸尿裤、幼儿内衣）不合格1批次，已对不合格产品进行下架处理。所有抽检信息通过国家食品检测

2019年10月23日，米林县食安办联合农业农村局、城市综合执法局对县城农副产品市场开展食品安全专项检查

平台进行录入。农贸市场快检室开展农产品快速检测520批次，合格率100%，抽检信息通过LED显示屏及时公布。

（王腾飞）

【机构领导】

米林县工商行政管理局

局　长

杨 国 胜（5月离任）

副局长

华旦益希（藏族，5月离任）

机场所副所长

胡 兴 全（5月离任）

米林县食品药品监督管理局

局　长

何　　萍（女，5月离任）

副局长

索朗多布杰（藏族，5月离任）

米林县市场监督管理局

党组书记、局长

何　　萍（女，5月任职）

党组成员、副局长

华旦益希（藏族，9月任职）

党组成员

米玛卓玛（女，藏族，11月任职）

副局长

索朗拉姆（女，藏族，9月任职）

机场工商所副所长

胡 兴 全（5月任职）

稽查队队长

拉巴加错（藏族，7月任职）

商务

【概况】 米林县商务领域监管4个加油站（分别为大峡谷加油站、机场加油站、米林县加油站、中昌加油站）；4个超市（分别为嘉瑞超市、佳佳乐超市、国贸超市、百姓之家便民连锁超市）；1个农贸市场（米林县厦门同安集贸市场）。2019年，县商务局核定编制5名，其中行政编制3名，事业编制2名，实有工作人员11名，内设县供销合作社（副科级事业单位）。2019年，米林县社会消费品零售总额达26930万元，同比增长23%。

【商贸流通】 2019年11月11日，按照林芝市商务局下发的《林芝市商务局关于印发〈林芝市2019年“冬日惠民生促消费”活动实惠方案〉的通知》要求，嘉瑞超市推出诸多打折优惠活动，吸引较多

2019年7月15日，西藏自治区供销社主任龙大克（左二）一行到米林县调研农牧民专业合作社现状

消费者前去消费，现场气氛热烈。客流量达800余人次，销售额达7万余元。积极发挥特色产品展销作用，组织相关合作社、企业、个体商户参加桃花节、黄牡丹旅游节、大峡谷文化旅游节等展会活动，总销售额达26.29万元。加大对再生资源行业的监管力度，行业运营秩序进一步规范，全年开展检查10余次，出动人员31次，车辆10次，检查企业7家。商贸领域安全生产共检查25次，出动车辆25次，检查企业40余家，发现安全隐患9处。

2019年10月31日，林芝市商务局局长唐开彬（左二）到米林县开展企业回访工作

【商务内贸项目】 2019年，米林县商务发展规划内项目多卡农贸市场项目已经建设完工，等待验收。积极办理米林县生活必需品应急储备库项目、林芝市米林县农牧区综合市场项目2个“十三五”商务领域规划内的项目前置手续。积极申报商贸流通领域“十四五”重点项目2个，分别为米林镇邦仲村机场物流园配套建设项目、米林县可心农业农产品加工产业发展项目。

【市场监测】 2019年，县商务局在各节假日期间，指定专人负责对辖区加油站、超市、农贸市场的生活必需品库存状况进行监测，确保辖区肉类、蔬菜、蛋品、奶制品、边销茶和卫生清洁用品等生活必需品市场供应稳定，防治商品脱销、滞销的现象发生。针对“非洲猪瘟”问题，及时启动特殊时期日监测机制，全力确保市场稳定。

【脱贫攻坚】 2019年，县商务局认真落实商务领域脱贫攻坚职责，积极组织企业参加5月7—11日在广东、珠海两地举办的2019年广东—西藏（林芝）“消费援藏”暨招商推介交流活动，签订合同类项目2个，签约金额达16.2亿元，签订意向类项目5个，签约金额达6000万元。

【电子商务】 2019年，县商务局为切实做好全县电子商务进农村综合示范县工作，加快推进电子商务在全县的推广运用进程，积极组织电商企业到辖区8个乡镇为农牧民开展电子商务基础知识

2019年5月8日，以“产业援藏 消费援藏 粤林携手奔小康”为主题的“广东——西藏（林芝）‘消费援藏’暨招商推介交流会（广州站）”在广州市举行，图为米林县扎贡沟藏药材种植有限公司工作人员为客户介绍产品

2019年9月26日，在林芝市雅鲁藏布生态文化旅游节第十五届林芝市投资贸易洽谈会上，米林县共签约4个项目

普及培训，参训人员达197人次，同时会同电商企业举办米林县电子商务进农村综合示范项目专题培训会，通过培训提升政府工作人员对电子商务进农村综合示范项目重要性的认识。

【供销合作社】 2019年，县商务局按照“服务农民”的总体要求，以基层组织改造、组织体系建设、服务规模化、流通现代化为重点，大力推进供销合作、生产合作，创新组织体系和服务机制，形成为农服务有力、组织体系健全、经济实力强劲、体制机制完善的供销合作社发展新格局，在试点过程中，积极帮助农牧专业合作社争取政策、项目资金，解决农牧民专业合作社发展过程中遇到的困难和问题。同时，抓好“新网工程”“农业综合开发项目”“林芝市供销合作社综合改革专项资金”的申报工作。

【招商引资】 2019年，米林县充分发挥自然环境优美、资源禀赋优异、交通区位优越、文化底蕴深厚的优势，以“文体旅游、藏医药与大健康、现代农业、商贸物流”四大产业体系为载体，以搞活流通、促进消费、扩大开放为目标，坚持“走出去、请进来”方式，在林芝市桃花节、米林县黄牡丹节、广东消费援藏、大峡谷文化旅游节等节庆活动上共签约各类项目16个，协议资金达31.4亿元。2019年，米林县招商引资项目累计到位资金62265.7万元，完成固定资产投资57010.3万元。

（白玛措吉）

【机构领导】

局　长

刘国慧（女，7月离任）

蒋　标（12月任职）

副局长

薛宏杰

普布拉姆（女，藏族）

供销合作社主任

巴桑罗布（藏族）

文化和旅游

【概况】 2019年3月21日，按照米林县机构改革工作统一部署，米林县旅游发展委员会与米林县文化局合并为米林县文化和旅游局（米林县文物局），设局长办公室、综合办公室、执法办、市场办、文化综合办、文物办、行管办7个办公室，共有工作人员30名，其中行政人员15名，参公人员3名，事业编制10名，工人2名。

【旅游经济】 2019年，米林县共接待区内外游客人数160.12万人次，旅游综合收入达14.52亿元，比上年分别增长23.14%和29.04%。2018年11月1日至2019年3月15日，实施“冬游西藏·共享地球第三极”政策，免票开放县域2个AAAA级景区。在免票政策期间，2个AAAA级旅游景区共接待区内外游客达5.6万人次，免门票总金额363.43万元。

【旅游惠民】 2019年，县文化和旅游局积极鼓励包括派镇、南伊珞巴民族乡、丹娘乡、羌纳乡、米林镇、扎绕乡、卧龙镇7个乡镇农牧民群众，通过开办家庭旅馆、组建旅游专业合作社、售卖土特产品和马匹、服装租赁、旅游建设务工、景区就业、参与文艺演出等形式参与文化和旅游服务，实现增收致富，全县7个乡（镇）34个自然村3745名农牧民群众直接或者间接参与旅游业服务，带动群众综合创收6994.9万元。根据《林芝市家庭旅馆管理办法》，2019年6月再次开展摸底核实统计，全县星级家庭旅馆85家（三星15家、二星34家、一星36家），床位1932张，共接待区内外游客255670人次，综合创收5132.21万元。2019年，发放2018年度旅游惠民资金962万元，惠及景区所在地派镇9个行政村2247人，人均受益超过4200元。2家AAAA级景区上缴税收近300万元。

【文化惠民】 2019年，县文化和旅游局办理图书馆借书证35人次，借阅书籍60余人次，每月参与健身达100余人次。4—10月，组织民间艺术团在白鹭文化活动中心集中跳广场舞《林芝工布锅庄》，参与群众人数达1万余人次。9月20日，文化和旅游部为林芝市巴宜区、米林县、波密县配送价值40万元的流动舞台车，流动舞台车可自动伸展，展开后约为60平方米的演出舞台，助力开展各类文化活动。自治区投入25万元用于完善南伊珞巴民族乡、扎绕乡基础设施，其中为国家级民间艺术之乡南伊珞巴民族乡投入10万元，为自治区级民间艺术之乡扎绕乡投资15万元；自治区投入5万元用于扶持仲莎村村级业余文艺队，林芝市投资20万元用于派镇吞白村、羌纳娘龙村创建民族文化村文艺队。鼓励各乡镇开展“三大节日”、“3·28”西藏百万农奴解放纪念日、“旺果节”、“庆祝中华人民共和国成立70周年”、“不忘初心、牢记使命主题会演”、《我和我的祖国》等文艺演出60场次，参与群众达8000余人次。为满足民众日益高涨的文化需求，推动社会主义文艺繁荣兴盛，新创文艺节目12个，其中歌曲3首，舞蹈9个。

2019年7月9—10日，西藏自治区文化厅副厅长赵斌（右二）一行在米林县羌纳乡调研文化与旅游深度融合工作

【A级景区建设】 2019年，米林县以雅鲁藏布大峡谷创建精品景区和国家AAAAA级旅游景区为契机，全面提升景区标准化建设，加强设施提升改造，服务品质进一步优化。自2017年7月启动雅鲁藏布大峡谷景区创建国家AAAAA级景区工作，已编制完成《雅鲁藏布大峡谷旅游景区创建国家AAAAA级景区专项提升规划》《西藏·雅鲁藏布大峡谷旅游景区修建性详细规划》《西藏·雅鲁藏布江大峡谷景区创建国家AAAAA级旅游景区整改实施方案》等，并有序推进项目建设工作。按照市旅发局下发《关于进一步加强辖区内A级景区污水垃圾处理设施建设工作的通知》文件精神，积极推进南伊沟景区建设污水处理设施相关工作。

【文旅平台融合】 2019年3月31日，县文化和旅游局承办以“山水米林 花谷药洲”为主题的林芝市第十七届桃花旅游文化节米林分会场活动，参加米林分会场活动的嘉宾、观众、游客达3000余人，观看现场直播的网民朋友近15万人，特色商品淘乐会参展的农牧民群众、合作社、企业共计31家，参展商品百余种，经济收入近5.5万元。5月28日，承办以“山水米林 花谷药洲”为主题的2019年米林第十三届黄牡丹藏医药文化旅游节，启动“大花黄牡丹研究与保护行动”，举行“起航药洲”名企合作签约仪式，参加开幕式现场活动的嘉宾、观众、游客达3500

2019年11月7日，西藏自治区旅发厅产业处处长梁春银（左三）一行到米林县雅鲁藏布大峡谷景区就创建国家AAAAA级景区工作开展督导检查

余人，参与观看开幕式现场网络直播的网名朋友超38万人次，观看“舞动药洲”灯光之夜的网民朋友近18.1万人次。

3月9—22日，安排推介人员在北京、成都、深圳、西安参加第十七届桃花旅游文化节新闻发布会暨林芝旅游推介会。7月24日，在林芝市五洲皇冠参加第二届藏东南区域旅游合作联盟暨第四届“集美自然”林芝生态旅游季推介会暨精品线路发布会。8月28日至9月2日，在广州琶洲参加2019广东国际旅游产业博览会。9月7—18日，在太原、济南、天津参加西藏林芝雅鲁藏布生态文化旅游节新闻发布会暨林芝旅游推介会。12月27—31日，在珠海市参加广东省第十八届种业博览会珠海分会场。

安排专人负责“两微一抖”、米林旅游官方网站等宣传平台运行工作，审核发布宣传内容，全年微信总共发稿146篇次，阅读量110846次，粉丝46134人，微博发稿619条，平均阅读量7000条次，粉丝352249人。

为促进文化旅游融合发展，打破传统文化、旅游单独发展的局面，发挥米林县文化旅游资源优势，为各乡镇打造“一乡一品”文化旅游精品，打造完成《派镇鹰舞》、《丹娘乡工布歌舞》、《羌纳乡岗嘎村九重舞》、《扎绕乡森嘎嘎巴舞》、《米林玛恰霞布卓》（孔雀舞）、《南伊珞巴民族乡珞巴刀舞》、《亚久嘎巴舞》、《卧龙镇甲格村塔布歌舞》、《米林镇贡布博》、《娘龙村公布歌舞》等10个“一乡一品”民族歌舞。

2019年4月1日，以“游雅鲁藏布大峡谷·赏百里桃花仙境”为主题的大峡谷分会场开幕，图为开幕式工作人员与演职人员合影留念

【文化遗产保护】 2019年，县文化和旅游局投资30万元对收集到的23种传说进行绘制，制作国家级非物质文化遗产项目——珞巴始祖传说藏汉双语绘本共3本，第1本已初步绘制完成。为动员全社会支持参与非物质文化遗产保护工作，利用“五下乡”“文化遗产日”等广泛开展文物保护法及相关法律法规宣传教育活动，多领域、多角度地宣传介绍米林县非物质文化遗产，共发放《药洲传说》《中华人民共和国非物质文化遗产法》《文物保护工作宣传

册》，以及文旅局制作的“非遗文化扑克牌”“米林原生态歌曲光碟”等宣传材料500余套，参与群众达1000余人次。

【文旅扶贫】 2019年，县文化和旅游局在米林县景区及沿线4个乡镇设置9名乡村旅游保洁员岗位，为贫困人员提供就业岗位。为12个贫困村发放价值24万元的文化活动室设备，保障贫困村文化活动的正常开展。通过走访慰问社区困难群众，深入开展“四对一”结对帮扶工作，鼓励农牧民参与旅游服务，引导景区吸纳当地群众就业，帮助困难群众脱贫致富，全年共开展“四对一”慰问4次，社区帮扶慰问4次。

【乡村振兴】 2019年，县文化和旅游局为全县8个乡镇各下拨1万元文化专项资金，充实乡村文化生活。推动7个乡（镇）发展旅游业，形成6个特色旅游村庄，22个200亩以上水果种植基地，2个花卉种植基地（花海基地），5个药材基地，打造完成6个乡村旅游示范村。深入乡镇、企业，开展“五下乡”文艺演出、文化“八进”等活动19场次，出动演职人员230人次，吸引观众15000余人次。

（谢灵芝）

【机构领导】

米林县文化局

局　长

卫 建 勇（珞巴族，5月离任）

副局长

尼玛央宗（女，藏族，5月离任）

邱　　阳（5月离任）

活动中心主任

巴桑次仁（藏族，5月离任）

活动中心副主任

曲尼罗布（藏族，5月离任）

电视台台长

丁　　炜（5月离任）

电视台副台长

刘 红 晓（女，5月离任）

米林县旅发委

主　任

王 翠 丽（5月离任）

副主任

龚 晓 川（5月离任）

索朗次宗（女，藏族，5月离任）

景区管理局副局长

普布扎西（藏族，5月离任）

旅游执法大队队长

西　　然（藏族，5月离任）

米林县文旅局

局　长

王 翠 丽（7月任局长）

副局长

龚 晓 川（5月任职）

尼玛央宗（女，藏族，5月任职）

景区管理局副局长

普布扎西（藏族，5月任职）

旅游执法大队队长

西　　然（藏族，5月任职）

活动中心主任

巴桑次仁（藏族，5月任职）

活动中心副主任

曲尼罗布（藏族，5月任职）

2019年5月28日，米林县举办以“山水米林　花谷药洲”为主题的2019年米林第十三届黄牡丹藏医药文化旅游节，图为珞巴歌手央吉玛在开幕式上倾情献唱

外事办工作

【概况】 2019年3月28日，米林县外事办公室正式挂牌成立，为县人民政府组成部门，正科级建制，加挂米林县边界事务协调办公室牌子，县委外事工作委员会办公室也设在县外事办，接受县委外事工作委员会的直接领导。县外事办公室实有干部5名，其中女干部4名，男干部1名；本科学历4名，大专1名；藏族干部2名，汉族干部3名；正式党员5名。

【自身建设】 2019年，县外事办公室修订完善外事办党组会议制度、外事办党组学习制度、党建工作制度等，进一步健全党组研究重大事项、支委会定期专题研究党建、党支部书记抓党建工作报告等党建工作制度。同时，有针对性地开展党员培训教育，重点对党员进行党的基本理论、基本路线、基本纲领、政策法规等方面的学习培训。以“三会一课”和“主题党日”为主要内容，定期组织集中学习、党员民主评议等，教育引导党员干部发挥好示范引领作用。认真学习贯彻中央、自治区及林芝市有关外事工作的方针、政策和规定，面对重大原则问题立场坚定、旗帜鲜明，政治上思想上始终同党中央保持一致，保证在行动上不偏离正确的轨道。不断强化纪律意识，以违纪违法案件为鉴，进一步筑牢信仰之基、绷紧纪律之弦，当好良好政治生态的坚定践行者和维护者。强化廉洁自律意识，严格遵守中央“八项规定”，自觉改进工作作风，树牢“四个意识”，做到“两个维护”，坚决执行党的纪律规矩和各项决策部署，严守法纪红线，筑牢道德底线。

2019年10月16日，米林县外事办主任刘国慧（左一）、县卫健委副主任徐进（右一）慰问驻地部队官兵

【保密工作】 2019年，县外事办公室提高政治站位，牢固树立保密就是保政治、保大局、保稳定、保发展的思想，把保密工作作为重要的政治任务，把严守保密纪律作为重大的政治纪律，树立忠诚担当意识，抓住关键环节保密管理，推动保密工作落到实处。健全完善保密工作制度，严守保密纪律，积极参加保密专干培训，完成办公室电脑、打印机分类，规范涉密文件和光盘的保管、使用、存档。上报文件材料坚持纸质版和光盘拷送形式上报，其中上报市里的文件按要求通过县机要局“党政网”报送，杜绝私自用微信、电子邮箱等方式报送，坚决防范敌对势力和境外情报机构的渗透、策反、窃取。

【提升业务能力】 2019年，县外事办为加强外事工作风险防范，组织干部积极参加武汉大学、自治区外事办及林芝市外事办组织的各类型外事交流培训活动，对外事接待、外事协调机制、外事队

2019年10月16日，米林县外事办党支部联合珠海市、101医院援藏医疗组党员在党旗下重温入党誓词

伍建设、涉外突发事件应急处置等进行交流学习，进一步提升外事管理服务能力。

【收集资料】 2019年，县外事办多次与县委办、政府办、政法委、交通局、县直机关工委、驻地部队、边境管理派出所及7个乡镇等单位沟通协调，通过座谈交流及深入边境一线入户调研，完成包括边境村居户数人口、收入来源等在内的基础数据调研收集工作，同时为进一步掌握第一手资料，县外事办工作人员到南伊珞巴民族乡琼林村、派镇索松村、里龙乡巴让村进行为期1周的工作调研。

【宣传教育】 2019年，县外事办以"9·16"平安西藏日、反间谍法颁布五周年等活动为契机，联合县委宣传部、政法委、司法局等多个单位广泛开展平安西藏平安边境宣传活动，通过悬挂横幅、接受现场咨询、发放宣传手册等多种方式，向过往群众宣传《中华人民共和国国家安全法》《中华人民共和国反恐怖主义法》《边境管理法律法规》《中华人民共和国反间谍法》等相关法律法规知识，号召本辖区内居民群众自觉加强国家安全意识，增强政治敏锐性。

（边少影）

【机构领导】

主　任

刘 国 慧（7月任职）

副主任

索朗多布杰（7月任职）

应急管理

【概况】 根据中共米林县委办公室 米林县人民政府办公室关于印发《米林县应急管理局职能配置和人员编制规定》的通知要求和《米林县党政机构改革方案》安排，2019年3月20日，米林县应急管理局挂牌成立，为县人民政府组成部门，正科级建制。核定行政编制3名，实有干部13名。此次机构改革整合全县分散的应急救灾资源和力量，构建起统一领导、权责一致、权威高效的县级应急管理体系，为推进全县治理体系和治理能力现代化，提高应急管理水平和防灾减灾救灾能力，保障人民群众幸福安康奠定了坚实基础。

【责任落实】 2019年，县委、县政府先后召开县委常委会3次，政府常务会议2次，政府党组会议2次，传达学习上级重要文件和会议精神，听取安全生产工作情况汇报，研究部署重点工作。安全生产委员会召开全体会议7次，传达习近平总书记关于安全生产的重要论述和国家综合性消防救援队伍授旗训词和关于江苏响水"3·21"特别重大爆炸事故、长深高速江苏无锡"9·28"特别重大道路交通事故、高铁沿线环境安全重要批示精神；学习李克强总理关于安全生产、消防、森林防火等重要批示精神；根据国家和自治区、市会议精神，结合全县安全生产实际情况，认真分析形势，制定切实可行的工作措施，安排部署各阶段重点工作，进一步明确工作要求。

【基础保障】 2019年，米林县全面推动落实安全生产责任制，建立县、乡（镇）、村居、企业四级生产安全责任制网络，进一步明确各级各部门安全生产、消防和应急管理工作职责，形成齐抓共管的工作格局。将安全生产，消防和森林草原防灭火经费列入本级财政预算，并通过政府网站及时向社会公布，接受监督；2019年预算消防应急救援资金71.41万元，安全生产专项经费10万元，森林消防事务支出经费10万元。采用区、市配发和县级采购等方式，为县应急管理局配备了执法车辆、卫星电话、移动执法终端、照相机、气体检测仪等执法装备，为乡（镇）配发电脑、打印机、移动数据终端、数字摄像机等装备，保障应急管理工作稳步推进。

【事故隐患排查整治】 2019年，县应急管理局突出元旦、春节、藏历新年、全国两会、"五一"国际劳动节、"十一"国庆节和文化旅游节等重点时段，深入推进"防风险、保安全、迎大庆"安全生产、消防安全、森林草原防灭火、危险化学品、交通运输、建筑施工、特种设备、烟花爆竹、旅游安全、校园安全、电动自行车、电气火灾、桥梁防护、水利安全、电力安全、农机安全等行业领域安全生产专项整治行动，全年共开展安全生产检查565次，检查企业2128家次，下达整改指令书21份，县安委办根据各级督查发现问题，整理印发8份整改通知，明确整改要求、责任人、整改时限等内容，确保行业主管部门、企业按时完成问题、隐患整改，停产整顿9家，整改问题隐患802项，整改率100%。

【监管执法】2019年，县应急管理局投入安全生产专项资金3.8万元，对全县6家加油站、3家烟花爆竹销售点安装视频监控，强化危险化学品行业实时监管，进一步规范作业。定期摸排辖区重点企业信息，建立企业清单，明确每一个企业日常监管主体；县应急管理局通过米林县政府网公布执法和处罚信息，全程记录执法过程，进一步规范执法文书、执法程序。2019年，全县立案调查安全生产违法行为2起，处罚2家，罚金4万元。

【安全生产宣传教育培训】2019年，县应急管理局持续强化安全生产宣传引导，不断提升全民安全生产水平，以安全生产月、安全生产米林行、"119"全国消防月、安全生产法宣传周、事故警示教育、安全生产宣传教育"八进"等宣传教育活动为契机，全县累计开展专题学习62次，开展各类宣讲49场次，开展警示教育29场次，播放宣传警示片18部，受教育3889人次，发放各类宣传物品、资料10272份(个)。通过米林县政府新闻网、"网信米林"微信公众号等平台，开设宣传专栏，累计发布各类宣传信息25条。

2019年3月20日，米林县应急管理局举行揭牌仪式

【应急准备】2019年，县应急管理局采取政府购买的方式，邀请广东省安全生产专业服务协会结合机构改革实际，修订、完善《安全生产事故综合应急预案》《公共安全综合应急预案》等8份应急预案，由相关行业主管部门牵头，完成地质灾害、森林草原火灾、大面积停电事件等行业领域应急预案编修工作。同时，县安委办牵头组织开展米林县2019年山体滑坡综合应急救援演练培训暨实战演练，县安委会各成员单位和企业全年累计开展各类应急演练65次，进一步提高全县应急救援能力。对全县乡(镇)、单位和企业应急预案编制、应急队伍、应急物资、装备等信息进行调查统计，

2019年4月12日，米林县2019年第二季度安全生产暨消防工作会议召开

建立应急资料登记表。督促辖区危险化学品、建筑施工单位、工矿商贸等共计9家企业建立兼职应急救援队伍，配备物资装备，并定期组织演练训练，提升应急处置能力。

（刘　强）

【机构领导】
米林县安监局
党组书记、局长
　　李清来（3月离任）
党组成员、副局长
　　索朗央宗（女，藏族，3月离任）
副局长
　　次仁边觉（藏族，3月离任）
米林县应急管理局
党组书记、局长
　　李清来（3月任职）
党组成员、副局长
　　索朗央宗（女，藏族，3月任职，7月离任）
副局长
　　次仁边觉（藏族，3月任职，7月离任）
　　李亚青（9月任职）
党支部书记、副局长
　　西饶旺姆（女，藏族，7月任职）

消防

【概况】 年内，为确保米林县消防安全持续稳定，有效防范和遏制各类火灾事故的发生，县消防救援大队以对党忠诚、纪律严明、赴汤蹈火、竭诚为民为指导方针，结合辖区内火灾形势，团结带领消防指战员奋力拼搏，加大火灾隐患排查整治和消防安全宣传工作，使各项工作任务得到了全面落实，辖区内无亡人火灾事故发生。

【建强班子】 2019年，县消防大队按照“政治强、政令通、氛围好、有能力、得人心”要求，狠抓“四个到位”建强班子的要求。班子实力补充到位。调整充实大队党支部班子，健全组织、科学分工，推动各级班子同步建设，同步发展；领导能力提升到位。强化理论武装，规范落实组织生活、学习、会议等制度，提高班子成员政策理论水平、战略思维和科学决策能力。深入研判各阶段形势任务和工作薄弱环节，切实提升党支部班子谋长远、管全局的能力和水平；自身建设强化到位。定期开展班子成员谈心交流活动，善于运用批评与自我批评的武器，加强思想沟通、碰撞、融合，增进感情、信任、支持，塑造一个凝聚力强，和谐共事的党支部班子；制度贯彻落实到位。充分发挥党内民主，在指战员使用、评先选优、消防员改选、重大工程建设、大宗物资采购、重大经费开支等大事要事、热点问题上，坚持“十六字”方针，实行“票决制”，营造民主议事、民主监督、民主决策的氛围。

【带好队伍】 2019年，县消防大队围绕队伍建设“抓养成、抓打仗、抓装备、抓合成、抓管理”要求，以巩固“四个基础”带精队伍；巩固思想教育基础。聚焦思想政治教育“解决指战员思想问题和现实问题，提高指战员道德品质和职业操守，改善指战员精神面貌和增强工作动力”等核心目标，同时配合好岗位练兵、作风纪律整顿、党的群众路线教育等形势任务，提高教育主动性、针对性和实效性；巩固岗位练兵基础。分岗位、分层次练兵，分批、分期检验和考核练兵成效，通过一年的双向促进，指战员理论素养和能力水平得到全面提升；巩固管理

2019年3月3日，米林县委副书记、县长才旺尼玛（左一）一行到米林县消防大队检查指导工作

基础。坚持从严治警,持续深入开展各项专题学习教育活动,以签订各项责任书和抓责任书年终兑现方式,督促指战员严格落实条令条例、“五条禁令”、“四个严禁”、“十二个不”等规章制度,队伍安全管理“五道防线”基础牢固,全年未发生安全事故和违法违纪案件;巩固安全基础。扎实开展队伍安全大检查工作,坚持防微杜渐,筑牢指战员安全意识,在装备管理、行车安全、用火用电、日常训练等环节,加强教育和引导,警示指战员行为。

2019年9月16日,米林县消防大队在人员聚集的厦门广场设立消防宣传点,开展消防安全宣传。图为县委书记李牧之(左一)一行到宣传点参观指导

【改良作风】 坚决落实各项规定。2019年,县消防大队以开展“不忘初心、牢记使命”主题教育为契机,落实中央“八项规定”、自治区约法十章;廉政建设同步跟进。坚持把廉政工作纳入作风建设整体规划,从视觉、听觉、情感等多维渗透,抓出廉政教育成效;与党建工作同步、效能建设同管、专项活动同行、业务工作同抓,延伸廉政工作触角;强化监督制约消防监督执法权和行政管理权,建立定期分析、量化测评、奖惩激励等机制,多管齐下推动廉政建设成果常态化,班子和队伍保持清风正气,队伍全年无廉政违法违纪事件。

【巩固基础】 规范基础业务。2019年,县消防大队将解决影响和制约业务工作的基础性、日常性工作不规范列为全年整治工作的最基本任务。分类别、分岗位、分阶段加强基础业务、日常工作流程等系统培训,办文、办会、办事程序得到有效规范,实现工作效率、效益双提升。

壮大消防力量。把提高灭火救援力量履职能力作为战斗力生成新的突破口,依托全员练兵的有效载体,不断提高各级指战员特别是一线拳头尖刀力量的实战能力,全年大队共接出警40次,出动车辆52台次,出动警力159人次,抢救被困人员2人,抢救财产价值801万元。完成“1·19”派镇雅谷饭店火灾等应急救援任务,应急救援能力水平显著提升。扩充整合半专业消防力量作为维护社会局势、火灾形势稳定的辅助支撑,与8个基层公安派出所、7个便民警务站、武警中队、机场、林业部门,3个边境派出所、13个

2019年3月8日,米林县消防大队光兵到南伊沟景区开展火灾隐患排查及培训演练

微型消防站建立联动关系。通过开展联动训练和演练，极大地缓解警力资源不足的矛盾。

重拳清剿火患。以持续开展各类专项行动为抓手，高强度排查整治新老隐患。细化和整合专项行动方案，开展“错时”检查、“拉网式”和“网格化”排查、“零点夜查”、清查行动等100余次，保持辖区全年火灾形势的总体稳定。2018—2019年，全县消防监督机构共检查单位713家次，发现火灾隐患416处，督促整改火灾隐患410处，下发责令改正通知书331份，开展灭火演练48家次。

（顿珠格桑）

【机构领导】

教导员

刘伯瑜

大队长

张林涛

森林消防

【概况】2018年9月30日，根据《深化党和国家机构改革方案》，按照军是军、警是警、民是民的原则，武警森林部队退出现役，按照先移交、后整编的方式，成建制并入应急管理部，主要承担防范化解重大安全风险、应对处置各类灾害事故的重要职责。实行“严肃的纪律，严明的组织”，按照“准现役、准军事化”标准建设管理，贯彻落实“对党忠诚、纪律严明、赴汤蹈火、竭诚为民”的建队方针。2019年12月31日，米林县森林消防中队挂牌成立，并举行隆重的挂牌仪式。

【训练工作】2019年，改革转制第一年，中队始终坚持狠抓训练导向，严格按照“一专多能，多能一体”的建队思路和采取“急用先训、管用多训、基础常训、弱项补训”的方针，结合2018年训练考核情况，注重基础素质提升，对素质不一的消防员合理调整计划，进行补训强训，确保训练成绩稳中求进。按照训练计划，完成所有技战术训练科目的训练，并突出对200米综合体能竞技、爬杆、负重5公里等重难点科目进行训练，截至年底，80%的消防员能够按照要求完成训练科目，达到良好甚至优秀标准；坚持考评制度，每周进行训练科目会操，每月组织考核，以达到边考边改、边考边提高的目的，筑牢国家队、主力军的根基，打牢指战员遂行多样化应急救援任务的能力。

【战备工作】2019年，中队认真落实战备工作十项制度，坚持每周组织演练，有人员变动时，及时修订完善方案，实现“三分钟集合、五分钟出动”的要求。充分发挥主战装备的效能，注重加强教练员培养，采取“走出去、请进来”的办法，加强地震和水域救援相关训练，搞好新老消防员融合训练，每月组织一次实战化演练，采取不限地域、不限气候、不限情况，方案化拉动，有效提升全体指战员的应变能力，为完成多样化任务打下坚实基础。

【安全工作】2019年，中队从点滴入手，抓持久养成，加强对通信员、文书、司务长、种植养殖员等零散人员的管理，依据上级“三结合”方式，加大查铺查哨力度，夜间每隔2小时都有人查铺，确保人员不失控。通过日检查、周分析、月讲评制度，坚持安全隐患排查制度，排查一处，安全一片，切

2019年12月31日，米林县森林消防中队举行挂牌仪式

2019年11月24日，米林森林消防中队参加全县防火巡查活动

实将安全工作抓在平时、抓在经常、抓在全程。配合县林业草原局先后共开展防火宣传和林政执勤6次，累计出动指战员300人次，车辆80余次，过程中指战员不畏山高路险和恶劣的气候环境，向林区群众普及防火灭火常识，传授应急自救逃生方法，宣传消防安全知识，为守护米林县绿水青山无私奉献。

【政治工作】 2019年，结合“不忘初心、牢记使命”党内主题教育，为引导广大党员立足本职岗位当先锋、做表率、转作风、提素质，激发党员守初心、担使命的强大力量，切实锤炼忠诚干净担当的政治品格，通过“亮身份”设立“党员先锋岗”“定责任”设立“党员责任区”等方式推进主题教育的纵深发展。活动中，中队党支部结合实际，精心谋划，确定驾驶、值班、内务、理论、执勤、炊事等6个工作岗位作为创建“党员先锋岗”的重点岗位，并明确以“做自觉学习的表率、做爱岗敬业的表率、做履职尽责的表率、做遵纪守法的表率、做弘扬正气的表率”要求为创建“党员先锋岗”的基本条件，同时建立创建情况台账，党支部全程加强检查监督，适时评定，对评选的人员公布党员姓名、职务，随时接受党员和群众监督。同时为调动其他党员积极性，划分训练馆、灭火装备库、鱼塘、配电室、蔬菜大棚、制氧室等6个区域作为党员责任区，采取定目标、定任务、定思路、定督促的方法，给党员加任务、压担子。通过创建党员先锋岗，让党员在工作中亮明身份、树立形象，争当先进，不断提振党员勇担职责使命、主动干事创业的精气神，形成“一个党员一份责任，一个岗位一面旗帜，百个岗位带动全中队”的有岗有责，有为有位的生动局面。

【后勤工作】 2019年，中队坚持每周召开经济民主会议，坚持点菜称重、实物验收、卫生和厨房值班制度，把好食物入口关，每天推出一道新菜，每周组织炊事人员开展烹饪竞赛。注重搞好两业生产，实行多元发展，及时购置鸡、鸭、鹅等家禽，采取科学放养方式养殖，广泛征求指战员意见，种植水果丰富指战员的餐桌，为指战员健康成长提供坚强后盾，后勤综合保障能力稳步提升。

（唐世博）

【机构领导】

中队长

江　华

指导员

王　亮

边境管理

【概况】 2019年，米林边境管理大队在上级党委的正确领导下，以中共十九大精神为指引，以中华人民共和国成立70周年大庆安保为中心，以“不忘初心、牢记使命”主题教育为主线，举全警之智攻坚克难，集中警之力推陈出新，着眼全局、精心谋划、扎实推进，带领大队民警以“发案少，秩序好、社会稳定、群众满意”为工作目标，努力提高边境管控和打击犯罪能力，形成了“完成任务出色，民警素质有提高，辖区政治、治安秩序良好”的可喜局面，队伍全面建设呈现出稳步上升的良好态势。

【党建工作】 注重学习，提升职能

作用发挥。2019年,米林边境管理大队充分发挥出大队党委职能的辐射示范作用,以党建工作为抓手,严格落实党委理论中心组学习制度,共召开理论中心组学习会13次,重点深入学习领会中共十九大、四中全会、公安工作会议精神、习近平新时代中国特色社会主义思想、中共十九届四中全会精神等内容,通过学习,班子成员的素养得到明显提高,为抓好全局工作奠定理论基础。在全国"两会"、3月重点时期、70周年大庆安保期间,严格落实党委委员专题授课制度,采取学党章党规、学党史、学上级会议精神、学先进典型等方式,将党的最新理论知识和上级部署要求精神及时灌输到党员民警脑海之中,切实筑牢民警思想战斗"堡垒"主阵地。

坚持民主,发挥党委核心作用。为切实提高民主集中制教育质量,大队党委帮助班子成员灵活运用民主集中制工作方法,严格落实党委统一领导下的首长分工负责制,加大党知识的学习和运用,提高实际操作能力,做到在涉及民警重大利益问题时,深入基层开展调查研究,征集基层意见和建议,形成良好政治氛围,党委核心作用明显提升。

强化指导,帮扶基层组织建设。紧紧围绕3月重点时期、中华人民共和国成立70周年大庆安保等中心任务,按照"事前帮指导、事中帮落实、事后帮提高"的原则,在安保攻坚及重要节点防控期间,班子成员常态化下沉基层蹲点指导工作不少于15天,并依据安保需要,采取帮党建、授党课、帮思想等方式,着力提升基层党建工作水平。全年大队党委现场督查解决基层实际问题和困难20余处,有效提升基层党组织解决问题的能力。

高度重视,肃清流毒影响。根据上级肃清工作暨警示教育活动安排部署,及时组织召开专题民主生活会,紧紧围绕学习贯彻习近平新时代中国特色社会主义思想、贯彻落实习近平总书记重要指示批示和党中央决策部署、贯彻新发展理念、贯彻执行中央"八项规定"精神、严格执行廉洁自律准则五个方面进行自查自纠,严肃认真地开展批评与自我批评,会议效果明显取得实质性成果,促使党委班子及成员始终坚持把严守党的政治纪律和政治规矩作为第一遵循,坚决贯彻执行中央和上级党委决策部署,认真履行管党治党主体责任,重视解决苗头性倾向性问题,时刻保持反腐高压态势,坚决肃清流毒影响。

【队伍正规化建设】 加强法律法规的教育学习。2019年,米林边境管理大队组织民警对《中华人民共和国公务员法》《中华人民共和国人民警察法》《人民警察管理办法》等内容进行学习,要求民警做到以法规法纪约束自身日常行为,切实形成依法按纲抓管理的氛围;强化队伍人员管理工作。在转隶过渡期间延续部队管理模式,加强民警八小时以外的管理,着力规范好单位内部秩序。坚持做好零散人员管理,每周与出差、休(事)假等人员至少进行一次电话询访,及时掌握其动态情况,避免失管漏管的情况发生;抓好队伍安全排查工作。在单位管理上将紧盯"人、车、酒、密、财、章"等重点环节,主要采取定期或不定期召开安全形势分析会、组织安全大检查等方法,及时分析排

2019年1月2日,米林边境管理大队南伊派出所组织民警开展警容风纪检查

查单位内部安全隐患苗头，并制定整改防范应对措施，不断增强各单位安全防范的预见性和针对性，全力确保改革过渡期间队伍内部安全稳定；严格落实值班备勤制度。面临重大安保任务时，大队从民警一日生活制度、值班备勤、处突演练等方面入手，督导基层各单位及时建立健全值班备勤机制，切实形成大队与基层上下一心、齐心协力抓边境安全的管控格局，有效确保米林县社会辖区和谐稳定。

2019年1月30日，米林边境管理大队民警深入辖区走访慰问困难群众

【思想政治教育】 强化思想教育。2019年，米林边境管理大队紧密结合“不忘初心、牢记使命”主题教育、“加强政治建警、打造过硬队伍”“践行新使命、忠诚保大庆”等活动，严格落实主官轮流授课制度，落实民警“35分钟”学习法，组织民警重点学习《习近平新时代中国特色社会主义思想学习纲要》、《习近平关于“不忘初心、牢记使命”重要论述选编》、党章、党史、中共十九大、习近平总书记系列重要讲话精神等内容，不断统一思想，深化认识，同时根据工作实际，依托有利资源，扎实开展演讲比赛、理论考试、专题研讨、主题征文、“七一”中国共产党建党日等系列配套活动，切实把理论教育与具体工作有机衔接，充分发挥政治教育的铸魂育人作用，不断提高民警履职尽责、爱岗敬业的政治觉悟，进一步坚定民警理想信念，确保改革过渡期间各项工作万无一失。组织民警严格对照习近平新时代中国特色社会主义思想、对照党章党规、对照初心使命等方面查找差距和问题，力求切中时弊、接足地气、真查实改，确保主题教育活动取得实效，经对照检查，共排查出问题12条，全部整改完毕。全年大队共主官授课300余次，开展配套活动90余次，理论测试50余次，撰写心得体会300余篇，主题征文10余篇。

开展人员思想教育工作。以纪律作风教育整顿活动为抓手，结合“一人一事”工作，着力推动谈心谈话制度的落实，采取定期召开思想形势分析会、谈心谈话等方式，及时排查民警在改革过渡期间是否存在思想不稳定、能力不达标、状态不适应的情况，有针对性地进行跟踪教育和“一对一”管理，实施重点帮扶和心理疏导，达到化后进为先进的目标，确保队伍内部安全稳定。

开展暖警惠警工作。通过组织沟通、单位走访、座谈询问等方式，全面了解掌握广大民警的思想脉搏及困难情况，及时帮助、解决存在的问题和实际困难，让民警时刻感受到党组织关怀和关爱，有效激发出民警工作热情，全年大队共走访慰问困难党员民警9人。

【辖区群众工作】 2019年，米林边境管理大队积极加强警地联系，不定时进行联席会议，互通辖区及群众相关情况，配合做好群众执勤执法、法制宣传、普法教育等工作，确保驻地辖区安全发展和社会稳定。坚持以人民为中心，扎实开展“百万警进千万家”，提升派出所亲民爱民为民形象。利用重要节假日期间，积极组织民警探望慰问辖区贫困户和养老院共10余次，送去米、面10多袋，蔬菜50多千克。为落实好“放管服”工作相关要求，大队各单位结合工作实际，加强对《边境通行证管理办法》和通行证办理流程的宣传,让群众熟练掌握申领手续,确保群众办证只跑一次,同时加强办证人员教育管理,防止民警在服务过程中出现对群众冷、硬、横、推及以权谋私等情况,全年大队共办理边境通行证468张。为做好"三岩"搬迁群众服务管理工作,制定《米林边境管理大队服务"三岩"片区搬迁群众实施方案》,始终将防范和化解搬迁群众与当地群众之间存在矛盾隐患为出发点,认真开展基础摸排工作,网格民警通过走村入户,通过与搬迁村临时党支部座谈的方式,争取工作支持。充分发挥驻寺民警和走警民警职能作用,开展"四讲四爱"主题宣传29次,普法教育35场次,与僧人谈心20余次,协同寺管会认真开展"六个一"活动44次。

2019年11月10日，米林边境管理大队民警在辖区开展法治宣传活动

【维稳固边】 开展扫黑除恶专项斗争。2019年,大队核查涉黑线索2起,线索摸排清单建档2594个,摸排易滋生黑恶势力场所建档55家、从业人员建档103人,开展扫黑除恶宣传138次,悬挂宣传标语及横幅152个形成对涉黑涉恶巨大震慑力;紧密依托专项斗争,全面净化辖区治安环境。紧盯边境辖区治安管控薄弱环节、易滋生违法犯罪活动部位,深入开展大排查、大清理、大整治工作;紧盯重点节点形势任务,全力攻坚重大维稳安保工作。以全国"两会"暨3月重点时期、70周年大庆、十九届四中全会等系列安保活动为主线,进一步提高全警政治站位,全面分析辖区管控形势,制订工作计划,细化工作措施,全警动员、全线设防、全力以赴,完成各项维稳安保任务,共投入警力297人,走访常住人口4683户17463人,见面谈话221次,开展治安巡逻982次,排查行业场所630处,处突演练68次,联合武装巡逻及演练22次,整理上报16份边情。

（谭　凡）

【机构领导】

党委书记、政治委员

孙 海 波(10月离任)

党委副书记、大队长

次仁罗布(藏族,1月离任)

党委副书记、副大队长

刘 星 剑(10月任职)

党委委员、副大队长

王　　龙(10月任职)

社会事业

民政

【概况】 米林县民政局下设1个副科级行政单位(米林县残疾人联合会),2个副科级事业单位:米林县社会福利院、米林县居民家庭经济状况核对中心(民政救助站)。2019年,有正式编制19名,其中行政编制9名,事业编制10名,实有工作人员22名。县特困人员集中供养服务中心有院长1名,副院长1名,工作人员3名,医务人员1名及21名厨师、护理、清洁人员。

【"应保尽保、该退则退"】 2019年,县民政局对建档立卡户中低保户有劳动能力的进行产业扶持、就业促进岗位安排,杜绝"只兜不扶"现象。对因病、因残、丧失劳动力的建档立卡户在民政社会保障与救助时作为重点关注对象,对符合纳入兜底救助范围的及时纳入并开展相应救助,做到"应扶尽扶、应保尽保"。着手开展最低生活保障标准与扶贫县"两线合一"工作,及时将最低生活保障条件的困难群众特别是精准扶贫对象按照低保审批程序及时纳入低保范围,全面落实精准扶贫对象低保政策兜底,做到动态管理、应保尽保、应退尽退。逐步提高最低生活保障标准,2018年1月开始统筹城乡最低生活保障制度试行差额补助方式,做到最低生活保障标准与经济社会发展水平相适应。按照《西藏自治区人民政府办公厅关于印发〈西藏自治区城乡最低生活保障实施办法(试行)〉的通知》和《全区城乡最低生活保障政策执行专项整治工作》文件精神,将城乡低保改革和低保专项整治工作相结合,精心组织、精密部署、精准识别,全县低保标准从3840元提高到4450元。2019年,全县共有低保129户338人,发放低保资金99.765万元,其中农村低保72户

2019年6月17日,西藏自治区民政厅党组副书记、厅长陈凡彦(前排左一),林芝市民政局党组副书记、局长柏平(前排左三)一行到米林县实地调研民政系统业务情况

2019年4月30日，在白鹭文化广场举行米林县悬挂光荣牌启动仪式

208人，发放资金32.9181万元；城镇低保57户130人，发放资金66.8469万元。

【特困人员供养】 2019年，县民政局按照《西藏自治区特困人员救助供养办法（试行）》文件精神，全县五保供养人员全部认定为特困人员，共有特困人员174户183人，其中有意愿集中供养人员为102人。按照文件要求，全县集中供养人员的供养金是当年城镇最低生活保障的1.3倍，集中供养金标准为每年12480元/人；分散供养人员的供养金是当年农村最低生活保障标准的1.5倍，分散供养金标准为每年6675元/人。2019年底，全县已经兑现1—6月184人和7—12月183人特困人员供养金135.669万元。让供养老人确实感受到家的温暖。

【临时救助】 2019年，县民政局强化对城乡困难群众突发性、紧迫性、特别因病、因残导致临时性生活困难群体的救助，截至11月，共救助人数151户，投入救助资金105.45万元。

【残疾人事业】 2019年，县残联为残疾人发放6个轮椅、5对拐杖、2个助听器等辅助器材。1月6日至2月19日，组织乡镇及居委会残疾人在拉萨市进行烹调师培训，并发放技能培训证书。在第二十个全国爱耳日到来之际，大力宣传听力残疾预防的重要性与必要性及残疾人“两项补贴”政策，广泛动员社会各界全面营造关爱、帮助听力残疾人的社会氛围，此次活动共发放宣传单及宣传册200余份。开展以“自强脱贫，助残共享”为主题的助残日慰问活动，为全县20名残疾学生发放了书包、笔记本、文具袋、笔等学习用品，总价值3480元。为全县1285人残疾人发放“两项”补贴290.68万元。

【严重精神障碍患者管理】 2019年，县民政局全面落实严重精神障碍患者服务管理工作，落实“以奖代补”政策，与40名严重精神障碍患者的监护人签订管护责任书，对精神障碍患者管理情况进行定期回访。

【平安边界建设】 2019年，县民政局把平安边界创建工作列入重要议事日程，积极开展创建平安边界活动，落实界线各项工作，确保边界平安和谐稳定。根据《西藏自治区关于开展全区第五轮县级行政区域巡查工作实施方案》要求，与工布江达县、山南市隆子县签订《平安边界责任书》。

【婚姻登记工作】 2019年，县民政局严格依照《中华人民共和国婚姻法》《婚姻登记管理工作条例》规定，不断提高与规范婚姻登记管理工作。全年结婚登记236对，协议离婚登记65对，补发结婚证46对，补发离婚证3对。

（李嘉楠）

【机构领导】

局长
曾加丽（女）
副局长
邢宇忠（7月离任）
达珍（女，藏族）
熊国斌（7月任职）
残联理事长
次仁拉姆（女，藏族）
福利院院长
旦增（藏族）

福利院副院长

次仁顿珠(藏族)

核对中心主任

余 汭(女)

核对中心副主任

索朗白姆(女,藏族)

人力资源和社会保障

【概况】 2019年,米林县人力资源和社会保障局内设局办公室、社会保险办公室、就业办公室、劳动人事争议仲裁办公室、人力资源管理办公室,共有干部职工31名,其中,行政编制10名,参公9名,事业编制6名,工人编制1名,公益性岗位3名,“三支一扶”2名。

【就业创业】 2019年,米林县城镇新增就业535人,完成目标任务的107%;城镇登记失业率2.29%,控制在2.5%目标以内;开发岗位228个,完成目标任务的114%。及时成立米林县农牧民转移就业和技能技术培训工作领导小组,调整充实米林县高校毕业生就业创业工作领导小组,明确职责、细化分工,及时发现和研究解决工作中存在的困难和问题,安排部署阶段性工作,全面形成纵向到底、横向到边的责任体系和推动合力。大力推进农牧民劳动力转移就业,开展本地农牧民劳动力调查摸底,以农牧民转移就业信息为基础,按照“准确、清楚、动态”原则,依托基层就业公共服务平台,对全县农牧民群众进行逐一普查,进一步掌握农牧民劳动力基础信息和各项培训、就业需求,有针对性地开展技能技术培训与就创业服务。全年米林县完成农牧民转移就业3870人、完成目标任务的104.6%;实现转移就业收入3324.86万元,完成目标任务的112.3%。充分发挥县、乡(镇)、村(社区)三级人力资源服务机构信息联动机制,把企业用工和群众就业的供需平台搭建起来,有针对性地开展就业指导、信息发布等活动,积极推进企业用工和本地劳动力的有效对接,共收集并发布企业岗位用工信息228个,职业介绍成功153人。积极与团县委筹备并组织企业参加2019年林芝市创业创新大赛,参赛企业西藏可心农业青稞酱油、青稞醋酿造项目获得三等奖,圣地南伊沟珞巴织布农民专业合作社获得优秀项目奖,米林县大赛组委会获优秀组织奖。强化牧民施工队伍培育,促进农牧民增收,2019年全县有农牧民施工队16个,交由农牧民施工队承建的400万元以下项目共14个,带动290名农牧民群众就业,实现农牧民增收215.59万元。大力推动大众创业、万众创新,进一步完善米林县创业创新孵化基地功能,为高校毕业生提供创业场地、创业交流平台以及创业孵化、创业指导、产品展示、创业交流等服务,截至2019年底,已引进4家企业入驻,带动6名高校毕业生就业。

【巩固就业脱贫】 2019年,县人社局制定就业脱贫实施方案,通过实施就业援助帮扶、就业技能培训促进、产业发展带动、鼓励创业带动就业等措施,开展就业脱贫巩固工作,共开展建档立卡贫困劳动力培训9期,培训人数350人,投入资金79.525万元,培训后实现就业141人。健全高校毕业生实名制登记制度,完成系统信息校对工作,对170名2019届高

2019年5月16日,西藏自治区人社厅就业促进处处长董青阁(右三)一行到米林县羌纳乡、米林镇检查指导就业创业工作

校毕业生基础信息、就业意愿进行核录，实行跟踪式管理，及时、全面地掌握高校毕业生就业动态，提高帮扶个性化、针对性，全年实现应届高校毕业生就业168人，就业率达98.82%。有序落实24名县级领导、149名科级领导与173名未就业应往届高校毕业生“一对一”帮扶机制，帮扶责任人及时加强沟通联系，动态掌握高校毕业生思想状况和就业意向，积极开展政策解读、就业形势分析、岗位推荐等服务。

2019年9月4日，林芝市人社局高校中心主任玉珍带队一行5人组成宣讲团到米林县开展“五进一送”宣讲活动

【养老保险】 2019年，县人社局坚持民生为本，大力推进社保体系建设，不断扩大保险覆盖范围，完成城镇职工基本养老保险实现参保558人，征缴基金937.05万元；机关事业单位养老保险实现参保1896人，征缴基金5869.32万元；工伤保险实现参保3786人，征缴基金157.23万元；失业保险实现参保1344人，征缴基金148.77万元；城乡居民社会养老保险参保7882人，缴纳保费106.42万元；领取养老金1570人，养老金发放率100%。

加大社会保障卡应用宣传推广，严格按照“随刷随换、逐步替换、刷社保卡、停医保卡”的原则开展社会保障卡启用和替换工作，截至2019年底，共发放社会保障卡13637张。扩大“老来网”App的知晓率和使用率，及时向退休老干部推广“老来网”App，详细介绍App社保服务项目、操作流程等内容，现场协助退休老干部办理养老金领取资格认证业务，提升退休老干部满意度和获得感，实现“零距离”业务办理。

【构建和谐劳动关系】 2019年4月15日，米林县劳动保障监察大队正式挂牌成立。全年共受理投诉举报案件104起，结案104起，涉及劳动者1073人，涉及金额2791万元。开展用工专项检查4次，日常巡查5次，检查各类用人单位52家，开展普法宣传6次，发放宣传单1200余份，受理仲裁案件8起，涉及人数8人，其中确认劳动关系案件5起，请求支付劳动报酬及经济赔偿案件2起，请求支付工伤赔偿待遇案件1起。设立农民工工资应急周转资金

2019年11月15日，米林县人社局与县委统战部党员干部到林芝市巴宜区廉政警示教育基地参观学习

2019年12月5日，米林县人社局召开专题民主生活会

200万元，用于妥善解决因企业拖欠农民工工资引发的突发性、群体性事件，切实维护农民工合法权益和社会和谐稳定，全年动用农民工工资应急周转资金3笔，135万元；已归还2笔，35万元；剩余1笔农民工应急周转金于11月26日启用。

【人事人才工作】 2019年，县人社局为41名取得相应专业技术职务任职资格人员下发聘任文件，聘任24名符合“定向评价、定向使用”要求的人员为初级职称。2019年，全县事业干部（不含教育）共有425人，工勤人员65人，公益性岗位工作人员143人，“三支一扶”14人，共进行人事调整132人次。2019年1月1日起，调整全县147名公益性岗位从业人员、173名临时工的工资，公益性增资金额为1020元/月，临时工增资金额为1044元/月。

（罗　俊）

【机构领导】

局　长

罗仁智

副局长

索朗卓嘎（女，藏族，5月离任）

姜　涛（5月离任）

张露霞（女，9月任职）

行政审批和便民服务

【概况】 2017年5月，米林县政务服务大厅开工建设，于2018年6月竣工，总投资500万元，建设面积1000平方米。2019年3月22日，米林县行政审批和便民服务局挂牌成立，为米林县人民政府组成部门，正科级设置，共有干部职工8名，其中局长1名，副局长2名，四级调研员1名，二级主任科员1名，四级主任科员1名，一级科员2名。政务大厅布置有电子政务外网端口32个，设置窗口28个，文件柜30组，LED显示屏28个。设有公共休息区、导办台、监控系统以及独立机房、公共卫生间、母婴室、投诉意见箱。

2019年，县行政审批和便民服务局按照“三集中三到位”要求，深化简政放权，逐步提升审批效率，进一步清理规范行政审批事项。以“服务经济发展、方便办事群众”为宗旨，扎实推进全面深化“放管服”改革和优化营商环境，以建设高效化、规范化、标准化、信息化的政务服务体系为目标，提升窗口服务水平，压缩审批时限，加快政务服务标准化、信息化建设，实行“开放式办公、一个窗口受理、一站式办结”的管理体制，建立创新型、服务型政府形象窗口，促进全县的和谐稳定发展。为切实加强全面深化“放管服”改革，推进“互联网+政务服务”工作的组织领导，加快构建全县一体化网上政务服务体系，实现“一网通办”政务服务网系统无缝对接，激活市场活力、优化发展环境、方便群众办事，推进服务型政府建设。

【大厅入驻】 2019年10月7日，米林县涉及政务服务的17家单位全部入驻大厅，并重新对办事窗口排号排序，确定各入驻单位办事窗口地址。同时，为方便企业和群众办事，把公共服务的供电公司、保险公司、水厂入驻政务服务大厅，集中开展公共服务工作。

【政务服务】 2019年，米林县

2019年10月23日，林芝市行政审批和便民服务局党组书记吕亚杰（右三）一行到米林县扎绕乡便民服务大厅走访调研

在西藏自治区政务服务网上发布实施清单864条，情形化事项梳理完成864件（申请六类政务服务事项649条，公共服务事项215条），完成实施清单发布比例100%。发布依申请六类行政服务事项二级以上办理深度占100%，三级以上办理深度占100%，四级以上办理深度占37.75%，既办件占19.72%。公共服务事项二级以上办理深度占比100%，三级以上深度占比100%，四级以上办理深度占比37.21%，即办件占比47.15%。累计办件总量26583件，采集电子证照1759件，电子证照签发1232件。注册用户总量17545个。

（石启全）

2019年7月8—9日，米林县行政审批和便民服务局组织县直各单位相关人员开展"互联网+政务服务"工作培训

【机构领导】

局　长

卫建勇（珞巴族，6月任职）

副局长

邱　阳（6月任职）

次仁旺堆（藏族，6月任职）

退役军人事务

【概况】 米林县退役军人事务局、米林县退役军人服务中心分别于2019年3月22日和5月28日挂牌成立。米林县退役军人事务局为米林县人民政府组成部门，正科级建制，共有7名干部职工。米林县退役军人服务中心为米林县退役军人事务局所属的公益一类事业单位，副科级建制，共有2名干部职工。

【党建工作】 2019年6月，县退役军人事务局党支部成立。2019年10月，退役军人事务局支部委员会成立。自党支部成立以来，始终坚持把思想政治工作作为党建工作的一项长期任务来抓，学习《中国共产党章程》《中国共产党和国家机关基层组织工作条例》《中国共产党党员权利保障条例》《公民道德实施纲要》《领导干部廉洁从政若干准则》和开展"不忘初心、牢记使命"主题教育，教育和引导党员干部职工树立正确的世界观、人生观和价值观，在工作中积极发挥党员模范带头作用，着力把思想和行动统一到区委重大决策部署上来，把学习着力点引发到贯彻落实县委、县政

2019年7月30日，米林县县委书记李牧之（右五），县委常委、人大常委会主任陈绪全（右四），县委常委、统战部部长吉律（右三），县委常委、组织部部长许登顺（左四），县人大副主任巩雷斌（左二），政府副县长乔直达（左一），县政协副主席次仁平措（右一）及驻地部队领导在全民健身活动中心观看“军民携手奋进 同心合力筑梦”暨庆祝中国人民解放军建军92周年双拥联欢晚会

府所确定的目标任务上来，使每名党员都能以更高的激情、更好的作风、更有效的措施，精心谋划和组织实施好党建工作。

【业务工作】 建立完善服务保障体系。2019年，县退役军人事务局按照服务保障体系建设“全覆盖”要求，已配齐配全县、乡（镇）退役军人服务中心工作人员。退役军人服务站已全部挂牌成立，形成机构健全、制度完善、体系完备的三级退役军人服务保障体系。

就业创业。与县人社局建立就业创业培训协调机制，在全县范围内开展退役军人就业创业培训基地调研，从全县30个退役军人个体户中选择退役军人创业服务站业主，统一授牌，给予创业帮扶，由米林县建设银行提供年利率为2.15%小额贷款（5万—10万元），用于退役军人创业服务站点自行硬件设施升级改造。

部分退役士兵保险接续。成立工作专班，通过电视台、网信米林、宣传公告等方式向全社会发布《解决部分退役军人社会保险接续工作的公告》，共受理申请资料8份。

法律服务直通车活动。与北京大成（南京）律师事务所援藏律师建立米林县退役军人法律咨询服务直通车，为2名援藏律师发放聘书。组织援藏律师深入乡（镇）、村（居）开展法律知识讲座，为每名退役军人提供现场法律咨询和解答工作，直接受益退役军人、“三属”人员、普通群众共620人。

建立退役军人志愿服务队。在全县范围发布退役军人志愿服务队招募令，招募第一批志愿者21名。志愿者以走访慰问、治安巡逻、矛盾调解、文明劝导、环境保护、政策宣传、技能传授、帮助就业创业为主题，每月开展一次主题服务。

信访工作。建立信访接待室，在米林县城主街道和各乡（镇）街道明显位置公布信访邮箱和信访电话。建立《米林县退役军人信访接待坐班制度》《米林县退役军人信访限时办结制度》《米林县退役军人信访登记台账》《米林县退

2019年8月22日，米林县政府副县长旦知尖措（主席台右3）在党政东楼一楼会议室出席拥军优抚合作协议签订仪式

2019年9月9日，米林县政府副县长旦知尖措在米林县武装部参加新兵欢送仪式

役军人“变上访为下访”制度》《米林县退役军人回访反馈制度》。

【思想政治教育】 2019年，县退役军人事务局在“网信米林”建立专栏，集中宣传退役军人群体先进典型事迹。组织机关、乡（镇）、村（居）退役军人以专题学习、讨论、座谈的形式，开展学习“时代楷模”张富清先进事迹，交流“坚守初心、不改本色”的奉献精神。在纪念中国人民抗日战争胜利74周年和全国第六个“烈士纪念日”期间，组织退伍军人代表，公安干警代表、群众代表、青年代表、学生代表等社会各界人士共400余人到烈士陵园举行祭拜扫墓、瞻仰先烈活动。在全县范围内开展“最美退役军人”评选活动，选出3名优秀退役军人典型，1名被评为全市“最美退役军人”。与辖区驻地部队联系选派优秀指战员担任联系村政治辅导员，向当地群众开展国防知识培训，同时组织退役军人60余人次开展2次“护边、巡边、固边”活动，用红色喷漆在边境一线喷涂中国标识30余处。

【双拥工作】 2019年，县退役军人事务局为全县退役军人和其他优抚对象进行信息采集，为退役军人悬挂光荣牌。及时足额发放优抚对象各类优抚资金，发放60岁以上（25人）抚恤资金49140元，发放“三属”人员（2人）、伤残人员（3人）抚恤资金104360元，发放2018年退役士兵一次性经济补助和家庭优待金689200元。县级领导带队看望慰问部队官兵、退役军人和“三属”人员等优抚对象，成功举办“军民携手奋进 同心合力筑梦”暨庆祝中国人民解放军建军92周年双拥联欢晚会。与建行米林县支行、米林县联通公司签订《拥军优抚合作协议》，建行米林县支行发放贷款140余万元，办理“退役军人服务卡”230余张，米林县联通公司办理20张退役军人专属通信卡，提供免收卡费、专属套餐等优质通信服务，建立米林县首家双拥门店，定期开展拥军优抚活动。制定《党员干部“一对一”结对帮扶困难退役军人包片工作制度》，明确包片工作任务和要求，组织党支部党员干部深入困难退役军人家中开展家访慰问活动。组织协调驻地部队参与综治宣传月活动，设置医疗服务点，开展双拥便民诊疗活动。2019年，共接待2批卧龙镇救火军人烈士遗属到烈士陵园开展祭拜扫墓工作。

（舒鹏州）

【机构领导】

党组书记、局长

董明玮（5月任职）

党组成员、副局长

索朗次宗（女，藏族，5月任职）

彭　霞（女，5月任职）

教育 体育

【概况】 2019—2020学年，全县学前阶段在校生1005人、小学阶段在校生2421人、初中阶段在校生849人。学前教育毛入园率为89.76%，小学净入学率为99.96%，初中阶段毛入学率为104.7%，均超任务完成林芝市对米林县的既定指标。双语教育普及率、小学数学课程开课率、中学数理化生课程计划完成率和中学理化生实验开出率均达100%，基本实现“五个100%”教育发展目标。

【教育教研】 2019年，全县其他省市西藏初中班招生考试中300分以上的56名，实际录取47名，录取人数同比增长57%，小考成绩居七县区第一名，其中多卡小学白玛拉珍同学总成绩居全市第一名。其他省市西藏高中班录取14人，区内重点高中录取51人，同比增长130%；"一师一优课·一课一名师"活动中，共推荐优课106节，共评选出县级优课65节、市级优课43节、区级优课10节。微课大赛中，共评选出中央电教馆二等奖2件，区级一等奖1件、二等奖1件、三等奖2件，市级一等奖1件、二等奖9件、三等奖8件。积极组织参加2019自治区课题申报，各学校共申报立项课题12项，其中区级1项、市级4项、县级7项。组织教学常规检查2次，评选优秀教案、作业12件在各校展出。组织教师"'读一本好书'教育教学论文征集"活动，共征集论文49篇，评选优秀论文12篇，其中1篇在自治区《西藏教育》上刊登发表。

【立德树人】 2019年，全县各学校以贯彻落实《中小学生守则》《中小学生日常行为规范》为抓手，以"养成教育"作为学校的育人目标，以培养学生良好的学习习惯、行为习惯、卫生习惯等为出发点，大力推进社会主义核心价值观和民族团结教育进教材、进课堂、进学生头脑，扎实开展"四讲四爱"主题教育实践活动，开展青少年学生禁毒教育等各类宣讲100余场次，开展"恩从何来 恩向谁报"双语朗诵比赛、"七一"红歌会、"小手拉大手，明理知法"进家园等相关活动50余场次。

【师资队伍】 2019年，全县共有专任教师481人，其中，小学专任教师262人，初中专任教师126人，幼儿专任教师93人，教师持证上岗率和学历合格率均为100%。严格落实3年一周期360学时的教师培训制度，健全完善以校本培训为主，国家级培训、自治区级培训、市级培训、县级培训、远程教育培训、专题讲座培训等多种培训形式为辅的教师培训体系，3年多来累计培训教师1344人次。制定出台《米林县师德师风考核评价方案》《加强财务报销流程管理方案》《中小学教师职称晋升方案》《中小学校上下班考勤制度》等一系列内部管理制度。

【教育保障】 2019年，全县财政配套教育资金2211万元，教育附加费174万元。用于教师住房公积金510万元、临时工工资345万元、村级幼儿园建设及校园维修维护1093万元、村级幼儿园设备采购160万元、学校信息网络建设82万元、学校党建及教师公用经费61万元、教研活动经费50万元、其他经费84万元。

【学前教育】 2019年，全县有县级幼儿园1所、乡镇小学附设幼儿园8所、村级幼儿园14所，毛入园率达89.76%；学前教育村级覆盖率达80.5%以上。

【贫困学生帮扶】 从2016年起，区、市、县三级对建档立卡户家庭在校大学生予以适当的学费、生活费、交通费补助，2016—2017学年，区、县为建档立卡户家庭在校大学生发放补助资金58.23万元，平均每人达11500元；2017—2018学年，除自治区对区外贫困大学生每人7000元补助以外，市、

2019年3月20日，米林县教育局、米林县体育局举行揭牌仪式

县两级发放补助资金48.7万元，平均每人达5663元；2018—2019学年，县本级对贫困大学生发放资助资金44.1万元，平均每人4500元。

【控辍保学】 2019年，县教育局组织各乡镇政府、相关部门和学校主要领导召开会议2次，联合公安户籍科、民政局、残联等部门到村居现场核查基础数据3次，联合乡镇政府、法院、检察院到村居动员劝返入学4次。乡镇政府严格落实“四书制”，发放限期复学通知书、处罚决定书共400余份，确保年初反馈的疑似辍学儿童少年和“三岩”搬迁适龄学生全部入学。针对全县共30名重度残疾无法随班就读的适龄儿童少年，各学校严格落实“送教上门”制度，定期组织骨干教师到家中上门送教。

【学校建设】 2019年，米林县教育系统总投资4315万元，完成7所村级幼儿园建设项目、8所村级双语幼儿园附属工程、米林县中学改扩建运动场项目、米林县中学教学综合楼项目、里龙乡小学集中供暖项目、卧龙镇小学集中供暖项目、四所乡镇学校笼式足球场项目、3所乡镇学校供暖项目的建设工作。投资2235万元，完成5所学校集中供暖建设项目、4所乡镇学校笼式足球场建设项目、6所乡镇新建五人制足球场、丹娘乡农民体育健身工程项目、米林县中学学生食堂建设项目（改扩建学生食堂1900平方米及附属设施、总投资640万元）。

2019年9月10日，米林县举办第35个教师节表彰大会暨文艺会演活动

【体育工作】 2019年，县教育局认真贯彻落实《国务院关于实施健康中国行动的意见》《健康中国行动（2019—2030年）》《全民健身计划（2016—2020）》，成功举办2019年米林县第十四届黄牡丹藏医药文化旅游节响箭比赛、全民健身日环城自行车骑行、迎工布节足球比赛、环城跑等活动。认真开展全县体育场地普查，并对健身器材运行情况登记备案，对存在损坏的器材及时进行更换。2019年底，全县共有健身场地140处。

（达娃曲宗）

【机构领导】
党组书记、局长
白玛加措（藏族）

2019年12月19日，米林县举行2019年援藏教师表彰大会

党组副书记、副局长

詹 小 俊（广东援藏，9 月任职）

党支部副书记、教育局副局长、体育局局长

姜　　涛（6 月任职）

党支部副书记、副局长

陈　　旭

中学

【概况】 年内，米林县中学在全体师生员工的共同努力下，保证各项工作有序推进。2019 年，米林县中学招生 288 人，在校生数 849 人，教职工数 129 人。

【队伍建设】 2019 年，县中学开展党员教师各类集中学习 24 场次，每名党员和教师撰写心得体会 7 篇，人均抄写党员笔记 10000 余字，开展笔记检查 3 次，“不忘初心、牢记使命” 主体研讨发言 26 人次。积极组织开展《中华人民共和国教师法》《中共中央国务院关于全面深化新时代教师队伍建设改革的意见》《中小学教师违法职业道德行为处理办法》《中小学教师职业道德规范》《林芝市教育系统师德建设实施细则》等师德师风建设学习。积极组织和鼓励广大教师参加各级各类业务提升培训，在继续发挥 “青蓝工程” 和结对帮扶工作的同时，大力抓好青年教师培养工作。以 “请进来，走出去” 的方式提升教师业务素养，自治区、市内外兄弟学校共 57 人到学校开展交流学习活动。

【教研工作】 2019 年，县中学继续加大教学常规检查力度，严格规范备课、上课、作业、批改、辅导等各教学环节，坚持每周一小查、每月一大查，增强教务监督的实效性。全体教师每学期听课在 10 节以上，学校教务处开展教案、作业、听课等项目检查 3 次。借助 9 名援藏教师力量，以学科教研组和年级组为单位，成立 24 个集备小组，定时、定点、定内容地开展集备活动，推动教学工作有序提升。11 月 15—16 日，学校承办林芝市 2019 年 “深化改革，聚焦课堂，提升质量” 初中主体教研暨校长论坛，市教育局党组副书记，副局长吴珍珠，米林县委常务副书记、政府常务副县长黄南荫，政府副县长西热江才，各县（区）分管教研副局长、教研室负责人，各初级中学校长、分管教学副校长、教务、教研负责人，市教育局教研室初中组全体成员共 79 人参加活动。2019 年，学校共有 237 名毕业生参加全区统一考试，学生平均成绩 363.68 分，较 2018 年的 301.63 分整体平均分提高 62.05 分，进步幅度位列全市第一，另有 38 人考出 500 分以上的好成绩，其中 3 名同学总分突破 600 分，最高分达 619 分。根据其他省市高中录取体检分数要求，学校有 14 人达到分数线。

【德育工作】 2019 年，学校共开展主题班会 30 余次，开展普法、禁毒、防校园欺凌、扫黑除恶等教育主题讲座和相关活动 9 次，开展主体知识竞赛活动 3 次，组织全体师生参加禁毒考试 2 次、扫黑除恶考试 1 次，开展安全疏散演练 14 次。

【校园安全】 2019 年，县中学高度重视校园安全工作，认真安排和执行教师值班工作（护校队），严格落实 24 小时值班制度，在不同值班节点及时调整值班人力，

2019年9月25日，西藏自治区林业和草原局党组成员、副局长宗嘎（左四）一行到米林县中学检查校园及周边环境工作

2019年9月29日，林芝市教育局党组书记雷振鹏（前排中间）一行在米林县中学检查指导工作

认真履职，确保学校不出任何安全事故。

【后勤保障】 2019年，县中学做好固定资产管理工作，建立健全固定资产管理相关制度，4月初对学校现有固定资产进行全面详细地摸底登记，并形式电子版备案记录。为保证“三包”经费使用的规范，专门成立“三包”和“营养餐”采购领导小组，人员由校领导、校办、总务、普通教师组成，做到“三包”及“营养餐”经费开支至少有3人签字过问，同时将相关经费开支情况每月进行公示，接受社会及家长的监督。为进一步提高饮食安全，学校于4月初开始执行校领导陪伴制度，确保每一天每一顿饭都有一名校领导与学生一起就餐，为学生的饭菜质量把关。加强学生食堂操作人员管理，制订详细的考核办法，严抓食堂工作人员整体服务水平，同时积极组织食堂操作人员参加县局举办的技能提升培训，全面提升学生饭菜质量和服务水平。

（桑　旦　普布扎西）

【机构领导】

校　长

德吉卓嘎（女，藏族）

副校长

桑　　珠（藏族）

王 跟 相

格桑次仁（藏族）

次仁旺堆（藏族）

小学

【概况】 年内，在上级领导的关爱下，在全体教师的共同努力下，县小学坚持以“德育为核心，智育为中心，五育并举为重心”的办学理念引领下，在素质教育验收推动下，在“课程教学”“德育工作”“教师发展”以及“学校管理”等方面开拓创新，完成各项工作任务，取得一定的成绩。米林县中心小学始建于1962年8月，其前身为“米林县会计培训班”，1965年8月更名为“公办米林县小学”，1996年8月再次更名为“米林县中心小学”。学校位于米林县县城西南，这里风景秀丽，景色宜人，是办学极佳地点，同时学校还是县城内唯一一所完全小学，办学质量居全县之首，对各乡（镇）小学起着指导示范作用。

2001年县人民政府划地88亩，厦门市人民政府投资380万元新建学校综合教学楼一栋，建筑面积2488平方米，可同时容纳1000多名学生就读。第五批援藏干部又注入250万余元新建学校综合教学楼及学生澡堂。2003年，自治区教育厅投资700万余元新建学校教工宿舍2栋，学生宿舍2栋及学生多功能餐厅1栋，教工宿舍共24套，建筑面积1860平方米；学生宿舍建筑面积1300平方米，可为600多名学生提供住宿；学生食堂建筑面积780平方米，可容纳700多名学生同时就餐。

2019年，学校设有党支部、校委会、德育处、教务处、团支部、少先队大队部、总务处、工会、妇委会及各科教研组等机构，有校长1名，支部书记1名，副校长2名，学校现有教师93人（其中党员44名），临时工12名，公益性岗位5名。教师中具有高级职称的7人，一级教师41人。在校学生900人。学校共有25个教学班，25个少先中队，25名辅导员。成立微机室、语音室、德育室、科学实验室、少先队队室、舞蹈室、图书室。全校已有95%以上的教师达到大学专

2019年5月10日，米林县中心小学举办2019年春季“德馨杯”教学大赛决赛

科以上学历。学校日常工作由各机构分工协作，共同管理。

【德育教育】 2019年，校德育处、少队部通过按目标责任书组织或联系警务站、法院、食药局及有关部门，对学生进行爱国主义教育、民族团结教育、法治安全教育、食品安全教育、自我保护教育等。

【教育活动】 2019年，县小学以社会主义核心价值观内容为重点，开展丰富多彩的活动，如足球联赛、拔河比赛、知识竞赛、朗诵比赛、歌咏、舞蹈比赛等，全年活动次数达到100余次，学校还举办大型文艺演出和学生书画作品展，举办校园音乐大赛，评选校园“十大歌手”，开展“雏鹰起飞”学生藏式广播操等一系列活动。

2019年9月9日，米林县小学校党支部开展爱生理发活动

【提高教学质量】 2019年，学校全体教师于每学期放假前，做好学期工作总结，并根据教育局的学期工作安排制订好下学期各项工作计划；教务处、各教研组认真开展教研活动，按素质教育的要求，全面开展各教研组的集体备课。深入课堂教学各环节，各教研组组织听课、评课、说课，各教研组还组织开展赛课、公开课、示范课学生成绩分析等活动，每学年认真开展学习新课标活动，让每位老师对自己所教学科的课标透彻理解，按教学大纲的要求开齐开足音、体、美、校本课程，促进学生全面发展；做好常规检查工作，教务处每学期定期或不定期组织对教师的备课、学生作业、作文批阅检查工作，年内，各教研组的常规检查做到仔细到位，特别是学生作业批阅时的阳光评语，全体教师均能做到；组织开展一系列的校本培训工作，按上级主管部门要求，有效组织教师参加国培、区培、市培、县培工作。2019年，全校5个毕业班174名学生，有31名学生以优异成绩考上其他省市西藏班，其余学生全部整班交接至县中学就读。

【安全管理和后勤服务】 2019年，县小学坚持常规工作不放松，确保教育教学的正常进行，让学生养成讲卫生的好习惯，校园清洁卫生上一个新台阶。加大对学生食堂、学生宿舍的管理工作。县小学校享受“三包”经费的学生有593人，

2019年10月31日，米林县小学开展大手拉小手活动

每生每月“三包”经费330元，营养经费80元。学校要求后勤工作人员做到食品安全并科学搭配对学生既营养又能吃饱吃好的一日三餐，做到把“三包”经费和营养餐的每一分钱用于学生，专款专用。并在每月底按财务要求做好账目及收支情况，及时公示，随时接受师生及家长的监督。学生宿舍的管理工作除生活老师外，每天还有班主任、值班领导、教师护校队成员等，特别加强学生的养成教育，养成爱卫生、热爱生活的良好习惯。

强化安全意识，紧抓安全工作不放松。开学初，学校与班主任老师签订安全目标责任书，各班主任与学生家长也签订目标责任书。并严格执行学生接送签字制，对住校生实行半封闭式管理，班主任与家长建立微信群，学校作息时间表、课程表等及时给家长通知，让家长参与到学校的管理中，进一步完善各项安全制度和应急预案，加大安全宣传力度，认真落实安全课进课堂，使学生的安全意识得到很大的提高。做好每天24小时维稳值班制。严格执行学校各项管理制度，认真履行职责，严禁闲杂人等进入校园，确保校园安全。

【校本研修】 2019年，米林县成立校本研修工作领导小组，建立工作机制，在校本研修工作小组的带领下，学校积极落实校本研修验收各项工作，开足开齐各项课程，针对初验中存在的问题进一步整改落实，最终以优异成绩通过自治区校本研修验收工作。

（曾　洁）

【机构领导】

校　长

索朗平措（藏族）

副校长

尼玛多吉（藏族）

赵营辉

幼儿园

【概况】 米林县幼儿园始建于1981年，至2019年建园已有38年。前身是米林县保育院，是县妇联主管的下属单位，主要解决县城内城镇职工幼儿看护问题。1999年，米林县幼儿园独立办园，由县妇联转交县教育局主管，成为一所有19年独立办园历史的公办幼儿园。2006年7月，由厦门集美区援建的米林县幼儿园集美教学楼，总面积2930平方米，建筑面积989.72平方米，总投资110万元。2015年7月，由第七批援藏工作队筹资扩建米林县幼儿园教学楼，新教学楼于2016年8月正式投入使用。幼儿园位于米林县教育路路口，毗邻县中学、县中心小学，幼儿园内部设施包括幼儿教室、幼儿活动室、厨房、卫生间、午睡室，美工室、图书室、舞蹈室、医务室、警务室等。

2019年，园内在编教师21名，临时工（包含后勤人员）10名，工人及公益性岗位职工4名。县幼儿园具体招生范围为米林县县城职工子女，外来务工人员子女，邦加村、多嘎村、东多村、色贡村、雪卡村、加玛村、立丁村、“三岩”搬迁雪卡安置点的3—6岁学前适龄幼儿。共设7个班（小班2个、中班2个、大班3个），在园幼儿254人。

【安全管理和园所服务】 2019年，县幼儿园日常注重对幼儿和师生进行安全教育，并定期开展各项演练。建立家长委员会，让家长参与到幼儿园的管理中；定期召

2019年3月25日，米林县公安局县城派出所在县幼儿园开展“关注安全，关注生命”主题教育

开全园家长会，让家长了解到幼儿在园的情况；节假日与家长签订假期前安全协议，使家长和幼儿安全意识得到提高。园内管理岗位责任人职责明确，措施到位，责任落实，建立完善各项安全管理台账，严格落实24小时维稳值班制度，严禁闲杂人员进入校园，确保校园安全。幼儿食堂做到科学配餐，严把食品安全关，做到幼儿“三包”经费每一分用到幼儿身上，实现专款专用，及时公示，随时接受社会、家长、教师等的监督。

【园内主要活动】 2019年3月，县幼儿园开展幼儿报名入园活动、“植树节”活动、开学安全教育活动、庆祝“西藏百万农奴解放日”活动；4月，开展园内环创和教师听评课教研活动、亲子手工作品展、“寻找春天”户外活动；5月，开展劳动节活动、端午节活动；6月，开展庆祝国际儿童节、大班毕业典礼活动；7月，开展教师业务技能考核和假期安全教育活动；8月，开展教师、幼儿、教材三到位检查准备工作；9月，开展教师节活动；10月，开展国庆节活动；11月，开展贡布节活动、县级学前教育“送教下乡”活动；12月，开展教师年度考核和假期安全教育活动。

（华红玉）

2019年10月12日，米林县举行第二届学前教育全员培训活动

【机构领导】

园　长

曾现霞（女）

副园长

白玛央宗（女，门巴族）

卫生健康

【概况】 2019年3月，米林县机构改革，米林县卫生和计划生育委员会更名为米林县卫生健康委员会，并相应调整部分职责，新增应对人口老龄化、医改等工作。内设机构有农牧区医疗管理办公室、计生办，实有工作人员17名，其中，行政编制3名，领导职数4名，事业编制4名。全县共有医疗卫生机构25家（公立医院2家，乡镇卫生院8家，疾控中心1家，诊所14家），医疗机构拥有床位100张（县级医院床位35张）。县乡医疗机构共有专技152名（不含临时工、公益性），村医132名，

副高级职称 1 名、中级职称 8 名、初级职称 52 名。

【农牧区合作医疗】 2019 年,全县农牧民总人数 17775 人,参合人数为 17652 人,参合率为 99.31%。中央财政、自治区财政下拨农牧区医疗制度资金 870.55 万元,市级财政投入 62.31 万元、县级财政投入 62.31 万元,合计拨款 995.17 万元,个人筹集资金 53.0850 万元,合计收入 1048.26 万元,划分各乡镇门诊家庭账户资金 293.51 万元(28%),划分大病统筹 733.78 万元(70%),划分风险金 20.97 万元(2%)。全年报销大病统筹住院报销总人次 1303 人次,报销总金额为 1280.2822 万元,其中精准扶贫大病统筹报销总人数 269 人次,报销总资金 333.1775 万元,门诊家庭账户报销 14452 人次,报销总资金 92.58 万元(其中精准扶贫建档立卡户报销 2375 人次、报销资金 10.13 万元)。

【健康扶贫】 2019 年,米林县农牧民参加农村合作医疗达 100%,医疗保障采取大病统筹 + 商业保险 + 民政 + 县级医疗兜底一体化报账模式,免除建档立卡户医疗支出的后顾之忧。在新型农牧民医疗制度、民政医疗救助、大病商业保险的基础上,2019 年度在市级及以上医疗机构就医建档立卡贫困人口政府兜底 176 人次,兜底资金 32.08 万元(其中"因病致贫"人员兜底 58 人次,14.97 万元)。与林芝市人民医院正式签订"先救助,后结算"式的建档立卡户救治绿色通道,在林芝市人民医院住院享受绿色通道相关服务政策的精准扶贫建档立卡户人员有 50 人,住院总花费 114.57 万元。

2019年3月21日,米林县卫健委举行揭牌仪式

2019 年,米林县农牧区医疗制度大病统筹建档立卡户住院报销 197 人次,报销资金 240.49 万元,各乡镇门诊家庭账户报销 2375 人次,报销资金 10.13 万元。重特大疾病建档立卡户人员大病统筹报销 6 人次,报销资金 33.80 万元,并将 4 名符合保险条件患者的相关资料上报太平洋保险公司,赔付资金 20.48 万元(其中建档立卡户人员 1 人,赔付 7 万元)。

【卫生项目建设】 卧龙镇卫生院改扩建项目于 2019 年 8 月 15 日开工建设,其中国家投资 100 万元,县财政投资 200 万元,新建面积 778.93 平方米业务用房及附属设施,2019 年底处于建设中。扎绕乡卫生院项目于 2019 年 8 月 15 日开工建设,其中国家投资 100 万元,县财政投资 10 万元,新建面积 306.36 平方米业务用房及附属设施,2019 年底完工。米林县人民医院信息化改造项目于 2019 年 9 月开工建设,建设工期为 10 个月,总投资 3347700 元。米林县人民医院中心制氧室建设项目于 2019 年 6 月开工建设,建设工期 14 个月,资金来源为国家公立医院改革补助资金,总投资 235 万元,项目建设规模为新建制氧综合楼 570.61 平方米及配套给排水、电气等附属工程。

【三级医院对口帮扶】 2019 年,珠海市卫健局先后派遣 1 名援藏干部出任米林县卫健委副主任(3 年)并兼任米林县卫生服务中心常务副主任(3 年),7 名援藏医疗专家入驻米林县卫生服务中心,2 名援藏医疗专家入驻米林县藏医院;中国人民解放军联勤保障第 904 医院派遣 5 名医疗专家入驻米林县卫生服务中心,开展医疗援藏相关工作。成立米林县三级医院对口帮扶工作领导小组，与珠海市人民医院、珠海市第五人民医院、部队904医院分别正式签订三级医院对口帮扶协议。

【医疗卫生服务】 2019年，县卫生服务中心门诊达15532人次，与上年同期21907人次相比增长-41.3%，其中内科9418人次、外科2479人次、妇产科1973人次、藏医科1346人次、五官科316人次；出院390人次，其中妇产科病人64人，外科病人80人，内科病人193人，藏医科病人37人，五官科病人16人。藏医院门诊10853人次，出院206人次，药浴130人次，藏医放血疗法143人次，霍麦856人次，藏医涂擦疗法3261人次，TDP烤灯3405人次，蜡疗213人次，艾灸疗法143人次，藏医火灸82人次，腰椎牵引51人次，颈椎牵引25人次，针灸2988人次，推拿疗法1685人次。

【二乙创建工作】 2019年6月底，县卫生服务中心二乙创建工作在援藏专家的帮助下，顺利通过初审，11月，通过林芝市终极评审，12月31日，经林芝市人民政府审批，成功创建"二级乙等"综合医院。

【卫生监督】 2019年，县卫健委共受理卫生许可16件，其中，理发场所3家，住宿场所10家，更换法人3家，办理卫生健康证152个（其中新办证119个，年检证33个）。为做好疫苗冷链管理、疫苗安全注射和第二类疫苗预防接

2019年4月4日，米林县卫生系统开展藏中医传统医疗义诊活动

种专项检查工作，对全县医疗、卫生、保健机构进行执法检查，共检查县级疾控（防疫）机构1家，县级医院1家，乡镇卫生院5家，县级门诊、诊所5家，发现存在问题2处，并下发监督整改意见书2份，对发现存在问题的2个单位提出整改意见并要求进行整改。对全县17户公共场所进行经常性卫生监督检查，其中旅馆业9户，美容美发5户，沐浴3户，全年开展经常性巡回监督20次，对不符合卫生要求的单位提出书面意见，同时责令限期改正。对县辖区水厂及乡镇、学校供水单位进行现场卫生监督检查，对部分供水单位的出厂水、管网末梢水进行监测，共抽检22份。国家双随机执行任务共31项，其中，公共游泳场所1家，学校3家，酒店旅馆24家，美容美发3家。县城医院、8个乡镇卫生院、诊所医疗垃圾处置损伤类443.08千克、感染类2055.54千克、病理类22.42千克、药物类416.07千克、化学类24.08千克。辖区17个乡镇卫生院及县城医院和诊所医疗污水处置情况日处理量4吨，日投药量0.2千克。

【妇幼计生及"两癌"筛查服务】 2019年，全县常住人口活产数293人，其中农牧民户籍活产数214人，住院分娩率为96.2%，发放叶酸334盒，发放营养包1987盒，母婴"三病"检查人数193人，产前筛查89人，新生儿听力筛查57人，0—6岁儿童保健及视力检查数1240人，其中视力问题52人，农牧民免费孕前检查142对，出生缺陷检查193对。全年共办理生育证105人，其中一孩52人，二孩53人。5月21—22日，邀请珠海市援藏妇产科专家吉喆与米林县妇幼专干负责人，为8个乡镇卫生院、县卫生服务中心妇幼专干开展为期2天的妇幼业务能力培训。2019年，"妇女两癌"宫颈癌筛查人数1091人，乳腺癌筛查人数1665人。

【公共卫生服务】2019年，县疾控中心组织各乡镇卫生院工作人员、各村驻村队员、村两委班子、村医、兽医和学校教师等人员进行地方病防治知识培训，共开展培训66场次，培训703人。各村开展鼠疫防治知识宣传活动134次，受教12000余人，发放宣传资料8895本，张贴海报600余张。开展保护性灭獭和鼠疫监测3次。

【碘缺乏病防治】2019年，县疾控中心抽取5个乡镇居民户开展碘盐监测，每个乡镇随机抽取4个行政村，每个行政村随机抽取15户居民盐样进行检测，共监测301份样品，其中碘盐294份，碘盐覆盖率为98%，非碘盐6份，非碘盐率为1.9%，碘盐超标数5%，碘盐超标率为1.6%。对15—49岁育龄妇女和0—2岁儿童投服碘油丸649人，其中育龄妇女562人，孕产妇44人，0—2岁儿童43人。

2019年5月26日，国家卫生应急队泥石流灾害模拟场景联合演练启动会在米林县召开

【计划免疫】2019年，全县儿童319人，建证、建卡319人。乙肝疫苗应种860次，实种837次，接种率97.3%；卡介苗疫苗应种243次，实种243次，接种率100.0%；脊髓灰质炎疫苗应种1035次，实种1017次，接种率98.3%；百白破疫苗应种1288次，实种1259次，接种率97.7%；含麻类疫苗应种800次，实种777次，接种率97.1%；A群疫苗应种687次，实种668次，接种率97.2%；A+C疫苗应种564次，实种557次，接种率98.7%；甲肝疫苗应种356次，实种344次，接种率96.6%；15岁以下儿童6252人开展AFP监测30次，监测并上报2例，羌纳乡和南伊珞巴民族乡各上报1例，无较严重异常反应，轻症患者及时处理均已恢复，无脊髓灰质炎病例。

【艾滋病防控】2019年，县疾控中心开展艾滋病防控宣传培训活动16场次，宣传受教育人数共2100余人，受培训人数33人，受高危干预人数101人，共发放宣传册4264册，安全套1472只，张贴宣传画报8张，悬挂横幅2条。对确诊结核病患者21人进行梅毒、艾滋病检测，除1例在管HIV患者均无发现阳性病例。县卫生服务中心共检测梅毒784人、HIV检测683人，其中梅毒阳性19例。乡镇检测点自愿咨询共627人，其中梅毒阳性19例、HIV阳性1例。

【健康教育】2019年8月15日，县疾控中心在县中学对全体师生进行常见传染病的预防、食品卫生、均衡营养的知识宣讲，强调了个人卫生和健康生活方式对学习生活的重要性，受教育人数800余人。3月11—25日，组织人员到扎绕乡甲玛村、彩门村及卧龙镇甲格村、下觉村和羌纳乡朗多村对村民进行结防知识宣传活动，累计发放宣传册500余册，受教育人数800余人。4月18日，开展以“科学抗癌、预防先行”为主题的防治宣传活动，共发放肿瘤防治宣传资料120余份，受教育人数达120余人。4月26日，开展以“消除疟疾，谨防境外输入再传播”为主题的宣传活动，共发放宣传资料120余份，受教育人数120余人。5月20—21日，利用“全民营养周”进校园、进社区等活动，向学生和居民讲解营养平衡、生活良好习性的重要性，提升自身健康素养能力，为防治慢性病发挥积极作用，此次活动受教育人数3400余人次。

【慢性病防治】2019年，县疾控

2019年8月8日，米林县召开农牧区和城镇贫困妇女“两癌”免费筛查动员暨培训大会

中心共监测死亡病例129例，其中高血压48例、各类肺病16例、心脏病10例、各类肝病9例、中风7例、新生儿1例、意外和交通事故15例、其他14例，死亡病例为全县人口数的5.2‰。

【包虫病防治】 2019年，县卫健委针对服药病人定期开展病人服药期间的随访工作，受随访病人19人。4月3—15日，组织医务人员到8个乡（镇）举行2019年包虫病防治及疾控工作知识培训，参训人员共343人。6月21日，市人民医院B超医生对米林县7例手术病人开展随访工作。8月20日，组织2名珠海市人民医院的B超老师，对包虫病服药和手术病人开展B超随访工作。11月24日，开展服药病人和手术病人的肝肾功检查。

2019年8月14日，解放军总医院相关人员到米林县人民医院开展援藏医疗帮扶活动

【公益活动】 2019年，米林县卫生系统多次联合援藏专家开展义诊活动，分别到边防部队、南伊珞巴民族乡、派镇、各“三岩”搬迁点、白鹭广场等地进行义诊，共开展义诊活动10余次，义诊1000余人次，发放药物价值3万余元。8月19日，联合珠海市中西医结合医院的2名援藏专家在县养老院开展送医送温暖活动，为老人们发放800余元的药品。9月1日，援藏医生到米林农场开展义诊活动，对农场及周围群众65人进行免费看病送药活动。10月19日，组织2名援藏专家到米林县派镇派村驻村点，为当地的群众免费看病治疗，为315名村民送医送健康。10月26日，在扎绕乡开展“不忘初心、牢记使命”主题活动，联合2位援藏专家为扎绕乡334名群众免费看诊治疗，为群众发放价值3500余元的药品。

（李 飞）

【机构领导】

米林县卫生和计划生育委员会

主 任

巴 桑（女，藏族，7月离任）

副主任

杨 飞（7月离任）

次仁央（女，藏族，7月离任）

米林县卫生健康委员会

主 任

巴 桑（女，藏族，7月任职）

副主任

杨 飞（7月任职，10月离任）

徐　　进（7月任职）

次 仁 央（女，藏族，7月任职）

米林县卫生服务中心

主　任

旺　　堆（藏族）

副主任

次　　平（藏族）

聂　　珍（女，藏族）

米林县疾病预防控制中心

主　任

白　　菊（女）

副主任

周 兴 军

建　　军（女，藏族）

米林县藏医院

院　长

旦　　增（藏族）

副院长

旦增达扎（藏族）

医疗保障

【概况】 2019年3月28日，米林县医疗保障局正式挂牌成立，为米林县机构改革新组建的政府工作部门，共有干部职工11名，其中正科级领导2名，副科2名，科员4名，事业干部2名，工人1名。10月15日，米林县医疗保障局与米林县民政局正式交接医疗救助事务。

【党建工作】 2019年，县医保局始终坚持以政治建设为统领，严格落实主体责任和“一岗双责”职责，强化理论学习，狠抓政治纪律和政治规矩，教育引导党员干部切实增强“四个意识”、坚定“四个自信”、做到“两个维护”，确保在政治立场、政治方向、政治原则、政治道路上同以习近平同志为核心的党中央保持高度一致。

2019年8月4日，米林县医保局局长杨国胜（左一）带领乡镇医疗干事在多卡卫生院为群众讲解医疗知识

【完善医保制度体系】 2019年，城乡居民基本医疗保险财政补助标准提高至年人均555元。农牧民大病保险起付线由住院和门诊特殊病医疗费60000元调整至个人自付费用5000元，封顶线由每人每年7万元提高至每人每年14万元。城乡居民参保人员在定点医疗机构发生的“两病”门诊政策范围内的药品费用不设起付线，年内高血压支付限额为每人每年800元，糖尿病支付限额为每人每年1200元，同时患高血压和糖尿病的合并支付限额为每人每年2000元。城镇职工基本医疗保险年度最高支付限额提高到60万元、门诊特殊病种增加到34个大类49个病种。明确把118种国家谈判药全部纳入全区药品目录乙类药品支付范围。

【为民服务】 2019年，县医保局为解决群众看病就医经济负担较重问题，全面执行文件精神中涉及的重大疾病23种，门诊特殊病20种，其中特殊病种门诊费用与住院费用合并纳入年度统筹基金最高支付限额，减轻农牧民慢性病就医经济负担。探索完善门诊慢性病用药保障机制，进一步减轻城乡居民“两病”患者医疗费用负担，让群众享受方便的医疗保障服务，切实增强参保人员幸福感获得感。

【打击欺诈骗保】 2019年，县医保局结合扫黑除恶打非治乱专项斗争，召开打击欺诈骗保专项行动动员部署会议，定时不定时对全县4家定点医药机构（2家定点医院和2家定点药店）进行检查，集中开展全市打击欺诈骗保宣传活动，张贴打击骗保宣传海报30余张，发放宣传手册500余册，做好宣传教育引导工作，构建严厉打

2019年9月10日，米林县医保局局长杨国胜（左二）对辖区定点药店进行检查

击欺诈骗保行为的高压态势。

【医保脱贫】 2019年，米林县对重特大疾病亟待解决的个案不受封顶线限制，根据救助对象困难程度等因素一事一议、专题研究、及时解决。9—12月，米林县医疗救助总金额3863627.74元，救助人数568人，资金利用率达100%。实时动态监测和管理因病致贫返贫的贫困人员，及时做好医保扶贫保障工作。

【医保政策宣传】 2019年，县医保局组织各乡（镇）医保分管领导、扶贫专干，各乡（镇）卫生院负责人、各驻村工作队队长及乡村振兴专干等参加医疗保障政策培训。发放《林芝市城乡居民基本医疗保险待遇政策宣传册》资料450余份。进一步提升基层医疗服务人员的政策理论水平。各乡（镇）采取下乡入户讲解、发放宣传单等传统方法，广泛宣传医保各项政策，受教育群众约5000人，切实提升群众的知晓率和满意度，充分调动广大城乡居民参保的积极性和主动性。

【信息化建设】 2019年，县医保局 全力配合市医保局实施全区智慧医保林芝试点项目，建立城乡居民医保信息系统，根据自治区医保系统建设指南，积极开展城乡居民信息采集工作，采集全县城乡参保数据20235条，系统采集录入率达100%。

【业务办理】 2019年，县医保局基本完成医保部门组建、人员划转、职能承接等机构改革任务。简化报销手续、优化服务流程，对办理医保报销事项所需证明材料和手续进行全面清理。取消医院等级证明、结婚证、身份证、配偶无工作证、休假证等5项证明材料，将转院证、长期其他省市居住证改为填写异地就医备案表。将8类个人业务用表整合为一，参保人员办理业务只需填一张表，实现一表办结，提升服务效率。承诺30个工作日内完成审核结算及待遇支付工作，偏远地区报销时限可适当延长，但最长不得超过10个工作日，进一步提升经办服务水平。

（王丹红）

【机构领导】

局　长

杨 国 胜（3月任职）

副局长

李 晓 英（女，3月任职）

次仁拉姆（女，藏族，3月任职）

脱贫攻坚

【概况】 2019年，米林县脱贫攻坚工作紧紧围绕“两不愁三保障”脱贫目标，坚持问题意识和目标导向，扎实推进“重精准、补短板，强意识、促攻坚”专项整改行动和脱贫攻坚各项工作，做到了在推进中整改、在整改中完善、在完善中提质增效、在提质增效中巩固提高。2018年底，22户57名建档立卡群众按照“一申请、一评议、二审核、三公示、一审定”程序已全部实现脱贫摘帽。

【责任落实】 2019年，米林县脱贫攻坚指挥部坚决扛起脱贫攻坚主体责任，制定《米林县脱贫攻坚巩固提升方案》《米林县脱贫人口“回头看”工作方案》《米林县脱贫攻坚问题整改成效巩固工作方案》等，在调整充实扶贫开发领导小组及三级脱贫攻坚指挥部的基础上，成立由县委政府主要领导负责的脱贫攻坚问题整改领导小组。全年召开县委常委会会议15次、政府党组会议4次研究脱贫攻坚议题39个。

2019年，米林县脱贫攻坚指挥部照单全收中央第三巡视组专项巡视、国务院扶贫开发领导小组2018年脱贫攻坚成效考核、自治区审计发现问题及2016年以来扶贫领域各类监督检查反馈问题，召开工作部署会议5次、推进会议4次、协调会议2次，研究解决工作推进中的困难问题，191条问题已全部整改落实到位，整改完成率100%。

【解决“两不愁三保障”突出问题】2019年，米林县脱贫攻坚指挥部制定出台《米林县脱贫人口“回头看”工作方案》，由各乡镇一线指挥长带队，对贫困人口“两不愁三保障”落实情况进行逐人逐项排查，遍访贫困群众747户2351人，排查发现的2项问题已全部整改落实；投资843.29万元实施农村安全饮水维修项目，解决4个乡镇24个村庄986户4240人饮水安全问题；印发《关于开展2019年春季控辍保学工作的通知》，与8乡镇签订控辍保学目标责任书，下发保学和劝返文件4份，动员劝返4次，发放限期复学通知书、处罚决定书等300余份，261名疑似失学儿童（其中建档立卡户44人）已全部劝返；农牧区医疗制度政策覆盖率、健康档案建档率、因病致贫建卡率、医疗兜底救助率均达到100%，全县建档立卡户和“四类重点对象”住房不存在危房。

【基础设施建设】2019年，米林县脱贫攻坚工作统筹整合资金2300余万元，推进31个村级组织活动场所和4个机关、“两新”组织活动场所标准化建设；投资2亿元实施国家电网项目5个，已开工1个，保障1.5万人的用电。续建交通项目21个，其中农村公路10个、边防3个、桥梁8个，总投资7.83亿元，完成投资7.52亿元。截至2019年底，全县乡镇、建制村通达率达100%和95%，通畅率达100%和74.6%；投资1996万元实施农田水利设施项目2个，完成项目总量的95%；落实专项资金15万元，用于8个乡镇生活垃圾处理运输；落实教育项目13个，其中续建5个、新建4个、预开工4个，续建项目完工率达100%、新建项目完工率达75%，2019年底已拨付资金1749.75万元；落实549万元，支持6个卫生项目建设，已完成投资264万元，完成率52%；通过自治区电子政务外网延伸、广播电视“村村通”等项目的实施，行政村通讯覆盖率达到100%，4G网络覆盖率达100%。

【扩大援藏扶贫战果】2019年，米林县加快第九批援藏项目建设进度，7个援建项目已竣工验收，5个计划内项目积极准备中；开展农产品产销对接40余次，累计实现扶贫产品销售额约1319.64万元，带动142户农牧民实现增收；利用林洽会、澳门国际贸易投资展览会（MIF）等平台，积极推介米林县投资环境，全年招商引资到位资金达5.7亿元，完成固定资产投资5.5亿元；组织16名支教大学生到5所乡镇学校支教，安排10名米林籍初中生在珠海代培，帮助完成全县11所中小学教育信息化建设诊断和评估工作，

2019年9月5—7日，住房和城乡建设部副部长姜万荣（左三）带队2019年脱贫攻坚督查组一行到米林县对脱贫攻坚成效考核等发现问题开展督查指导

促成米林县中学和珠海市九洲中学、米林县中心小学和珠海市香洲区第一小学结对，争取到“黄土计划”助学项目等社会捐赠15万余元；出资10.18万元为2035名建档立卡群众购买防返贫保险，有效夯实米林县脱贫攻坚成果；促成珠海市中西医结合医院和米林县藏医院“对口帮扶”，协助米林县卫生服务中心顺利通过二乙评估（初评），争取对口帮扶医院价值25万元的2批物资捐赠；组织3名援藏医疗专家协助完成年度“两癌”筛查1132例，开展义诊和送医送药活动11次，受惠军民1000余人；动员26名高校毕业生参加广东省事业单位公开招聘，帮助170名2019届米林籍高校毕业生中的167人实现就业；邀请兰州大学、广东农科院等专家指导农牧特色产业，引进珠海市现代农业发展中心研发的优质水果玉米和鸡苗，组织米林特色优质农牧产品参加第十七届中国国际农产品交易会、广东农博会和广东东西部扶贫协作产品交易博览会；促成4个米林县乡镇与珠海乡镇对接，实现米林乡镇结对全覆盖；调整华发集团100万元捐赠资金用于堰塞湖灾后重建，完善珠海消费扶贫市场西藏林芝馆功能，与珠海正方公司等企业合作，在人流密集和商业积聚区打造西藏特色产品和旅游交易推广中心。

【巩固提升脱贫成果】 扶贫队伍建设。2019年，米林县发挥传帮带作用，增强本土扶贫工作力量，共提拔任用脱贫攻坚领域人员52名。截至2019年底，全县共有专职扶贫干部51名，第一支部书记66名。

加快资金拨付及产业项目落地。2019年，米林县落实资金8904.86万元（其中国家投资5904.86万元，企业自筹3000万元），落实产业项目31个（其中扶贫产业项目9个，“三岩”产业项目4个，小康产业18个），已完工20个、在建11个，带动929名贫困人口年人均收益1428元，2019年8个异地开发项目收益164.27万元，按照米林县利益联结机制，400名无劳动力（含弱劳力）建档立卡群众人均增收900元。2018年，脱贫攻坚涉农整合资金到位10663.2万元，已拨付10487.01万元，拨付率为98.35%。2019年，脱贫攻坚涉农整合资金到位7072.79万元，已拨付6529.84万元，拨付率为92.32%。全年累计发放扶贫小额贴息贷款79笔357万元，完善项目利益联结机制77个，建立项目库374个（其中常规项目232个、扶贫项目142个）。全年引进的企业和致富带头人共发放帮扶资金492.82万元。

精准跟踪动态管理。根据《自治区2019年度扶贫对象动态管理工作方案》要求及自治区下发问题数据清单，涉及米林县共51条2439个，已全部整改完成48条2384个，无法整改3条55个（主要为贫困村驻村工作队员少于3人、已出列贫困村到乡镇未通硬化路，按照实际录入情况无法修改）。同时根据国扶办印发《关于做好2019年度扶贫对象动态管理和信息采集等相关工作的通知》要求，排查出“两类人口”6户21人，均在系统中标注录入完成。

准确落实惠农政策。2019年底，全县有易地扶贫搬迁安置点34个128户529人，完成投资6179.13万元，易地搬迁点水电路讯网等公共基础设施基本完善，128户易地搬迁群众全部入住，入

2019年4月13日，由米林县人社局主办、林芝新曙光职业技术培训学校承办的米林县派镇农牧民旅游餐饮中式烹饪技能培训班正式开班

住率达100%。2019年上半年落实生态岗位3387个，兑现岗位资金592.67万元，下半年根据《西藏自治区“十三五”时期生态补偿脱贫实施方案》《西藏自治区脱贫攻坚指挥部关于印发进一步规范生态补偿脱贫岗位管理工作的补充通知》等文件精神，重新认定落实生态岗位759个，下半年兑现岗位资金132.82万元，全年共计兑现岗位资金725.49万元。为建档立卡贫困家庭在校大学生98人共发放2018—2019学年补助资金89.29万元。开展建档立卡户技能技术培训9期，累计投入资金78.33万元，共培训347人，培训后实现就业114人。2019年，享受残疾人“两项补贴”资金的困难人员1285人(其中2019年度578人)，发放补贴资金290.92万元。2019年，全县共有低保129户338人，发放低保资金77.77万元，其中农村低保72户208人，发放资金32.92万元；城镇低保57户130人，发放资金66.85万元。全县共有特困人员171户183人，其中有意愿集中供养人员为103人，已发放供养金183.73万元。建档立卡贫困人口基本医疗费用实现即时结报，全年解决基本医疗、大病统筹及门诊2572人，报销金额250.62万元，享受绿色通道相关服务政策的建档立卡户46人、报销资金106.84万元。实施农村医疗救助481次，救助资金303万元，报销建档立卡户大病统筹及门诊家庭账户1674人次，报销资金223.23万元。

稳步推进“三岩”搬迁。采取集中安置与分散安置、农业安置与牧业安置相结合的方式，实施14个安置点建设，共安置203户1188人，已安置搬迁群众共165户936人，其中建档立卡户104户586人。2019年底已实现入学149名，完成耕地征收及新开垦1974.01亩，开展政策法规、扫黑除恶、感党恩等各类宣传教育活动490余场次，产业、医疗、技能技术培训同期开展。

小康村建设。全县边境小康村建设涉及4个乡3个镇43个行政村共2975户12040人，占全县总人口的52.34%，规划投资9.379亿元，已到位资金6.53亿元，已拨付资金4.5亿元，已完工37个行政村，完工率达86%，边境基础设施不断完善。

结对帮扶。77251部队落实帮扶资金20余万元，帮助周边群众解决就学、生产发展等困难；动员全县203名党员对口帮扶“三岩”片区搬迁群众203户1954人，党员结对帮扶贫困群众577户，筹集资金物资53万元，解决群众困难275件。

【扶贫产业亮点】 2019年，米林县围绕“旅游兴县、实干立县、产业融合、富民强县”的总体战略，按照“一带三区一基地”产业发展布局，大力推进旅游、现代农业和商贸物流产业体系建设，形成以构建产业发展辐射带动为核心的长效机制，进一步夯实产业发展基石，推动米林县产业发展取得新成效。

依托旅游资源，着力打造全域旅游。围绕“旅游兴县”目标，以建设具有“浓郁西藏风情、高原药洲特色”休闲度假胜地和游客进藏“最佳适应地和旅游目的地”为目标，投资1796万元，加大旅游基础设施配套建设，全面提升旅游服务和质量。通过招商引资引进成都山泽居公司投资1.8亿元建设汽车营地、引进松赞林精品酒店连锁企业投资3000万元，

2019年11月26日，卧龙镇塘崩巴村藏地木碗制作合作社为9户建档立卡户发放帮扶金，户均1500元

在达林村建设松赞林达林山居。由返乡致富能人牵头的公尊德姆庄园，以党支部+能人+贫困户+村民的模式，自主创办旅游服务庄园，壮大了村级经济，激发了群众的内生动力，增强了群众自主创业的信心和决心，该庄园已连续2年收入过百万元。

依托航空港优势，建设空港商贸产业园。充分发挥空港优势，建设以藏东南新鲜土特产交易为主、其他省市高端名优产品进入西藏为补充的产品集散中心，成功引进了珠海华发集团旗下的华发商贸控股有限公司和苏州天凡集体投资14.7亿元，建设空港商贸物流产业园。借助华发的投资和运营，空港将打造成集电商平台、冷链物流配送、产品溯源和体验、质量检测、价格形成机制和实体交易市场等现代商贸物流小镇。

依托丰富土地资源，大力发展高原现代休闲农业。实施“产业融合”发展战略，坚持“三带一、一促三、接二联三”的理念，走现代农业庄园、田园综合体、家庭农场、高原水果采摘等集观光、休闲、体验、度假于一体的农旅融合发展之路。经过努力，引进了盛世农业落户米林县，米林县盛世水果标准化种植基地位于羌纳乡林巴村，总投资4552万元，其中企业投入4000万元，县政府先后投入产业扶持资金552万元，基地占地面积1600亩（其中500亩正在扩建中），种植苹果、桃等水果11000株，建有温室大棚100亩以及规划建设冻库、员工宿舍和标准化库房。2019年，基地产值达2000余万元，纯利润为500余万元，该基地的建成为米林县乃至全区树立优质水果标准化基地的标杆。同时，以土地流转的形式，以租金每年900元/亩为标准（以2017年为基准，每年递增50元、签约10年），为村集体增加收入45万元，通过农机租赁、人工作业、产品运输等多种形式，每年带动村民增收40余万元，最终实现了企业和村民“双赢”格局。

米林县扶贫项目——林芝盛世农业科技有限公司羌纳乡林巴村苹果种植基地挂果（摄于2019年10月）

依托绿色环保农产品，大力发展高原生态加工业。2017年成功引进可心农业园区扎根米林县，可心农业园区位于羌纳乡巴嘎村，总投资5000余万元，占地面积127亩，主打产品为特色青稞深加工系列产品（青稞醋、青稞面、青稞面条等）、特色酱油（青稞酱油、松茸酱油等）、苹果深加工系列产品（苹果干、苹果汁、苹果醋、苹果罐头等）以及藏香猪肉酱、松茸酱等，年产值可达1000万余元。该企业通过土地流转的方式，每年可为当地村民带来10万余元的收入，每年可为当地解决160万公斤青稞和10000吨苹果的滞留销售问题，每年可为群众每户增收3000—5000元，实现群众不离乡、不离土就吃上产业饭、赚上产业钱。

（岳菲菲）

【机构领导】

县委书记、脱贫攻坚指挥部总指挥长

李牧之

县委副书记、政府县长、脱贫攻坚指挥部指挥长

才旺尼玛（藏族）

县政府副县长、脱贫攻坚指挥部副指挥长、指挥部办公室主任

旦知尖措（藏族）

县政协副主席、脱贫攻坚指挥部办公室副主任

周　毅

县扶贫办主任、脱贫攻坚指挥部办公室副主任

东　登（藏族）

扶贫开发

【概况】 2019年3月28日,米林县机构改革,米林县扶贫开发办公室(农业综合开发办公室)变更为米林县扶贫开发办公室,单位性质由参公管理单位变更为正科级机关单位。共有编制3名,实有工作人员9名。

【脱贫攻坚】 2019年,米林县农村总人口4510户17852人,其中未脱贫建档立卡户22户57人,占农村总人数的0.31%。按照国家脱贫标准,剩余贫困人口22户57人已严格按照"一申请、一评议、二审核、三公示、一审定"程序审定脱贫,全县贫困发生率降至0%,实现基本消除绝对贫困的目标。为进一步防止返贫,巩固脱贫攻坚成果,在广东省第九批援藏工作队米林县工作组给予资金支持的基础上,2019年11月28日,县扶贫办为全县2035人建档立卡贫困人口购买10.175万元的防返贫保险。

【建档立卡基础数据】 2019年,县扶贫办以完善扶贫对象建档立卡数据为基础,做好贫困人口动态调整和数据清洗工作,多次组织专人进村入户,对建档立卡户家庭基本情况、"两不愁三保障"、产业发展、实际困难和需求等情况进行调研核查,不断精准数据信息,为打赢脱贫攻坚战奠定基础。根据自治区脱贫攻坚指挥部办公室《关于开展2019年扶贫对象动态管理和数据核准培训班的通知》及《米林县脱贫人口"回头看"工作方案》要求,逐项排查各乡(镇)各部门产业扶贫、易地搬迁、就业扶贫、生态扶贫、兜底保障等政策落实情况,逐村逐户逐人逐项核查脱贫人口稳定增收状况。经核查,县直各部门脱贫攻坚政策落地见效,脱贫人口后续发展情况良好,同时安排专人到拉萨市对全县2013—2019年全国扶贫开发信息系统内人员、数据进行"回头看"数据清洗,第一轮查出数据问题26类7228条,第二轮查出问题数据12类1736条及自治区反馈26类939条,均已全部整改完成。2019年底,贫困人口人员自然增减后,全县建档立卡户由747户2351人调整至703户2225人。

【扶贫小额信贷】 2019年,县扶贫办与县农业银行、乡镇专干、乡镇营业所加强沟通衔接,做好扶贫小额信贷数据比对工作,实现贫困户贷款信息逐笔统计汇总,确保全县小额信贷资金贷款、还款、逾期等信息采集录入的准确性和真实性。全年共录入扶贫小额信贷贷款信息85笔,涉及资金383万元;还款数据223笔,涉及资金348.38万元。

【农业综合开发项目】 2019年,县扶贫办实施的农业综合开发续建项目——林芝市2018年度米林县丹娘乡农业综合开发高标准农田建设项目,总投资950万元(中央财政资金524万元,自治区财政资金376万元,项目区群众投劳折资50万元),建设高标准农田建设3250亩(丹娘乡仲萨村2261亩、桑巴村989亩),惠及农牧民群众167户706人,其中劳动力377人。通过实施高标准农田建设加强和完善农田水利基础

2019年7月8—10日,受国务院扶贫办委托,中南民族大学减贫研究院学术委员会副主任委员柳长毅(左二)带领调研组一行,在米林县调研扶贫资金投入及使用情况

2019年10月17日，米林县委书记李牧之在“10·17”国家扶贫日活动现场致辞

设施建设，实现高产、稳产、节水、高效农田，提高项目区农业综合生产能力，增加农牧民经济收入。项目于2018年10月正式开工，2019年12月竣工验收，建设总工期14个月，拨付国投资金607.13万元，拨付率达67%。

【“四对一”结对帮扶】 2019年，县扶贫办党支部通过开展主题党日、在职党员进社区志愿服务、“四对一”结对帮扶等活动，为帮扶对象送去生产生活必备品等价值6583元，力所能及地帮助解决实际困难，进一步提高支部党员全心全意为人民群众的宗旨意识。

（王梦娜）

2019年10月18日，米林县扶贫办主任东登（左二）一行到驻村点森波村调研脱贫攻坚专题工作

【机构领导】

县扶贫开发办公室（农业综合开发办公室）

党组书记、主任

东　登（藏族，5月离任）

党组成员、副主任

强巴卓玛（女，门巴族，5月离任）

县扶贫开发办公室

党组书记、主任

东　登（藏族，5月任职）

党组成员、副主任

强巴卓玛（女，门巴族，5月任职）

何　勇（6月任职）

“三岩”易地扶贫搬迁

【概况】 米林县按照“宜农则农、宜牧则牧、宜商则商”的原则，遵循尽可能抵边原则，对“三岩”片区易地搬迁群众采取集中安置与分散安置、农业安置与牧业安置相结合的方式，共安置14个安置点、203户1188人，其中牧业抵边安置62人，农业安置1126人。

【安置点建设】 房建及附属设施。因南伊邦拉抵边安置点涉及边境管控，经多方协调沟通，已于2019年5月31日正式进场，11月中旬实现入住，其他9个安置点均实现入住，4个安置点待群众入住。耕地配备。优先征收村集体或农牧民群众熟地，不足部分再进行新开垦，共完成耕地征收及新开垦1974.01亩，人均耕地达1.753亩。产业配套。截至2019年底，共完成796.98亩耕地种植工作（新种植556.34亩，240.64亩为青苗补偿）。

2019年1月10—12日，米林县三岩办会同各行业部门相关人员对派镇、丹娘乡、米林镇、扎绕乡、里龙乡、卧龙镇10个安置点安置房进行初步验收

完成仙村、茂公2处安置点荞麦种植636.5亩，雪卡安置点箭舌豌豆种植540.53亩。其他生活资料配备。为搬迁群众配备部分家电和家具及各类生活必需品，为搬迁群众统一制定安装领袖像和国旗，为搬迁群众统一发放卫星直播设备。

【搬迁入住工作】 有序推进搬迁群众安置入住。7月以来，米林县分批实施搬迁群众安置入住工作，实行包片乡(镇)县级领导具体负责，涉迁乡(镇)和各部门强化服务管理和信息对接，组织乡镇干部和村"两委"班子成员确定帮扶对象，将责任、服务等工作落实到人，确保全县"三岩"搬迁安置工作安全有序。截至2019年底，安置入住"三岩"搬迁群众165户936人，剩余38户252名"三岩"群众待条件成熟并根据市三岩办统一部署实现陆续安置。

入住工作开展情况。积极开展回访及各类宣教工作，搬迁群众入住后，根据各安置点实际情况，在安置点成立临时联户单位、临时党支部，派驻临时驻村工作队。涉迁乡(镇)包片县级领导、负责人进行搬迁群众回访工作，并组织相关部门开展政策法规、扫黑除恶、感党恩等各类宣传教育活动490余场次。为丰富搬迁群众的业余文化生活，组织相关部门到安置点开展"不忘初心、牢记使命——共产党来了苦变甜"文艺巡演10余次。切实为群众办实事，解难题，组织施工单位深入各安置点，对房屋细节进行检查，并对因使用不当等因素造成的损坏进行修复和更换。结合米林现状和各安置点实际布置了相关产业，已入住的安置点以政府补贴、群众自建的模式修建了牲畜暖棚，已完成90%。结合市委产业发展的方向和总体规划和部署，引导搬迁群众切实转变观念，发展产业，带领乡镇及"三岩"搬迁群众共16人到林芝种畜场对新品种奶牛进行考察学习。对羌纳巴嘎安置点66亩耕地和巴嘎村群众的分散耕地进行最大化的平整和客土，至2019年底已完成20%。为191户农业安置户每户修建60平方米的蔬菜暖棚建设项目已完成设计，开始着手实施。各安置点美化、亮化完成前期工作。

（米　玛）

2019年12月6日，米林县第五批"三岩"搬迁群众安置入住现场

【机构领导】

县人大常委会副主任、三岩办主任

索　朗(藏族)

县政协副主席、三岩办副主任

巴　桑(藏族)

中波台

【概况】 2019年,米林中波台在局党委的统一部署和各处室的正确领导下,按照"把党和国家的声音传入千家万户"的宗旨,紧紧围绕"安全播出"这一核心,进一步增强政治意识、大局意识和责任意识,在全台干部职工的努力下,完成2019年度各项工作任务。米林中波台建于1993年3月,台区占地总面积为6825.1平方米,机房占地为523.76平方米,2栋住宅房面积为1252.39平方米,办公楼占地面积为304平方米。2019年,全台共有在职人员19名,其中男职工10名,女职工9名;汉族6名,藏族13名;本科以上学历16名,专科以上学历3名;中级工程师4名,助理工程师13名。

【安播工作】 2019年,米林中波台在转播期间未发生任何停播事故,台里转播四套节目。根据发射机实际运行情况,共对发射机进行37次小检、7次中检、3次大检,其中发现处理故障3次,排查发现安全隐患2处。定期不定期地组织模拟突发事件演练共7次,确保每个值班人员熟悉掌握预案和流程。

【业务培训】 2019年,米林中波台共有6人参加由自治区新闻出版广电局政工人事处举办的中波实验台管理人员综合业务培训班、中波台、实验台专业技术人员业务培训班以及总局无线局第二批到藏授课等培训。每周二的检修时间(除重要播出期),如发现发射机故障,则由台长、副台长和机房主任带领技术骨干共同分析产生故障的原因和解决故障的办法,并将每周三下午定为业务学习日,年度人均累计学习共90多学时(含巡检巡维期间厂家培训及专业技术人员继续教育公需科目培训课程),通过一年的学习,对台内干部职工的业务技能有一定的提高。

2019年10月1日，米林中波台开展庆祝中华人民共和国成立70周年文艺会演

【自身建设】 2019年,米林中波台党支部在严格执行局党委和新闻出版广电局中波处统一部署的基础上,严格按照米林县委党委的要求,以中共十八届三中、四中、五中、六中全会精神以及中共十九大精神为指导,深入贯彻落实习近平总书记关于全面从严治党的重要指示精神,以"两学一做"学习教育为契机,努力工作,廉洁自律,团结全台干部职工,在没有党建经费下知难而进,完成上级交给的各项党建工作任务,实现各项工作目标。认真贯彻落实县委、县政府关于学习和落实"两学一做"的各项文件精神及要求,把中共十九大精神贯穿于单位整年工作当中,并取得比较明显的思想认识成果、实践成果和制度成果。

(蒋晓东)

【机构领导】

台　长

欧丽锋

副台长

王军陆

机房主任

蒋晓东

农业农村·林业·水利

农业农村

【概况】 年内，米林县农业农村局深入贯彻落实习近平新时代中国特色社会主义思想，中共十九大，中共十九届三中、四中全会精神，深入贯彻落实习近平总书记治边稳藏重要战略思想和加强民族团结、建设美丽西藏的重要指示精神，扎实开展“不忘初心、牢记使命”主题教育，紧紧围绕全县“旅游兴县、实干立县、产业融合、富民强县”的发展战略和“1251”发展思路，各项工作取得长足进步。2019年3月，米林县机构改革，米林县农牧局更名为米林县农业农村局(科学技术局、乡村产业发展局)，下辖农技推广站、兽防站、草原监理站3个全额拨款事业单位，共有干部职工31名，其中行政干部8名，事业干部19名，工人2名，公益性岗位2名。

2019年8月21日，中科院专家组一行到米林县卧龙镇开展印加孔雀草防治知识宣讲活动

【农业生产】 2019年，全县农作物总播种面积5.49万亩，其中小麦2.8万亩，青稞1万亩，油菜0.29万亩，玉米0.5613万亩，蔬菜0.5万亩，饲草料0.3387万亩。全县粮食总产量10295.6吨，其中青稞1799.4吨、小麦6565.3吨，油菜产量472.3吨，蔬菜产量1599.2吨。

【牧业生产】 2019年，全县牲畜存栏数151789头(只、匹)，其中，牛69027头、羊3338只、猪71992头、马7432匹。禽存栏53580羽。全年肉类产量1613.6吨。切实做好动物“四关”检疫和重大动物疫病防控工作，全年共检疫牛238头，猪222头，鸡12790羽。认真开展春、秋两季重大动物疫病防控和非洲猪瘟防控工作，全县应免牲畜W病94969头(只)，免疫率为100%，为农牧民增收提供安全保障。

【农牧业项目建设】 2019年，全县农牧业续建项目有13个，其中常规农牧业项目10个，科技类项目3个，总投资9920万元，其中国家投资6480万元,配套(自筹)资金3440万元,分别为米林县重大动物疫情及冷链设施建设项目、米林县草原防火设施建设项目、米林县2017年人工种草与天然草场改良建设项目、米林县2018年人工种草与天然草场改良建设项目、林芝市米林县灵芝菌生产基地建设项目、米林县藏猪养殖基地建设项目、米林县扎绕乡雪巴村尼布沟藏猪扩繁核心养殖基地民生建设项目、米林县4个乡镇农牧业防抗灾物资储备库建设项目、林芝市米林县优质蔬菜生产基地建设项目、林芝市米林县优质水果种植基地建设项目、米林县黑木耳地栽技术的示范应用与推广项目、“林芝灵芝”标准化种植示范基地建设项目、米林县藏香猪科学饲养与规模化养殖技术示范项目。截至2019年底,竣工项目9个,竣工待验项目3个,在建项目1个。

【特色产业】 藏猪产业。2019年底,全县藏猪存栏数71992头,其中能繁母猪9952头,育肥猪(含仔猪)62040头。共有藏猪养殖企业1家(林芝银丰农牧科技有限公司),藏猪养殖合作社9处及新建1处标准化养殖扩繁基地(扎绕乡雪巴村尼布沟标准化藏猪养殖扩繁基地),养殖大户100户、散养户1000户。投入700万元藏猪产业资金,新建3处藏猪养殖合作社,投入100万元用于扶持50户养殖大户,援藏投资265万元,在丹娘乡仲萨养殖扩繁基地新建有机肥加工厂。

订单农业。以西藏可心农业发展有限公司在米林县落户为契机,利用青稞、苹果进行酱油、醋、果汁生产加工,解决全县青稞和水果销售渠道问题,提升水果青稞种植产品附加值,增加群众收入。经与可心农业发展有限公司对接,全年预订收购水果6.5万千克(以2.4元/千克的价格)、青稞36万千克。

2019年12月23日,米林县农业农村局组织党员干部到卧龙镇日旭村、日村、仙村开展“献爱心、送温暖”结对帮扶活动

产业调整结构。结合雅鲁藏布大峡谷景区、南伊沟风景区,在米林镇热嘎村至派镇公路沿线,以旅游带动产业结构调整,使油菜种植业不仅成为观光风景,更成为可加工销售食用的产品。增加油菜播种面积,采取补贴的方式,动员群众进行油菜种植,完成种植6000亩,种植品种为陇油7号(属1级种子田良种)。

小庭院大产业。充分利用现有土地资源,在挖掘成片水果种植基地的基础上,发展庭院水果产业,全县范围内种植庭院水果7826株,其中“三岩”搬迁庭院水果种植2436株,6个重点村种植5390株,投入资金176.63万元。

【落实支农惠农政策】 村级兽防员补助。2019年,全县共有村级兽防员107人,每人每月补助1000元,其中66人补助资金由自治区财政承担,41人补助由县级财政承担。村级兽防员工资实行按月发放,全年兑现128.4万元。

科技特派员补贴。2019年,全县共有科技特派员134人,每人每年补助6000元,共兑现补助资金计80.4万元。

草原生态保护补助奖励机制。2019年,全县草奖补助资金以“一卡通”形式兑现到户,兑现草奖补助共计614.17万元(其中草畜平衡奖励资金603.91万元,村级草原监督员补助10.26万元)。

【农村土地承包经营权确权】 2019年,米林县农村土地确权工作已完成农村土地承包测绘、两轮公示、整改工作，共涉及61个行政村、99个村民小组、3796户人口，实测承包地37245个地块、面积共63282.54亩，完成签订承包合同确认书3746份。以南伊珞巴民族乡南伊村为试点，颁发经营权证书34本，为南伊村2户发放2笔农村承包经营权抵押贷款，共58万元。完成对8个乡（镇）的数据库建立以及合库工作，并顺利向自治区、农业农村部汇交。完成3746户一户一档资料的归档工作。顺利通过市级、自治区级验收，颁发证书3746份，已完成100%颁证率。完成交接农村土地承包经营权确权登记颁证档案综合管理类18盒793件（其中永久16盒577件，长期1盒54件，短期1盒162件），以及照片档案60张。

2019年11月4日，米林县农业农村局下派技术员到羌纳乡林巴村标准果园为群众开展苹果种植技术培训

【农村集体产权制度改革】 2019年，米林县农村集体产权制度改革工作完成全县1个居委会、66个行政村、68个小组的农村集体资产清产核资系统数据录入工作，系统内账面总资产共149125345.8元，其中经营性资产56042899.51元、非经营性资产93082446.29元，现金7019736.59元，负债3187310元。集体土地总面积201564.33亩，其中，农用地总面积179150.22亩。相继制定《米林县农村土地流转交易程序》《米林县农村土地流转制度》《米林县草场承包经营权流转程序》等规章制度，规范流转程序，截至2019年底，全县土地流转面积29950亩，其中企业流转土地24366亩，农户流转3187亩，年均流转收益1200余万元。林芝盛世农业科技有限公司在羌纳乡林巴村种植现代化标准果园约1050亩，林芝银丰农牧科技有限公司在羌纳乡朗多村流转土地2200亩，林芝喜路高原农业科技有限公司在米林镇邦仲村江心岛流转土地1276亩。

【农村人居环境整治】 2019年，米林县按照自治区农村人居环境整治工作总体部署安排，把改善农村人居环境整治作为“一把手”工程来抓，及时成立以县委书记为组长、政府县长为常务副组长、分管领导为副组长，相关部门和各乡（镇）组成的农村人居环境整治三年行动领导小组，

藏猪养殖

并制定出台《米林县农牧区人居环境整治三年行动方案》，明确分工、量化任务，为开展人居环境整治工作奠定坚实基础。结合边境（非边境）小康村建设、援藏等多渠道统筹整合资金4.9亿元，其中边境小康村建设资金42825万元、非边境小康村建设资金1980万元、援藏投资4186万元，大力加强农牧区基础设施建设。申报林芝市米林县2019年农村人居环境整治项目，项目总投资2000万元，为中央预算内投资。

（林 瑶）

【机构领导】
米林县农牧局
党组书记、局长
旦增晋美（藏族，8月离任）
党组成员、兽防站站长
米玛次仁（藏族，8月离任）
党组成员、副局长
叶志文（珠海援藏，7月离任）
副局长
贡兰珠（藏族，8月离任）
江 勇（8月离任）
米林县农业农村局
党组书记、局长
旦增晋美（藏族，8月任职）
党组成员、兽防站站长
米玛次仁（藏族，8月任职）
党组副书记、副局长
董尚智（珠海援藏，8月任职）
党组成员、副局长、科学技术局局长
贡兰珠（藏族，8月任职）
党组成员、副局长、乡村产业发展局局长
江 勇（8月任职）

林业和草原

【概况】 米林县林业和草原局为正科级行政机关。2019年3月，米林县机构改革，县林业局更名为林业和草原局，内设森林公安局（森防办）、林业工作站、局办公室（生态补偿脱贫组）、林政股（野保办）、营林股（产业室）、财务室等，实有工作人员33名。

【队伍建设】 2019年，县林业和草原局党支部发展入党对象4名，收缴党费2897元。开展“四对一”结对帮扶工作5次，看望慰问建档立卡贫困户12户，送去米、面、油、砖茶等慰问物品价值4680元，资金来源为帮扶责任人捐款。组织党员干部集中观看《全面从严治党在西藏》《建国大业》《国庆阅兵式》《榜样4》《决不饶恕》等。

【林改与创森工作】 2019年，县林业和草原局完成集体林地勘界4.53万亩，完成林地勘界3154.4亩。林改内业工作涉及22项资料，已全部完成整理归档，并移交县自然资源管理局。县创森办依托林芝市第十七届桃花旅游文化节，于3月31日组织开展以“争创国家森林城市，守护米林绿水青山”为主题的创建国家森林城市宣传签名活动，向广大市民传播“爱绿、护绿、建绿”意识和创森理念，倡导每一位出席嘉宾、游客、农牧民群众争做创建国家森林城市的实践者，为创建国家森林城市贡献自己的力量。通过现场宣传创森知识，共100余人参与此次承诺签名活动。10月22日，组织召开专题会议研究米林县森林城市创建项目实施方案编制工作，米林县创森工作正式启动。12月完成米林县森林城市创建项目实施方案初稿。

【林政管理】 2019年，县林业和草原局以世界湿地法宣传日、世

2019年7月20日，西藏自治区林草局副局长刘学庆（中）在米林县查看朗多森林人家项目进度情况

界环境日、中国消防宣传日等宣传活动日及3月综治宣传月为契机，强化森林资源保护宣传，共发放宣传页、宣传手册、宣传布袋等宣传物品6000余份。在重点林区、重点沟口、重点路段及旅游景区共设立宣传牌60个，喷绘宣传标语36条，制作并张贴宣传贴画150余份。根据《米林县生态效益补偿实施方案》，兑现2019年度森林生态效益补偿资金共3202余万元，其中公益林专业管护人员工资108.72万元。持续跟进环保督察问题整改工作，督查米林镇“慈曲邦”（音）山上采挖点生态恢复情况，经核查植被成活率较高，达到80%以上。县森林公安局相继开展了敏感时间段排查、林区矛盾纠纷大排查、林区火险隐患排查等一系列活动，通过深入宣传和开展林区社会面防控，取得良好效果，共查处林政案件34起，罚款686526.8元，征收林地林木补偿费1895.43万元。

2019年3月12日，米林县组织县直50家单位在县特困人员集中供养服务中心进行春季义务植树造林活动

完成米林县林业有害生物防控体系建设项目终验，在8个乡镇实施喷药预防工作，共使用药物复硝酚钠、噻虫啉各40箱，出动人员80人次、车辆40车次，喷药面积达1600亩。在卧龙镇、里龙乡开展为期40天的印加孔雀草防治工作，有效遏制印加孔雀草蔓延。开展有害生物入侵巡查工作，发现扎绕乡、派镇、南伊珞巴民族乡、米林镇约1000亩高山栎存在叶黄、叶枯现象，并组织实施喷药与隔离防治工作。

强化野生动物保护和管理工作，加强对集贸市场、饭店、餐馆、宾馆和旅游商店的监管，禁止非法采集、采挖珍稀野生植物，坚决杜绝猎捕、收购、出售、经营、加工、食用野生动物现象的发生。组织开展野生动植物产品联合专项检查，未发现野生动植物违法犯罪。

【森林防火】 2019年，县林业和草原局严格落实森林防火行政首长负责制和森林防火分片包干制度，把森林防火相关责任落实到山头、地块，将森林防火工作重心下移到基层村组，真正做到山有人管、责有人担、火有人扑，全年未发生森林火灾。在春节、藏历新年、国庆等重要节假日到来之前召开会议安排部署全县森林防火工作，同时，与8个乡镇签订《2019

2019年4月8日，米林县召开2019年林业工作暨虫草采集管理动员部署会

年森林防火目标责任书》，压实森防责任。局领导按照分片负责的原则带队深入各乡镇、施工单位、重点沟口督促检查指导森林防火工作，全年共开展巡护检查工作300余次。始终将森林防火宣传、教育作为提高人民群众森林防火意识的重要手段，深入各乡镇开展森林防火大宣传，组织林区施工单位进行森林防火培训，全年共开展森防培训47场次1334人。

2019年5月22日，米林县虫草办在卧龙镇虫草采集点开展清山工作

【国土绿化】 2019年，全县累计投入资金3772.29万元，完成造林绿化及产业项目共8300亩，其中包括义务植树2250亩、产业项目1397.5亩、两江四河流域造林4000亩、其他600亩，道路绿化14.5公里（折合面积52.5亩），绿色家园66个村，具体如下：完成总投资1290万元的西藏“两江四河”流域造林绿化工程，米林县2018度人工造林建设项目面积4000亩；总投资459.732万元的米林县岗嘎大桥至萨玉村段公路14.5公里沿线绿化桃花大道建设项目；总投资925.44万元的米林县2019年度经济林木产业建设苹果种植项目；总投资600万元的米林县2018年度397.5亩麦朗村周边林业产业项目；米林县2019年春季义务植树2200亩；投资464余万元组织8个乡（镇）、48个村、3487户种植24386株庭院经济苗木项目；投资150万元的米林县2018年度15000亩森林抚育项目。

【生态脱贫】 2019年，县林业和草原局作为县生态补偿组牵头单位，组织各乡镇按照定岗、定员、定责、定酬原则，对生态补偿脱贫岗位遴选、对象安排、签订岗位责任书工作台账管理、建立绩效考核制度等方面开展全面排查。生态岗位所属各行业单位对生态岗位职责进行再明确、再修改，并制定《米林县生态补偿脱贫岗位管理办法（试行）》，做到岗位职责科学合理，符合实际情况。对各行业上岗位证经行修改校订，做到言简意赅、通俗易懂、藏汉双语齐全，方便贫困群众掌握。同时，为提高护林员基础理论知识水平和操作技能水平，于8月9日至9月7日在新曙光职业技能培训学校举办米林县建档立卡户护林员培训班，共44名建档立卡生态岗位人员参训。

2019年6月27日，米林县召开建设项目使用保护地、林地政策法规培训会

米林县2019年生态岗位指标3525个(其中自治区统筹岗位2525个,市级林业生态岗位1000个),2019年上半年实际落实生态岗位3387个(其中建档立卡户809人,低收入群众2578人)。下半年根据《西藏自治区"十三五"时期生态补偿脱贫实施方案》《西藏自治区脱贫攻坚指挥部关于印发进一步规范生态补偿脱贫岗位管理工作的补充通知》《关于全区生态补偿脱贫岗位低收入标准测算有关事项的通知》等文件精神,对生态岗位进行重新认定,落实生态岗位759个(其中建档立卡户734人,低收入群众25人)。全年完成兑现岗位资金725.4917万元。

(杨向勤)

【机构领导】

局　长

陈 永 生(7月任职)

副局长

永珠次仁(藏族,7月任职)

邹　　林(7月任职)

森林公安局局长

乔 尼 玛(珞巴族)

森林公安局教导员

罗布江才(藏族)

林业工作站站长

伟　　色(女,藏族,7月任职)

林业工作站副站长

吾金次成(藏族,9月任职)

水利

【概况】 年内,米林县水利局深入贯彻落实中共十九大和习近平总书记重要讲话精神,根据自治区、林芝市工作安排,围绕水利基础设施建设,农村饮水安全巩固提升等项目,不断提高全县防洪体系、水土流失治理等水利基础设施建设水平,扎实推进水利扶贫工作,全面落实河长制、河道治理、水土保持、水资源管理、农村饮水安全、防汛抗旱等各项重点工作,不断提高干部职工及群众的水利工程管护意识,狠抓防汛抗旱、灾后重建、饮水安全、水土保持、行政执法以及河(湖)长制等各项工作,水利各项事业发展平稳,为全县社会经济发展创造良好的水利环境。米林县水利局为正科级行政机关,内设2个机构,分别为水利服务站、水利质量与安全监督站。2019年,县水利局共有编制8个,实有工作人员17名,其中正科2名、副科3名、科员9名、工人1名、公益性岗位2名。

【河流湖泊状况】 米林县地处雅鲁藏布江中游,位于念青唐古拉山脉与喜马拉雅山脉之间。雅鲁藏布江在米林境内主流长250千米,由西向东横贯全境。境内有雅鲁藏布江一级支流47条,50平方公里以上河流58条,其中较大的支流有普龙河、里龙河、南伊河、丹娘河、比扑河、扎绕河等17条河流,各条支流总长度为1077千米。米林境内湖泊4个,分别为卓莫措布、嘎沙当嘎措、措木纠、格嘎措,湖面总面积2.268平方千米,均在无人区。

【防汛抗旱】 2019年,县水利局按照"以预防为主、常备不懈"的防汛指导思想,扎实开展汛前隐患排查工作,对全县在建、已建的水利工程和主要河流、沟道进行全面大排查,共排查隐患19处。与县国土局、气象局签订防灾减灾联动合作协议书,建立灾情信

2019年1月16日,西藏自治区水利厅党组副书记、厅长孙献忠(右四)一行到米林县调研江心岛和扎绕乡2018年受灾情况。林芝市水利局党组书记、副局长侯贵收(左一),米林县政府副县长乔直达(右二)陪同

2019年11月13日，西藏自治区人大常委会代表人事选举工作委员会主任刘建敏（右二）一行到米林县检查雪卡防洪堤工程进展情况，米林县委常委、人大常委会主任陈绪全（左一），县政府副县长西热江才（左二）陪同

息共享机制，共同提高灾害预警能力，最大程度减轻和避免各种自然灾害造成的损失。为进一步提高全县应急救援队伍的实战能力，增强广大群众的防灾避灾意识和自救、互救的能力，有效避免群死群伤事件，11月4日组织县直各单位、各乡（镇）开展山洪灾害培训会。为应对米林县汛期复杂多变的气候形势，积极申请县级财政落实防汛资金27.8万元，采购制作折叠式铅丝笼320个，PE管道1900米，编织袋3万条。

【水利工程建设】 2019年，县水利局组织实施项目共15个，其中续建项目5个，新建项目10个，项目总投资1.38亿元。

续建项目。扎热灌区工程总投资1821万元，总灌溉面积3528亩，新建取水枢纽4座、水塘1座、渠道16.48千米，新建各类渠系建筑物117座，2019年底资金拨付进度达70%；2018年小型农田水利工程概算批复总投资1005.01万元，新建取水枢纽6座，新建管道总长4.88千米，新建钢筋混凝土渠道20.112千米，配套渠系建筑物262座。2019年底市财政局项目评审中心已完成该项目外业测量，待下达评审结论，该项目资金拨付进度达85%；西藏自治区防汛抗旱物资储备库米林代储点工程概算批复总投资1000万元，于2019年7月完工，2019年底该项目资金拨付进度达85%；米林县“三岩”搬迁安置点人饮工程概算批复总投资1236.19万元，新建取水口5座、供水管道317313米、入户管道15790米、蓄水池6座、背水台259座，2019年底已完成财政评审，资金拨付进度达95%。

新建项目。2018年土地出让金项目（卧龙镇阿拉塘人饮维修工程、卧龙镇真多村桑培村灌溉渠道改造工程、羌纳乡西嘎灌溉渠道维修工程、卧龙镇普龙村防洪堤工程）概算批复总投资521万元，于2019年9月完工，2019年底资金拨付进度85%；米林县2019年水利工程运行和维护项目概算批复总投资617.9万元，于2019年11月17日完成合同工程验收，2019年底资金拨付进度达70%；米林县羌纳乡巴嘎防洪堤水毁修复工程概算批复总投资747万元，新建堤防47米，修复加固堤防长度1820米，清淤2万立方米，项目于2019年8月完工，2019年底已完成初验，资金拨付进度达85%；派镇河道治理修复工程（2018年水利工程运行与维护资金）批复总投资287万元，修复堤防总长814米，设置潜坝7处，河道清淤656米，项目于2019年5月底完工，2019年底完成初验，资金拨付进度达85%。米林县里龙乡防洪堤修复工程（林芝市2018年抗旱补助项目）批复总投资229万元，治理河道长0.55千米，新建钢筋混凝土堤防0.52666千米，新建下河梯步2座，工程于2019年6月完工，2019年底完成初验，资金拨付进度达85%；羌纳乡色哦村山洪沟治理工程批复总投资1000万元，综合治理河道总长4.39千米，新建堤防4.6千米，河道疏浚长1.84千米，新建交叉建筑物29座，工程于2019年12月26日完成合同工程验收，资金拨付进度达61%。米林县本级财政人饮巩固提升工程批复总投资843万元，对米林县4个乡镇（卧龙镇、里龙乡、扎绕乡、派镇）的24个村庄986户4240人的饮水工程进

2019年10月24日，林芝市政协主席谢英（右一）到米林县检查河长制工作，米林县政协主席刘安奇（左二）等陪同

行维修,2019年底资金拨付进度达85%；米林县丹娘乡河道治理工程批复总投资780万元,治理河道2千米,新建左岸堤防1.73千米,河道疏浚长2千米,新建下河梯步4处。该项目于2019年12月26日完成合同工程验收,资金拨付进度达56.8%；米林县派镇索松村灌溉工程（农业水价综合改革试点项目）概算批复总投资1840.5万元,改造取水口1座,敷设输水主管8.12千米、配水主管3.67千米、田间管59.9千米,改造渠道1.40千米,2019年底已完成合同工程量的50%,资金拨付进度达27%；林芝市米林县雪嘎浦曲防洪工程,概算批复总投资917.7万元,项目位于米林县米林镇雪卡村“三岩”搬迁安置点,综合治理河长2.5千米,新建护岸总长2.1千米,河道疏浚0.4千米,新建下河梯步1处,排涝涵管2处,2019年底已完成合同工程量的40%,资金拨付进度达27%。

【专项排查】 2019年,县水利局把扫黑除恶打非治乱专项斗争与水利工作结合起来,重点对水利建设领域和河道采砂领域的涉黑涉恶进行全面排查分析,先后组织局业务技术骨干对全县水利工程建筑工地和采砂场进行拉网式排查共25次,发现处理问题5个,给予行政处罚2起,罚款金额2.7万元,并按规定上交国库。

【河湖长制体系建设】 2019年,按照县委、县政府的安排部署和《米林县全面推行河长制工作实施方案》要求,县河长办紧紧围绕加强水资源保护、河湖水域岸线管理保护、水污染防治、水环境治理、水生态修复、加强执法监管工作任务,认真开展河长制各项工作。及时调整充实河长制工作领导小组和河湖名录,并于7月3日完成米林县13条县级河流和18条乡级河流“一河一策”实施方案编制。加强河湖整治管理,大力开展河长巡河和河湖“清四乱”工作,全年米林县各级河长共巡河810次,其中市级河长巡河2次,县级河长巡河37次,乡村级河长巡河771次,开展“清四乱”活动20余次,共清理垃圾110余吨。加大河道管理执法力度,督促相关企业完善各类手续,共颁发取水许可证2个,采砂许可证6个。县河长办组织对全县河长制工作开展情况进行督导检查,重点检查各级河长履职情况、乡镇河长工作开展情况和资料归档情况4次,派出工作人员24人次。

（边玛德措）

【机构领导】

党组书记、局长

柏 晓 林（5月人选,7月任职）

党组成员、副局长

格桑次仁（藏族,1—4月主持工作,9月离任）

尼玛桑杰（藏族,9月任职）

党组成员

普 琼（6月任职）

副局长

普 琼（6月离任）

赵 文 亮（9月任职）

交通·邮政·通信

交通运输

【概况】 米林县交通运输局为米林县正科级行政机关，下设道路运输管理所。2019年，全局共有工作人员12名。米林县辖区公路总里程828公里，农村公路里程为618.2公里，其中，国省道209.8公里，县道319.1公里，专用公路182.7公里，村道116.4公里。全县三级油路为142公里，铺装路面为375.7公里，四级砂石公路为156.3公里，等外级公路135.5公里，农村公路桥梁76座。全县8个乡镇67个村居，实现乡镇通畅率100%，行政村通达率100%，行政村通畅率达80.5%。

【续建项目建设】 米林镇帮仲村至S306接口道路硬化工程，路线全长2.176公里，项目总投资384.8935万元，于2017年10月25日开工建设，2019年底完成投资384.8935万元，完成总工程量的100%。

里龙乡巴让村至帮则村公路硬化工程，路线全长8.155公里，项目于2017年11月3日开工建设，2019年底完成投资2790.1024万元，完成总工程量的100%。

莫洛村至桑格尔桑坡村至朗贡村公路改建工程，路线全长37公里，项目于2017年11月14日开工建设，2019年底完成投资21734.3113万元，完成总工程量的90%。

卧龙镇本宗村至普龙村公路改建工程，路线全长12.941公里，于2018年6月15日开工，项目总投资3410.1065万元，2019年底完成投资3410.1065万元，完成总工程量的100%。

里龙乡G219线至才巴村公路改建工程，路线全长1.139公里，于2018年6月初开工，项目总投资1714.3022万元，2019年底完成投资1628.587万元，完成总工程量的95%。

米林县派镇至直白村公路改建工程，路线全长21.251公里，于

2019年7月10日，林芝市交通局局长袁玉东（右一）到米林县交运局协调交通项目涉及电线杆迁移事宜

2019年8月11日，米林县交运局在客运站开展“打击非法运营车辆”宣传活动

2018年6月初开工，项目总投资8071.4502万元，2019年底完成投资7425.7341万元，完成总工程量的92%。

卧龙镇念那村公路新建工程，路线全长6.121公里，项目总投资427.2584万元，于2017年10月25日开工建设，2019年底完成投资427.2584万元，完成总工程量的100%。

卧龙镇娘那村公路新建工程，路线全长10.421公里，项目总投资830.24153万元，于2017年10月25日开工建设，2019年底完成投资830.24153万元，完成总工程量的100%。

卧龙镇尼增那村公路新建工程，路线全长18.042公里，项目总投资1922.3435万元，于2017年10月25日开工建设，2019年底完成投资1922.3435万元，完成总工程量的100%。

普大2号危桥改造项目，桥梁全长68米，项目总投资939.0748万元，2019年底完成投资939.0748万元，完成总工程量的100%。

格嘎大桥危桥改造项目，桥梁全长98米，项目总投资694.8317万元，2019年底完成投资694.8317万元，完成总工程量的100%。

卧龙大桥危桥改造项目，桥梁全长28米，项目总投资292.6796万元，2019年底完成投资292.6796万元，完成总工程量的100%。

扎绕乡江热村至扎村公路改建工程，路线全长7.346公里，于2018年6月17日开工，项目总投资2590.3694万元，2019年底完成投资2590.3694万元，完成总工程量的100%。

派镇松派大桥至吞白村公路改建工程，路线全长4.395公里，于2018年6月初开工，项目总投资1004.2677万元，2019年底完成投资1004.2677万元，完成总工程量的100%。

【新开工建设项目】 米林县扎绕乡米林大桥至甲玛村公路整治工程，路线全长4.72公里，项目总投资346.8935万元，于2019年12月开工建设，2019年底完成机械设备进场工作。

米林县扎绕乡甲玛村至雪巴村公路整治工程，路线全长12.84公里，项目总投资417.5755万元，于2019年12月开工建设，2019年底完成机械设备进场工作。

米林县帮仲江心岛钢栈桥建设项目，总长162米，净宽4米，项目总投资600万元，于2019年9月开工建设，2019年底完成投资600万元，完成总工程量的100%。

巴嘎1号桥危桥改造项目，总长126米，宽8米，项目总投资1268.8245万元，于2019年7月开工建设，2019年底完成投资761.2947万元，完成总工程量的60%。

丹娘2号危桥改造项目，总长86米，宽8米，项目总投资1245.0525万元，于2019年7月开工建设，2019年底完成投资622.526万元，完成总工程量的50%。

雪卡桥危桥改造项目，总长23米，宽8米，项目总投资233.3707万元，于2019年7月开工建设，2019年底完成投资130.687万元，完成总工程量的56%。

【农村公路养护】 2019年，米林县农村公路日常养护工作以路面养护为中心，推行精细化养护、规范化管理，加大养护机械和人员投入力度，同时制定《米林县农村公路养护实施方案》，采取聘任农村公路专业养护员+公路养护生态岗位的方式，开展好日常养护工程。

对大仲线里泽线重点路段受损挡墙进行修复，投入资金202509元；对江北公路仙村困难路段整治，投入资金186978元；对农村公路林达线坡面进行主动防护，投入资金760万余元；对琼林村安置点南伊天边线道路进行养护，对损坏的道路坑挖槽填充、对部分路段拓宽，对1座老旧钢架桥进行更换，累计养护7.9公里，投入资金38万元。

实施生命防护工程6个，投入资金2600万元，设置波形护栏8612米，安全标识牌439个，混凝土护栏14085米、广角镜16个、轮廓标1280根、警示柱4个。在6个安防工程中，加拉村安防工程因2018年灾毁全线移至里泽线、卧龙村线200米安防工程因部队原因移至里泽线。

【道路运输(海事)工作】 2019年，县交通运输局联合市交通综合执法局对全县非法运营车辆进行严厉打击，特别是对大峡谷景区及县城客运站非法运营车辆载客行为进行打击处理，共出动执法人员32人次，执法车辆12辆次，查处涉嫌非法营运车辆4台(罐车)，依法暂扣非法营运车辆1台，有效确保乘客出行安全，规范了客运市场秩序。开展道路交通安全及文明驾驶宣传教育，在重要时期对乘客实名制登记，对跨市县班线车辆GPS使用及临时载客情况进行管控，对县城内19家汽车修理厂逐一排查，严格把控和整改县城汽修厂无证经营现象，确保道路运输安全。完成国有农村客运公司的组建工作，成立米林县城祥客运有限公司，完成全县29辆班线运营车辆的收购工作，推进道路运输体制改革工作。

【路政管理】 2019年，县交通运输局组织开展《中华人民共和国公路法》和路政法规知识宣传活动，共开展宣传活动3次，发放宣传材料140份。在群众中广泛宣传路产路权知识，增强群众爱路护路意识。以江北公路岗米段为重点，积极开展路产路权登记工作，对沿线施工单位开展路产路权保护宣传教育，检查占用公路附属设施情况，有效维护路产路权的完整。制订路长制工作方案，形成县级、乡级、村级路长制工作制度，进一步加强农村公路管理，不断强化群众爱路护路意识，为维护路产路权完整打下坚实的基础。

【安全生产工作】 2019年，县交通运输局把日常宣传教育活动和安全生产宣传教育“八进”活动相结合，向群众积极宣传道路交通安全、乘坐非法运营车辆危害、预防灾害发生等相关知识和常识，进一步提高群众安全出行、日常维护国家安全以及保障自身安全的意识，进一步提升群众防范各类安全事故特别是道路交通安全事故的能力。在日常路检路巡的基础上，对全县道路安全隐患进行排查，重点排查摸清全县农村公路15个临江临崖路段，对排查发现的3处隐患点(共计62.5米)设立警示标牌并制订养护计划，预防道路交通安全事故发生，有效保障村民出行安全。对复工的交通建设项目进行质量和安全生产检查，出动人员78人次，针对环境保护、工程质量、森林防火、安全生产等方面督促施工单位落实好安全生产主体责任，切实保障项目施工安全。

(刘 婷)

【机构领导】

党组书记、局长

冯 椿

党组成员、副局长

益西洛瑞(藏族)

副局长

次仁扎西(藏族，9月任职)

道路运输管理所副所长

扎西拉宗(女，藏族)

申文泰

公路养护管理

【概况】 年内，米林公路养护管理段在林芝公路分局的正确领导下，全面贯彻落实中共十九大，中共十九届二中、三中全会精神和习近平总书记系列重要讲话精神，认真开展“不忘初心、牢记使命”主题教育、“两学一做”学习教育，认真贯彻“十三五”期间“改革攻坚、养护转型、管理升级、服务提升”的工作方针，坚持以“四个全面”战略布局，坚持牢固树立五大发展理念，坚持稳中求进工作总基调，坚持公路养护、管理、服务、安全四位并举，以规范化养护为目标，以改革创新为动力，不断提升公路养护和管理水平，提高养管公路通行能力和服务水平。

2019 年，米林公路养护管理段下设 7 个股室、3 个工区，管养里程共 226.913 公里，其中，S505 线 57.05 公里，G219 线 169.864 公里（岗派公路 82.667 公里、米林机场—卧龙 87.197 公里）。共有在职职工 112 名，其中在职正式职工 65 名，非事业编制合同工 40 名（补员），公益性岗位 7 名。有离退休人员 62 名；全段有党员 20 名，其中聘用工党员 4 名。

2019年6月25日，米林县公路养护段工作人员对路面进行修补

【公路养护生产】 2019 年，米林段为切实加强公路养护工作，坚持“畅通主导、服务为本、安全至上、创新引领”十六字工作方针，紧紧围绕构建“畅、安、舒、美、绿”行车环境，紧扣“创新、发展、规范、勤俭”工作主题，更新理念，以精细化养护管理为手段，以年初制定的养护工作目标为出发点，创新理念，厘清工作思路，养护工作开展得扎实而有成效。

日常保养工作量。整理路肩 128557 平方米、整理边坡 42594 平方米、修剪路肩杂草 27990 平方米、路肩培土 2133 立方米、清理边沟 565993 米、清理排水沟 36775 米、清理截水沟 15330 米、清理挡墙杂草杂物 16363 平方米、清理护坡杂草杂物 144980 平方米、清理边坡杂草杂物 257236 平方米、清理挡墙泄水孔杂草杂物 1043 个、清理泥石流堆积物 85.4 立方米、调查路基病害 4481 公里、清扫路面 4072793 平方米、路面排水 594.8 平方米、清除积雪 59 立方米、清除积冰 312 平方米、清除积沙 248 立方米、铺防滑料 58.8 立方米、路面调查 5239 公里，巡视查路、查灾 43454 公里，备防滑料 56 立方米、铺撒融雪剂 6.55 吨、清理白色垃圾 6232.9 千克、清除污泥 17.7 立方米、清除杂草杂物 78721 平方米、疏通涵洞 249 道、养护伸缩缝 1262.3 米、疏通清理桥梁泄水孔 1548 个、桥涵日常检查养护 456 座、维护交通安全设施 32 块、清洗交通安全设施 10 块、检查标志标牌 165 块、标志标牌丢失补装 3 块、清理排水沟管 2720 米、清理供水管道 1050 米、检查库房安全及消

2019年7月14日，米林县公路养护段组织人员对丹娘乡鲁霞村桥梁进行基础加固

防设施28次，补充、更换安全消防设施93个，打扫工区院内卫生2830平方米。

完成小修保养工作量。局部修理挡土墙6.27立方米、局部修理路肩墙98.18立方米、局部修理护坡94立方米、局部修理排水系统395.6立方米、修补路基缺口148.09立方米、清除零星塌方299.64立方米、处理沉陷2.88平方米、开挖土质边沟572米、龟裂202平方米、裂缝39432米、坑槽4029.7平方米、松散330.2平方米、沉陷3025平方米、拥包147.48平方米，修理桥头、涵顶轻微跳车139.8平方米，修补栏杆扶手2米、修补桥面20.87平方米、修补墩台240.7立方米、修补防护圬工336.36立方米、修理涵洞和进出口损坏2.01立方米、清理河床6495立方米、维修导流堤181.61立方米、维修桥墩及桥台护坡148.11立方米、增设警示桩32根、新增标志牌14块，油漆粉刷S505线、G219线标志标牌125块、桥涵及附属设施5925.08立方米，维修交通安全设施127块、更换护栏立柱41根、更换里程碑4块、更换双坡护栏526米、安装护栏端头21个、更换标志标牌板面9块、S505线改线设置里程碑58块，对G219线岗派路K0—K70进行路面标线划设，缺株补植110株、存活率达70%；平均出勤率为91.19%，平均出工率为89.17%，优良路率为S505线84.2%、G219线77.3%，米QI值：S505线85.4、G219线84.1。

桥梁养护。米林段严格落实制度，明确责任，以经常性检查与专项检查相结合、现场调查与建档分析相结合的工作方法，认真开展桥梁管养工作，辖区桥梁管养处于可控状态。共管养桥梁50座，2471.76延米，其中大桥3座、中桥17座、小桥30座（其中钢架桥1座）。该辖区一、二类桥梁40座，三类桥梁7座，四类桥3座；一、二类桥梁占桥梁总数的80%；三类桥梁占桥梁总数的6%，其中里龙1号桥维修加固已完成。巴嘎1号桥、丹娘2号桥、雪卡桥、玉松钢架桥正在改建中。

重大安全隐患处置情况。完成G219线丹娘2号桥保通钢架桥架设加固工作，并及时开展G219线里龙1号桥、单嘎桥、玉松、雪卡2号桥、嘣嘎4号桥桥墩、导流堤维修加固工作。完成S505线布久2号桥，红卫2号桥，G219线羌度岗桥，鲁霞2、3号桥，郎嘎1、2号桥，嘣嘎2、3号桥进行桥底疏通。

【抢修保通】 2019年，米林段冬季受到低温天气和降雪天气的影响，路面多处出现积雪和暗冰，为保障公路安全畅通，各工区人员对结冰路段进行铺撒防滑料、融雪剂以及机械除雪，累计撒防滑料58.8立方米，撒融雪剂6.55吨；夏季受强降雨天气的影响，河水暴涨将G219线丹娘2号桥右侧桥墩冲垮，米林段在分局领导及工布江达段的大力支持下架设36米保通钢架桥及桥墩加固工作，确保岗派公路安全畅通；因河水上涨导致鲁霞2号桥桥台基础冲刷严重，影响到桥梁安全。米林段及时投放6个铅丝笼、砂石140立方米，确保桥梁安全；按照汛期抢险保通应急预案，要求工区在汛期加强道路巡查，及时处置零星塌方等自然灾害；积极储备今冬明春抢险保通物资，储备融雪剂70.9吨，备防滑料191立方米，同时与中石油协商抢险保通用油。

2019年7月，米林县公路养护段对雪卡2号桥进行河床清理

【机械设备管理】2019年,米林段各类设备共计77台,其中中、小型客车14台,装载机12台,中、小型自卸车7台,挖机2台,压路机4台,摩托车2台,轮式推土机1台,洒水车1台,牵引(半挂车)1套,其他养护机械32台套,属待报废车辆19台。有20台机械设备已购买商业险,参保率达67%。截至11月,各类设备平均完好率98.9%,平均利用率36.5%,机械无任何事故发生。

(韩生群)

2019年8月20日,米林县邮政分公司开展内部防抢劫演练活动

【机构领导】

支部书记

蒋秉常

副段长

常立新

姜凤华

李红春

工会主席

加永丁增(藏族)

邮政

【概况】2019年,米林县邮政分公司营业人员6名,投递兼分拣人员2名,揽投1名,安保人员1名,合同员工11名,劳务派遣工18名,乡邮员18名,平均年龄31岁。

【业务完成情况】2019年,米林分公司业务总收入累计完成298.8万元,比上年增长51.74%,完成地区分公司预算的107.56%。代理金融类业务收入完成70.4万元,完成预算94.11%;邮务类业务收入完成27.32万元,完成预算–36.53%;快递类业务收入完成50.27万元,完成预算106.74%;分销收入完成134.77万元,完成预算313.42%;出售品收入完成2.53万元,完成预算63.25%。

【邮务类业务】2019年,米林分公司坚持“做好做实邮务类业务”的理念,积极与相关单位沟通,制作各类宣传资料和宣传手册。同时积极做好报刊发行工作,在县委组织部和宣传部门的重视和支持下,将重点党报党刊分解到各乡镇和县直单位,报刊订阅额达83万元。

2019年9月30日,米林县邮政分公司在白露广场开展主题为“严厉打击电信诈骗,切实保障人民群众利益”的宣传活动,向现场50多名路过的群众讲解信息保护和支付安全、反洗钱内容

【中间类业务】 2019年,米林分公司在做好邮政金融及传统业务的同时大力发展中间业务,在代理车险、交通违章短信提醒业务、交警罚没收缴款、机票等中间业务都取得一定的成效,“思乡月”和各项分销业务也顺利完成了市分公司下达的工作指标。

【信贷业务】 2019年,米林分公司发放贷款6笔,发放金额217.6万元,逐步满足社会扩大再生产对补充资金的需要,为米林县分公司代理金融业务的发展起到良好的推动作用。

【队伍建设】 2019年,米林分公司以提升员工队伍整体素质为目标,服务标准不断改造优化,服务体系不断创新完善,服务内容和方式不断拓展,服务效率和质量不断提高。认真倾听职工的意见和建议,努力提高职工福利待遇,让职工在企业经营效益提高中享受到实惠。

【制度建设】 2019年,米林分公司切实提高企业经营管理风险管控能力,强化基础管理、安全生产、资金票款监管、内控制度等各项基础工作,按照要求对所有储蓄临柜人员和相关人员全部进行强制轮换岗,没有发生过任何安全和资金票款事件。

(格桑措姆)

【机构领导】

总经理

次仁东登(藏族)

副总经理

尼玛扎西(藏族)

电信

【概况】 年内,米林县电信局根据实际情况,严格执行好林芝市分公司的各项工作安排,抓好拉新、签转、清零三项关键目标工作,深耕存量市场拉新,从收入、双规模、双五翼三项大指标入手,围绕相关营销政策开展工作,从存量用户维系向存量用户经营思路转变,保质与规模发展并重,同时在提升客户价值、客户维系上下功夫,促使存量经营出实效,在发展业务量的同时,狠抓实名制等信息安全管理工作,保护用户的信息安全。米林县电信局成立于1998年,位于米林县福州南路4号,隶属于中国电信集团有限公司林芝分公司,下辖县域3个乡镇、7个营业网点,以及卧龙、甲格2个中继站。2019年,米林县电信局共有正式员工6名,其中党员2名,入党积极分子1名,另有乡镇小CEO 3名。

【经营观念转变】 2019年,县电信局做好“以店包片、以店包乡”工作,完成各单元的队伍建设,同时完善考核机制,加大对所有人员的培训。成立客户维系中心,聘请专门的维系人员,加大与分公司存量维系中心的响应,做深、做细存量经营。积极主动地与县城重要关系客户保持良好关系,努力做到经常联系、勤于走访、善于沟通,确保电信业务在重点行业部门中的市场竞争力。充分利用“春季战役2.0”的相关优惠政策,加大融合业务的占比,聚焦迁转融合及畅想套餐的销售,做到行业良性竞争。完善清单化销售服务体系,根据客户的实际需求,制订合理化方案,推销相应的产品。用好激活政策,做好“三无”、

2019年9月30日,米林县电信局举办庆祝中华人民共和国成立70周年文艺会演活动

低零用户的激活，同时加大欠费的收缴力度。

【渠道运营】 2019年，县电信局以市场需求为导向，以用户体验为中心，优化渠道布局，强化渠道协同，以基础纪律、服务意识作为抓手，做好与外包方协作工作，每周三组织业务知识学习，提高全员业务技能和服务能力。对于各类营销方案在推广前、中、后均安排适当的时间组织全员进行学习、探讨，提高员工的业务知识水平及营销能力。

【倒三角支撑】 2019年3月，县电信局成立专业化运营支撑中心，并及时响应小CEO的需求，配合综支中心做好对小CEO的支撑与服务，用逆向考核来掌控支撑。根据综支中心提供的各项经营数据，做好对小CEO的经营指导，为小CEO算好经济账。加强对员工业务与佣金规则的培训，激励小CEO与员工的积极性，提升成就感，改变等、靠、要的工作习惯。

【团队建设】 2019年，县电信局围绕经营考核指标与全面化小改革进行经营分析，寻找更有利的突破口，让首席执行官与员工能实实在在地得到创收、得到改革的红利，获得更高佣金福利。

【日常基础管理及维稳保通】 2019年，县电信局加强和完善员工考勤管理，严格落实林芝电信分公司有关的请假、休假制度，同时实施完成了县电信局“职工之家”的建设，及时增添食堂所缺的用品，解决员工关注的生活问题。在抓好业务收入增长的同时，始终坚持维稳保通工作为第一要务，配合分公司强化网络能力建设，提升网络运营能力，强化通信保障能力，确保通信畅通，加大故障处理的及时性，做好安全保通维护工作。

（次仁央）

【机构领导】

局　长

次仁央（女，藏族）

移动

【概况】 2019年，米林县移动分公司下设自办厅1个，指定专营店2个，社会渠道代理商11家，拥有2G基站131个，4G基站204个，实现全县4G信号覆盖率达85%，互联网覆盖率75%。县分公司有经理1名、客户经理2名、全业务技术支撑4名、渠道经理2名、综合1名。2019年，客户规模达17761户，年累计运营收入2480万元，集团信息化收入约98万元，无线上网收入1325万余元，家宽规模用户达4153户，4G客户渗透率为65.6%，市场份额达58.5%。

【渠道管理】 2019年，米林县移动分公司为积极做好市场营销落实工作，加快提升渠道运营管理能力，保持渠道领先优势，米林县分公司改变原有的直销员地推只发展业务，家宽装维由代维人员进行的固有思维，由渠道经理牵头，以师带徒、系统操作、驻点帮扶等环节过渡性“传帮带”，切实规范渠道操作员服务、业务、流程动作。同时，由全业务及代维技术人员对直销员及自有人员对家宽装维的基础操作进行培训，确

2019年8月10日，米林县移动分公司第二党支部开展慰问贫困老党员主题党日活动

2019年10月30日，米林县移动分公司第二党支部在县福利院开展“冬日送温暖”活动

保直销员及自有人员在下乡地推时可以独立完成家宽的故障处理及安装，不仅增强家宽装维效率，而且大大提升用户对家宽的感知度。与长期无业务贡献的渠道商终止合作，现有渠道均有较好的业务能力。

【客户服务管理】 2019年，米林县移动分公司为规范县公司客户服务工作，建立适应市场发展的服务体系，实现以客户需求为导向，提升服务效率，改善客户感知，促进业务推广，保障客户服务。以渠道经理牵头，利用渠道巡查机会，现场对前台营销人员进行业务知识的抽查，以确保前台人员能随时正确掌握业务知识。同时改过去坐、等、靠、要的工作模式，改为上门服务，延伸服务，亲情化服务等切实可行的工作方式，根据用户的不同需求，积极走出柜台，走进农村，把真正的服务送到用户身边。2019年1—12月，县分公司组织每周渠道业务培训及考试，做到有奖有惩，完成八次三方服务暗访工作，分数均为95分以上，在投诉处理上，解决率达到100%，投诉处理满意率为98%。

【生产经营】 2019年，米林县移动分公司每月定期以党带团、党员先锋队等形式开展地推、宽带故障处理、集团专线巡检等相关活动。全年以党员牵头共开展12次地推，新增发展60余户，宽带新增623户，处理宽带故障1230次，集团专线巡检12次。

【安全生产】 2019年，米林县移动分公司与县消防大队组织开展灭火设备使用教学、火场逃生演练，保证每个员工都会熟练使用灭火设备，并具备一定的逃生知识。在分公司的协助下，9月建立微型消防站，并指定专人负责。针对节假日、重大活动等时间节点，由综合管理人员牵头组织，定期对基站、油机房、营业厅、职工住宿楼、食堂、办公楼等区域进行安全大检查，避免安全隐患。

（达　珍）

【机构领导】

经　理

罗布占堆（藏族）

联通

【概况】 2019年，中国联通米林县营业部紧紧围绕公司经营思路，严格落实公司战略措施，继续坚定不移贯彻执行“聚焦战略”，以“聚重点、建能力、促发展”为总体要求，结合本地实际，发挥主观能动性，确保各项经营指标顺利完成。

【业务经营】 2019年，中国联通米林县营业部主要业务呈现稳步发展的良好态势，固网业务保持良性运营，移网业务稳步发展，主营业务收入阶段性和区域性增长初见成效，企业转换经营模式的作用和优势开始显现，全年实现主营业务收入101万元。

【网络工程建设】 2019年，中国联通米林县营业部搭建增值业务发展平台，新增电子政务外网电路46条，保证网间的互联畅通。支撑系统建设及时跟进，保障业务顺利开展，加强网络优化工作，切实提高网络运行质量，提升网络运行效率，树立网络新形象。

2019年5月17日，中国联通米林县营业部为用户讲解新业务功能，普及网络知识

同时，不断加强网络安全防范工作，确保全年无重大通信事故发生，使客户投诉回复率达100%。

【经营举措】 2019年，中国联通米林县营业部以移网发展为重点，围绕品牌套餐整合、市场规范、业务促销、渠道建设开展经营工作。在经营指导思想上，划分区域，突出重点，在人力、物力、财力等方面给予优先保证和倾斜，树立起“效益第一、快速发展”的经营观念。针对行业用户和集团用户推出一系列业务，即依托中国联通的综合智能网优势，将移动通信、固网通信、互联网等多项业务进行总体整合，分别从技术、服务、价格三方面为客户提供通信业务综合解决方案。在营销渠道建设上，首次将渠道工作放到经营工作的突出战略地位，改革管理模式，实施统一佣金政策，鼓励合作伙伴做大做强，2019年底合作渠道单位有3个，市场渗透和竞争能力大大增强。加强市场推广，实施一系列营销活动，改善中高端用户的认知，吸引用户积极尝试新业务，扩大低端市场的影响力，提高客户信赖度。

【客户服务】 2019年，中国联通米林县营业部把“百倍用心，十分满意”服务活动和行风评议紧密结合起来，促进企业形象的改观，推动行风的转变和服务质量的改善。树立“客户满意、员工自豪、集团信任、社会认同”服务理念，成立专门的客服机构，建立客户服务满意规范管理体系，统一服务标准，逐步建立起面向市场、客户和前台的各项业务管理流程，从根本上提高管理效率和客户满意度。

（梅　琳）

【机构领导】

经　理

梅　琳（女）

城建·环保

住房和城乡建设

【概况】 2019年，米林县住房和城乡建设局内设局办公室、工程办、规划办、公房办，下设副科级参公单位1个（县城管监察大队）、副科级事业单位1个（县工程质量监督检查站），共有干部职工21名，其中行政编制人数12名，事业干部4名，援藏干部1名，跟班学习1名，公益性岗位2名，西部志愿者1名；党员13名，其中党组书记1名、成员2名。

【续建项目】 非边境小康村建设情况。2017—2018年米林县已实施小康村建设9个村，县级配套资金1980万元、援藏投资4186万元。2019年，完成卧龙镇日村剩余项目。

6个村级活动场所建设项目。新建6个村级活动场所及配套附属设施，包括卧龙镇本夏村、卧龙镇单嘎奴觉村、卧龙镇日村、卧龙镇扎村、扎绕乡龙安村、扎绕乡森波村，总投资1653.03万元，全部来源于财政资金。

米林县新型城镇化建设项目。米林县财政投资2000万元用于新型城镇化建设项目6个。米林县公园路道路拓宽改造项目。主要建设内容为新建道路179.54米、围墙225米、路灯9盏并配套给排水、电气工程等及拆除原有道路、围墙等，项目总投资230万元，资金来源为县财政资金；米林县市场路改扩建项目。项目建设内容及规模为车行道工程2330.63平方米，人行道工程（含路缘石）1697平方米及给排水工程、交安工程、电气工程等。该项目位于米林县市场路，总投资255万元，资金来源为县财政资金；米林县桃花漫道全民健身公共服务配套建设项目。项目建设内容配套建设健身广场、硬化等，总投资190万元；完成米林县主干道路灯改造（一期）工程建设项目、米林县主干道路灯改造工程（二期）建设项目、米林县政务服务中心

2019年5月6日，林芝市住建局党组书记王启展（左二）带队检查米林县垃圾填埋场

停车场工程建设项目。

【新建项目】 县城“米林院子”精品酒店集群等招商引资项目。2019年,“米林院子”致力于打造雅江最美桃花源,将当地文化完整地融入项目中统一打造,做出独特性、唯一性;将桃花与水景贯穿建筑与景观设计,做出地域性、延续性;将院落散布于建筑与景观中,做出层次感、空间感。

米林县派镇雅鲁藏布江堰塞湖(加拉村和直白村)灾后重建工作。完成派镇小集镇的详规和建筑设计,主要是加拉村和直白村57户191人安置住房、19户原址修建住房、剩余60户现有民房改造及附属设施建设。2019年,完成57户191人住房建设,概算总投资为3368.83万元。项目于2019年9月30日开工,2020年6月底完工。

米林县2018年公共租赁住房建设项目。新建公租房150套,新建1号住房6层2372.1平方米、2号住房5层1445平方米、3号住房6层3557.4平方米,并配套总体给排水、电气等附属工程。项目总投资2323.89万元(其中中央预算内投资563万元,自治区补助资金725.89万元,县财政配套资金1035万元)。于2018年11月25日开工,2019年10月15日完工并交付使用。

米林县园丁小区建设项目。新建周转房工程2975.32平方米,并配套实施总体给排水、电气等附属工程。项目总投资900万元,资金来源为县财政资金。于2019年3月25日开工,2019年底完成并交付使用。

2019年4月3日,米林县住建局执法人员到“三乱”治理临时安置点开展工程验收

米林县流浪犬收容基地建设。建设用地面积15404平方米,新建犬舍8栋,总建筑面积1069.28平方米。总投资800万元,于2019年9月6日开工,2019年11月5日完成并交付使用。

米林县2014—2016年乡镇周转房配套基础设施建设项目。项目建设内容为米林镇新建硬化道路1097.65平方米、停车场273平方米、路缘石236.11平方米;扎绕乡新建强电工程和给排水工程;卧龙镇新建道路硬化1325.06平方米、挡土墙并配套强电和排水工程;里龙乡新建道路硬化1120.84平方米、挡土墙绿化868.97平方米、停车场520平方米。总投资318万元,资金为中央预算内投资。于2019年12月19日开工。

米林县2019年村级组织活动场所标准化建设项目。包括扎绕乡扎村、卧龙镇江中村、卧龙镇本宗村、卧龙镇阿拉塘村。主要建设内容为新建或改建村公房及道路硬化、围墙等附属设施的修建。总投资525万元,资金来源于县级财政资金,于2019年底完工。

米林县非边境小康村建设项目。包括卧龙镇角木那村、卧龙镇阿拉塘村、扎绕乡多卡村,主要建设内容为房屋屋顶及外立面改造,排水排污系统、垃圾收集、围墙等附属工程。总投资1500万元,资金来源于县级财政资金,于2019年底完工。

米林县2017年县直周转房配套附属设施。新建停车场639.71平方米,路缘石工程148.5平方米,配套强电工程及保温工程。总投资32万元,资金来源于国家资金,于2019年12月18日开工建设。

【应急管理】 2019年,县住建局认真贯彻落实习近平新时代中国特色社会主义思想,坚持“安全第

一、预防为主、综合治理”的方针，以深入开展“安全生产年”活动为主线，扎实开展建筑安全生产领域各项专项整治，进一步落实责任，强化监管，全面抓好安全生产工作。严格执行建筑施工企业安全生产许可制度，坚持工程项目安全报监备案制度，贯彻落实住房和城乡建设部《危险性较大的分部分项工程安全管理办法》，建立危险性较大分部分项工程专项方案编制和专家组审查制度，针对建筑施工安全生产工作的各个层面、各个环节，健全完善相应的责任制度、管理制度、监管制度、台账制度、意外伤害保险制度、救援制度等，为安全生产工作提供制度保障。按照辖区管理和分级管理原则，定期或不定期对辖区内施工现场和县城液化气站进行检查，通过安全生产专项整治和执法检查工作，及时排除安全生产隐患，确保全县建筑行业无任何安全生产责任事故发生。

（何蒋连）

【机构领导】

局　长

四朗次仁（藏族）

副局长

宋　丹　华

李　凯　歌（9月任职）

张　　　翰（珠海援藏，7月任职）

城市管理和综合执法

【概况】 2019年3月，米林县机构改革，米林县城管局更名为米林县城市管理和综合执法局，办公地址位于米林县福州东路2号。实有行政编制6名，工人2名，临时工42名，公益性岗位24名。

【环境卫生】 2019年，县城市管理和综合执法局在环境卫生管理工作中创新清扫作业方式，构建以环卫工清扫和执法大队划片监督的作业体系，持续开展城市清洁行动及城乡接合部环境综合整治工作，解决卫生死角、乱丢垃圾等问题。全年先后组织装载机、垃圾转运车10余台次，安排城管人员40余人次对幸福小区和菜市场居民区等人员密集小区进行环境卫生综合整治，清理垃圾10余吨。建立完善公厕24小时开放管理制度，增加保洁频次，确保公厕干净整洁。城区道路清扫实行动态管理与日常监管相结合，及时消灭卫生死角和保洁盲区，做到任务承包、责任到人、管理到位，确保城区道路清扫保洁质量。为有效减少“非洲猪瘟”隐患，配备餐厨垃圾车每周2次定期到机关、学校食堂、餐饮企业、小饭馆等单位收集餐厨垃圾。为搬迁村配备9立方米垃圾收集箱15个，为某部队配备垃圾收集箱。开展道路美化工程，在城市道路及县城至机场306省道两边种植花草2000余平方米，进一步提升城市形象。

【规范县容秩序】 2019年，县城市管理和综合执法局以治脏、治乱、治违为突破口，在县城、城乡接合部持续开展落实整治流动摊贩、店外经营、规范早晚摊点、治理车辆乱停乱放等一系列环境整治活动，组织执法人员对主次干道未经批准店外经营、占道经营的流动摊点、摊群等进行集中清理。同时，开展户外广告牌匾专项整治，对主次干道临街建筑物

2019年3月21日，米林县县委常委、政府副县长周立（前）、县城管局局长杨圣森（一排左一）、县住建局局长四朗次仁（一排左二）、县强基办主任拉巴次仁（一排左三）参加米林县城市管理和综合执法局挂牌仪式

2019年3月21日，米林县城市管理和综合执法局全体工作人员参加挂牌揭牌仪式

外立面有明显破损污渍、存在残缺、破旧污损的广告进行集中清理，确保户外广告、牌匾设置有序、规范、美观。全年取缔流动摊贩170余户，清除各类违章小广告200余条，市容秩序得到有力改善。

【城市管理】 2019年，县城市管理和综合执法局为规范城区交通秩序，强化交通秩序管理，加强日常巡查力度，重点对城区内占道经营、店外经营等行为的车辆进行治理，坚决杜绝人情车、特权车侵占城市道路，城区交通秩序明显改善。针对人行道绿化树木影响行人通行问题，修枝树木200余株。集中维修路灯8次，更换灯泡2896盏，路灯亮化率达100%。疏通下水管道和污水管网49处，更换井盖179个，确保群众生命安全。维修破损路面131平方米，改善通行条件。加强对县城垃圾填埋场、流浪狗收容中心监管，督促指导第三方操作人员严格按流程规范填埋垃圾，及时清理狗舍粪便，做无害化处理。

（项　争）

2019年12月24日，米林县城市管理和执法局开展节前慰问一线环卫工人活动

【机构领导】

局　长

杨圣森（3月任职）

副局长

刘伏龙（6月任职）

生态环境

【概况】 2019年3月，米林县机构改革，不再保留米林县环境保护局，组建林芝市生态环境局米林县分局，作为林芝市生态环境局的派出机构，共有干部职工12名，其中正科级领导2名，副科级4名，科员4名，机关工人1名，公益性岗位1名。

【履行生态环保职责】 2019年，林芝市生态环境局米林县分局先后多次向各乡镇、各单位转发《中共林芝米林县委员会办公室关于转发〈林芝市各级党委、政府及有关部门环境保护工作职责规定〉的通知》《2019年度西藏自治区生态环境保护考核工作方案》，根据职能分工，多次协同县林业草原局、自然资源局、住建局等部门

2019年10月21日，林芝市生态环境局副局长李彬（左一）一行到米林县城垃圾填埋场检查垃圾填埋处置和渗滤液调节池运行情况

检查和办案，督促各部门掌握落实行业生态环保职责，建立起政府属地管理、各相关部门齐抓共管的工作机制。

【推进生态创建】 米林县自2011年生态创建工作开展以来，全县58个行政村和1个居委会获得自治区级生态村命名，7个乡镇获得自治区级生态乡镇命名。2019年，林芝生态环境局米林县分局完成扎绕乡4个行政村申报自治区级生态村工作，10月自治区生态创建复核组对4个村进行现场复核工作。根据《西藏自治区人民政府办公厅关于印发西藏自治区生态保护红线划定工作方案的通知》要求，通过印发方案、成立领导小组、召开多次协调会等工作方式，初步划定米林县的生态红线面积为7804.89平方公里，占县域面积（9495平方公里）的80.69%。生态红线区外全县可发展区域的面积为1866.64平方公里。

【生态环境保护宣传】 2019年，县生态环境局加强对《中华人民共和国环境保护法》、“大气十条”、“水十条”的学习与宣传，结合电视媒体播放、宣传单发放、宣传板展示、宣传册发放、环保宣讲等形式，对环境保护法律法规、环境保护常识等进行宣传。开展环保科普“四进”（进乡镇、进企业、进学校、进农家）活动，组织人员深入乡镇、企事业单位、学校宣传环境保护知识和法律、法规。

1月18日，县生态环境局在菜市场开展“清除白色垃圾 共建绿色米林”环境保护知识宣传活动，现场发放宣传单《禁止白色垃圾 共建绿色米林》500余份、印有环保标语的帽子50顶、标有环保标志的围裙200余条、环保布袋500个。4月15日，组织开展了全民国家安全教育日宣传活动，活动现场向群众发放环保法律法规宣传册100多份、印刷有环保标语帽子60顶、标有环保标志的围裙40条、发放绿色环保袋200个。6月5日，组织开展“美丽中国，我是行动者”主题宣传活动，活动现场共悬挂横幅1条，摆放环保宣传展板2个，向群众发放环保法律法规宣传册2000多份、印刷有环保标语帽子500顶、标有环保标志的围裙200条、绿色环保袋200个。

【污染防治】 2019年，县生态环境局为保障米林县环境质量持续保持良好态势，相继制定《米林县水污染防治行动计划》《米林县大气污染防治行动计划》《米林县土壤污染防治行动计划》，进一步保障环境安全。米林县位于工布自然保护区内，严格执行环保准入制度，辖区内无石油、天然气开采、化工、金属冶炼、矿山、造纸、水泥厂等重度污染企业，环境受工业污染较少。

米林县燃薪锅炉有舒心沐浴、金城沐浴、日月潭洗浴中心、千年澡堂、米林县瑶池洗浴休闲中心（用电能）、雪域圣水洗浴6家。米林镇工布庄园希尔顿酒店燃柴油锅炉1个；多卡小集镇有阿端浴室1家；卧龙镇有高原宾馆、卧龙沐浴、卧龙镇佰汇洗浴、卧龙镇临夏沐浴4家洗浴用锅炉，大气污染物排放少。米林县主要大气污染物源为建筑工地扬尘及交通尾气排放，为加强环境污染防治，制定《米林县扬尘污染防治工作实施方案》，完善施工扬尘污染专项检查和扬尘污染投诉受理机制，效果明显。

委托第三方监测机构对辖区

2019年2月18日，米林县委常委、政府副县长宋振兴（左二）等一行到扎绕乡督导检查生态恢复工作

内空气、水、土壤的环境质量监测。空气质量监测：依照2019年第一季度的县域环境空气质量进行监测，报告显示辖区均达到《环境空气质量标准》（GB 3095—2012）Ⅱ级标准。地表水监测：每月对地表水的指标进行监测，报告显示均达《地表水环境质量标准》（GB 3838—2002）Ⅲ类水质标准。县城集中饮用水监测：每月对县城集中饮用水源地的108项指标进行监测，报告显示均达到《地表水环境质量标准》（GB 3838—2002）Ⅲ类水质标准。农村监测：农村监测点位分别位于雪卡村、热嘎村、南伊村、琼林村、才召村，7—8月开展土壤监测，监测结果未出，饮用水监测均达到《地表水环境质量标准》（GB 3838—2002）Ⅲ级标准及以上，大气环境质量均达到《环境空气质量标准》（GB 3095—2012）Ⅱ级标准。定期公布环境质量状况信息：定期在政府大门口信息公开栏张贴、在微信公众号“网信米林”发布米林县大气、水环境质量。

【日常环境执法】 提升项目环评管理水平。2019年，县生态环境局在认真贯彻落实《中华人民共和国环境影响评价法》和《建设项目环境保护管理条例》的同时，强化新建项目环境管理，按照国家产业政策和环境保护相关法律法规严把审批关，杜绝违反国家产业政策、浪费资源、严重污染环境和破坏生态的项目。严格建设项目环境准入，从严控制高能耗、高排放等“两高”项目的审批，预防污染源产生。2017年西藏自治区建设项目环境影响评价登记表由审批制转变为网上填报备案制，根据西藏自治区生态环境保护厅网站建设项目环境影响登记表备案系统，2019年共备案111份。

延伸环境监管触角。修订完善《林芝市米林县环境网格化监管方案》，形成县、乡（镇）、行政村三级环境保护网格化监管体系，明确各级网格职责，加强巡查报告，及时调查处理，严格考核评价，完善监管档案。同时为各村配备环保监督人员67名、乡镇保洁人员201名、乡镇饮用水源地保护人员67名，协调联动统筹推进，确保工作举措落地见效。

提高环境执法力度。结合环保监察“双随机”抽查制度，严肃查处水源地环境违法行为，加强景区环境执法监察，对铁路、公路建设项目以及重点企业等加强环境监管，加强垃圾填埋场的监管执法，加强医疗废物及辐射安全的环境监管，通过下达整改通知、行政处罚等手段，严厉打击企业环境违法行为，提升环境监管执法能力，使全县环境质量得到进一步提升。2019年，在各类环保专项行动中共出动执法人员100余人次，检查企业50余次，下达整改通知书2次，下达行政处罚决定书4份，立案处罚4起，罚款36万元，处理率为100%。

【城乡环境卫生综合整治】 2019年，县生态环境局将环境卫生综合整治工作纳入各乡镇年度综合考评中，根据《米林县各乡镇环境卫生综合整治星级评分标准》，每月对各乡镇开展一次星级评定，按照评定结果当场授星，作为各乡镇年终综合考评加分依据，并通过电视台专栏、短信等方式曝光，全年先后梳理出整改落实事项20项，均已整改完成。按照《国家危险废物名录》和《重点环境管

2019年1月18日，林芝市生态环境局米林县分局开展白色污染防治宣传活动

理危险化学品目录》的要求，统计米林县医疗废物处置情况、消毒隔离措施的执行情况、医院感染控制措施的执行情况、医疗废物转移联单等，米林县人民医院、安康诊所、安宁诊所、药洲诊所、永康诊所、南伊珞巴民族乡卫生院、里龙乡卫生院、卧龙镇卫生院、多卡卫生院的医疗废物由林芝市国策环保公司每月定期统一车辆收集并运往市医疗废物站统一消毒、焚烧后统一填埋。

以党员活动日、“四讲四爱”、创建县级全国文明城市等活动为契机，公路沿线各驻村（居）工作队组织农牧民群众开展环境卫生整治活动。2019年，各村开展环境卫生整治360余场次，出动人员2.26万余人次，清理垃圾90余吨。

【排查辖内排污企业】 2019年，米林县开展全国第二次污染源普查最终录入系统（规模以上）工作，经调查共有生活源1个，生活源锅炉1个，入河排污口1个，工业源21个，农业源5个，移动源4个，集中式污染治理设施1个，污染治理设施3个。

（吴大鹏）

【机构领导】

米林县环境保护局

党支部书记、局长

久美次仁（藏族，5月离任）

副局长

阿旺才陈（藏族，5月离任）

林芝市生态环境局米林县分局

党支部书记、局长

欧　　平（藏族，5月任职）

副局长

阿旺才陈（藏族，5月任职）

汤　　毫（10月任职）

环境监察大队副队长

巴　　桑（女，藏族，7月任职）

金　融

农业银行

【概况】 中国农业银行股份有限公司米林县支行内设3个机构，1个二级支行，1个分理处，6个营业所，2019年，全辖注册在职员工58人，其中研究生学历2人，本科学历28人，全行党员干部35名，平均年龄33岁。

【队伍建设】 2019年，米林县支行以习近平新时代中国特色社会主义思想为引领，旗帜鲜明地坚持党的领导，加强规范党内政治生活制度，全力夯实党建工作基础，狠抓党员干部队伍建设，探索工作方法，创新工作机制，全面提升党建水平。全年组织党委中心组学习12次，开展“不忘初心、牢记使命”主题教育9次，认真组织开展习近平总书记关于坚持党对一切的领导、关于全面深化改革、关于脱贫攻坚、关于全面从严治党的重要思想专题学习研讨，不断增强党员干部的“四个意识”和“四个自信”。

【业务开展】 2019年底，全行各项存款余额为18.21亿元，年增量-1.85亿元，其中，个人储蓄存款余额为6.40亿元，年增量0.09亿元，对公存款余额为11.76亿元，年增量-1.98亿元。各项贷款余额13.58亿元，年增量2.40亿元，其中个人贷款余额3.92亿元，年增量0.23亿元；法人贷款余额9.66亿元，年增量2.17亿元。实现中间业务收入260万元。

【“三农”服务】 持续加大涉农贷款投放。2019年，米林县支行累放涉农贷款1.38亿元，余额达3.88亿元，净增0.13亿元，增长3.43%。首次将法人贷款落地到营业所放款，全辖6个营业所完成“双增”任务；积极推进涉农信贷“互联网+”。完成辖内符合条件的村庄“掌银村”全覆盖，加强“惠农e贷”“雪域惠农e贷”投放力度，累计投放“惠农e贷”397笔、金额4076万元，“雪域惠农e贷”4笔、金额58万元；信用体系建设。年评定帮宗村和卡娘村“钻石卡”村2个，累计评定钻石卡村5个，钻石卡村数量稳居林芝分行第一，信用乡（镇）村覆盖面达到100%，在全县范围内形成较完备的县、乡（镇）、村级信用评定体系。

【履行社会责任】 2019年，米林县支行作为米林县最重要的一家金融机构，大力践行社会责任，全行不折不扣地贯彻中央赋予西藏的优惠金融政策，倾其全力做好精准扶贫工作，农业银行作为米林县脱贫攻坚成员单位，与县脱贫办沟通，先后对米林县边境小康村建设、多个产业扶贫项目进行信贷支持，率先与米林县人民政府签订全面战略合作协议，在多次精准扶贫联席会议上得到县委、县政府的高度评价。

【风险防控】 2019年，米林县支行为防范各类风险和案件，确保全行经营安全，深入开展“双基管理深化”活动，狠抓合规风险防控、管理薄弱环节和整改问责追责工作。加大行内“三线一网格”业务学习和培训，熟练运用好操作系统，充分发挥好系统的监督功能，改变观念，拓宽思路，大胆创新，提升“三线一网格”管理模式的针对性和适应性。积极开展银行业“三违反”“三套利”“四不当”专项治理和市场乱象整治“回头看”，着力做好监管部门专项治理工作，切实将“严监管、强监管”要求落到实处。

（强 桑）

【机构领导】

行 长

强 桑（藏族）

副行长

王 娟（女）

建设银行

2019年9月25日，建行米林县支行与县退役军人事务局举行拥军优抚合作协议签约仪式

【坚持党建引领】 自林芝分行第六党支部成立以来，米林县支行积极开展党建活动，特别是“不忘初心、牢记使命”主题教育以来，与米林县税务局一起开展党建活动，为米林县6户优质纳税企业发放云税贷480.6万元；积极与米林县退役军人事务局开展党建共建，为米林县境内退役军人办理退役军人服务卡，办理“裕农通，退役军人创业服务站”8个。

【注重宣传】 2019年1月，米林县支行在米林县文广局的支持下，米林县电视台为支行拍摄“劳动者港湾”宣传视频，先后在米林电视台、林芝电视台、西藏电视台播出，受到县委、县政府的一致好评。6月，米林县电视台为支行拍摄“普惠金融，建行在行动”，先后在米林县电视台、林芝市电视台播出，引起了强烈的社会反响，树立了建行良好的社会形象。

【加强民营企业、小微企业的信贷支持力度】 2019年，米林县支行为切实缓解小微企业融资难、融资贵的难题，联合共同践行普惠金融事业，利用一切可以宣传的机会，通过各种渠道大力宣传普惠金融——小微快贷。截至2019年底，支行累计向米林县内42家小微企业及个体工商户发放小微快贷162笔，累计发放金额8819.48万元，其中支持农村青年创业3户，金额90.4万元，在当地树立了良好的口碑。

【金融知识宣讲】 2019年，米林县支行深入周边各村镇开展宣传活动，在活动中积极将普惠金融融入进去，将普惠金融带进千家万户中，宣传内容包括基本的金融知识、反洗钱知识、非法集资知识、金融消费者权益保护知识、日常生活中如何正确辨别假币、理财、当前国家一些金融政策等日常生产生活相关的金融知识。全年在县城周边帮加村、南伊村、琼林村、才召村、米林村、热嘎村、甲玛村、萨玉村、帮仲村、岗嘎村等10余个村开展金融知识宣讲，深入农牧民家中宣讲200余次，极大程度地解决了农牧民的金融需求，受到农牧民的一致好评。

（郑定锋）

【机构领导】

副行长

郑定锋（主持工作）

公共服务

气象

【概况】 米林气象事业创建于1979年5月，属国家气象观测站。主要负责该行政区域内气象事业发展规划及业务建设的组织实施；负责该行政区域内的气象监测、预报预警、公共气象服务及气象防灾减灾工作；负责对该行政区域内气象活动的指导、监督和行业管理，开展高原特色农产品基地气象服务；负责依法保护气象探测环境；负责管理本行政区域内的施放气球活动；负责开展本行政区域雷电灾害防御、雷电防御装置的设计审核、雷电防护装置竣工验收工作，定期对易燃易爆场所进行防雷监管；负责该行政区域气象行政执法，组织气象法制、气象科普宣传教育。2019年，米林县气象局有编制人数7名，其中公务员3名、事业人员3名，均为大学本科学历，干部职工中具有中级专业技术职称的1名，中共党员3名。

2019年7月1日，西藏自治区气象局副局长蒲强（左）为获得全区气象部门2019年度“不忘初心跟党走、牢记使命建新功”主题演讲比赛一等奖的获奖者——米林县气象局职工樊书雯（右）颁奖

【气候概况】 米林县属高原温带半湿润季风气候区，年平均气温8.7℃，极端最高气温29.7℃，极端最低气温-15.8℃。年平均降水量707.7毫米，年平均相对湿度72%，年日照时数1710.1小时，年雷暴日数20.0天，年蒸发量1201.2毫米。米林气象灾害主要有雷暴、大风、霜冻、冰雹、洪涝、干旱、泥石流等。2019年，米林县年平均气温9.5℃，日最高气温米林县城为29.7℃，出现在2019年8月27日，日最低气温米林县城为-10.9℃，出现在2019年1月16日。年降水量米林县城为717.7毫米。日最大降水量米林县城40.2毫米，出现在2019年7月11日，日最大降水量南伊珞巴民族乡67.9毫米，出现在2019年6月17日。日最大风速卧龙镇17.8米/秒，出现在2019年9月22日。

2019年7月25日，西藏自治区气象局副局长扎西（右二）在林芝市气象局党组书记达桑（前一）的陪同下，到米林县气象局检查指导党建和气象服务工作

【气象服务】 2019 年，米林县气象局新增未来三天（72 小时）全县的趋势预报、直通式服务的专题预报及更为简洁的未来 24 小时天气短信预报。预报制作系统有更多的选择，采用“西藏一体化业务平台”、“中央预报”、“雨燕”预报系统来制作天气会商，提升预报服务的精准性。2019 年，米林县气象局及时准确制作发布专题气象服务：旬预报、农业预报，周预报、春运专题预报、直通式预报（米林农场、羌纳乡岗噶村科技示范园、米林红太阳家庭农场）、高考专题预报、节日预报（包括元旦、藏历新年春节、清明节、端午节、劳动节、国庆节、中秋节等）、强降水消息、专题花期预报（桃花节、黄牡丹节）、墨脱地震专报、强降雨预警、山洪地质灾害气象预警（与县国土、水利、应急管理部门联合发布）。

2019年7月15日，米林县政府副县长西热江才（中）主持召开2019年米林县气象防灾减灾联席工作会议

【“三农”专项服务】 2019 年，米林县气象局“三农”气象专项服务工作坚持“以特色化为农服务与防灾减灾建设并重”，组织完成“气象防灾减灾暨气象信息员培训”工作，根据对米林县 8 个乡镇（65 个行政村 1 个居委会）调研成果和服务需求，进行针对性的科普宣传、应急演练，制作预报产品，提供精细化气象服务。

【网站建设】 2019 年 8 月 2 日，米林县气象局完成扎西绕登乡森波村、里龙乡里龙村、羌纳乡朗多村、丹娘乡朗嘎村 4 个地面天气站建设任务，在全市气象部门中首个实现三镇五乡气象站点的全覆盖。

【业务培训】 10 月 24—25 日，米林县气象局举办 2019 年度防灾减灾暨气象信息员培训班。米林县政府副县长西热江才出席开班仪式并讲话，县农业农村局负责人、8 个乡（镇）气象信息员共计 40 余人参加培训。2019 年，米林县气象局共选派 5 人次参加防灾减灾“六个一”、业务质量体系、入职培训、气象专业培训；选派 2 人赴云南省开展“三农”服务学习交流；组织 3 人赴察隅、波密、工布江达等兄弟县局开展学习交流。

【部门联动】 2019 年，米林县气

象局加强防灾减灾成员单位的联动工作，形成气象防灾减灾资源互补与共享。召开气象汛期和防灾减灾联席工作会议2次（入汛前4月23日、汛期关键期7月15日各一次，会议信息在中国气象网站刊登），会议取得很好的效果，得到县分管领导肯定及有关部门好评。

【上级领导调研】 2019年6月9日，西藏自治区气象局副局长赵一平一行，在林芝市气象局副局长汪悦国的陪同下，对米林县气象局的基础业务、气象现代化建设、汛期气象服务及党建工作进行指导。2019年7月25日，西藏自治区气象局副局长扎西一行，在林芝市气象局达桑局长的陪同下，对米林县气象局党建和气象服务工作进行指导并开展调研。2019年7月26日，中国气象局研究中心主任张洪广一行，赴米林县气象局指导气象服务工作，开展调研；2019年10月24—25日，米林县气象局开展2019年度防灾减灾暨气象信息员培训，米林县政府副县长西热江才出席开幕式并讲话。

2019年12月8日，西藏自治区气象局副局长边巴次仁，在西藏自治区气象局机关党办主任洛桑扎西、林芝市气象局党组书记达桑的陪同下，赴米林县气象局检查指导党建及业务工作，对基层气象干部职工进行慰问。

【党建和精神文明】 2019年，米林县气象局党支部开展以“爱国主义教育、缅怀先烈接受洗礼、加强民族团结、党风廉政宣传教育、践行社会主义核心价值观”等为主要内容的主题党日活动12次，联合波密县气象局党支部开展爱国教育主题党日活动1次，开展集中学习活动24次，开展支部书记讲党课1次，开展廉政党课1次，召开“不忘初心、牢记使命”专题组织生活会，开展县气象部门党建业务“同频共振”基层调研工作1次。樊书雯在代表林芝市气象局，在全区气象部门庆祝中国共产党建党98周年暨“不忘初心跟党走、牢记使命建新功”主题演讲比赛中荣获“一等奖”；米林县气象局于2018年底完成“自治区级文明单位”复核工作。

（刘　传）

2019年4月22日，米林县2019年度汛期气象防灾减灾第一次联合会商在米林县气象局召开，县政府办、农牧、国土、水利部门相关人员参加会议

【机构领导】

副局长、工程师

魏克文（1—4月主持工作）

助理工程师

刘　传（4—12月主持工作）

供电

【概况】 米林县供电公司下设3个部门，分别为综合部、运检部、营销部。公司共有中层管理人员9名，其中综合部正、副主任各1名，营销部正、副主任各1名，运检部主任2名、副主任3名。公司在册正式职工76名，劳务外包人员16名。

【业务指标】 2019年，公司营业总收入完成2712万元（税后），完成售电量4398.86万千瓦时，同比增长12.53%；供电量4949.55万千瓦时，同比增长10.39%；购电量4343.19万千瓦时，同比增长17.18%；电费回收率100%，同比增加7.28%。全口径线损率11.13%，同比下降1.7个百分点，农网综合电压合格率90%，农网用户供电可靠率85%。全年发电量619.112万千瓦时，同比减少23.54%（电站大坝垮坝原因造成）。

【安全生产】 2019年，公司组织开展春、秋季安全大检查活动，共排查发现问题44项，整改完成44项，整改率达100%。开展输配电线路森林防火特巡专项工作，通道树障清理共修剪树木8600余棵；按照《国网西藏电力公司水力发电企业防汛检查要点》，对发电厂、变电站、输配电线路开展隐患排查治理工作，共发现18项问题，整改完成16项，未整改2项，分别为南伊大坝坝体部分冲毁和水渠隐患，此隐患待项目批复后，根据施工具备条件完成整改；开展月度安规培训考试、应急演练、安全"一把手"讲安全课、交通安全警示教育、安全责任清单培训、用电安全宣传、事故反思学习、新进员工三级安全教育培训等活动，共组织开展月度安规考试12次、考试人次共450次，应急演练3次（防爆演练、防汛应急演练、消防演练），交通安全警示教育培训5次，安全责任清单培训1次，用电安全宣传4次，事故学习7次。同时，积极参加劳动技能竞赛，并在2019年10月荣获国网林芝供电公司2019年"继电保护专业"劳动技能竞赛第二名。

【营销管理】 2019年，公司开展高压业扩新装18户，高压增容2户，低压用户报装7户。同时加强内部稽查管控，对电量异常、超容量用电、加油站用电、重要用户及零电量用户等进行现场稽查18台次，发现错误接线、台区漏电、CT配比不合理等问题3条，整改3条。

2019年5月16日，米林县供电有限公司组织人员在里龙乡对10千伏里义141线路开展通道清理工作

【电网建设】 2019年，米林中心变输变电一期工程，总投资为11702万元，主变容量4万千伏安。开工建设卧龙变35千伏输变电工程一期工程，总投资3431万元，主变容量0.315万千伏安，35千伏线路从里龙变接至卧龙变，新建线路总长度为38公里。扩建新建里龙变35千伏输变电工程一期工程，总投资1116万元，主变容量0.315万千伏安。

配网建设改造完成米林县

2019年7月25日，米林县供电有限公司员工到南伊电站开展防汛和消防演练活动

82.12公里10千伏线路绝缘化改造及新建，新增及更换配变12台，新增及更换箱变10台，总容量7200千伏安，新建及改造接户线10.85公里，新增及改造户表2627个，确保供电可靠性。

【农网升级改造】 新一轮农网升级改造于2017年3月开工，该工程共5个项目，工程总投资为3.0363亿元，工程于2019年12月开展验收工作。通过新一轮农网升级改造，完成米林县域2座35千伏变电站新建和改造（丹娘变电站、羌纳变电站），完成35千伏输电线路3条新架，解决米林县域4256户10384人用电问题。完成县域81%配网、79%低压线路及变压器的改造，县城10千伏配网缆化入地100%、400伏低压支线98%缆化入地，全面解决设备、线路过载现象，消除设备隐患，改善农村电网结构薄弱、设备陈旧老化状况。

（王达军）

【机构领导】

经理兼支部副书记

杨玉龙

支部书记

万禄龙

副经理

晓　李（藏族）

杨东琼（女）

自来水厂

【概况】 米林县自来水厂占地面积约12000平方米，其中建有制水车间275平方米，蓄水池加原有共3座，蓄水量1800立方米。水厂主要制水工艺为一体化过滤处理，最大日供水能力4000立方米，服务人口1万余人，供水范围为县城区域。水厂主要负责生产供水、管网维护、水表抄表。水厂通过水费收缴实现自负盈亏。

【业务工作】 2019年，米林县自来水厂总供水量为90万立方米，比上年增长12.5%。总售水量为56.628万立方米，比上年增长17.13%。全年累计销售总收入84.942万元，比上年增长17.9%。上缴各项税金11122.47元。6月12日，珠海市水务环境控股集团供水总公司总经理王杭州带队到米林县自来水厂援助指导工作，为米林县送去价值23.54万元水表1批、台式电脑2台、打印机1台、办公桌3张等。

【基础设施建设】 2019年，针对滨江路雅江小区部分用户水压较低问题，米林县自来水厂改造用户供水主管道，新建供水主管开口接驳用户供水管，有效提高用户的水质水压。将福州西路雅江小区路口新旧供水DN200和DN300主管进行连接，连接后水质和水压得到提升。

（索朗央金）

【机构领导】

负责人

次人多吉（藏族）

乡镇·街道

米林镇

【概况】 米林镇位于米林县政府所在地，总面积346.4平方千米，平均海拔3700米，镇政府驻地东多村海拔2950米。米林镇自然资源丰富，是以农业生产为主的半农半牧镇，主要农作物有青稞、小麦、油菜，本地特产主要有藏鸡、野生蕨根粉等。辖区森林资源丰富，有林地2.39万公顷，森林覆盖率达65.94%，林木总蓄积量345.50万立方米，主要林木品种有云杉、冷杉、川滇高山栎（土名青冈）等。药材种类有虫草、藏红花、白术等，野生动物有狗熊、獐子等。米林下辖1个居委会和3个行政村（东措居委会、邦仲村、东多村、米林村）。2019年，全镇总人口2032户4567人，党员283人，其中农牧民党员人数216人。镇机关有在编在岗行政干部29名，事业干部20名，共计49名。聘用干部1名，工人3名，公益性岗位2名。

2019年6月29日，为迎接自治区四级人大代表到米林镇观摩现场教学，米林县人大常委会主任陈绪全（右二）、副主任巴卓（右一）一行到教学点红太阳农场进行前期工作指导

【"不忘初心、牢记使命"主题教育】 2019年，米林镇围绕学习贯彻习近平新时代中国特色社会主义思想这条主线，将中共十九大报告、党章党规、《习近平新时代中国特色社会主义思想学习纲要》《习近平关于"不忘初心、牢记使命"重要论述选编》等列为必读篇目，与学习贯彻习近平总书记治边稳藏重要论述和系列重要指示批示精神结合起来，确保理论学习有方向、有重点。各党委（党组）围绕县委确定的13个研讨专题抓好学习研讨，开展理论中心组学习195次，专题研讨158次，其中县委班子完成专题研讨13次，班子成员平均发言3次，各级党组织重点针对中共十九届四中全会精神开展专题研讨46次，交流学习118次。紧抓支部学习教育，各基层党支部累计组织开展集中学习870次，交流讨论544次，重温入党誓词164次，廉政教育165次，

2019年3月8日，米林镇举办庆祝“三八”国际妇女节活动，县委常委、宣传部部长宋步川（左四）出席活动

依托县委党校针对党员领导干部、县直机关党务工作者、村（居）第一书记、党组书记、驻村工作队等主体，累计开展轮训5期349人次。组织开展“不忘初心、牢记使命”主题教育知识测试，示范带动全县党员深化学习教育、巩固学习成果。先后组织党员干部观看《时代楷模张富清》《贪欲·黑洞》《我的喜马拉雅》《榜样4》等教育影片130余场次，组织150余名党员领导干部到卧龙烈士陵园和林芝市廉政教育基地参观学习，接受警示教育，传承红色基因。举办“礼赞七十年、奋进新时代”主题论坛暨专题党课，邀请中央党校穆占劳教授围绕党史、新中国史以及党员政治纪律等方面内容对全县120余名党员领导干部进行思想政治教育，推动广大党员领导干部加强党性锻炼、坚守初心使命。结合“学先进、争先进，悟初心、担使命”活动，举办“不忘初心、牢记使命”主题教育先进人物事迹报告会和“道德模范宣传日”活动，用先进人物、身边榜样教育引导全县广大党员干部牢记初心使命，主动担当作为，立足岗位职责不断发挥先锋模范作用。在全县范围开展党员政治承诺活动，签订党员政治承诺书3000余份。结合庆祝中华人民共和国成立70周年，针对不同层级、不同对象的特点，组织开展“升国旗、唱国歌”、“青山绿水·大美药洲”书画展、“保护绿水青山、建设生态寺庙”等系列活动，广泛开展“赞颂辉煌成就、军民同心筑梦”国防教育以及“听习爷爷的话，做合格接班人”青少年教育，进一步激发社会各界爱党、爱国、爱家热情。各级党组织始终坚持“敞开大门搞教育”，在农牧民群众“家门口”、田间地头开展入村走访宣讲活动226次，在强化党员干部学习教育的同时，用好用活支部、驻村工作队、农牧民党员、宣讲团等基层力量开办“红色夜校”，组织学习教育250余场次，受教育群众达5600余人次，进一步激活党员“红色细胞”，带动周边群众感党恩、听党话、跟党走，增强主题教育吸引力。

【基层党建】 思想政治建设。2019年，米林镇坚持把学习宣传贯彻习近平新时代中国特色社会主义思想作为首要政治任务，依托“不忘初心、牢记使命”主题教育、“两学一做”学习教育常态化制度化、“四讲四爱”等教育活动，开展各类学习宣传活动825场次，受教育干部群众达6000余人次，切实将学习贯彻拓展至全镇干部群众、贯穿到改革发展稳定生态事业的全过程。邀请市委党校老师开展党员政治教育培训3期，签订党员不信仰宗教承诺269份，实现政治教育全覆盖、党性锤炼无死角。

组织堡垒建设。始终坚持以支部建设为中心，队伍建设为切入点，实现“一条主干、多点开花”（党建领航一条主干，产业党建、边境党建、生态党建、城市党建多点开花）的党建新格局，按照“突出政治功能，着力把基层党组织建设成为听党话、跟党走，善团结、会发展，能致富、保稳定，遇事不糊涂、关键时刻起作用的坚强战斗堡垒”要求，认真组织开展村（居）组织换届“回头看”、党员干部述职评议，持续深入推进软弱涣散党组织整顿工作，实现白定村后进党支部晋位升级。同时，注重抓基层党组织标准化建设，邦仲村以支部联党员、党员联群众、军地共建的“双联共建”边境党建思路，率先规划“235”产业发展格局，实现村集体经济突破2000万元大关，开创守边固边兴边新模式；东多村充分发挥城关村优势，围绕实现产业型党建为目标，以“三抓三振兴”（抓支部，振兴堡垒；抓队伍，振兴先锋；抓产业，振兴经济）为抓手，举全村之力打造“米林县农牧民创业园”，实现东多振兴；米林村围绕“绿水青山就是金山银山、冰天雪地也是金山银山”理念，探索实施“生态党建”工程，采取“支部搭台、党员造林、群众唱戏”的做法，依托6000亩生态苗圃基地带动村集体经济增收138万元，实现生态与党建相辅相成、高度融合。坚持政治标准，着眼党员质量，注重优化结构，做好发展党员工作，全年米林镇发展党员4名、预备党员2名。本着“一个不落下”原则，成立“三岩”搬迁村临时党支部，推动基层党组织建设全面进步、全面过硬。

2019年1月24日，某驻地部队、邦仲村党支部联合开展帮扶贫困“四下乡”活动

作风建设。深入学习贯彻中共十九届四中全会精神，坚持以制度管人管事，着眼于作风建设制度化、长效化，以支部主题党日、无职党员认岗认责等活动为抓手，持续完善村级“四议两公开”、村规民约、村民代表大会等6项规章制度，开展“三会一课”、民主评议党员等党的组织生活20余场次，在严肃党内政治生活中锤炼党性，切实打通联系服务群众“最后一公里”。坚定不移贯彻落实中央“八项规定”及其实施细则精神，建立健全损害群众利益纠正机制，开展扫黑除恶宣传，查找涉黑涉恶党员和黑恶势力保护伞线索6次，发放各类宣传手册、监督联系卡500余份。2019年，共受理问题线索4件、办结1件，转办1件，协助县纪委2件，给予2人开除党籍处分，进一步巩固全镇风清气正的政治生态。

【项目建设】2019年，米林镇始终坚持新发展理念，坚定不移走高质量绿色发展路子，扎实推进“一带、两园、三基地”的产业发展总体布局，全面推进乡村振兴战略，产业结构不断优化，内生动力显著增强。2019年，全镇农村经济总收入5666.5万元，同比增长10.4%，农牧民人均纯收入25190.73元，同比增长14.0%，其中人均现金收入20948.51元，同比增长7.1%，村集体经济突破3000万元大关，经济发展模式逐步由“输血型”经济向“造血型”经济转变。

做大高原特色农产品种植业。加快推进现代农业生产体系建设，做大做强特色产业，实现人与自然和谐发展的良好局面。以红太阳科技示范家庭农场为龙头，打造“林芝白肉灵芝第一镇”，做大规模，形成品牌效应，2019年总收入突破230万元，纯利润60万元，兑现劳务工资140万余元，带动21户建档立卡贫困户增收6.75万元。

做强现代商贸物流运输业。紧紧依托机场商贸物流园区和米林机场改扩建等重点产业项目，村集体成立邦仲运输车队，拥有车辆98辆，通过集体土地入股、参与建设、工程承包、物流运输、提供配套服务等有效途径，实现村居建设和产业发展的高度融合，全年邦仲村累计增收达2000余万元。

做好工布民俗生态旅游业。米林镇3个边境小康村建设完工，基础进一步完善，人居环境进一步提升，以此为契机，民俗生态旅游业迅速崛起，集家庭旅馆、特色藏餐、民俗活动、藏式风情、生态采摘为一体的民宿经济蓬勃发展,以邦仲“则拉岗宗”民俗庄园为例,2019年累计接待游客2.3万人次,营业额达26.8万元。

做优民生保障配套服务业。找准农牧民增收致富着力点,精准发力,以激发农牧民的内生动力为导向,做优配套服务业,举全镇之力建设米林县农牧民创业园,项目总投资2144.3万元,一期国家投资500万元,二期农牧民自筹1644.3万元,2019年底项目进度完成24%。抓住米林县沿江农旅观光经济带建设机遇,投资280万元建设热嘎村民俗文化活动广场,利用希尔顿酒店的优势引流,将雅江优质的生态风光与民俗文化和特色农产品相结合,以“民俗生态体验服务”的模式留住游客,促进二次消费,实现增收致富。

【农牧业工作】 2019年,米林镇调配计划内化肥并发放二胺900袋、尿素280袋,发放常规农药除草剂爱秀3箱、千里寻20箱,包衣剂亮苗8箱、扑力猛5箱,杀菌剂叶将11箱。全镇种植青贮玉米的亩数为52.5亩(白定村15亩、热嘎村10亩、多嘎村3亩、邦仲村24.5亩)、共发放207.375千克种子。开展农业产业结构调整工作,在公路沿线的村委会宣传油菜新品种游龙7号,通过宣传油菜种植亩数达到410亩(邦仲村39.5亩、热嘎村83.5亩、多嘎村287亩),共发放种子615千克(一亩1.5千克)、二胺3600千克(一亩7.5千克)、尿素2050千克(一亩5千克)。全镇享受农机补贴户数是37户,补贴金额为251410元,主要购买的机种为30马力皮带传动拖拉机两驱、四驱和35马力拖拉机两驱、四驱。以一卡通的形式发放2017年农业生产发展资金,其中农作物良种推广补贴每亩13.85元(1850亩,补贴金额25622.5元),种粮农民直接补贴每亩15元(6212.79亩,补贴金额93191.85元)。农资综合补贴每亩22.5元(6212.79亩,补贴金额139787.78元)。

开展春秋季动物重大防疫工作,春防累计注射猪三联疫苗应免2800头、实免2601头,禽流感应免60只、实免30只,牛三价口蹄疫应免3125头、实免3008头,秋防累计注射牛二价应免4000头、实免3760头,猪口蹄疫应免2800头、实免2700头,禽流感应免60只、实免60只,免疫率达90%。

【集体产权】 2019年,米林镇完善农村集体产权工作暨农村资产清产核资工作的镇村级实施方案,系统上报资产报表数据,完成的清产核资资产总额10559763.86元,其中:经营性资产总额5017945.80元,非经营性资产总额5541818.06元,现金存款758137.23元,村(居)集体土地总面积26407.38亩,其中农用地23382.87亩。

【土地确权】 2019年,米林镇开展农村土地经营权确权颁证工作,发放确权证书共360份。组织邦仲村村两委及村民代表解决机场物流园征地矛盾,通过会议决定在原有确权证书里的地块中除去物流园征地的地块,重新与25户村民签订农村土地承包确权证书。

【卫生工作】 2019年,米林镇农牧民医疗参保户数455户1602人,参保率达100%。已报销56439元,报销人数为70人。

【河长制工作】 2019年,米林镇共有7条镇级河库,分别是雪卡河、邦仲河、南伊河曲(帮加村河曲分界)、白定河、东多河及色贡河,每条河道都有管事员,并制作7块公示牌进行公示,清晰表明河道名字、长度、河长电话。全年共开展乡级村级巡查工作300余次,发放河长制宣传资料100份,解决河道清理问题80余次,完成整改报告1次。

【社会事业】 2019年,米林镇“三岩”搬迁雪卡安置点47户287人顺利完成入住。投入86余万元建设牛棚项目,改善人居环境,投入189万元建设灵芝菌种植温室大棚,帮助搬迁群众增收。发放生态效益补贴71.36万元,边境补贴415.46万元,兑现草奖补贴330户12.55万元。完成城乡居民养老保险收缴802人86900元,完成转移就业933人次,开展农牧民技能培训300余人。全镇户籍高校毕业生有24人,其中20人实现就业,就业率达83.3%。

【脱贫攻坚】 核查生态岗位。2019年,米林镇对全镇生态岗位进行3次系统梳理排查,全面清退不符合政策要求人员。为切实做好生态岗位工作，共召开村民大会3次、村两委和监督委员核查会议3次，严格按照上级文件收入要求，对长期不在家人员、兽医、村医、科技特派员、公安辅警、公益林专业管护员、乡镇及村林业监督员、村务监督委员会成员、村两委班子成员、重度残疾人员以及其他不能履职人员进行核准清退。全镇共清退生态脱贫岗位210个。2019年底，全镇共有71个岗位，其中，邦仲行政村20个岗位，东多行政村28个岗位，米林行政村23个岗位。

完成扶贫系统动态录入工作。派2名扶贫信息员专门负责扶贫系统动态录入工作，以自治区反馈问题扶贫开发信息系统动态调整1915个数据问题和全国检测系统反馈699个问题为整改参照标准，对2013—2019年全国扶贫系统中涉米林镇所有建档立卡户和贫困村的相关数据进行详细核实、更正和录入，共核实全镇7个年度92户280余人次的1万余条信息，全镇共进行3次大规模信息核对录入。

做好“回头看”更正。对全镇前期脱贫攻坚整改工作和脱贫攻坚工作进行详细的再次核查，对存在不足的进行整改，对全镇11个短平快项目资料和其他扶贫项目资料进行再次核实完善，对全镇59户建档立卡户资料进行再次核实完善，对前期整改工作梳理出的17项问题整改落实情况进行详细的督查整改。

【环境整治】 2019年，米林镇以创建文明县城为契机，开展生态文明宣传教育35场次。以生态绿化为抓手，积极倡导全民义务植树，扎实开展雅江流域造林绿化，种植旱柳10200余株，造林面积达239.2亩，大力发展庭院经济，种植经济林木7000余株。实施生态全面监管，设置村级生态管护员、环境监督员、水源地保护员岗位，加强对村庄卫生、饮用水源地的巡查监管力度。全力打击林木盗采盗伐，有效保护生态环境，确保青山长在、绿水长流、空气常新。优化环境卫生督查机制细节，逐步形成“人人参与”到“人人治理”逐步转变到“人人维护”的良好局面，全年累计开展环境卫生整治1300余次。

（德吉次仁）

2019年6月10日，米林镇邦仲村开展“我心向党，四讲四爱群众文艺演出”暨“美丽乡村，活力阿佳”活动

【机构领导】

县人大常委会副主任、米林镇党委书记

尼玛次仁（藏族，8月任县人大常委会副主任）

党委副书记、镇长

甘丽华（女）

党委副书记、人大主席

洛桑加措（藏族，3月退休）

次　仁（女，藏族，6月任职）

党委副书记

武　磊

党委副书记、纪委书记

旦增卓嘎（女，藏族，6月任职）

党委委员、组织委员、宣传委员

万　平（6月任职）

党委委员、政法委员、维护稳定和综合治理办公室主任

祁正发（10月任职）

党委委员、武装部部长

林　布（珞巴族）

党委委员、统战委员、副镇长

达瓦次仁（藏族）

人大专职副主席

次仁央宗（女，藏族，6月任职）

政府副镇长

央　珍（女，藏族，10月任职）

机关后勤服务中心主任

罗　勇

卧龙镇

【概况】卧龙镇藏语意为"下方的深谷"。位于米林县西南部,全镇辖区面积2590.84平方公里,平均海拔3050米,距县城60.3千米。东接里龙乡,西连朗县洞嘎镇。下辖18个行政村(含7个村民小组)。全镇总人口共1038户4147人,境内居住有藏族、汉族、门巴族、珞巴族等民族,其中藏族占总人口的91%。全镇下辖21个党支部,党员703名(妇女党员223名),其中镇机关党员52名(含镇卫生院)、小学支部党员15名、寺管会党员3名、农牧民党员634名,农牧民党员占比为90.2%。

卧龙镇是以农业生产为主的半农半牧镇,有耕地面积9500.68亩,草场面积123441.4公顷。农作物主要有小麦、青稞、油菜等,农副土特产主要有花椒、辣椒等;森林资源丰富,有林地8.69万公顷,森林覆盖率达33.49%,林木总蓄积量达1460万立方米。2019年,全镇农村经济总收入达到1.309亿元,同比增长30.9%;人均纯收入20518.64元,同比增长14.94%;人均现金收入18032.34元,同比增长26.82%。

【党的建设】党建工作"创品牌、树旗帜"。2019年,卧龙镇始终把党的建设摆在首位,坚持"党建+"理念,充分发挥党建带动作用,着力构建"大党建"工作格局。不断筑牢党委书记抓党建工作的主体地位和主体责任,全面落实从严治党工作责任与要求,把党建工作置于首要位置,把抓好党建工作作为首要责任,坚持抓具体、抓经常、抓全面、抓落实。着力发展村集体经济,共完成10个"空壳村"的摘帽,为村支部致富带富能力奠定坚实基础。

阵地建设"有亮点、重执行"。加强村级活动场所建设,共新建江中、真多2个村组织活动场所,改扩建下却、日旭、本宗、阿拉塘、甲竹、普龙6个村级活动场所,其中甲竹、普龙改扩建项目由卧龙镇整合党建资金119万元自主实施。进一步规范议事和决策机制,健全完善《党委议事规则》《党政联席会议制度》《"三重一大"集体决策》等制度,严格执行民主集中制及重大问题集体研究、集体决定,共召开党委会议35次。严把党员"入口关",不断规范党员发展流程,共发展党员10名,党员质量进一步提高,结构更加合理。

队伍建设"重培养、树形象"。全镇21个党支部把开展"不忘初心、牢记使命"主题教育、"两学一做""四讲四爱"、政治纪律教育等作为重要政治任务,以主题党日、无职党员任岗任责等为抓手,不断提升党性修养。注重对干部、村"两委"班子和党员的培训教育工作,通过集中学、研讨学、专题学以及网络学(学习强国)等方式参与人数达400余次,撰写学习心得体会累计达1700余篇。深入各村进行摸底调查,了解后备干部的思想动态和学习情况,动态调整后备干部库,有针对地开展培养教育。严格执行村"两委"坐班制度并明确坐班职责,切实加强为民服务的力度,积极搭建干部联系群众的平台。转变干部作风,切实结合"不忘初心、牢记使命"主题教育,对照检查找不足,增强干部的担当意识、宗旨意识、公仆意识和为民服务的能力和水平。完成对软弱涣散村的整

2019年5月21日，米林县政府副县长西绕坚才（左一）一行到卧龙镇甲格村检查指导工作

治工作，通过镇党委班子下村协助村“两委”，理清发展思路，提升其战斗力和凝聚力，顺利通过县委组织部的验收。

主题教育“扎实推进、收到实效”。第一时间成立主题教育领导小组，构建党委书记负总责、组织委员负专责、业务骨干抓实施的工作机制。加强对各支部主题教育指导检查工作，自主题教育开展以来已开展40余次集中督导。机关干部以走村入户的方式开展“家访”200余次，共为群众办好事解难题20余件。立足实际采取集中学习与自学相结合的方式，充分运用“共产党员网”“学习强国”等党员学习教育管理平台开展集中学习600余次。以个别访谈、座谈交流等方式征求党员群众对班子及其成员的意见建议，采取对照党章、党规等进行检视问题，全镇共梳理出60余个问题，已全部整改到位。

从严治党“重防范、严执纪”。切实履行党委主体责任，印发“两个责任”实施方案，签订责任书。通过制作信访举报箱、发放监督联系卡等方式畅通群众监督举报渠道。配合市、县纪委对2起问题线索进行核实。开展好警示教育，组织全镇领导干部观看廉政警示教育片5次，召开警示教育学习会议4次，党委书记上廉政课4次，开展村监督委员培训会4次。

【特色产业】 2019年，卧龙镇以打造干水果产业带与特色种养殖业为抓手，通过示范辐射作用，带动农牧民群众增收致富。全镇水果种植面积共2200亩，已挂果650亩，带动群众增收户均达12万余元。完成角木那农畜产品销售建设项目，该项目所得利润以分红形式带动全村81户共增收40余万元。完成卧龙镇庭院水果种植项目，为塘崩巴村等14个行政村836户发放果树苗5852株。牲畜改良项目于2018年实施，实施牦牛改良80头，黄牛改良330头。已完成黄牛改良90头。仙村“三岩”搬迁荞麦种植项目，种植荞麦297.8亩。

2019年4月16日，卧龙镇单嘎日追管委会组织僧尼开展“四讲四爱”和“遵循四条标准”宣传教育活动

【建档立卡户】 2019年，卧龙镇经动态调整后共有建档立卡户155户496人，其中一般贫困户115户443人，低保贫困户7户15人，五保户33户38人，均实现“两不愁、三保障”，贫困发生率为0。全年召开8次扶贫知识培训会，开展理论测试2次，发放脱贫攻坚宣传读本1531本，并深入各村各户开展宣讲30余场次。全镇共有生态岗位206人，其中建档立卡户196人，低收入人群10人，共兑现岗位工资157.5万元。全镇16户建档立卡户办理小额贴息贷款用于发展生产，贷款总额达73万元。扶贫产业项目发挥效益明显，共带动建档立卡户121户306人，兑现帮扶资金21.89万元，实现人均增收715.36元。

【扫黑除恶工作】 2019年，卧龙镇成立以党委书记为组长的专项斗争领导小组，结合实际制定实施方案和宣传方案。持续深入抓宣传，在镇辖区安装宣传广告牌13个，在学校、小集镇和各村醒目位置悬挂横幅166条，张贴标语300条，制作宣传栏26个，发放宣传手册4300余份，受教育群众4500余人。与各成员单位签订责任书24份，组织扫黑除恶专题考试2次，参考人数达219人，开展宣传教育引导村干部杜绝腐败，使其自觉加入扫黑除恶打非治乱专项斗争。做好摸底排查工作，全年累计摸排119次并登记在册，做到全覆盖、无盲区，未发现涉黑线索。为畅通线索收集渠道，设立扫黑除恶打非治乱专项斗争工作举报信箱26个。

【安全生产】 2019年，卧龙镇与辖区18个行政村、小学、辖区内铁路各分部、移动、电信等单位签订《2019年安全生产目标管理责任书》150余份。加强全国“两会”及3月重点时期的道路安全保障工作，认真落实50公里见警车的交通巡逻规定。年初与各村签订《森林防火责任书》，并成立森林防火突击队，共有队员180人，同时制定完善巡逻台账、巡逻制度，进行消防安全隐患排查6次，发现隐患4处，已整改完毕。在危险化学品及易燃易爆管理方面对私自售卖液化气、烟花爆竹、汽油、柴油等现象进行摸排，通过检查和侧面了解，未发现此类现象。

【民族团结】 2019年，卧龙镇始终把加强民族团结作为每月重点宣传内容，深入宣传党的民族政策，积极引导农牧民群众牢固树立“三个离不开”“五个认同”思想，进行思想宣传教育达40余次，受教育群众达2300余人。发扬各民族“心连心、手拉手”的好传统，深入开展“加强民族团结·共话美丽米林”大讨论、“神圣国土守护者、幸福家园建设者”等活动，创新寺庙管理方式方法，极大增强僧尼“听党话、跟党走”的信心和决心。

【人大工作】 2019年，卧龙镇人大积极开展代表学习考察活动，组织全镇代表21人到朗县和其他乡镇对各项工作进行考察学习。镇人大代表无论在全镇乡村振兴或是本村发展都积极发挥作用，认真履职，按照宪法法律赋予的职权，开展调研、检查活动20余次，提交议案25件，办理意见建议17条。组织召开人大常委会例会3次，主席团会议2次，顺利召开卧龙镇九届四次会议和九届五次会议。

2019年4月21日，卧龙镇组织在岗党员干部到“三岩”集中安置点开展志愿服务活动

【虫草管理】 2019年，卧龙镇在4个重要沟口设立临时党支部，实现党组织的有效覆盖，积极发挥支部战斗堡垒作用。全年虫草采挖期间累计清山10余次，出动人员437人次，全镇干部群众上下齐心、全力以赴，确保虫草采挖工作的完成。

【教育事业】 2019年，卧龙镇积极开展控辍保学工作，加大劝返辍学生及时返校工作的力度，全镇小学在校生人数为346名。6个幼儿园均已投入使用，在校生达到190名。全镇共有14名学生考入大学。高度重视在校师生安全问题，加大对学校周边的巡逻检查力度，同时开展食品安全检查，为广大师生营造安全舒适的学习生活环境。

【医疗卫生】 2019年，全镇农牧民群众门诊量达4785人次，报销门诊费用34.5332万元，其中建档立卡户579人次，报销门诊费用3.6447万元，大病统筹住院报销175户178.5108万元，其中建档立卡户30户24.4793万元。组织辖区内5名农牧民群众进行包虫病治疗，同时加大鼠疫和结核等传染性疾病防控，扩大监测面和监测人群。

【社会保障】 2019年，卧龙镇共有低保户13户23人，发放低保救助金34740元。全镇五保户37户42人，其中集中供养16户18人，发放分散供养人员资金共80100元。全镇80周岁以上寿星老人41人；残疾人202人，其中一二级78人，三四级124人。全镇毕业大学生17名，6人实现就业。

【文化事业】 2019年，卧龙镇扎实开展迎春节、藏历新年、“三送”等活动，开展群众性文化活动20余场次。全面实现综合文化站免费对群众开放，19个农家书屋安排专人管理。利用4个村级文艺队开展文娱活动5次，积极配合林芝市广播电视局“村村通”工作组为“三岩”搬迁户维修村广播电视“村村通”设备33套。

【易地搬迁】 2019年，卧龙镇仙村“三岩”安置点搬共迁入49户226人，为做好搬迁农牧民群众思想工作，让搬迁群众“搬得出、住得下、能致富”，建立机关干部与“三岩”群众结对帮扶机制，为“三岩”搬迁群众新建牲畜暖棚、温室各49座，并为每户配备电视机、洗衣机、冰箱及卫星电视接收器，村庄道路硬化、路灯安装等各项基础设施建设中。

【食品药品监管】 2019年，卧龙镇开展“明厨亮灶”工程，深入辖区各商户开展监督检查11次，责令7家商铺处理过期食品20种200千克，精心守护老百姓“舌尖上”的安全。

卧龙镇人民政府办公楼

【乡村面貌】 2019年，卧龙镇大力实施以“神圣国土守护者、幸福家园建设者”为主题的乡村振兴战略，将增收致富和守边固边相结合。人居环境不断改善，完成8个小康村建设（卧龙、卧龙下却、塘崩巴、麦、甲竹、江中、普龙、仙），角木那村、阿拉塘村和真多村小康村正在建设中。积极推进“河长制”工作，实施“一河一策”工作机制，镇级河长巡河90余次，发现和处理问题17起。

【双拥工作】 2019年，卧龙镇深入开展军地共建和“双拥”活动，以“八一”中国人民解放军建军节为契机，开展慰问活动。高质量完成征兵工作，对全镇18—23

卧龙镇卫生院

岁年龄段的青年进行全员摸底调查,最终确定人员入伍,完成征兵工作。

（王三腾）

【机构领导】

党委书记

刘　　洋

党委副书记、镇长

次仁罗布（藏族）

党委副书记、人大主席

罗布多吉（藏族,9 月任党委副书记、人大主席）

党委副书记

洛桑坚才（藏族,6 月离任）

祝　　涛（6 月任职）

党委委员、纪委书记、监察室主任

顿　　珠（藏族,6 月任党委委员、纪委书记,7 月任监察室主任）

党委委员、统战委员

罗布多吉（藏族,6 月任统战委员,9 月离任）

党委委员、组织委员、统战委员、副镇长

白玛扎西（藏族,6 月离任）

洛桑旦增（藏族,9 月任职）

党委委员、政法委员

文　　伟

党委委员、宣传委员

王 三 腾（9 月任职）

党委委员、人武部部长

谭 培 强（6 月任职）

人大副主席

旺　　珍（女,藏族）

副镇长

顿　　珠（藏族,6 月离任）

次仁旺久（藏族,9 月任职）

格桑曲珍（女,藏族,6 月任职）

文化站站长

嘎　　玛（珞巴族）

农牧服务中心主任

桑丹贡觉（藏族）

后勤服务中心主任

那　　国（藏族）

派镇

【概况】 派镇位于米林县东北端,东与墨脱县接壤,西、北接林芝市（巴宜区）,南连丹娘乡。全镇辖 9 个行政村、14 个自然村,分别为多雄村、达林村、大渡卡村（玉松、降落、尼丁小组）、格嘎村（直白小组）、加拉村、麦朗村、派村（达乃小组）、雪嘎村、索松村（吞白小组）,境内居住有藏族、汉族、珞巴族、门巴族等民族。2019 年,全镇总人口 640 户 2263 人,其中,藏族 2160 人,珞巴族 17 人,门巴族 84 人,汉族 2 人。全镇共有 11 个党支部,党员 419 名。镇机关行政编制人数 25 名,实有 33 名;事业编制人数 37 人,实有 31 名（含卫生院 13 名）。全镇农作物总播种面积 7511.96 亩,比上年增长 3.4%;粮食总播种面积达 6513.89 亩,比上年下降 4.1%;全镇粮食总产量达 1348.15 吨,比上年增长 22.01%;牲畜总头数为 12948 头（匹、只）,比上年下降 11.3%;农村经济总收入为 6985.47 万元,比上年增长 16.9%;农牧民人均纯收入 21607.74 元,比上年增长 13.5%;现金收入 16521.31 元,比上年增长 14.7%。

【基层党建】 2019 年,派镇遵循“坚持标准、保证质量、改善结构、慎重发展”方针,共发展党员 10 名,其中,机关支部党员 5 名,农牧民党员 5 名。同时,按照上级要求,对全镇所有党员开展违规违纪发展党员排查活动,对 72 份不完整或程序不规范党员材料进行重新完善。麦朗村、达林村新建村级活动场所全部建设完成并

2019年3月8日，米林县旅发委联合县安监局、交警大队、派镇等相关单位到大峡谷景区开展旅游行业安全生产联合检查

2019年7月23日，中国共产党派镇第九届代表大会第一次会议胜利召开，图为参会代表合影留念

投入使用，雪嘎村、多雄村、格嘎、派村、大渡卡村级活动场所升级改造工程开工建设。

根据《关于新增两处市级干部教育培训现场教学基地的通知》，围绕“党建强村、小康建村、生态立村、旅游兴村”思路，积极配合上级有关部门做好教学基地各项建设工作及教学资源深度挖掘、开发和利用，打造出麦朗村、索松村、达林村3个林芝市干部教育培训现场教学基地，教学主题为发展农村经济、助推乡村振兴。截至2019年底，麦朗村、索松村和达林村教学基地接待林芝市干部教育培训4批200余人。坚持“一把手抓”和“抓一把手”相结合的原则，将党风廉政建设工作列为各村目标考核的重要内容，并提高分值权重，健全村党组书记述职述廉制度，规定村党组书记向镇党委进行工作述职时，必须把党风廉政建设工作开展情况作为述职的重要部分，确保党风廉政建设责任制工作落到实处。

【灾后重建】 2018年10月，雅鲁藏布江加拉村堰塞湖自然灾害发生以来，派镇党委、政府从群众利益出发，“想群众之所想，急群众之所急”，帮助引导群众尽快恢复生产，在巴宜区永久片区安置11户50人。及时对通往加拉村的道路进行疏通，保障群众的安全出行，同县发改委、国土局、住建局、水利局、交通局等相关部门沟通，做好全镇灾区的房屋、农田、道路、桥梁、水渠等基础设施重建工作。同县民政局做好沟通，为受灾群众准备好折叠床、被褥、棉衣、砖茶等生活必需品和日用品，确保受灾群众的生活得到基本保障。做好灾区群众医疗卫生保障和卫生防疫工作，确保群众及时就医，2019年定期消毒14次，开展群众健康教育23次。加快完成安置点建设，2019年底加拉村转运站安置点完成85%工程量，赤白安置点全部完成。

【思想教育】 2019年，派镇建立健全党委中心组理论学习、周三学习日、支部专题学习等学习制度，集中对中共十九大精神，中共十九届三中、四中全会精神，习近平总书记系列重要讲话精神等内容开展学习，共组织党委中心理论组学习12次，组织干部集中学习40余次。充分利用学习强国平台开展干部自学活动，全镇“学习强国”活跃人数为56人，形成利用“学习强国”开展自学的浓厚氛围，学习平均分长期名列全县各单位前列。依托“四讲四爱”“不忘初心、牢记使命”主题教育等活动载体，对中共十九大，中共十九届二中、三中、四中全会精神，“扫黑除恶”等内容开展宣讲，把党的方针政策及时传达到广大群众中去，全年共开展集中宣讲521次，受教人数达6100余人。坚持把加强未成年人思想道德建设作为思想宣传工作的重点工作，开展一系列普法教育活动，使广大青少年学生充分接受爱国主义教育。

【安全生产】 2019年，派镇安委会重点对建筑施工、旅游、消防、森防、危化品、食药、道路交通等重点领域进行安全生产隐患排查工作，其中道路交通安全专项整治累计检查次数8次，发现问题和隐患34处，整改34处；消防安全专项整治16次，发现重点问题隐患69处，整改69处；建筑工地累计检查次数12次，发现问题和隐患32处，整改32处；危化品及易燃易爆品累计检查次数9次，发现问题和隐患2处，整改2处；汛期安全开展专项检查累计检查次数15次，发现问题和隐患2处，整改2处；食品药品安全累计检查16次，发现问题64处，整改64处，没收并销毁不合格食品6箱。

【脱贫攻坚】 2019年，全镇共有建档立卡贫困户92户227人，已全部实现脱贫，贫困发生率降至0。多雄村扶贫摊位项目通过摊位租赁等方式，为本村8户建档立卡户每户增收2000余元；派镇水果干果种植项目共种植3000余亩，已产生效益3万元；吞白村公尊德姆农庄盈利260万元，群众增收115万元；积极协助24户建档立卡户申请小额信贷67.1万元，用于发展群众生产生活；全镇18名农牧民申请“藏宿贷”，贷款总额度达1290万元，实现总收益500万元；大渡卡村精品民宿项目已开工建设，拟投资300万元（其中100万元由降落村村民自筹），采取“村党支部+村集体+村民（建档立卡户）”的入股模式，保障建档立卡户实现增收；大渡卡村核桃基地项目占地106.67万平方米，成活率达98%。

【乡村振兴】 2019年，全镇7个行政村小康村建设项目基本完成，剩余2个村小康村建设项目处于稳步推进中；堰塞湖安置点建设项目已完成总工程量的95%；转运站至直白村农村公路扩宽项目已完成总工程量的80%；格嘎大桥重建项目已竣工，并投入使用；松赞达林山居扶贫项目已完成前期准备工作；生态体育公园项目已完成选址工作；“三岩”片区搬迁工作持续推进，3个安置点均完成各项建设，其中大渡卡村安置点5户31人顺利入住。

2019年12月5日，派镇党委召开“不忘初心、牢记使命”主题教育专题民主生活会

【生态环保】 2019年，派镇对辖区所有垃圾进行集中填埋，共清运垃圾900余车次，清理垃圾2000余吨。拆除乱搭、乱建、乱圈92处，清理农户庭院170处，清理沟塘渠道12处，做好牲畜入棚、入围工作43处，治理车辆乱停乱放90余起，拆除破旧经幡、广告126处。

【民生和社会事业】 教育事业。2019年，派镇把办好人民满意的教育作为全镇工作的重中之重，坚持做到把教育工作放在优先发展的位置，通过深入推动义务教育均衡发展解决教育公平问题，全面推动“五个100%”教育目标任务落实。加强学生安全知识宣传与教育，开展“平安校园”“绿书签进校园”“护苗”、预防青少年犯罪等专项活动，构建和谐育人环境，保障学校安全。签订600余份藏语汉语保学责任书，适龄儿童入学率达100%。做好“三岩”搬迁群众学生入学工作，及时与监护人签订保学责任书，“三岩”搬迁学生入学率达100%。

卫生健康。2019年，全镇开展公众健康咨询和知识讲座16场，发放各类宣传品200余份。积极开展适龄儿童接种工作，其中常规免疫接种率达98%，加强免疫接种率95%以上。严密监控传染病疫情，严格执行疫情网络直报制度，全年管理结核病阳性人员4人，管理结核病4例，传染病发病率为0。

文化工作。2019年，派镇文化站投入4万元增加健身器材4

套，免费对干部群众开放，补充9个农家书屋书籍，引导农牧民群众加强学习科学文化知识，丰富农村文化生活。配合林芝市广播电视局“村村通”边民服务中心工作组，维修“村村通”设备74台。开展“扫黄打非”专项治理15次，进一步净化辖区文化市场环境。

民政方面。2019年，派镇投入资金3.5万元为6人提供临时救助，为“1·19”火灾受灾群众发放面粉19袋、大米19袋、罐头2件、食用油1桶。

社会保障。建立未就业大学生一对一帮扶机制，积极联系旅游公司开展就业培训，促进大学生就业。2019年，全镇居民医疗保险参保人数为2201人，参保率达99.8%，筹集资金66030元；参与城乡居民养老保险1076人，筹集居民养老保险资金13.06万元，参保率达100%。

（王　刚　徐曹化）

【机构领导】

党委书记

旦　　增（藏族）

党委副书记、镇长

王 永 明

党委副书记、人大主席、统战委员

米　　玛（女，藏族，7月免去党委委员、统战委员，7月任党委副书记）

党委副书记

胡　　康（5月离任）

王　　浩（6月任职）

陈 旭 东（6月任职）

党委委员、纪委书记、监察室主任

王　　浩（6月离任）

庞 云 福（6月任党委委员、纪委书记，7月任监察室主任）

党委委员、组织委员

彭　　霞（6月免去组织委员）

党委委员、组织委员、统战委员

罗桑扎西（藏族，6月任党委委员、组织委员，7月任统战委员）

党委委员、宣传委员

西绕旺姆（女，藏族，6月离任）

巴桑次仁（藏族，7月任职）

党委委员、人武部长

刘 正 刚（6月任职）

党委委员、政法委员

扎西多吉（藏族）

人大副主席

赵 虹 云（5月任职）

副镇长

巴桑次仁（藏族，同名）

农牧综合服务中心主任

土旦旦达（藏族）

文化综合服务中心主任

格桑梅朵（女，藏族）

机关后勤服务中心主任

伟　　色（女，藏族，6月离任）

白玛西绕（藏族，6月任职）

里龙乡

【概况】 里龙乡地处米林县西南部，辖区总面积2181.82平方公里，平均海拔2900多米，下辖甲帮村、才巴村（才巴村、茂公村、堆米村）、里龙村（益当村）、仲萨村（当嘎村）、巴让村（邦则村）、朗贡村、玉松村、德吉新村等8个行政村和13个自然村以及“三岩”搬迁集中安置点1个。2019年，全乡总人口520户2045人，乡机关共有干部46名。全乡共有基层党组织14个，其中乡机关党支部1个，农村党支部10个，党总支1个，龙达吉玛曲登党支部1个，里龙乡小学党支部1个，

2019年1月28日，米林县委常委、组织部部长许登顺（右一）到里龙乡看望慰问退休干部、老党员和驻村工作队队员

共有党员367名，其中机关党员45名、农牧民党员322名。2019年，全乡农牧民群众实现农村经济总收入6445.91万元，人均纯收入22604.24元，比上年同期增长14.45%，现金收入16806.71元，比上年同期增长15.62%。

【基层党建】 2019年，里龙乡积极开展8个村级活动场所标准化建设，完成了德吉新村、玉松村、甲帮村、巴让村、朗贡村5个村的村级活动场所标准化建设，已按照要求配备相应办公设备，并投入使用。深化拓展“三个培养”活动，“三个培养”人数达到18人次，实现每个自然村都有后备干部库，后备干部库数达37个。利用好驻村工作队、第一支部书记等资源，在乡村开办“红色夜校”“培训班”等，加强对村干部的能力素质培训。各村每周利用一晚上的时间，对村干部集中进行授课培训。全年乡党委共举办培训课9场次，培训人员200人次。坚持以“牢记初心使命，创建幸福里龙”为主线，紧密结合基层党建，特别是阵地规范化建设、党员素质提升、党支部战斗堡垒和党员模范作用发挥，各村党支部和广大党员做给群众看，带着群众干，努力提升群众的幸福感和获得感。

【脱贫攻坚和产业发展】 2019年，里龙乡主动认领26项需整改问题，通过细化整改方案，认真开展自查自纠，共完成脱贫攻坚回头看数据800条。进一步核实建档立卡户姓名、身份证号等信息，加强扶贫开发建档立卡工作，加强贫困人口建档立卡数据和农村贫困统计监测数据衔接，严格执行贫困人口有进有出、动态管理的工作机制，按时完成2019年动态调整系统录入工作，全年里龙乡新迁入5人，迁出1人，新生儿1人，死亡4人，户属性调整1户（从一般贫困户转为五保贫困户）。截至2019年底，里龙乡已脱贫76户229人，其中一般脱贫户共59户209人，特困供养脱贫户17户20人。结合扶贫转移就业工作，积极组织建档立卡贫困户参与产业技能培训，发展产业技能，增加就业创收渠道。2019年，结合“十四五”规划要求，已建立基础设施类项目77个，产业发展类项目28个。

2019年7月8日，米林县委常委、纪委书记、监委主任次平（左四）带队参加米林县监察委员会派驻里龙乡监察室揭牌仪式

【人大工作】 2019年，里龙乡人大主席团组织代表到山南隆子县、拉萨市曲水县、堆龙德庆区考察学习交流。在米林县十二届六次会议期间，为加快建设“四个米林”积极建言献策，乡人大共收集意见、建议共10条，答复率为98%。在里龙乡第九届人民代表大会第四次会议期间，收集意见、建议共26条，答复率为96%。

【保障和改善民生】 2019年，里龙乡积极开展科普带头人工作，各村设立科技人员1名，每月培训1次，同时加大科普宣传力度，提高农牧民科技兴农、科技创业意识，以强化农牧民实用技术为目的，积极开展各类培训。为提高农牧民生产生活水平，推荐村民代表参加农机维修培训、种植养殖培训等共5次，参加培训人员达82人次，就业率达95%。新建的甲帮、巴让、才巴3个行政村村级幼儿园已全部完工。全乡应参加新型农村养老保险963人，缴费892人，缴费114800元，缴费率达92%。

【防灾减灾和安全生产】 2019年,里龙乡加大对自然灾害的预防工作,共储备棉被520床、棉褥80床、棉垫40床、棉大衣200件、救灾帐篷125顶、防潮垫135个、发电机3台,同时在仲萨、才巴村开展救灾演练活动,进一步细化完善救灾应急方案,为处置突发灾情打好基础。全年共召开安全生产专题会议10次,切实做到月初有安排,月末有总结,各村共召开安全生产村民大会52次,各村平均每3个月召开1次,受教育群众达1100余人。组织各村突击队清查沟口16次,不定期检查12次,沟口清查率达100%。加强安全生产主体责任落实,督促里龙乡企业单位、各施工队加强员工教育,并对企业落实主体责任情况进行督查,共组织督查40余次,排查安全隐患40余起。对里龙乡各村电路、消防工作开展情况进行大检查,特别是节日期间及学校放假期间,共开展消防安全大检查4次,检查出电路消防安全隐患13起。

【"三岩"搬迁】 2019年,里龙乡把"三岩"工作作为全乡重点工作来抓,多次召开党委专题会议研究部署"三岩"搬迁具体工作,采取集中安置方式,安置点设在茂公村,距306省道6公里,距乡政府25公里,共安置26户159人,房屋建设工作已完成,并于2019年7月19日完成入住,所有住户家具家电已配置齐全。

【虫草管理】 2019年,里龙乡制订虫草管理工作实施方案,成立领导小组,卡点主要设在乃巴沟和才巴沟内,设卡人员主要由各村"两委"班子成员组成,利用群众的力量进行虫草管理,严禁外来人员与无证人员进山采集,积极组织乡干部到采集点开展巡逻清山,共组织巡逻28次、清山15次,清理非法采挖虫草人员56人。2019年,农牧民采挖虫草秩序井然,没有发生群体性事件和刑事案件。

（四郎措姆）

2019年12月17日，米林县委副书记、常务副县长黄南荫（后左二），县委常委、组织部部长许登顺（后左三）出席里龙乡与珠海市金湾区三灶镇结对帮扶签约仪式

【机构领导】

党委书记

李春超

党委副书记、乡长

扎西次仁(藏族)

2019年4月1日，里龙乡召开"四讲四爱"群众教育实践活动第一节点培训会

党委副书记、人大主席团主席

尼　　玛（女，藏族，8月任党委副书记）

党委副书记

罗春峰（6月任职）

党委副书记、纪委书记

熊国斌（6月离任）

洛桑次仁（藏族，6月任职）

党委委员、组织委员、宣传委员、副乡长

李灏源（6月任组织委员、宣传委员）

党委委员、统战委员

次仁顿珠（藏族，6月任统战委员）

党委委员、武装部部长

达　　玛（珞巴族）

党委委员、政法委员

扎西旺堆（藏族）

人大副主席

朱方平（6月任职）

副乡长

次仁旺堆（藏族，6月离任）

索朗旺杰（藏族，6月任职）

农牧综合服务中心主任

洛松曲达（藏族）

文化服务中心主任

次仁朗措（藏族）

机关后勤服务中心主任

周海俊（6月任职）

羌纳乡

【概况】 羌纳藏语意为“太阳照不到的地方、江河的背阳处”。羌纳乡位于米林县东南部，乡人民政府驻地羌渡岗村，海拔2950米，西距米林县城43.7公里，距林芝地区行署所在地八一镇74公里。从乡政府驻地东行49公里即至大峡谷。东接丹娘乡，西连米林镇，北与林芝县隔江相望，南靠墨脱县。羌纳乡沿雅鲁藏布江南岸一线分布，背倚喜马拉雅山脉。境内的山均为喜马拉雅山系，除雅鲁藏布江外，还有3条自南向北的雅江小支流，分别是巴嘎河、当扎河、结果河。1959年8月，羌纳区成立。1960年，羌纳区下辖巴嘎乡、羌纳乡、结果乡。至2000年，羌纳乡下辖13个行政村。2004年5月，建立西嘎行政村（系墨脱县门巴搬迁村）。2005年，撤并部分村，全乡辖10个行政村。2007年，将朗多村与才巴村合并，至此，全乡辖9个行政村，分别是岗嘎村、巴嘎村、西嘎村、朗多村、羌渡岗村、色沃村、娘龙村、结果村、米尼村。境内居住有藏、汉、珞巴、门巴等民族。羌纳乡行政区域面积454平方公里，其中林业面积62万亩、草场面积3.35万亩、耕地面积0.97万亩。2019年，全乡共有11个党支部，346名党员，其中机关党员46名，乡小学支部党员5名，农牧民党员295人。

【经济发展】 2019年，全乡农作物播种总面积0.97万亩，总产量达6202799.39斤。牲畜总数达8515（头、只、匹）。全年羌纳乡农村经济总收入87441860.45元，其中，第一产业收入33352130.45元，第二产业855020元，第三产业收入53234710元，农牧民人均纯收入21207.25元，人均现金收入18526.18元。

【产业发展】 2019年，羌纳乡党委、政府依托区位、交通资源禀赋，引进优质企业（米林雅江生态农业开发有限公司、西藏可心农业发展有限公司、林芝润鑫实业有限公司、林芝银丰农牧科技有限公司、林芝盛世农业科技有

2019年3月22日，西藏自治区党委常委、组织部部长陈永奇（左三）到米林县羌纳乡西嘎村调研精准扶贫工作

2019年3月28日，羌纳乡举办庆祝“3·28”百万农奴解放纪念日文艺演出活动

限公司)，共流转土地达4100余亩，土地流转收益每年达390余万元，并以每年20余万元递增。群众依托村集体经济及进驻羌纳乡的优质企业，供给企业改扩建原材料，充分调动村内劳动力，实现群众不离乡不离土，择近就业。2019年，西嘎村以集体与尼洋河旅游公司合作的模式，将文化广场和民俗家庭展示打造为特色旅游亮点，公司每年为村集体分红5万元。

【民生工程】 2019年，羌纳乡“两清一建一拆一改一补”工作和人畜分离工作及地下排污管网铺设、立面改造、围墙修建、改厕改卫等小康村建设工作已全部建设完毕，并通过验收。及时与涉迁村了解情况并和村负责人细化搬迁工作方案和应急预案，确保与迁入群众实现精准对接，已完成首批9户64人搬迁群众安置工作，同时加强对惠民政策及搬迁意义的宣传教育，及时解决搬迁群众纠纷，有序推进搬迁涉及村修建配套产业发展项目，如为搬入巴嘎村群众客土改良70余亩耕地；为巴嘎村、娘龙村搬迁群众修建牲畜棚6座。

【脱贫攻坚】 2019年，羌纳乡为全面落实中央第三巡视组脱贫攻坚专项巡视整改反馈意见，提升羌纳乡脱贫攻坚实效，成立充实脱贫攻坚整改领导小组，乡党委书记任组长，乡党委副书记、政府乡长任副组长，下设专项整改办公室，由党委委员、组织委员负责。严格按照“问题不查清不放过，整改不到位不放过，责任不落实不放过”的原则，建立“一个问题、一名领导、一套人员、一抓到底”的工作机制，列出整改清单，对照销号，制定《关于落实中央第三巡视组脱贫攻坚专项巡视反馈整改细化方案》，梳理的32个方面71个问题已整改完成，做到了事事有着落、件件有回声、桩桩有实效。

【民族团结】 2019年，羌纳乡积极组织农牧民群众认真学习宪法、《宗教事务条例》等法律法规，教育鼓励信教群众开展正常合法的宗教活动，反对封建迷信。举办“新旧西藏对比”成果展，进一步培养农牧民群众爱党、爱国的思想和对中华民族的认同感。组织乡小学耐心讲解民族常识和民族政策，深入开展民族团结教育，从娃娃抓起，多渠道、全方位在全社会营造民族平等团结的氛围。全年羌纳乡没有发生过因民族问题而引发的矛盾和纠纷，羌纳乡各民族和睦相处、安居乐业，全乡上下和谐稳定。

【科技事业】 2019年，羌纳乡有广播电视收转站4座，“12+1”有线电视2座，村电视信号覆盖率100%，全乡村通电话率100%，9个行政村已全部通光缆、网络，各行政村均建有党员干部现代远程教育设备。

【教育事业】 羌纳乡小学及巴嘎村幼儿园分校共有教职工36名，其中教师25名，支教教师4名，工人7名；收录小学生121名；幼儿园收录学生60名，村级幼儿园(巴嘎)收录学生21名。通过深入各村开展控辍保学工作，义务教育阶段适龄儿童入学率、巩固率均达100%。

【文化事业】 组织引导群众开展

2019年5月15日，羌纳乡在岗嘎村举办“忆苦思甜感党恩 不忘初心跟党走”军民共建文艺会演活动

传统文体活动，完善农家书屋，利用党建标准化阵地组织村民观看爱国主义电影和纪录片 50 余场。开展非物质文化遗产申报工作，将结果村边巴扎西申报为县级木碗加工非物质文化遗产传承人；启动西嘎村藏纸加工技艺，完成申报县级非物质文化遗产工作。

【卫生事业】 做好大病统筹、个人账户管理工作，全乡家庭账户覆盖率和个人缴费人口覆盖率分别达 100% 和 95% 以上，全县 4875 人次报销合作医疗费 249694.42 元。深入各村加强对包虫病等疾病预防知识的宣传，累计开展宣传百余场，受教育群众覆盖率达 100%。加强春、秋季牲畜疫病防治工作，做到强制性免疫、疫情测报、检疫工作“三到位”，为全乡 5 万余头（只）牲畜家禽实施疫苗接种，免疫率达 100%。

【社会保障】 2019 年，全乡低保户 15 户 72 人，共发放补贴资金 74661 元；特困人员 10 户 10 人，共发放补贴资金 67500 元。残疾人员 227 人，其中重度残疾 115 人，一般残疾 112 人，共发放两项补贴残疾资金 56 万元。

【生态环保】 2019 年，羌纳乡年初召开林业工作会议，对森防工作进行认真部署，并与各村及护林员签订《森林管理及防火目标责任书》，明确管理区域，成立森林防火突击队，组织护林员与联防队员定期不定期地对林区进行巡逻，同时积极引导群众进行植被恢复、生态林建设，对乱砍滥伐、偷运盗运等违法行为进行严厉打击。进一步落实河长制，乡、村两级成立全面推行河长制领导小组，建立健全制度，制作河湖名录、巡河台账，对境内 12 条河流加大巡河力度，认真记录巡河情况。落实村居环境卫生考评工作，巩固“双联户清扫→村收集→乡转运→县处理”垃圾处理模式运行成果，确保羌纳乡环境综合工作有序推进，在全乡范围开展环境卫生考核工作，由督查小组每月组织 1—2 次明察暗访，颁发流动红、黑旗鼓励优秀，督促后进。

【党的建设】 思想政治建设。

2019年7月1日，羌纳乡开展迎七一党建活动

2019年，羌纳乡紧紧围绕贯彻落实中共十九大精神、“政治纪律教育”“不忘初心、牢记使命”党员主题教育、“四讲四爱”群众实践教育活动等方面内容，全乡各村通过宣传横幅、LED显示等形式制作主题宣传标语40余条。乡党委理论中心组结合上级要求，精心选取学习材料，详细制订学习计划，组织领导干部集中学习23次，撰写心得体会80余篇。开展“不忘初心、牢记使命”主题教育，乡机关支部组织开展研讨会7次。督促乡机关党员干部、村级党员干部深入学习党的最新理论、方针政策，不断强化“四个意识”，坚定“四个自信”，坚决做到“两个维护”，时刻做政治上的明白人，群众的贴心人。全乡党员签订党员不信仰宗教承诺书346份，强化党员党性修养，提高政治站位和思想境界。

基层党组织建设。2019年，对吸纳的10名发展对象、27名积极分子、8名预备党员严格按照培训要求进行党性教育；开除参与传销组织、违法盗伐树木、敲诈勒索的党员3名，净化党员队伍；择优配备县乡两级9名基层经验丰富的党员干部，担任村第一支部书记；注重选拔村后备干部，吸纳48名优秀人员进入村级后备人才库；乡党委成立软弱涣散整改小组，查摆梳理存在的问题，建立问题整改台账，村党支部根据制定的整改方案稳步推进整改任务，整改已全部完成。抓实村级组织活动场所标准化建设，成立乡村级活动场所标准化建设领导小组，修建的巴嘎村、色沃村便民服务中心已完成主体建设，同时帮助制定思路，形成军民共建岗嘎村、产业发展西嘎村、客栈集群示范带动朗多村、淡化宗教消极影响羌渡岗村、传承民俗文化娘龙村、和谐法治结果村、绿色发展米尼村共7个党建发展思路。

党风廉政建设。完善《羌纳乡干部管理制度》，优化干部工作作风；制定党委班子党风廉政建设责任分工，并明确各挂村领导，负责完善已有的基层组织工作制度；严格落实“两个责任”，深入开展党风廉政教育活动，坚持教育、制度、监督、纠风工作统筹推进。组织开展廉政教育活动10余次，规范完善《党务政务公开制度》等制度，切实增强领导班子和党员干部落实一岗双责。

执纪监督审查。加强对党员、干部队伍监督力度，从“四风”“微腐败”等多方面开展日常监督工作；加强对群众引导，提高农牧民群众对权力运作正确依法行使监督权的自觉性和积极性；加强扶贫领域监督执纪问责，结合羌纳乡扶贫工作开展情况，针对扶贫项目、扶贫资金、扶贫政策、贫困户退出等方面加大查处违法违纪案件力度，认真执纪办案，坚持按党纪条规办事，有效维护党纪国法，端正党风政风。

（王甲喜）

【机构领导】

党委书记

董宁辉

党委副书记、乡长

支　张（藏族，1月离任）

久美次仁（藏族，1月任职）

人大主席

白玛益西（门巴族，5月离任）

党委副书记、人大主席

强巴旦达（藏族，5月任职）

党委副书记

廖　君

2019年9月30日，羌纳乡举办庆祝中华人民共和国成立70周年“不忘初心、牢记使命”主题教育暨“四讲四爱”群众教育实践活动文艺会演

党委委员、人武部部长

晓　东（藏族）

党委委员、副乡长

尼玛顿珠（藏族）

党委委员、政法委员、统战委员

程　磊（8月任职）

党委委员、统战委员

扎西拥珠（藏族，5月离任）

党委委员、宣传委员

觉啊拉姆（女，藏族，5月离任）

党委委员、组织委员、宣传委员

陈　龙（5月任职）

党委委员、纪委书记

斯格朗加（藏族，5月任职）

副乡长

米玛次仁（藏族）

纪委副书记

旦增卓嘎（女，藏族，5月离任）

人大副主席

次旺格桑（藏族，5月任职）

农牧综合服务中心主任

黎林梅（女）

后勤服务中心主任

久美卫色（藏族）

文化综合服务中心主任

仁青扎巴（藏族，5月任职）

丹娘乡

【概况】 丹娘乡位于米林县东南部，距县城69.4千米，乡域面积536.18平方千米，其中林地200.8万亩。下辖6个行政村、12个自然村。2019年，全乡总人口427户1787人（"三岩"搬迁15户108人），其中，干部职工56名（卫生院6名）。下设党支部8个，其中乡机关、乡小学各1个，农村党支部6个，共有中共党员240名（农村党员187名，机关党员53名）。

【经济建设】 2019年，丹娘乡人均收入达13865.18元，同比增长13.5%；人均现金收入11168.42元，同比增长13.34%；人均纯收入13865.18元，同比增长13.5%。全乡粮食产量达1326.85吨，同比下降2.0%；牲畜存栏达14238头，同比减少14.94%。

【党建工作】 开展"不忘初心、牢记使命"主题教育。2019年，丹娘乡为深入推进主题教育工作，要求机关党员自学《习近平关于"不忘初心、牢记使命"论述摘编》，每周6天自学不少于2小时。每周三乡机关党支部以党课的形式集中开展学习交流，参与党员100余人次。各村党支部不定期组织农牧民党员集中交流学习，开展学习8场次，参与农牧民党员300余人次。乡党委理论学习中心组每周五以专题研讨学习会的形式开展学习交流，共开展学习5次，撰写心得体会10篇。组织开展"不忘初心、牢记使命"主题教育启动仪式共7场，全乡党员干部、村党支部书记、第一书记、驻村工作队及农牧民党员共260余人次参与，发放"不忘初心、牢记使命"主题教育学习笔记本200余本。

严格执行各项制度。专题研究部署"三会一课"制度落实工作，对8个党支部进行监督检查，针对发现的问题，制订整改方案，从目标要求、内容、时限、措施等几个方面确保落实工作有计划、按步骤、高质量地推进，真正做到"三会一课"落实工作事事有人管、件件有落实。推动党组织生活规范化，按照上级部门的文件要求，将每年7月作为"党员活动月"、每月第一个周五作为"党员活动日"。严格落实"三会一课"制度，明确党支部书记、班子成员带头

2019年3月16日，西藏自治区公安厅党委副书记、巡视员、驻林芝督导组副组长晶明（左二），自治区司法厅副厅长闫晋东（左五）一行到丹娘乡检查指导工作

2019年4月16日，米林县委常委、组织部部长许登顺（右三）一行到丹娘乡调研“三岩”搬迁群众入住准备工作

落实“上党课讲党课”活动。

软弱涣散党组织排查及整改。根据县委组织部关于软弱涣散党组织工作的要求，丹娘乡党委严格督促鲁霞村按照“一支部一对策”的原则，结合村实际情况进行全面整顿，制定《丹娘乡鲁霞村软弱涣散党支部整顿工作方案》《丹娘乡鲁霞村软弱涣散整改台账》，并根据整顿时限要求，及时上报丹娘乡鲁霞村党支部软弱涣散基层党组织整顿工作开展情况，由村党支部第一书记、挂点干部做好整顿督促工作。

村级组织活动场所标准化建设。为加快推进村级组织活动场所标准化建设，如期完成2019年村级活动场所标准化建设目标，丹娘乡严格按照基层党组织建设标准，本着“够用、实用、耐用”的原则，争取县委组织部项目资金375万元，新建丹娘村、鲁霞村和仲萨村村级活动场所。

党风廉政建设。组织学习上级纪委通报文件30余份，开展《中华人民共和国监察法》《中国共产党廉洁自律准则》《中国共产党纪律处分条例》等学习10余次。组织全体党员干部观看警示教育片3次。充分发挥廉政文化引导作用，筑牢党员干部拒腐防变的思想防线，有力推动各项工作的开展。开展村党支部书记谈话13人次，明确责任主体，进一步筑牢廉政“防火墙”。开展扶贫领域腐败和作风问题排查25次，未发现任何问题。

【特色产业】 2019年，丹娘乡争取扶贫项目资金50万元，在仲萨和措那2个自然村建设12栋灵芝菌温室大棚，该项目于5月投入使用，售出灵芝菌2批，增加收入2.6万余元。为白拉村争取防沙治沙后续项目资金90万元，开展植树造林工作，不仅使白拉村群众实现家门口创收，同时还有效改善雅江流域生态环境，防止水土流失。为6个行政村争取县农牧局项目资金18.57万元，共种植500亩油菜花，增强丹娘乡各村沿途旅游景观的观赏性，油菜成熟后统一收购，增加群众的收入。积极争取县旅发委项目资金33.71万元，实施鲁霞村农家乐道路硬化工程，改善鲁霞村农家乐院内环境，带动鲁霞农家乐创收

2019年3月4日，米林县政协副主席巴桑（左一）到丹娘乡督导检查工作

11.7万余元，有效增加了鲁霞村群众收益。积极争取县旅发委项目资金189.87万元，实施佛掌沙丘停车场硬化和厕所新建工程，实现旅游摊位收益7万余元，西藏林芝措雍珠玛旅游文化投资有限公司承包桑巴村佛掌沙丘旅游项目兑现租金15万元，有效增加桑巴村群众收益。积极打造丹娘乡茶马驿藏茶体验馆，为丹娘村群众提供6个就业工作岗位，8个旅游摊位，着力打造集茶具、藏茶文化的传承、品鉴、收藏、销售等为一体的特色文化，吸引大批游客前来体验消费，有效带动丹娘村群众实现家门口就业。

【农牧业工作】 2019年，丹娘乡开展春、秋季防疫工作2次，牛口蹄疫免疫共6666头，猪口蹄疫免疫及猪瘟免疫共5305头，防疫率均达100%。为防控非洲猪瘟疫情，成立丹娘乡非洲猪瘟防控工作领导小组，制定《丹娘乡人民政府关于做好非洲猪瘟疫病防控工作方案》，严格落实24小时值班制度，积极设卡实行“地毯式”免疫，加大对过往车辆、人员、动物的检查力度，严防外地猪及其产品进入辖区。各村兽防员定期在村内进行非洲猪瘟排查、消毒工作，全面做好非洲猪瘟防控工作。落实牦牛经济杂交和黄牛改良工作，扎实推进养殖业效益。确保2019年底完成牦牛经济杂交105头，黄牛改良290头。争取到第八批援藏资金265万元，建设有机肥加工厂，确保有机肥生产有序进行。

【教育文化体育】 2019年，丹娘乡按照教育经费“三个增长”要求，积极落实教育经费，严格落实“控辍保学”目标责任制，学生入学率达100%。推进平安校园创建工作，建立义务教育均衡发展保障机制，定期召开教育专题会议，层层签订年度教育工作目标责任书。组织党员干部、农牧民群众、驻地部队官兵在“3·28”西藏百万农奴解放纪念日、“五四”青年节、“五一”国际劳动节、“七一”中国共产党建党节、“八一”中国人民解放军建军节、“十一”国庆节等重要节点，举行升国旗唱国歌、文艺会演、演讲比赛、篮球比赛、响箭比赛、新旧西藏对比座谈会等文化体育活动，进一步增强群众的民族团结意识和爱国主义精神，拉近军民之间的感情，提高广大干部群众身体素质。2019年，丹娘乡共开展各类体育文化活动15场次，参与人数达5000余人次。

2019年9月27日，丹娘乡组织开展庆祝中华人民共和国成立70周年响箭比赛

【社会保障】 2019年，丹娘乡养老保险参保达100%，同时积极开展毕业大学生就业工作，配备专人跟踪问效，实现大学毕业生全部就业，就业率达100%。

【生态建设】 2019年，丹娘乡积极开展乡村振兴战略、人居环境专项提升专项行动，出动拖拉机、挖掘机、装载机等50台次，清理农作物废料46处，积存垃圾119处，杂物105处，拆除牛棚、猪圈等219处，拆除私搭乱建48处，拆除违规广告牌及乱贴乱画22处，平整场地1100平方米，乡村品质面貌、生产生活环境明显改善。

【基础设施】 实施边境小康示范村等项目建设。2019年，为进一步改善农牧民群众的居住环境，丹娘乡6个行政村开展边境小康示范村建设工作，并成立边境小康示范村建设领导小组，由政府乡长任组长,指派专人跟开展数据统计及有关部门的协调工作,指派1名副科级领导开展项目建设日常工作。

“三岩”易地扶贫搬迁。丹娘乡需搬入昌都“三岩”搬迁数为21户130人,结合区域实际,将安置点设置在丹娘村和仲萨村。为切实做好“三岩”搬迁工作,成立以乡党委书记为组长,乡党委副书记、政府乡长为副组长的工作领导小组,安排专人负责跟进此项工作,并多次召开部署会议,强化组织领导,明确责任分工。同时,制定《米林县丹娘乡昌都“三岩”片区跨市整体易地扶贫搬迁入住安置工作实施方案》《米林县丹娘乡关于昌都三岩片区跨市整体易地扶贫搬迁入住安置工作应急预案》等,确保“三岩”搬迁工作平安有序进行。2019年,完成第一批9户37人的搬迁工作。

水利设施和道路交通建设。丹娘乡辖区内共有各级河流8条,其中自治区级1条、县级1条、乡级6条,共设立乡级、村级河段长21人。2019年,每周开展3—4次巡逻,维护河道安全,切实做好河长制各项工作。积极争取水利局项目资金500万元打造多空沟河堤坝工程,有效保护耕地,防止水土流失。积极争取交通局项目资金建设多空桥,完善岗派公路道路交通设施,便利群众安全出行。

【脱贫攻坚】 2019年,丹娘乡完成建档立卡户5户15人脱贫,实现全乡全部脱贫摘帽的目标,圆满完成脱贫任务,同时开展建档立卡贫困户85户313人脱贫回头看工作,未出现脱贫群众返贫。

(党西娟)

【机构领导】

党委书记

王彦平

党委副书记、政府乡长

平措旺青(藏族)

党委委员、人大主席

次仁(女,藏族,6月离任)

次桑(藏族,6月任职)

党委副书记

旦增晋美(藏族,6月离任)

曹云鹏(6月任,11月离任)

党委委员、纪委书记

曹昌勇

党委委员、组织委员

次仁央宗(女,藏族,6月免去组织委员)

党委委员、组织委员、宣传委员

武文达(6月任组织委员、宣传委员)

党委委员、统战委员

次仁央宗(女,藏族,6月任职)

党委委员、人武部部长

巴桑次仁(藏族)

党委委员、政法委员、副乡长

次旺朗杰(藏族,6月任职)

副乡长

次仁罗布(藏族,6月任职)

人大专职副主席

次仁白珍(女,藏族,6月任职)

文化站站长

扎西措姆(女,藏族)

农牧服务中心主任

次仁拉姆(女,藏族)

后勤服务中心主任

次仁曲珍(女,藏族,6月任职)

扎西绕登乡

【概况】 扎绕乡全称扎西绕登乡,1961年1月,成立扎西绕登区,1978年,拆区建乡,扎西绕登乡正式成立,位于米林县西北面,乡政府所在地为雪巴村,距米林县城19公里,全乡辖有10个行政村(16个自然村),居住有藏族、汉族、珞巴族等民族,共672户、2915人。2019年,全乡共有干部职工57名,其中驾驶员2名,乡兽医1名。年内,在县委、县政府的正确领导下,扎西绕登乡紧紧围绕工作重点,以理论武装、制度建设为依据,立足优势,补齐短板,攻坚克难,使得党建得以提升、民生得以改善、环境得以好转、社会更加和谐,实现经济社会持续健康发展。

【经济发展】 2019年,扎绕乡立足党建网格化工作模式,按照“三带并驱”发展思路,立足扎绕资源优势,大力实施藏香猪规模养殖和旅游兴乡战略,促进产业多元化发展,有力地促进农牧民增收致富,实现经济总收入8130.57万元(其中第一产业3093.73万元、第二产业4.1万元、第三产业5032.74万元),实现农牧民人均纯收入达1.95万元,同比增长13.5%。

旅游兴村逐步推进。按照“依托桃花大道优势,进行农旅产业结合,推动搬迁村项目落地”的思路,促成桃花公园、“听风看水”玻璃盒子、成都山泽居公司二期酒店的建设,2019年底桃花公园及配套项目已完成97%，相关工作正在有序开展。萨玉山泽居酒店吸纳高校毕业生9人，实现每人每月收入3500元，真正地带动当地就业。“听风看水”玻璃盒子及山泽居酒店土地流转90万余元，通过这些项目落地带动当地农家乐的发展，每年增收13万余元，让农牧民群众真正吃上“旅游饭”。

藏香猪养殖产业迈出新步伐。积极向县政府争取产业发展资金2580万元，其中雪巴村尼布沟标准化养殖基地投入资金1800万元，共有基础母猪900头。2019年底，全乡藏香猪存栏1986头，形成以雪巴村尼布沟养殖基地为中心，辐射带动卡娘、康萨、扎村藏猪产业同步发展的良好局面。

就业输出促进经济发展。自2015年拉林铁路开工建设以来，乡党委政府全心全意地为民谋发展，增加劳务输出。截至2019年底，全乡共有租赁大型机械（车辆）181辆，其中自卸车152辆、装载机18辆、挖机11辆，累计辐射带动全乡农牧民群众增收1800余万元。米林车站及岗嘎车站站内设施有序建设，站前广场红线地也已全部征收到位。

【基层党建】 2019年，扎绕乡党委成立基层党建工作领导小组，及时召开2019年全乡党建工作推进会议，确保党建工作有序推进。制定《党员领导干部党建联系点制度》，将全乡副科及以上领导干部分别挂到每一个行政村担任党建指导员。以创建“学习型”党组织为契机，深化“书记讲党课”专题活动，共组织集体学习42次，受众达782人次。全年开展“书记上党课”活动4次，上廉政党课1次，班子成员撰写学习习近平中国特色社会主义思想心得体会共24篇。乡党委和各支部按照“两学一做”学习教育常态化制度化，以民主生活会和组织生活会为载体，先后开展批评与自我批评的党内活动，乡党委召开民主生活会1次，12个党支部先后召开组织生活会各1次。在“党员固定活动日”方面创新活动内容，实施“1+12”党建模式“N+1”党建联盟，即乡党委联合12个村党支部共同组织支部活动。开展大型群众性文艺会演，联合县委组织部、中铁十七局五公司、乡派出所共同组织支部活动。继续落实无职党员认岗认责，各村以党建网格化为抓手，积极引导本村无职党员主动认领岗位职责，该村361个无职党员已经认领岗位共118个。积极推动各村村公房规范化建设，着力构造党建阵地化建设以及提升党建软实力，萨玉村村级活动场所建设已全部完成并投入使用，甲玛、龙安、森波村级组织活动场所已基本建成，吞布容、多卡、彩门、雪巴村级活动场所已完成升级改造，扎村列小组、康萨村村级活动场所正在建设当中。利用党组织和党员信息采集工作，对发展党员进行违规违纪排查，重点对“口袋党员”或“失联党员”进行全面清理，同时统筹全乡规范党员档案，完成全部资料归档工作。自第二批“不忘初心、牢记使命”主题教育开展以来，乡党委注重开门办教育，在农牧民群众“家门口”采取多种形式开展主题教育，做到真开门、开大门、开好门，不断提高农牧民群众的参与度、知晓度、满意度，用群众的获得感来检验主题教育的成果，全乡上下形成“学习入

2019年1月8日，米林县政府副县长陈剑钊、县旅发委主任王翠丽一行到林芝市第十七届桃花旅游文化节米林分会场活动地扎绕乡萨玉村（山泽居）实地调研

心、调研入户、检视入微、落实入行”的“四入”工作法，初步构建起“学习教育聚民心、调查研究知民情、检视问题顺民意、整改落实解民忧”的循环式、常态化共建共享治理机制。结合“不忘初心、牢记使命”主题教育，以政治纪律教育为根本，以警示教育为重点，扎实开展党性党风党纪和廉政教育，全年共组织政治纪律专题学习5次，学习《习近平关于“不忘初心、牢记使命”论述摘编》《习近平新时代中国特色社会主义思想》13次，学习《中国共产党章程》、“两准则四条例”9次，党委书记上廉政党课3次，传达学习上级纪委通报文件39份，观看《蜕变的初心》等警示教育片4次，进一步增强全乡党员干部的党性修养，提升拒腐防变能力，筑牢思想道德防线。

【脱贫攻坚】 2019年，扎绕乡严格落实“摘帽不摘责任、摘帽不摘政策、摘帽不摘帮扶、摘帽不摘监管”的总要求，编制巩固提升方案，及时更新家当立卡户明白卡、帮扶卡、年度增收计划、年度帮扶跟踪记录表，持续落实好各项兜底政策。

抓好问题整改。根据中央第三巡视组反馈涉及米林县的32项问题92条细化举措，其中涉及扎绕乡22项问题52条细化举措。扎西绕登乡结合工作实际，通过深入细致查找，实事求是、动真碰硬、认真整改，截至2019年底已全部完成整改。

强化宣传引导。全乡5次集中开展学习习近平总书记关于扶贫工作的重要论述和《中共中央、国务院关于打赢脱贫攻坚战三年行动的指导意见》等重要文件。对全乡在岗的21名干部进行脱贫攻坚政策理论知识考试测试。组织全乡干部学习扶贫领域相关文件精神6次，传达通报扶贫领域腐败和作风问题典型案例等，10个行政村的党支部书记相继在各村召开脱贫攻坚政策宣讲会。

2019年4月29日，米林县委宣传部、县文化局在扎绕乡雪巴村拉林铁路项目部举办以“四讲四爱”之劳动欢歌，药洲传情“幸福不忘共产党，阳光路上梦起航”主题的文艺会演活动

落实生态岗位。根据各级反馈，扎绕乡建档立卡数据问题共有386条，已整改完成386条，并对脱贫人口实施跟踪和动态监测。全乡生态岗位责任人共清查出49名不符合岗位规定人员，并已完成49名不符合岗位规定人员的替换工作。

发挥党员带头致富。按照“一乡一规划、一村一计划”，注重发挥扎绕乡的38名党员致富带头人作用，与444名党员签订不信仰宗教承诺书。针对“四对一”结对帮扶和“包户”帮扶活动，清查82建档立卡户的帮扶责任人，并收集电话回访记录72条。

合力攻坚“三岩”搬迁。自“三岩”片区搬迁工作启动以来，扎绕乡严格按照县委、县政府以及县“三岩”办的要求和指示，精心组织，秉持“从群众中来、到群众中去”的理念，带着感情到群众中做工作，2019年实现萨玉村28户155人的搬迁集中安置工作。结合“不忘初心、牢记使命”主题教育，乡党委奔着“为民办实事解难事”的目标，深入“三岩”片区了解搬迁群众反映的困难，着力解决农牧民群众热点难点问题，打通服务群众“最后一公里”。乡党委、政府了解到搬迁点冬季牧草急缺且没有工具收割牧草，第一时间解决割草工具配备了8台割草机，并组织萨玉村优秀党员干部到安置点进行手把手安装、教学、培训，保证了在冬季来临之前牧草准备充足；在乡

2019年3月31日，以“山水米林 花谷药洲”为主题的林芝市第十七届桃花旅游文化节米林分会场活动在扎绕乡萨玉村开幕，图为开幕式演出活动现场

党委了解到冬季缺少柴火的问题后，积极号召鼓励各村党支部进行柴火帮扶救济，16个村民小组分别为运送2车柴火，共同帮助“三岩”搬迁群众渡过寒冷难关，保障“三岩”群众“搬得进、稳得住、能致富”。

【生态管理】 教育为先。2019年，扎绕乡坚持把生态环境保护作为底线、红线、高压线，牢固树立“绿水青山就是金山银山、冰天雪地也是金山银山”的理念，持续深入开展生态文明普及教育和宣传，各村已开展生态保护主题教育10余场次，使生态保护深入人心。

环保工作。出台《2019年扎西绕登乡环境卫生综合考评管理办法》，对各村开展环境卫生检查20余次，发现小集镇、部分村有生活垃圾乱丢乱扔现象，已当场督促其清理干净并多次强调生态保护的重要性和必要性。同时，与多卡小集镇6位环卫工人签订协议书，要求其每天负责打扫多卡小集镇，以确保小集镇卫生整洁，使环境宜居。

林业工作后。年初，扎绕乡召开了2次森防工作会议，与辖区内各村、各施工点签订责任书，安排部署相关工作，与专业护管员签订协议7份，压实责任，便于开展工作。2019年，全乡共组织开展森林防火检查17次，各村8名生态岗位人员全天巡逻，张贴宣传标语90余份，发放宣传册500余份。以植树节为契机，组织各村种植树木2000余棵。

河长工作。继续按照《扎西绕登乡河长巡河制度》要求，分别对雅江段、罗布绒曲、夺卡龙曲、施莫永曲、森波沟、拉浦曲、萨玉沟、甲玛沟8条河进行24次实地检查，对乱排乱放的农牧民进行教育，同时组织村“两委”以及违规排放污水的群众进行污水排放渠道整治，确保资源的安全，为河长制工作的全面推进落实增添活力。

【民生保障】 基础设施建设。2019年，扎绕乡在原有基础设施上，统筹推进水、电、路、通信、网等领域基础设施建设。争取县政府及援藏资金560余万元，投入建设多卡村非边境小康村，投资1300万余元，建设甲玛村、彩门村人居环境项目。

技能培训。坚持“实际、实用、实效”的原则，围绕产业发展需求开展实用技能培训，投资113.7872万元建成雪巴将热农家乐农牧民群众培训平台，全年共组织农牧民群众参加各类技能培训6场次，受众80人次，培养造就一批懂技术、会管理、善经营的“土专家”“田秀才”等能工巧匠，为百姓致富、乡村振兴夯实人才基础。同时，开展雪巴村水果基地、康萨村水果基地果树嫁接培训2次，人训人数达340人。

文教事业。始终将教育摆在优先发展的战略位置，全乡学生入学率、巩固率、合格率达100%。全面落实“两操两活动”，2019年，全乡应届生21人，已稳定就业7人，乡村振兴专干1人，未就业13人，剩下8人为一对一帮扶对象，每个月都在为其推送岗位信息等内容，对其进行思想教育。2019年共召开运动会4次，培养学生自觉锻炼身体的习惯。

卫生健康。扎绕乡农村免费医疗经费到位率达100%，新型农村养老保险参保率达到95.5%，受益群众覆盖面100%，保证全民参保工作全覆盖；完成村级卫生室标准化建设，加大基层医疗人才培训力度，各村村医到多卡、扎绕

2019年9月24日，米林县扎绕乡中心小学组织开展“祖国母亲70岁啦”队形献礼祖国活动

卫生院参加卫生培训，培训时间不少于30天，村卫生室医疗水平和村医实际操作技能有所提升，保障农牧民群众“小病不出村”。

（陆小英）

【机构领导】

党委书记

王　磊

党委副书记、乡长

达娃罗布（藏族）

党委副书记、人大主席

次仁玉珍（女，藏族）

党委副书记

王玉勇

党委副书记、派出所所长

达　娃（藏族）

党委委员、纪委书记、监察主任

格　桑（藏族）

党委委员、组织委员

于　江（6月离任）

薛　孟（6月任职）

党委委员、宣传委员、统战委员

益西桑姆（女，藏族）

党委委员、政法委员

嘎　桑（藏族）

党委委员、武装部部长

何　勇（6月离任）

秦　伟（6月任职）

副乡长

嘎　桑（藏族）

扎西次拉（藏族）

农牧办主任

次仁普赤（女，藏族）

机关后勤主任

扎西尼玛（藏族，6月任职）

文化站站长

达瓦卓玛（女，藏族，6月任职）

南伊珞巴民族乡

【概况】 南伊藏语意为“圣地”，南伊珞巴民族乡地处雅鲁藏布江中下游和306省道沿线，位于米林县西5公里处，属藏东南温带气候区，平均海拔2940米，行政区域面积648.4平方公里，是珞巴族在国内最大的聚居地。全乡下辖南伊、琼林、才召3个行政村。2019年，全乡总人口131户547人，党员128名，乡机关实有干部55名，其中，行政干部26名（包含专招生7名），事业干部19名（包含卫生院6名），工人3名（包含卫生院1名），公益性岗位2名，聘用干部1名，乡村振兴专干3名，“三支一扶”1名。

【经济建设】 2019年。全乡国民经济收入达1746.99万元，农民人均纯收22356.31元，现金收入20363.09元，同比增长分别为14.3%、16.9%。农作物播种总面积1287.18亩，其中粮食播种面积946.88亩、油菜89.6亩、蔬菜30.07亩，其他作物220.63亩，蔬菜产量23740千克，其他农作物产量35918千克。牲畜总数1864头（只、匹），其中大牲畜1406头（只、匹）；肉类总产量56850千克，酥油产量5680千克。

【学习教育】 2019年，南伊珞巴民族乡党委通过党委理论学习中心组集中学习、周三集中学习，要求班子成员撰写学习体会等方式，加强对班子成员的学习教育，不断提高班子成员的工作能力和综合素质。持续深化“两学一做”学习教育常态化、制度化，利用周三学习会，加强党员干部的学习教育，增强干部的理论知识水平。以“学习强国”手机App平台为契机，组织广大干部群众加强自学，了解国家大事、民族文化、人文地理、科学技术等，提高其自身的修养。健全完善《南伊乡定期谈心谈话制度》《南伊乡党委理论中心组学习制度》《南伊珞巴民族乡干部管理制度》《南伊珞巴民族乡值班工作制度》,以制度规范干部行为,改进干部作风。

【宣传思想教育】 2019年,南伊珞巴民族乡紧紧围绕县委、县政府的重大工作部署,认真组织学习中共十九大,中共十九届二中、三中、四中全会精神,习近平总书记系列重要讲话精神,组织开展“四讲四爱”群众教育实践活动、中共十九大精神及习近平总书记系列重要讲话精神、创城等工作,共开展中共十九大精神宣讲精神58次,覆盖人数2000余人,开展“四讲四爱”群众教育实践活动宣讲60场次,覆盖人数7800余人。

【特色产业】 灵芝产业。2019年,南伊珞巴民族乡与西藏灵芝生物科技有限公司合作,采取“支部+公司+农户”运行模式,租用南伊村占地430亩,年租金37万元,受益群众达38户155人,每年农牧民群众利用2个月时间参与公司工作,人均每日收入可达200元。

藏药种植。依托藏药材种植优势,以“党员致富带头人+公司+农户”模式,南伊村党员致富带头人桑加曲培带领农户季节性轮流种植藏木香、波棱瓜、西藏棱字芹等藏药材,并开发风痛宁药浴粉等藏药产品,以群众入股的形式进行利润分配,2019年4月18日为南伊村群众发放分红142600元,其中兑现群众误工补贴和土地租金74480元。

珞巴织布。为确保珞巴织布手工艺制作的保护与传承,成立2个珞巴织布合作社,是集织布技艺展示、生产、教授传习、保护为一体的重要场所,其中米林县圣地南伊沟珞巴织布农民专业合作社已发展38名本村妇女参与其中。

2019年5月21日,南伊珞巴民族乡组织宣讲员在虫草采挖点为农牧民群众宣讲“四讲四爱”第四节及“脱贫攻坚”和“纪念西藏民主改革60周年”等方面内容

【农林牧业】 农村资产清查。2019年,南伊珞巴民族乡下辖的3个行政村已完成清产核资工作,完成的清产核资资产总额4915522.5元。村集体土地总面积3163.22亩,建设用地面积504.6亩。

动物防疫。共完成猪免疫700头、牛1200头,完成禽流感免疫750只,防疫密度、免疫档案记录、消毒面积均达100%。

草原生态保护奖励。2019年,全乡兑现草奖补助资金共311879.56元。

林业工作。2019年,共兑现林业补贴护林资金255.1万元,完成野生动物肇事登记造册、原始资料收集和统计等工作,全年未发生森林火灾、涉林违法犯罪事件。

【小康村建设】 2019年,南伊珞巴民族乡12户“三岩”搬迁房屋主体工程已完工,对才召村41户农牧民群众进行整村打造,新建住房工程共4期,已进入第三期附属工程,房屋已建设完成,绿化、道路硬化等附属工程处于建设中。

【生态文明建设】 环境综合治理工作。2019年,南伊珞巴民族乡共投入环境整治专项经费3万元,对辖区内的经幡及河道垃圾进行清理,对部分村内下水道不疏通现象进行整改;对辖区内乱堆乱放、乱搭乱建、乱圈乱占、污水乱排、垃圾乱倒、摊位乱摆、标语乱贴等问题进行整治,共清理30多处横幅和破损的指示牌，查处3处违规搭建，查处2处南伊村村民乱圈乱占，已全部拆除；充分利用生态岗位职责与任务，每日安排岗位人员、双联户轮流进行巡查，及时清理路边垃圾，各村班子每周组织群众清理路边、河道垃圾2次；开展环保知识宣传活动4次，发放宣传资料200余份，张贴标语横幅10余条。

河长制工作。开展河湖管理保护法律法规宣传宣传60余次，开展县、乡级河长巡河31次，清理河道垃圾12次。

2019年9月21日，南伊珞巴民族乡开展庆祝中华人民共和国成立70周年及西藏民主改革60周年文艺演出活动

【脱贫攻坚】 中央第三巡视组反馈整改工作。2019年，根据中央第三巡视反馈涉及米林县的4个方面33项问题92条细化举措，其中涉及南伊珞巴民族乡有3个方面17项问题24条细化举措。截至2019年底已完成整改24条，已完成整改需长期坚持21条，整改完成率达100%。

生态岗位人员清退工作。认真核对2018年以来生态岗位人员，2019年8月根据相关要求梳理出拟清退人员共60人，并在各村召开村民大会进行公示，并及时上报县脱贫攻坚生态补偿组。

“四对一”结对帮扶。全乡“四对一”帮扶责任人入户进行思想引导12次，同时开展扶贫政策宣传，与群众谈心交心，及时掌握群众的思想动态，了解群众的生产生活现状。

建档立卡户小额信贷管理。乡脱贫办持续跟踪记录建档立卡贫困户小额信贷信息的更新，全乡共有小额贷款4户，贷款金额20万元，用于发展畜牧业和旅游服务业，全年建档立卡户人均收入达5000元以上。

乡各部门帮扶工作。针对残疾人、未成年孤儿、高龄老人等无劳动力弱势群体，联合县民政局进行政策兜底，其中享受农村低保2户7人，特困人员补贴7人（其中2人在五保户集中供养中心），建档立卡户残疾人18人，建档立卡户高龄寿星老人2人。针对5户建档立卡户门诊医疗支出大的情况，申请民政临时救助资金共32000元。加强与各部门之间的沟通协调，落实建档立卡户生态补偿岗位28人。

2019年10月1日，南伊珞巴民族乡琼林村开展喜迎中华人民共和国成立70周年升国旗唱国歌活动

【科教文卫】 教育工作。2019年，南伊珞巴民族乡把"控辍保学"工作作为教育工作的重点来抓，全乡适龄儿童入学率达100%，在校生巩固率、教育"三包"经费到位率、初中适龄少年入学率均达100%。针对7—15周岁的重度残疾儿童、少年开展"送教上门"活动，每周开展不少于1次的"送教上门"服务。

文化事业。在乡文化站办公楼打造珞巴文化走廊，宣传珞巴文化。组织9次由农牧民群众共同参与的综合性文化、体育、科技活动（包括歌咏、棋类、摄影、球类、农村科普知识等），丰富农牧民业余生活。

卫生防治工作。2019年，全乡新型农村养老保险共缴费260人，缴费金额3.41万元，缴费率达100%。开展包虫病防治及宣传工作，组织包虫病相关知识宣传教育42次，受众达800余人次，对3个行政村进行包虫病筛查，共投放200余粒防治包虫病药物，共开展疾病预防科学知识宣传、普及科学治病方法28次，受众达800余人次，同时加大食品药品排查工作力度，共排查20余次，排查商店、小卖部、饭店30余家，对于卫生不合格的饭店要求限时整改，确保辖区内食品安全。

（次仁拉姆）

2019年11月7日，南伊珞巴民族乡召开"七五"普法知识学习会

【机构领导】

党委书记
蒋 小 平
党委副书记、乡长
达娃多吉（珞巴族）
党委副书记、人大主席
李 训 江
党委副书记
罗布顿珠（藏族）
党委委员、纪委书记
孙　　华（5月任职）
党委委员、组织委员、宣传委员
次仁拉姆（女，藏族）
党委委员、统战委员、副乡长
拉巴卓玛（女，藏族）
党委委员、武装部部长
李 清 鹏（6月任职）
党委委员、政法委员
次仁罗布（藏族，6月任职）
人大专职副主席
色　　珍（藏族，8月任职）
文化站站长
次仁拉宗（藏族，5月任职）
后勤服务中心主任
陈　　波（5月任职）

荣 誉

米林县受县级及以上表彰的先进集体一览表

表 2

获奖单位	获奖名称	表彰时间	授予单位
米林县民政局	全国民政系统先进集体	2019 年 12 月	民政部、人力资源和社会保障部
米林县司法局法律援助中心	全国法律援助工作先进集体	2020 年 1 月	司法部
米林县林业局	全国绿化模范单位	2019 年 9 月	全国绿化委员会
林芝市生态环境局米林县分局	第二次全国污染源普查表现突出集体	2020 年 9 月	国务院第二次全国污染源普查领导小组
米林县人民检察院	“全国检察机关第四届微电影微视频微动漫征集展播活动”微动漫类优秀作品奖	2019 年 11 月	最高人民检察院政治部、检察日报社
米林县公安局	2018 年度西藏自治区民族团结进步模范集体	2019 年 1 月	中共西藏自治区委员会、西藏自治区人民政府
米林县创先争优强基础惠民生活动领导小组办公室	自治区级创先争优强基础惠民生活动先进工作单位	2020 年 1 月	中共西藏自治区委员会、西藏自治区人民政府
米林县委组织部驻南伊珞巴民族乡南伊村、琼林村、才召村连片工作队	自治区级创先争优强基础惠民生活动先进驻村（居）工作队	2020 年 1 月	中共西藏自治区委员会、西藏自治区人民政府
米林县交通运输局	自治区级创先争优强基础惠民生活动优秀组织单位	2020 年 1 月	中共西藏自治区委员会、西藏自治区人民政府
米林县纪委监委	自治区级创先争优强基础惠民生活动优秀组织单位	2020 年 1 月	中共西藏自治区委员会、西藏自治区人民政府
米林县派镇人民政府	自治区级创先争优强基础惠民生活动优秀组织单位	2020 年 1 月	中共西藏自治区委员会、西藏自治区人民政府
南伊珞巴民族乡小学	2019 年西藏自治区民族团结进步模范集体	2019 年 9 月	西藏自治区人民政府
中共米林县委宣传部	2019 年宣传文化系统先进单位	2020 年 3 月	中共西藏自治区委员会宣传部
米林县中学	西藏自治区五四红旗团委	2019 年 5 月	共青团西藏自治区委员会
米林县妇女联合会	全区维护妇女儿童权益先进集体	2019 年 11 月	西藏自治区妇女联合会
米林县中心小学	第一轮自治区校本研修示范校拟认定结果合格	2019 年 11 月	西藏自治区教育厅

续表2

获奖单位	获奖名称	表彰时间	授予单位
丹娘乡政府	全区乡镇(街道)工会规范化建设“八有”达标单位	2019 年	西藏自治区总工会
米林县教育局	全区体育事业先进集体	2019 年	西藏自治区人社局、西藏自治区体育局
林芝市米林县纪委监委	2019 年度全区纪检监察信息工作先进集体	2020 年 5 月	中共西藏自治区纪委办公厅
中国邮政集团公司西藏自治区米林县中心支局	荣获 2019 年度全区邮政县(支)局“立标、对标、达标”劳动竞赛活动“十强支局”	2020 年 1 月	中国邮政集团公司西藏自治区分公司
中共米林县委宣传部	2019 年度林芝市民族团结进步模范集体	2019 年 12 月	中共林芝市委员会、林芝市人民政府
单嘎日追寺管会	林芝市“遵行四条标准争做先进僧尼”教育实践活动优秀组织单位	2019 年 12 月	中共林芝市委员会、林芝市人民政府
派镇人民政府	林芝市民族团结进步示范镇	2019 年 12 月	中共林芝市委员会、林芝市人民政府
米林县扶贫开发办公室驻扎西绕登乡康萨村、森波村连片工作队	市级创先争优强基础惠民生活动先进驻村(居)工作队	2020 年 1 月	中共林芝市委员会、林芝市人民政府
米林县驻派镇索松村、达林村连片工作队	市级创先争优强基础惠民生活动先进驻村(居)工作队	2020 年 1 月	中共林芝市委员会、林芝市人民政府
米林县农业农村局驻卧龙镇甲格村、日村连片工作队	市级创先争优强基础惠民生活动先进驻村(居)工作队	2020 年 1 月	中共林芝市委员会、林芝市人民政府
米林县人民政府办公室驻羌纳乡朗多村工作队	市级创先争优强基础惠民生活动先进驻村(居)工作队	2020 年 1 月	中共林芝市委员会、林芝市人民政府
中共米林县委员会办公室	市级创先争优强基础惠民生活动优秀组织单位	2020 年 1 月	中共林芝市委员会、林芝市人民政府
米林县公安局	市级创先争优强基础惠民生活动优秀组织单位	2020 年 1 月	中共林芝市委员会、林芝市人民政府
米林县丹娘乡人民政府	市级创先争优强基础惠民生活动优秀组织单位	2020 年 1 月	中共林芝市委员会、林芝市人民政府
米林县多卡中心小学	2019 年度林芝市民族团结进步	2019 年 12 月	林芝市人民政府
林芝市米林县纪委监委	2019 年度林芝市纪检监察系统信息宣传工作先进集体	2020 年 5 月	中共林芝市纪律检查委员会、林芝市监察委
林芝市米林县纪委监委	“祖国赞·清风颂”首届林芝市县处级党员干部廉政演讲比赛组织三等奖	2019 年 7 月	中共林芝市纪律检查委员会、中共林芝市委组织部
米林县政府办	林芝市 2019 年度政务信息工作先进集体	2020 年 4 月	林芝市政府办公室
米林县公安局	2018 年度全市公安工作集体嘉奖	2019 年 2 月	中共林芝市公安局委员会
米林县公安局	林芝市公安系统 2019 年警务实战知识技能比武团体总成绩第三名	2019 年 12 月	林芝市公安局
米林县人民检察院	2018 年度全市检察机关公益诉讼工作先进集体	2019 年 4 月	林芝市人民检察院
共青团米林县委员会	优秀少工委	2019 年 4 月	共青团林芝市委员会、林芝市教育体育局

续表2

获奖单位	获奖名称	表彰时间	授予单位
西藏米林县里龙乡中心小学	林芝市少先队考核工作集体进步奖	2019 年 4 月	共青团林芝市委员会、林芝市教育体育局、少先队林芝市工作委员会
共青团米林县委员会	林芝青年五四奖章集体	2019 年 5 月	共青团林芝市委员会
米林县中学	林芝青年五四奖章集体	2019 年 5 月	共青团林芝市委员会
米林县中心小学	中国少年先锋队建队 70 周年优秀少先队集体	2019 年 10 月	共青团林芝市委员会、少先队林芝市工作委员会
米林镇	2019 年度林芝五四红旗团委	2020 年 4 月	共青团林芝市委员会
米林县人力资源和社会保障局	林芝市巾帼文明岗	2019 年 4 月	林芝市妇女联合会
米林县自然资源局	2018 年度林芝市自然资源系统“城乡建设用地增减挂钩”工作先进单位	2019 年 4 月	林芝市自然资源局
国家税务总局米林县税务局	2019 年度林芝税务系统先进基层党组织	2019 年 12 月	国家税务总局林芝市税务局
国家税务总局米林县税务局	2019 年度林芝税务系统先进集体	2020 年 4 月	国家税务总局林芝市税务局
米林县人力资源和社会保障局	林芝市人社系统业务技能练兵比武活动优秀组织奖	2019 年 6 月	林芝市人力资源和社会保障局
米林县多卡中心小学	林芝市少先队考核工作先进集体	2019 年 4 月	林芝市教育体育局
米林县中学	林芝市教学质量进步奖	2019 年 9 月	林芝市教育体育局
米林县幼儿园	2019 年林芝市平安校园	2019 年 12 月	林芝市教育体育局
米林县中学	林芝市义务教育管理标准化示范学校	2019 年 12 月	林芝市教育体育局
米林县多卡中心小学	教学质量先进单位	2019 年 9 月	林芝市教育体育局
派镇武装部	征兵工作先进单位	2019 年 7 月	林芝市人民政府征兵办公室
米林县广播电视台	2019 年度《林芝新闻》栏目供稿先进单位评选三等奖	2020 年 6 月	林芝市广播电视台
米林县供电有限公司	合作共赢 共创佳绩	2019 年 1 月	中国铁塔公司林芝市分公司
米林县供电有限公司	五四红旗团支部	2019 年 4 月	国网林芝供电公司
米林县人力资源和社会保障局	2019 年林芝市创业创新大赛优秀组织奖	2019 年 11 月	林芝市创业创新大赛组委会
林芝市米林县纪委监委	米林县 2018 年度社会治安综合治理工作先进集体	2019 年 2 月	中共米林县委员会、米林县人民政府
米林县应急管理局	米林县 2018 年度社会治安综合治理工作先进集体	2019 年 2 月	中共米林县委员会、米林县人民政府
派镇人民政府	米林县 2018 年度社会治安综合治理工作第一名	2019 年 2 月	中共米林县委员会、米林县人民政府
派镇人民政府	2018 年度经济社会发展综合考评第一名	2019 年 2 月	中共米林县委员会、米林县人民政府

续表2

获奖单位	获奖名称	表彰时间	授予单位
米林县中心小学	米林县2018年度社会治安综合治理工作先进集体	2019年2月	中共米林县委员会、米林县人民政府
米林县人民法院	米林县2018年度社会治安综合治理工作先进集体	2019年3月	中共米林县委员会、米林县人民政府
龙达吉玛曲登管委会	米林县上半年遵行四条标准争做先进僧尼教育实践活动优秀组织单位	2019年7月	中共米林县委员会、米林县人民政府
米林县旅发委	先进基层党组织	2019年7月	中共米林县委员会、米林县人民政府
西藏米林县里龙乡中心小学	米林县2019年非毕业班统考综合排名第二名	2019年9月	中共米林县委员会、米林县人民政府
米林县派镇中心小学	2019年小考综合评比第三名	2019年9月	中共米林县委员会、米林县人民政府
米林县中心小学	米林县中心小学2019年非毕业班统考排名第三名	2019年9月	中共米林县委员会、米林县人民政府
米林县中心小学	米林县中心小学小考综合评比第二名	2019年9月	中共米林县委员会、米林县人民政府
米林县中学	教学质量进步奖	2019年9月	中共米林县委员会、米林县人民政府
国家税务总局米林县税务局	2019年度米林县年度社会经济发展综合考评先进单位	2019年12月	中共米林县委员会、米林县人民政府
龙达吉玛曲登管委会	米林县下半年遵行四条标准争做先进僧尼教育实践活动模范寺庙	2019年12月	中共米林县委员会、米林县人民政府
米林县教育局	2019年度经济社会发展综合考评先进单位	2020年1月	中共米林县委员会、米林县人民政府
米林县住建局	2019年度经济社会发展综合考评先进单位	2020年1月	中共米林县委员会、米林县人民政府
米林县住建局	县级创先争优强基础惠民生活动优秀组织单位	2019年	中共米林县委员会、米林县人民政府
林芝市米林县纪委监委	2019年度经济社会发展综合考评先进单位	2020年1月	中共米林县委员会、米林县人民政府
米林县供电有限公司	2019年度经济社会发展综合考评先进单位	2020年1月	中共米林县委员会、米林县人民政府
米林镇	2019年度社会保障经济发展综合考评第一名	2020年1月	中共米林县委员会、米林县人民政府
米林县应急管理局	2019年度经济社会发展综合考评先进单位	2020年1月	中共米林县委员会、米林县人民政府
米林县工商联合会驻羌纳乡岗嘎村工作队	县级创先争优强基础惠民生活动先进驻村(居)工作队	2020年1月	中共米林县委员会、米林县人民政府
米林县供电公司驻扎西绕登乡龙安村驻村工作队	县级创先争优强基础惠民生活动先进驻村(居)工作队	2020年1月	中共米林县委员会、米林县人民政府
米林县人民检察院驻丹娘乡鲁霞村、康布热村工作队	县级创先争优强基础惠民生活动先进驻村(居)工作队	2020年1月	中共米林县委员会、米林县人民政府
米林县司法局驻派镇麦朗村驻村工作队	县级创先争优强基础惠民生活动先进驻村(居)工作队	2020年1月	中共米林县委员会、米林县人民政府

续表2

获奖单位	获奖名称	表彰时间	授予单位
米林县人力资源和社会保障局驻羌纳乡米尼村工作队	县级创先争优强基础惠民生活动先进驻村(居)工作队	2020年1月	中共米林县委员会、米林县人民政府
政协米林县委员会办公室、中共米林县委员会政法委员会驻卧龙镇卧龙村、下觉村工作队	县级创先争优强基础惠民生活动先进驻村(居)工作队	2020年1月	中共米林县委员会、米林县人民政府
米林县农业农村局驻卧龙镇日旭村驻村工作队	县级创先争优强基础惠民生活动先进驻村(居)工作队	2020年1月	中共米林县委员会、米林县人民政府
米林县人民代表大会常务委员会办公室	县级创先争优强基础惠民生活动优秀组织单位	2020年1月	中共米林县委员会、米林县人民政府
米林县人民检察院	米林县创先争优强基惠民生活动先进驻村(居)工作队	2020年1月	中共米林县委员会、米林县人民政府
米林县人民法院	县级创先争优强基础惠民生活动优秀组织单位	2020年1月	中共米林县委员会、米林县人民政府
米林县人民政府办公室	县级创先争优强基础惠民生活动优秀组织单位	2020年1月	中共米林县委员会、米林县人民政府
米林县文化和旅游局	县级创先争优强基础惠民生活动优秀组织单位	2020年1月	中共米林县委员会、米林县人民政府
米林县南伊珞巴民族乡人民政府	县级创先争优强基础惠民生活动优秀组织单位	2020年1月	中共米林县委员会、米林县人民政府
米林县扎西绕登乡人民政府	县级创先争优强基础惠民生活动优秀组织单位	2020年1月	中共米林县委员会、米林县人民政府
米林县住房和城乡建设局	县级创先争优强基础惠民生活动优秀组织单位	2020年1月	中共米林县委员会、米林县人民政府
米林县发展和改革委员会(粮食局)	先进基层党组织	2019年7月	中共米林县委员会
派镇人民政府	先进基层党组织	2019年7月	中共米林县委员会
南伊珞巴民族乡琼林村	2019年度先进基层党组织	2019年7月	中共米林县委员会
米林县教育局	先进基层党组织	2019年	中共米林县委员会
米林县人民法院	2018年度森林防火工作先进集体	2019年4月	米林县人民政府
米林县气象局	2018年度森林防火工作先进集体	2019年4月	米林人民县政府
派镇人民政府	2018年度森林防火工作先进集体	2019年4月	米林县人民政府
米林县多卡中心小学	2019年小考综合评比第一名	2019年9月	米林县人民政府
米林县多卡中心小学	2019年非毕业班统考第一名	2019年9月	米林县人民政府
南伊珞巴民族乡	2019年度“先进双联户”创建评选县级先进乡(镇)	2019年11月	米林县人民政府
丹娘乡	2018年度森林防火先进集体	2019年	米林县人民政府

说明：由于各单位资料提供不全，可能有遗漏。

米林县受县级及以上表彰的先进个人一览表

表3

姓　名	性别	民族	工作单位	获奖名称	表彰时间	授予单位
多布杰	男	珞巴族	南伊珞巴民族乡南伊村	全国民族团结进步模范个人	2019年9月	国务院
德吉卓嘎	女	门巴族	米林县中学	全国模范教师	2019年9月	人力资源和社会保障部、教育部
席　梦	女	汉族	米林县公安局	全国维护妇女儿童权益先进个人	2019年11月	中华全国妇女联合会
白　菊	女	汉族	米林县疾控中心	全国慢性病监测先进个人	2019年1月	中国疾控预防控制中心
永珠次仁	男	藏族	米林县林业局	全国绿化奖章	2019年9月	全国绿化委员会
文　伟	男	汉族	卧龙镇人民政府	“七五”普法中期先进个人	2019年11月	全国普及法律常识办公室
尼　玛	男	藏族	米林镇邦仲村红太阳家庭科技示范农场	西藏自治区劳动模范	2019年4月	中共西藏自治区委员会、西藏自治区人民政府
洛　桑	男	藏族	米林县卧龙镇中心小学	西藏自治区教育厅最美乡村教师	2019年9月	中共西藏自治区委员会、西藏自治区人民政府
许登顺	男	汉族	米林县委组织部	自治区创级先进工作者	2020年1月	中共西藏自治区委员会、西藏自治区人民政府
徐术洲	男	汉族	米林县委组织部	自治区级先进驻村(居)工作队员	2020年1月	中共西藏自治区委员会、西藏自治区人民政府
王玉勇	男	汉族	米林县扎绕乡人民政府	自治区级先进驻村(居)工作队员	2020年1月	中共西藏自治区委员会、西藏自治区人民政府
周　浩	男	汉族	米林县交通运输局	自治区级先进驻村(居)工作队员	2020年1月	中共西藏自治区委员会、西藏自治区人民政府
黄　梅	女	藏族	米林县人民法院	自治区级先进驻村(居)工作队员	2020年1月	中共西藏自治区委员会、西藏自治区人民政府
次仁多吉	男	藏族	米林县藏医院	自治区级先进驻村(居)工作队员	2020年1月	中共西藏自治区委员会、西藏自治区人民政府
旦巴江村	男	藏族	米林县委巡察办	自治区级先进驻村(居)工作队员	2020年1月	中共西藏自治区委员会、西藏自治区人民政府
琼　达	女	藏族	米林县委办公室	自治区级先进驻村(居)工作队员	2020年1月	中共西藏自治区委员会、西藏自治区人民政府
贡兰珠	男	藏族	米林县农业农村局	自治区级先进驻村(居)工作队员	2020年1月	中共西藏自治区委员会、西藏自治区人民政府
巴桑次仁	男	藏族	米林县人力资源和社会保障局	自治区级先进驻村(居)工作队员	2020年1月	中共西藏自治区委员会、西藏自治区人民政府
李　迪	女	汉族	米林县纪委、监委	2019年度全区纪检监察系统信息报送工作先进个人	2020年5月	西藏自治区纪委
米玛欧珠	男	藏族	米林县公安局	二等功	2019年12月	西藏自治区公安厅

续表3

姓　名	性别	民族	工作单位	获奖名称	表彰时间	授予单位
王　辉	男	汉族	米林县人民检察院	2019年全区扫黑除恶打非治乱专项斗争先进个人	2019年	西藏自治区人民检察院
胡军伟	男	汉族	米林县中学	西藏自治区第三届职工运动会优秀裁判	2019年8月	西藏自治区总工会、西藏自治区体育局、西藏自治区直属机关工委、西藏自治区教育厅
仁增卓玛	女	珞巴族	南伊珞巴民族乡小学	“粤藏同心，幼教培训工程”2019年第二期幼儿园青年教师培训班优秀学员	2019年4月	西藏自治区教育厅
凌海蓝	女	汉族	米林县多卡中心小学	“101教育PPT杯”《漫游故事王国》课件小学组优秀奖	2019年5月	西藏自治区教育厅
次仁卓嘎	女	藏族	派镇中心小学	首届“101教育PPT杯”西藏自治区中小学教师课件制作大赛小学组优秀奖	2019年5月	西藏自治区教育厅
扎西宗吉	女	藏族	派镇中心小学	首届“101教育PPT杯”西藏自治区中小学教师课件制作大赛小学组二等奖	2019年5月	西藏自治区教育厅
次仁白珍	女	藏族	米林县羌纳乡小学	自治区中小学教师课件比赛中荣获小学组二等奖	2019年5月	西藏自治区教育厅
洛　桑	男	藏族	米林县卧龙镇中心小学	自治区教育厅优秀共产党员	2019年7月	西藏自治区教育厅
次旺贡觉	男	藏族	米林县卧龙镇中心小学	“中国移动和‘教育杯’”第20届全国中小学电脑制作活动西藏赛区小学电脑绘画指导的作品“雪域高原”荣获三等奖	2019年7月	西藏自治区教育厅
邓美玲	女	汉族	米林县中心小学	西藏自治区中小学青年教师教学竞赛一等奖	2019年7月	西藏自治区教育厅
顿　旦	男	藏族	派镇中心小学	西藏自治区乡村教师从教20年荣誉奖	2019年9月	西藏自治区教育厅
格桑曲珍	女	藏族	米林县中心小学	全区优秀教师	2019年9月	西藏自治区教育厅
乔拉姆	女	藏族	卧龙镇小学附设幼儿园	全区模范班主任	2019年9月	西藏自治区教育厅
赵雪梅	女	藏族	南伊珞巴民族乡小学	西藏自治区乡村教师从教25年终身成就奖	2019年9月	西藏自治区教育厅
古　珠	男	藏族	南伊珞巴民族乡小学	西藏自治区乡村教师从教25年终身成就奖	2019年9月	西藏自治区教育厅
格桑次仁	男	藏族	南伊珞巴民族乡小学	西藏自治区乡村教师从教20年荣誉奖	2019年9月	西藏自治区教育厅
桑　杰	女	珞巴族	派镇中心小学	西藏自治区乡村教师从教20年荣誉奖	2019年9月	西藏自治区教育厅
尼玛仁增	男	藏族	南伊珞巴民族乡小学	西藏自治区乡村教师从教21年荣誉奖	2019年9月	西藏自治区教育厅

续表3

姓　　名	性别	民族	工作单位	获奖名称	表彰时间	授予单位
罗布旺堆	男	藏族	南伊珞巴民族乡小学	西藏自治区乡村教师从教22年荣誉奖	2019年9月	西藏自治区教育厅
大仓决	女	藏族	米林县多卡中心小学	“一师一优课”《我们有新玩法》优秀奖	2019年10月	西藏自治区教育厅
王　媛	女	汉族	米林县中学	2019年度“一师一优课、一课一名师”自治区级优课	2019年10月	西藏自治区教育厅
李奎瑶	女	汉族	米林县中学	101教育PPT全区第二届中小学教师信息化应用大赛优秀奖	2020年10月	西藏自治区教育厅
刘岩萍	女	汉族	米林县多卡中心小学	“101教育PPT杯”《秦兵马俑》课件小学组优秀奖	2019年11月	西藏自治区教育厅
周秋实	男	汉族	米林县中学	美丽中国 我是行动者 中小学生环保书信绘画大赛优秀指导教师	2019年11月	西藏自治区教育厅
赵　鑫	女	汉族	米林县统计局	“我爱伟大祖国、立足统计调查、建设美丽西藏”演讲比赛二等奖	2019年8月	西藏自治区统计局
吴大鹏	男	汉族	林芝市生态环境局米林县分局	西藏自治区第二次全国污染源普查表现突出个人	2020年8月	西藏自治区生态环境厅、西藏自治区第二次全国污染源普查领导小组
樊书雯	女	汉族	米林县气象局	西藏气象部门2019年度“不忘初心跟党走、牢记使命建新功”主题演讲比赛一等奖	2019年7月	中共西藏自治区气象局直属机关党委
尼玛扎西	男	藏族	米林县邮政分公司	2019年度全区邮政“营销争先”劳动竞赛活动“营销榜眼”	2020年1月	中国邮政集团公司西藏自治区分公司
多吉卓玛	女	藏族	米林县丹娘乡中心小学	优秀学员	2019年1月	中国教师教育网
江秋卓玛	女	藏族	米林县丹娘乡中心小学	国培计划（2018）——西藏自治区中小学语文、道德与法治、初中历史（国家统编三科）教材培训项目优秀学员	2019年9月	中国教师研修网
李奎瑶	女	汉族	米林县中学	2019年度“一师优课一课一名师”部级优课	2019年10月	中央电化教育馆
程　攀	男	汉族	米林镇	脱贫攻坚先进个人	2019年6月	中共林芝市委员会、林芝市人民政府
顿　旦	男	藏族	派镇中心小学	2019年最美乡村教师	2019年9月	中共林芝市委员会、林芝市人民政府
曾现霞	女	汉族	米林县幼儿园	师德标兵	2019年9月	中共林芝市委员会、林芝市人民政府
索朗平措	男	藏族	米林县中心小学	优秀校长	2019年9月	中共林芝市委员会、林芝市人民政府
次仁曲宗	女	藏族	米林县中心小学	优秀班主任	2019年9月	中共林芝市委员会、林芝市人民政府
金　宗	女	藏族	米林县中心小学	优秀班主任	2019年9月	中共林芝市委员会、林芝市人民政府
格桑卓玛	女	藏族	米林县委统战部	2019年林芝市民族团结进步模范个人	2019年12月	中共林芝市委员会、林芝市人民政府

续表3

姓　　名	性别	民族	工作单位	获奖名称	表彰时间	授予单位
周　　晟	男	土家族	嘎南日追寺管会	林芝市遵行四条标准争做先进僧尼教育实践活动优秀驻寺干部	2019年12月	中共林芝市委员会、林芝市人民政府
兰　　蓉	女	汉族	米林县委统战部	林芝市遵行四条标准争做先进僧尼教育实践活动优秀驻寺干部	2019年12月	中共林芝市委员会、林芝市人民政府
宋玮玮	女	汉族	米林县纪委、监委	林芝市创先争优强基础惠民生活动先进驻村(居)工作队员	2020年1月	中共林芝市委员会、林芝市人民政府
罗布江才	男	藏族	米林县森林公安局	林芝市创先争优强基础惠民生活动先进驻村(居)工作队员	2020年1月	中共林芝市委员会、林芝市人民政府
次仁措姆	女	藏族	米林县统计局	市级先进驻村(居)工作队员	2020年1月	中共林芝委员会、林芝市人民政府
白玛玉珍	女	藏族	米林县农业农村局	市级先进驻村(居)工作队员	2020年1月	中共林芝委员会、林芝市人民政府
罗欢悦	男	汉族	米林县自然资源局	市级先进驻村(居)工作队员	2020年1月	中共林芝委员会、林芝市人民政府
仁青朗加	男	藏族	米林县公安局	市级先进驻村(居)工作队员	2020年1月	中共林芝委员会、林芝市人民政府
罗布江才	男	藏族	米林县林业和草原局	市级先进驻村(居)工作队员	2020年1月	中共林芝委员会、林芝市人民政府
旦增次仁	男	藏族	政协米林县委员会办公室	市级先进驻村(居)工作队员	2020年1月	中共林芝委员会、林芝市人民政府
宋玮玮	女	汉族	中共米林县纪律检查委员会	市级先进驻村(居)工作队员	2020年1月	中共林芝委员会、林芝市人民政府
次　　仁	男	藏族	米林县南伊珞巴民族乡人民政府	市级先进驻村(居)工作队员	2020年1月	中共林芝委员会、林芝市人民政府
其米卓嘎	女	藏族	米林县扎西绕登乡人民政府	市级先进驻村(居)工作队员	2020年1月	中共林芝委员会、林芝市人民政府
洛桑多吉	男	藏族	米林县扎西绕登乡人民政府	市级先进驻村(居)工作队员	2020年1月	中共林芝委员会、林芝市人民政府
白玛坚才	男	藏族	米林县供电公司	市级先进驻村(居)工作队员	2020年1月	中共林芝委员会、林芝市人民政府
尼玛穷达	女	汉族	米林县人民检察院	市级先进驻村(居)工作队员	2020年1月	中共林芝委员会、林芝市人民政府
旦增旺姆	女	藏族	米林县派镇人民政府	市级先进驻村(居)工作队员	2020年1月	中共林芝委员会、林芝市人民政府
刘　　锟	男	汉族	米林县司法局	市级先进驻村(居)工作队员	2020年1月	中共林芝委员会、林芝市人民政府
姚阜浩	男	汉族	米林县行政审批和便民服务局	市级先进驻村(居)工作队员	2020年1月	中共林芝委员会、林芝市人民政府
程　　磊	男	汉族	米林县羌纳乡人民政府	市级先进驻村(居)工作队员	2020年1月	中共林芝委员会、林芝市人民政府
索朗德吉	女	藏族	米林县羌纳乡人民政府	市级先进驻村(居)工作队员	2020年1月	中共林芝委员会、林芝市人民政府
达娃玉珍	女	藏族	米林县丹娘乡人民政府	市级先进驻村(居)工作队员	2020年1月	中共林芝委员会、林芝市人民政府

续表3

姓　名	性别	民族	工作单位	获奖名称	表彰时间	授予单位
赵雪梅	女	藏族	南伊珞巴民族乡小学	林芝市乡村教师奉献奖	2019年12月	林芝市人民政府
古　珠	男	藏族	南伊珞巴民族乡小学	林芝市乡村教师奉献奖	2019年12月	林芝市人民政府
西饶旺姆	女	藏族	米林县应急管理局	林芝市2018年“四讲四爱”群众教育实践活动优秀宣讲员	2019年1月	中共林芝市委员会、林芝市“四讲四爱”群众教育实践活动领导小组
尼　玛	男	珞巴族	南伊珞巴民族乡小学	第三届林芝市敬业奉献道德模范	2019年1月	林芝市精神文明建设指导委员会
赵万长	男	汉族	米林县里龙乡中心小学	首届“林芝清风”书画摄影展优秀奖	2019年7月	中共林芝市纪律检查委员会、中共林芝市委宣传部
米玛次仁	男	藏族	米林县广播电视台	2019年度林芝优秀新闻作品《壮丽70年奋斗新时代——治边稳藏成功实践调研行》一等奖	2020年5月	中共林芝市委员会宣传部
索朗次仁	男	藏族	米林县广播电视台	2019年“锦绣中华—大美山川”西藏微视频大赛作品《印象米林》二等奖	2020年5月	中共林芝市委员会宣传部
袁相普	男	藏族	米林县广播电视台	2019年“锦绣中华—大美山川”西藏微视频大赛作品《印象米林》二等奖	2020年5月	中共林芝市委员会宣传部
扎西次仁	男	藏族	米林县广播电视台	2019年度林芝优秀新闻作品《小城快递员：送的是快递，暖的是人心》三等奖	2020年5月	中共林芝市委员会宣传部
邓　巴	男	藏族	米林县广播电视台	2019年度林芝优秀新闻作品《小城快递员：送的是快递，暖的是人心》三等奖	2020年5月	中共林芝市委员会宣传部
索朗次仁	男	藏族	米林县广播电视台	2019年度林芝优秀新闻作品《小城快递员：送的是快递，暖的是人心》三等奖	2020年5月	中共林芝市委员会宣传部
袁相普	男	汉族	米林县广播电视台	2019年度林芝优秀新闻作品《米林县边境前移 居住就是站岗 放牧就是巡逻》三等奖	2020年5月	中共林芝市委员会宣传部
洪若红	女	汉族	米林县广播电视台	2019年度林芝优秀新闻作品《米林县边境前移 居住就是站岗 放牧就是巡逻》三等奖	2020年5月	中共林芝市委员会宣传部
邓　巴	男	藏族	米林县广播电视台	2019年度林芝优秀新闻作品《米林县边境前移 居住就是站岗 放牧就是巡逻》三等奖	2020年5月	中共林芝市委员会宣传部
洪若红	女	汉族	米林县广播电视台	2019年林芝优秀新闻作品《十九大代表达波儿返乡 为乡亲宣讲十九大》三等奖	2020年5月	中共林芝市委员会宣传部
扎西次仁	男	藏族	米林县广播电视台	2019年度林芝优秀新闻作品《劳动者的港湾，让这个冬天不再寒冷》三等奖	2020年5月	中共林芝市委员会宣传部

续表3

姓　　名	性别	民族	工作单位	获奖名称	表彰时间	授予单位
土旦曲扎	男	藏族	米林县广播电视台	2019年度林芝优秀新闻作品《劳动者的港湾，让这个冬天不再寒冷》三等奖	2020年5月	中共林芝市委员会宣传部
土旦曲扎	男	藏族	米林县广播电视台	2019年度《林芝新闻》栏目供稿先进个人	2020年5月	中共林芝市委员会宣传部
土旦曲扎	男	藏族	米林县广播电视台	林芝市2019年度新闻宣传工作先进个人	2020年5月	中共林芝市委员会宣传部
次仁拉姆	女	藏族	南伊珞巴民族乡人民政府	林芝市2019年度新闻宣传工作优秀通讯员	2020年5月	中共林芝市委员会宣传部
巴桑次仁	男	藏族	米林县文化局	“林芝岁月”成就图片展和“览边疆好风景，与祖国共奋进”——庆祝中华人民共和国成立70周年暨2019年西藏林芝雅鲁藏布生态文化旅游节书画展优秀奖	2019年10月	中共林芝市委宣传部、林芝市艺术联合会
廖　　蕾	女	汉族	米林县政府办	林芝市2019年度政务信息报送先进个人	2020年4月	林芝市政府办公室
次仁达瓦	男	藏族	米林县公安局	嘉奖	2019年1月	中共林芝市公安局委员会
陈　　波	男	汉族	米林县公安局	嘉奖	2019年1月	中共林芝市公安局委员会
杨　　亮	男	汉族	米林县公安局	嘉奖	2019年1月	中共林芝市公安局委员会
次仁旺加	男	藏族	米林县公安局	嘉奖	2019年1月	中共林芝市公安局委员会
次丁拉姆	女	藏族	米林县公安局	嘉奖	2019年10月	中共林芝市公安局委员会
孔宪涛	男	汉族	米林县公安局	嘉奖	2019年10月	中共林芝市公安局委员会
顿珠次仁	男	藏族	米林县公安局	嘉奖	2019年10月	中共林芝市公安局委员会
扎西罗布	男	门巴族	米林县公安局	嘉奖	2019年10月	中共林芝市公安局委员会
普布多吉	男	藏族	米林县公安局	三等功	2019年1月	中共林芝市公安局委员会
达　　珍	女	藏族	米林县公安局	三等功	2019年10月	中共林芝市公安局委员会
郎学松	男	汉族	米林县公安局	三等功	2019年10月	中共林芝市公安局委员会
其　　加	男	藏族	米林县公安局	三级优秀警务辅助人员	2019年10月	中共林芝市公安局委员会
雷　　涛	男	汉族	米林县人民检察院	2018年度全市检察机关公益诉讼工作先进个人	2019年4月	林芝市人民检察院
次旺拉姆	女	藏族	米林县人民法院	全市法院先进个人	2019年6月	林芝市中级人民法院
周丽娜	女	汉族	米林县人民法院	全市法院“基本解决执行难”工作嘉奖	2020年3月	林芝市中级人民法院
仁增拉珍	女	藏族	派镇中心小学	中国少年先锋队建队70周年优秀辅导员	2019年10月	共青团林芝市委员会、少先队林芝市工作委员会

续表3

姓　　名	性别	民族	工作单位	获奖名称	表彰时间	授予单位
张发亮	男	汉族	米林县羌纳乡小学	中国少先队建设70周年优秀少先队工作者	2019年10月	共青团林芝市委员会、少先队林芝市工作委员会
布　色	男	藏族	米林县卧龙镇单嘎奴党村	最美退役军人	2019年8月	中共林芝市退役军人事务局党组
普布卓嘎	女	汉族	南伊珞巴民族乡小学	林芝市教育系统2019年度优秀共产党员	2019年6月	中共林芝市教育体育局党组
张发亮	男	汉族	米林县羌纳乡小学	林芝市教育系统2019年度优秀共产党员	2019年6月	中共林芝市教育体育局党组
毛　勇	男	汉族	米林县多卡中心小学	“一师一优课”《轴对称》优秀奖	2019年1月	林芝市教育体育局
格桑罗布	男	藏族	米林县里龙乡中心小学	林芝市第三届中小学微课制作比赛二等奖	2019年5月	林芝市教育体育局
赵万长	男	汉族	米林县里龙乡中心小学	《长方体的认识》微课作品在“林芝市第三届中小学(幼儿园)微课制作比赛”三等奖	2019年5月	林芝市教育体育局
李奎瑶	女	汉族	米林县中学	林芝市第三届微课制作比赛二等奖	2019年5月	林芝市教育体育局
冯蹬先	男	汉族	扎绕乡小学	林芝市优秀共产党员	2019年6月	林芝市教育体育局
达娃卓玛	女	珞巴族	米林县中学	2019年“林芝市教育教学藏文论文大赛”三等奖	2019年7月	林芝市教育体育局
卓　玛	女	藏族	米林县中学	2019年初中教师教学竞赛三等奖	2019年8月	林芝市教育体育局
李奎瑶	女	汉族	米林县中学	林芝市初中化学教师教学竞赛二等奖	2019年8月	林芝市教育体育局
拉巴次仁	男	藏族	米林县多卡中心小学	“一师一优课”《方向与位置》市级优秀奖	2019年9月	林芝市教育体育局
赵万长	男	汉族	米林县里龙乡中心小学	2019年度“一师一优课、一课一名师”市级优课	2019年9月	林芝市教育体育局
吴春燕	女	汉族	米林县卧龙镇中心小学	2019年度“一师一优课、一课一名师”市级优课	2019年9月	林芝市教育体育局
黄　敏	女	汉族	米林县中学	2019年度“一师一优课、一课一名师”市级优课	2019年9月	林芝市教育体育局
罗玉龙	男	汉族	米林县里龙乡中心小学	2019年度“一师一优课、一课一名师”市级优课	2019年10月	林芝市教育体育局
凌海蓝	女	汉族	米林县多卡中心小学	林芝市优秀教师	2019年10月	林芝市教育体育局
拉　珍	女	藏族	米林县里龙乡中心小学	“四讲四爱”先进个人	2019年12月	林芝市教育体育局
洛桑卓玛	女	藏族	米林县教育体育局	林芝市教育系统2019年度优秀党务工作者	2019年	林芝市教育体育局
次仁普尺	女	藏族	米林县丹娘乡中心小学	林芝首届校园文化艺术节摄影比赛三等奖	2020年10月	林芝市教育体育局
次尼曲珍	女	门巴族	米林县丹娘乡中心小学	授课题目《地震》被评为优秀示范课	2019年11月	林芝市教育体育局、米林县教育体育局

续表3

姓　　名	性别	民族	工作单位	获奖名称	表彰时间	授予单位
赵万长	男	汉族	米林县里龙乡中心小学	《浅谈小学“学困生”的转化》在2019米林县理科有效课堂会课活动教学与管理活动中被评为优秀交流材料	2019年11月	林芝市教育体育局、米林县教育体育局、广东省第九批援藏工作队米林县工作组
詹小俊	男	汉族	米林县教育体育局	珠海市2019年教育教学成果一等奖	2019年	珠海市教育局
德　　吉	女	藏族	米林县羌纳乡小学	西藏自治区幼儿园骨干教师访名校浸润式培训南通师范高等专科学校培训班优秀学员	2019年11月	南通师范高等专科学校
曲尼罗布	男	藏族	米林县文旅局	非物质文化遗产传承工作先进基层工作者	2019年4月	林芝市文化广播电视局
张　　婷	女	汉族	米林县文旅局	林芝市推介比赛	2019年9月	林芝市旅发局
西　　然	男	藏族	米林县文旅局	2019年秋季学期中青年干部培训二班“全勤学员”	2019年11月	中共珠海市委党校
李清鹏	男	汉族	南伊珞巴民族乡人民政府	林芝2019年度专武干部培训优秀学员	2019年12月	林芝市国防动员委员会
曾贵川	男	汉族	米林县市场监督管理局	2018年度社会治安综合工作先进个人	2019年2月	中共米林县委员会、米林县人民政府
吴泫佳	男	汉族	里龙乡人民政府	2018年度社会治安综合治理先进个人	2019年2月	中共米林县委员会、米林县人民政府
周　　晟	男	土家族	嘎南日追寺管会	米林县遵行四条标准争做先进僧尼教育实践活动优秀驻寺干部	2019年7月	中共米林县委员会、米林县人民政府
白玛桑姆	女	汉族	龙达吉玛曲登管委会	米林县遵行四条标准争做先进僧尼教育实践活动优秀驻寺干部	2019年7月	中共米林县委员会、米林县人民政府
扎西旺久	男	门巴族	扎绕寺专职管理特派员机构	米林县遵行四条标准争做先进僧尼教育实践活动优秀驻寺干部	2019年7月	中共米林县委员会、米林县人民政府
王　　东	男	汉族	羌纳寺管会	米林县遵行四条标准争做先进僧尼教育实践活动优秀驻寺干部	2019年7月	中共米林县委员会、米林县人民政府
白玛扎西	男	藏族	单嘎日追寺管会	米林县遵行四条标准争做先进僧尼教育实践活动优秀驻寺干部	2019年7月	中共米林县委员会、米林县人民政府
扎西巴桑	男	藏族	龙达吉玛曲登管委会	米林县遵行四条标准争做先进僧尼教育实践活动优秀驻寺干部	2019年7月	中共米林县委员会、米林县人民政府
旺　　加	男	藏族	嘎南日追寺管会	米林县遵行四条标准争做先进僧尼教育实践活动优秀驻寺干部	2019年7月	中共米林县委员会、米林县人民政府
米玛索朗	男	藏族	米林县司法局	林芝市践行社会主义核心价值观第四届“最美普法人物”	2019年7月	中共米林县委员会、米林县人民政府
次旺贡觉	男	藏族	米林县卧龙镇中心小学	“中国梦，我们加油”米林县庆祝中华人民共和国70周年主题演讲比赛三等奖	2019年8月	中共米林县委员会、米林县人民政府
洛　　桑	男	藏族	米林县卧龙镇中心小学	米林县优秀校长	2019年9月	中共米林县委员会、米林县人民政府
次旺贡觉	男	藏族	米林县卧龙镇中心小学	米林县师德标兵	2019年9月	中共米林县委员会、米林县人民政府

续表3

姓　　名	性别	民族	工作单位	获奖名称	表彰时间	授予单位
桑　　姆	女	藏族	卧龙镇小学附设幼儿园	米林县师德标兵	2019年9月	中共米林县委员会、米林县人民政府
德吉央拉	女	藏族	扎绕乡小学	米林县师德标兵	2019年9月	中共米林县委员会、米林县人民政府
次仁普尺	女	藏族	米林县丹娘乡中心小学	米林县师德标兵	2019年9月	中共米林县委员会、米林县人民政府
赵建强	男	汉族	米林县羌纳乡小学	米林县师德标兵	2019年9月	中共米林县委员会、米林县人民政府
李依进	女	汉族	米林县幼儿园	米林县优秀班主任	2019年9月	中共米林县委员会、米林县人民政府
次仁卓嘎	女	藏族	派镇中心小学	米林县优秀班主任	2019年9月	中共米林县委员会、米林县人民政府
索朗卓嘎	女	藏族	米林县羌纳乡小学	米林县优秀班主任	2019年9月	中共米林县委员会、米林县人民政府
次　　央	女	藏族	米林县中心小学	米林县优秀班主任	2019年9月	中共米林县委员会、米林县人民政府
吴春燕	女	汉族	米林县卧龙镇中心小学	米林县优秀教师	2019年9月	中共米林县委员会、米林县人民政府
白玛央宗	女	门巴族	米林县幼儿园	米林县优秀教师	2019年9月	中共米林县委员会、米林县人民政府
王　　平	男	汉族	米林县中学	米林县优秀教师	2019年9月	中共米林县委员会、米林县人民政府
阿旺旦巴	男	藏族	派镇中心小学	米林县优秀教师	2019年9月	中共米林县委员会、米林县人民政府
罗布卓玛	女	藏族	扎绕乡小学	米林县优秀教师	2019年9月	中共米林县委员会、米林县人民政府
拉巴卓玛	女	藏族	米林县中心小学	学科带头人	2019年9月	中共米林县委员会、米林县人民政府
桑　　杰	女	珞巴族	派镇中心小学	米林县最美乡村教师	2019年9月	中共米林县委员会、米林县人民政府
多吉卓玛	女	藏族	米林县丹娘乡中心小学	米林县最美乡村教师	2019年9月	中共米林县委员会、米林县人民政府
向崇洋	女	汉族	扎绕乡小学	米林县最美乡村教师	2019年9月	中共米林县委员会、米林县人民政府
洛　　桑	男	藏族	米林县里龙乡中心小学	米林县优秀校长	2019年10月	中共米林县委员会、米林县人民政府
旦增措尼	男	藏族	米林县里龙乡中心小学	米林县优秀班主任	2019年10月	中共米林县委员会、米林县人民政府
罗玉龙	男	汉族	米林县里龙乡中心小学	米林县优秀教师	2019年10月	中共米林县委员会、米林县人民政府
扎西旺久	男	藏族	米林县公安局	米林县优秀驻寺干部（民警）	2019年11月	中共米林县委员会、米林县人民政府
格　　桑	女	藏族	米林县民政局	米林县优秀干部	2019年12月	中共米林县委员会、米林县人民政府

续表3

姓　　名	性别	民族	工作单位	获奖名称	表彰时间	授予单位
土登强巴	男	藏族	米林县民政局	米林县优秀干部	2019年12月	中共米林县委员会、米林县人民政府
何蒋连	女	汉族	米林县住建局	米林县优秀公务员	2019年12月	中共米林县委员会、米林县人民政府
欧　　垚	男	汉族	米林县住建局	米林县优秀公务员	2019年12月	中共米林县委员会、米林县人民政府
觉阿拉姆	女	藏族	扎西绕登乡人民政府	米林县优秀公务员	2019年12月	中共米林县委员会、米林县人民政府
詹小俊	男	汉族	米林县教育体育局	米林县优秀公务员	2019年	中共米林县委员会、米林县人民政府
詹小俊	男	汉族	米林县教育体育局	米林县优秀公务员	2019年	中共米林县委员会、米林县人民政府
达娃曲宗	女	藏族	米林县教育体育局	米林县优秀公务员	2019年	中共米林县委员会、米林县人民政府
次仁白珍	女	藏族	米林县政府办	米林县优秀党务工作者	2019年	中共米林县委员会、米林县人民政府
尼玛仁青	男	藏族	米林县发展和改革委员会	县级先进驻村(居)工作队员	2020年1月	中共米林县委员会、米林县人民政府
卓玛玉珍	女	藏族	米林县教育体育局	县级先进驻村(居)工作队员	2020年1月	中共米林县委员会、米林县人民政府
次旺仁增	男	藏族	米林县公安局	县级先进驻村(居)工作队员	2020年1月	中共米林县委员会、米林县人民政府
索朗德吉	女	藏族	米林县卧龙镇人民政府	县级先进驻村(居)工作队员	2020年1月	中共米林县委员会、米林县人民政府
李晓龙	男	汉族	中共米林县委员会政法委员会	县级先进驻村(居)工作队员	2020年1月	中共米林县委员会、米林县人民政府
郑亚朋	男	汉族	米林县公安局	县级先进驻村(居)工作队员	2020年1月	中共米林县委员会、米林县人民政府
程　　浩	男	汉族	米林县里龙乡人民政府	县级先进驻村(居)工作队员	2020年1月	中共米林县委员会、米林县人民政府
刘　　凯	男	汉族	米林县里龙乡人民政府	县级先进驻村(居)工作队员	2020年1月	中共米林县委员会、米林县人民政府
李凯歌	男	汉族	米林县住房和城乡建设局	县级先进驻村(居)工作队员	2020年1月	中共米林县委员会、米林县人民政府
次仁朗措	男	藏族	米林县里龙乡人民政府	县级先进驻村(居)工作队员	2020年1月	中共米林县委员会、米林县人民政府
亚　　日	女	珞巴族	米林县人民政府办公室	县级先进驻村(居)工作队员	2020年1月	中共米林县委员会、米林县人民政府
索朗顿珠	男	藏族	米林县南伊珞巴民族乡	县级先进驻村(居)工作队员	2020年1月	中共米林县委员会、米林县人民政府

续表3

姓　　名	性别	民族	工作单位	获奖名称	表彰时间	授予单位
丁增卓玛	女	藏族	林芝市生态环境局米林县分局	县级先进驻村(居)工作队员	2020年1月	中共米林县委员会、米林县人民政府
次仁旺姆	女	藏族	米林县民政局	县级先进驻村(居)工作队员	2020年1月	中共米林县委员会、米林县人民政府
陆小英	女	汉族	米林县扎西绕登乡人民政府	县级先进驻村(居)工作队员	2020年1月	中共米林县委员会、米林县人民政府
仁增卓罗	男	藏族	米林县扎西绕登乡人民政府	县级先进驻村(居)工作队员	2020年1月	中共米林县委员会、米林县人民政府
曲　吉	女	藏族	米林县丹娘乡人民政府	县级先进驻村(居)工作队员	2020年1月	中共米林县委员会、米林县人民政府
伍　江	男	藏族	米林县城市管理和综合执法局	县级先进驻村(居)工作队员	2020年1月	中共米林县委员会、米林县人民政府
索朗旦增	男	藏族	米林县丹娘乡人民政府	县级先进驻村(居)工作队员	2020年1月	中共米林县委员会、米林县人民政府
格桑卓玛	女	藏族	中共米林县委员会统一战线工作部	县级先进驻村(居)工作队员	2020年1月	中共米林县委员会、米林县人民政府
李春雷	男	汉族	米林县水利局	县级先进驻村(居)工作队员	2020年1月	中共米林县委员会、米林县人民政府
央吉白珍	女	藏族	米林县卫生健康委员会	县级先进驻村(居)工作队员	2020年1月	中共米林县委员会、米林县人民政府
张雪隆	男	汉族	米林县文化和旅游局	县级先进驻村(居)工作队员	2020年1月	中共米林县委员会、米林县人民政府
马永丰	男	汉族	米林县派镇人民政府	县级先进驻村(居)工作队员	2020年1月	中共米林县委员会、米林县人民政府
顿　珠	男	藏族	米林县羌纳乡人民政府	县级先进驻村(居)工作队员	2020年1月	中共米林县委员会、米林县人民政府
广　广	女	藏族	米林县羌纳乡人民政府	县级先进驻村(居)工作队员	2020年1月	中共米林县委员会、米林县人民政府
任　刚	男	汉族	米林县工商联合会	县级先进驻村(居)工作队员	2020年1月	中共米林县委员会、米林县人民政府
严　红	女	汉族	米林县扶贫开发办公室	县级先进驻村(居)工作队员	2020年1月	中共米林县委员会、米林县人民政府
达娃扎西	男	藏族	米林县纪委、监委	优秀共产党员	2019年7月	中共米林县委员会
周太才仁	男	藏族	米林县公安局	优秀共产党员	2019年7月	中共米林县委员会

续表3

姓　　名	性别	民族	工作单位	获奖名称	表彰时间	授予单位
陈旭东	男	汉族	米林县公安局	优秀共产党员	2019年7月	中共米林县委员会
四郎曲西	女	藏族	南伊珞巴民族乡人民政府	优秀共产党员	2019年7月	中共米林县委员会
桑加曲培	男	藏族	南伊珞巴民族乡南伊村	优秀共产党员	2019年7月	中共米林县委员会
达娃次仁	男	藏族	米林县公安局	米林县优秀党务工作者	2019年7月	中共米林县委员会
扎　　庚	男	藏族	国家税务总局米林县税务局	米林县优秀党务工作者	2019年7月	中共米林县委员会
拉　　旺	男	门巴族	派镇	米林县优秀党务工作者	2019年7月	中共米林县委员会
王　　磊	男	汉族	扎西绕登乡人民政府	米林县优秀党务工作者	2019年7月	中共米林县委员会
索朗顿珠	男	藏族	南伊珞巴民族乡人民政府	米林县优秀党务工作者	2019年7月	中共米林县委员会
普巴拉姆	女	藏族	米林县中学	米林县优秀班主任	2019年9月	米林县人民政府
张木兰	女	汉族	南伊珞巴民族乡小学	米林县优秀班主任	2019年9月	米林县人民政府

说明：由于各单位资料提供不全，可能有遗漏。

统计公报

2019年米林县国民经济和社会发展统计公报

米林县统计局

2019年，米林县认真贯彻落实国家和自治区、市、县各项政策部署，牢牢把握稳中求进工作总基调和新发展理念，以实施乡村振兴战略为契机，站在更高起点全面深化改革开放，全县经济顶压前行，运行总体平稳、稳中有进，发展质量稳步提升，进一步激发市场主体活力和经济内生动力。

一、综合

经济运行稳中有进。2019年，全县实现县域生产总值18.14亿元，按可比价格计算，比上年增长8.1%。其中，第一产业增加值1.71亿元，增长2.5%；第二产业增加值8.08亿元，增长7.9%；第三产业增加值8.35亿元，增长8.8%。三产业的比例为9∶45∶46。

2019年，全县农牧民人均可支配收入达19710元，同比增长12.7%；城镇居民人均可支配收入33041元，同比增长11.3%。

2019年，全县一般公共预算收入1.2亿元，同比增长7.2%；公共财政预算收入占GDP比重6.6%。各项税收收入0.89亿元，同比增长59.1%，公共财政预算支出12.65亿元，同比增长5.2%。

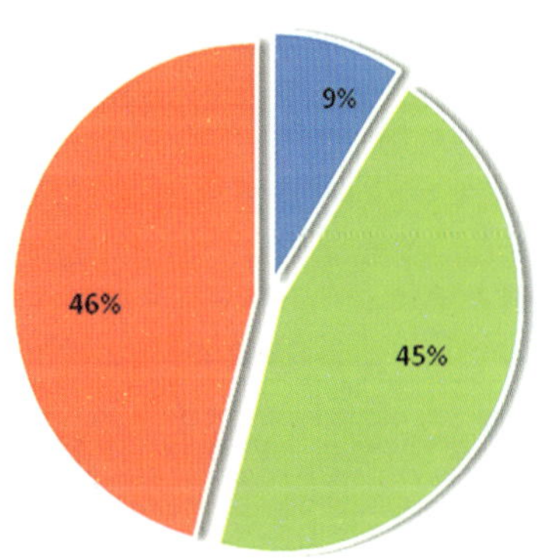

二、农林牧渔业

2019年，全县农林牧渔总产值21789.8万元，同比增长5%。其中：农业产值9971.2万元，同比增长4%；林业产值421万元，同比增长12%；牧业产值9068.6万元，同比增长8%；渔业5万元，同比减少75%；农林牧渔服务业2324万元，同比增长3%。

2019年，全县农作物播种面积3310.8公顷。其中：粮食作物播种面积2601.5公顷；油料种植面积345公顷；蔬菜种植面积151.7公顷。

2019年，全县粮食总产量10295.6吨。其中：青稞1799.4吨，小麦6565.3吨。

2019年，全县油料产量472.3吨，蔬菜1599.2吨。

2019年，全县牲畜存栏总头数125766头（只）。其中：牛69027头；羊3338只；猪45969头。

2019年，全县肉类产量1613.6吨。其中：牛肉产量858吨，猪肉产量388吨，羊肉产量57吨。

2019年，全县奶类产量4114吨，禽蛋产量3吨。

三、固定资产投资

2019年，全县固定资产投资比上年同期减少17.8%。

四、国内贸易

2019年，全县社会消费品零售总额达2.97亿元，同比增长10.4%。分区域看，城镇零售额1.8亿元，同比增长10%；乡村1.1亿元，比增长11%。分行业看，商品零售1.7亿元，同比增长8%；住宿、餐饮销售1.26亿元，同比增长13.8%。

五、社会发展

2019年，全县累计接待游客160.12万人次，同比增长23.14%；旅游收入达14.52亿元，同比增长29.04%。

2019年，全县邮政业务总量40万元，同比减少20%；电信业务总量4647万元，同比增长105%。

2019年末，全县金融机构各项存款余额20.17亿元，同比减少5%；金融机构各项贷款余额40.98亿元，同比减少42%。

2019年，全县有普通中学1所，招生288人，比上年减少8%；在校生数849人，比上年增长7%；教职工数129人，比上年减少2%。小学9所，招生人数377人，比上年增长8%；在校生数2421人，比上年增长6%；教职工数265人，比上年减少1%。学龄前儿童入学率达89.76%。

2019年，全县拥有医院3个，卫生防疫机构1个，卫生院8所，卫生技术人员124人，其中执业（助理）医师44人；医疗机构床位数医院40张、藏医院10张、乡镇卫生院51张。

2019年末，全县城镇居民社会养老保险参保人数7772人，同比减少12%。城镇职工基本医疗保险参保人数2132人，同比减少9%。失业保险参保人数1336人，同比增长10%。工伤保险参保人数3634人，同比增长20%。生育保险参保人数2120人，同比增长4%。

米林县2019年主要经济指标一览表

表4

指标	单位	2018年	2019年	同比增长(%)
一、全县常住人口	人	27874	28475	2.2
其中：城镇人口	人	9910	10680	7.8
二、全县户籍人口	人	23422	23433	0.17
其中：农村人口	人	17964	17795	-0.9
三、农村劳动力	人	8753	8512	-2.75
四、国内生产总值	亿元	16.61	18.14	9.2
五、财政收入	万元	11231	12040	7.2
六、社会消费品零售总额	万元	26914	29700	10.4
七、全社会固定资产投资	万元	—	—	-17.8
八、工业增加值	万元	2400	2600	8
九、耕地面积	公顷	3551.25	4170.23	17.43
十、粮食产量	吨	10408	10295.6	-1
十一、油菜产量	吨	447	472.3	6
十二、农村经济总收入	万元	48592.79	52980.76	9.03
其中：第一产业收入	万元	25100.15	26696.68	6.36
1. 农业收入	万元	13070.05	14063.91	7.6
虫草收入	万元	8314.22	7827.65	-5.85
2. 林业收入	万元	1426.31	1715.03	20.24
核桃收入	万元	578.37	581.22	0.49
3. 牧业收入	万元	10603.79	10917.74	2.96

续表4

指标	单位	2018年	2019年	同比增长(%)
第二产业收入	万元	289.03	377.64	30.66
第三产业收入	万元	23203.61	25906.44	11.65
1. 交通运输收入	万元	5531.9	6767.86	22.34
2. 商业、饮食、服务业收入	万元	2136.07	1592.99	-8.57
3. 劳务收入	万元	3652.67	3273.63	-10.38
4. 其他收入	万元	11882.97	13911.96	17.07
十三、农牧民人均可支配收入	元	17491	19710	12.7
城镇居民人均可支配收入	元	29680	33041	11.3
十四、旅游收入	亿元	11.25	14.52	29.04
十五、旅游人次	万人	130	160.12	23.14
十六、牲畜总头数	头匹只	132616	125766	-5
其中：大牲畜	头匹	79741	76459	-4
牛	头	72055	69027	-4
马	匹	7589	7356	-3
猪	头	44302	45969	4
羊	只	8573	3338	-61
十七、家禽(鸡)	只	47045	53580	14
十八、肉类总产量	吨	1785	1613.6	-10
十九、酥油产量	吨	347.99	274.3	-21
二十、万元村数	个	64	66	增2个

米林县农林牧渔业一览表

表5

指标	单位	2018 年	2019 年	同比增长(%)
农林牧渔业总产值	万元	20698	21789.8	5
# 农业	万元	9609	9971.2	4
林业	万元	376	421	12
牧业	万元	8432	9068.5	8
渔业	万元	20	5	-75
农林牧渔服务业	万元	2261	2324	8
农作物播种面积				
粮食作物	公顷	2782	2601.5	-7
# 青稞	公顷	556	525	-6
小麦	公顷	1996	1798	-10
油料	公顷	323	345	7
蔬菜	公顷	138	151.7	10
主要农产品产量				
粮食产量	吨	10408	10295.6	-1
# 青稞	吨	1863	1799.4	-3
小麦	吨	7251	6565.3	-9
油料	吨	447	472.3	6
蔬菜	吨	1501	1599.2	7

续表5

指标	单位	2018年	2019年	同比增长(%)
牲畜存栏				
年末牲畜存栏总头数	头只	132616	125766	-5
大牲畜	头	79741	76459	-4
#牛	头	72055	69027	-4
羊	只	8573	3338	-61
#绵羊	只	4814	1900	-61
猪	头	44302	45969	4
牲畜出栏				
牛	头	4686	6100	30
羊	只	2721	4058	49
猪	头	16971	7826	-54
畜禽产品产量				
肉类总产量	吨	1785	1613.6	13
#猪牛羊肉产量	吨	1680.49	1302.4	-22
牛肉	吨	798.26	858.12	7
羊肉	吨	45.05	56.7	26
猪肉	吨	837.18	387.6	-54
奶类产量	吨	5219.85	4114.4	-21
羊毛产量	吨	5.06	1.27	-75
禽蛋产量	吨	3.94	3	-24

米林县农林牧渔业分乡一览表

表6

指标	单位	卧龙镇	里龙乡	南伊珞巴民族乡	米林镇	扎西绕登乡	羌纳乡	丹娘乡	派镇
农作物播种面积	公顷	398	465	87	293	580	655	377	505
粮食作物	公顷	259	319	63	218	474	560	343	434
# 青稞	公顷	85	113	13	33	57	93	51	80
小麦	公顷	150	192	47	179	353	254	277	347
油料	公顷	73	53	6	60	74	37	5	37
蔬菜	公顷	35	12	10	18	16	37	9	14
主要农产品产量									
粮食产量	吨	1303	1136	228	836	1906	2193	1326	1367
# 青稞	吨	327	393	41	117	180	298	175	268
小麦	吨	811	626	140	656	1357	885	1047	1043
油料	吨	110	73	7	85	93	53	8	44
蔬菜	吨	321	130	101	238	154	402	128	126

米林县农村经济收入一览表

表7

指标	单位	2018 年	2019 年	同比增长(%)
农村经济总收入	万元	48592.79	52980.76	9.03
第一产业收入	万元	25100.15	26696.68	6.36
其中：农业收入	万元	13070.05	14063.91	7.6
# 虫草	万元	8314.22	7827.65	-5.85
林业收入	万元	1426.31	1715.03	20.24
# 核桃	万元	578.37	581.22	0.49
牧业收入	万元	10603.79	10917.74	2.96
第二产业收入	万元	289.03	377.64	30.66
第三产业收入	万元	23203.61	25906.44	11.65
其中：交通运输收入	万元	5531.9	6767.86	22.34
商业饮食服务业收入	万元	2136.07	1952.99	-8.57
劳务收入	万元	3652.67	3273.63	-10.38
其他收入	万元	11882.97	13911.96	17.07

米林县各乡农林牧渔业人口一览表

表8

单位名称与指标	2018 年	2019 年	同比增长(%)
县合计	17964	17852	–0.6
卧龙镇	4178	4147	–0.7
里龙乡	2015	2045	1.5
南伊珞巴民族乡	553	547	–1
米林镇	1603	1564	–2.4
扎西绕登乡	2923	2915	–0.3
羌纳乡	2702	2651	–1.8
丹娘乡	1728	1720	–0.5
派镇	2262	2263	0

米林县贸易情况一览表

表9

指标	单位	2018 年	2019 年	同比增长(%)
社会消费品零售总额	万元	26914	29700	10.4
按销售地区分				
# 城镇	万元	16584	18198	10
乡村	万元	10330	11502	11
按行业分				
商品零售	万元	15834	17087	8
餐饮收入	万元	11080	12613	13.8

米林县旅游情况一览表

表10

指标	单位	2018 年	2019 年	同比增长(%)
旅游总人数	万人次	130.03	160.12	23.14
旅游总收入	亿元	11.25	14.52	29.04

米林县财政情况一览表

表11

指标	单位	2018 年	2019 年	同比增长(%)
公共财政预算收入	万元	11231	12040	7.2
#税收收入	万元	5602	8911	59.1
非税收入	万元	5629	3129	-44.4
公共财政预算支出	万元	120328	126547	5.2
一般公共服务支出	万元	22891	19657	-14.1
公共安全	万元	5608	7863	40.2
教育	万元	15769	19447	23.3
文化体育与传媒	万元	1854	3632	95.9
社会保障和就业	万元	9773	6161	-37
卫生健康支出	万元	7591	7332	-3.4
节能环保	万元	3046	5764	89.2
城乡社区事务	万元	3110	774	-75.1
农林水事务	万元	40326	38407	-4.8
资源勘探信息等事务	万元	502	661	31.7
住房保障	万元	4948	2918	-41
其他支出	万元	453	3674	711

米林县金融情况一览表

表12

指标	单位	2018 年	2019 年	同比增长(%)
年末金融机构各项存款余额	万元	213201	201713	-5
#城乡居民储蓄存款余额	万元	37812	71498	89
年末金融机构各项贷款余额	万元	707289	409819	-42
#涉农贷款	万元	37506	38787	-3

米林县卫生情况一览表

表13

指标	单位	2018年	2019年	同比增长(%)
卫生机构				
#医院	个	2	3	50
卫生院	个	8	8	0
卫生防疫机构	个	1	1	0
床位数	张	117	113	–3
#医院	张	60	40	–33
卫生院	张	57	51	–11
卫生技术人员	人	118	124	5
每千人卫生技术人员	人	5.13	4.35	–15
每千人病床数	张	5.08	3.97	–22

米林县教育情况一览表

表14

指标	单位	2018年	2019年	同比增长(%)
普通中学				
学校数	所	1	1	0
招生人数	人	313	288	–8
在校生数	人	790	849	7
教职工数	人	132	129	–2
小学				
学校数	所	9	9	0
招生人数	人	348	377	8
在校生数	人	2287	2421	6
教职工数	人	268	265	–1
学龄儿童	%	99.95	89.76	–10

2018年六县一区主要经济指标一览表

表15

指标	市生产总值（亿元）	比上年增长（%）	公共财政预算收入（万元）	比上年增长（%）	固定资产投资完成额（亿元）	比上年增长（%）	社会消费品零售总额（万元）	比上年增长（%）	农村居民人均可支配收入（元）	比上年增长（%）
全市	150.01	9.3	138011	6.45	—	-8.7	41.51	14.9	14820	10.5
巴宜区	72.93	9.3	27500	10.05	—	-11.6	29	15.02	17757	10.4
工布江达县	14.73	9.1	4718	-65.53	—	-9.8	3.56	14.56	15652	10.4
米林县	16.61	9.3	11231	-8.71	—	34.6	2.69	14.66	17491	10.5
墨脱县	6.01	9.4	2681	-41.22	—	9.4	0.5	15.41	10039	10.6
波密县	23.55	9.5	6978	12.55	—	95.7	2.62	14.72	16365	10.7
察隅县	9.17	9.3	6265	29.82	—	10.1	1.8	14.36	10170	10.6
朗县	7.01	9.2	6218	2.48	—	49.5	1.34	14.57	14980	10.6

说明：表中的合计数和部分计算数据因小数取舍而产生的误差，均未作机械调整。

2019年六县一区主要经济指标一览表

表16

指标	市生产总值（亿元）	比上年增长（%）	公共财政预算收入（万元）	比上年增长（%）	固定资产投资完成额（亿元）	比上年增长（%）	社会消费品零售总额（万元）	比上年增长（%）	农村居民人均可支配收入（元）	比上年增长（%）
全市	172.45	8.1	99618	-27.82	—	-22.8	44.89	8.1	16710	12.8
巴宜区	84.59	8	23000	-16.36	—	1.9	31.15	7.4	20029	12.8
工布江达县	17.05	8.2	5089	7.86	—	23.6	3.89	9.4	17597	12.4
米林县	18.14	8.1	12040	7.2	—	-17.8	2.97	10.4	19710	12.7
墨脱县	6.86	7.9	3444	28.46	—	-18.4	0.55	9.4	11354	13.1
波密县	27.4	8.2	5585	-19.96	—	-64.8	2.9	10.7	18460	12.8
察隅县	10.34	8.1	6969	11.24	—	25.1	1.97	9.5	11471	12.8
朗县	8.07	8.0	4641	-25.36	—	-32.3	1.46	9.5	16912	12.9

说明：表中的合计数和部分计算数据因小数取舍而产生的误差，均未作机械调整。

米林县行政区划地址代码一览表

表17

省级代码	市级代码	县级代码	乡级代码	村级代码	十二位区划代码	区划名称
54	04	22	000	000	540422000000	米林县
54	04	22	100	000	540422100000	米林镇
54	04	22	100	001	540422100001	东措社区居委会
54	04	22	100	201	540422100201	东多村
54	04	22	100	202	540422100202	米林村
54	04	22	100	203	540422100203	帮仲村
54	04	22	101	000	540422101000	派镇
54	04	22	101	201	540422101201	多雄村
54	04	22	101	202	540422101202	达林村
54	04	22	101	203	540422101203	大渡卡村
54	04	22	101	204	540422101204	格嘎村
54	04	22	101	205	540422101205	加拉村
54	04	22	101	206	540422101206	麦朗村
54	04	22	101	207	540422101207	派村
54	04	22	101	208	540422101208	雪嘎村
54	04	22	101	209	540422101209	索松村
54	04	22	102	000	540422102000	卧龙镇
54	04	22	102	201	540422102201	卧龙村
54	04	22	102	202	540422102202	本宗村
54	04	22	102	203	540422102203	日村
54	04	22	102	204	540422102204	角木那村
54	04	22	102	205	540422102205	本宗下却村
54	04	22	102	206	540422102206	甲竹村
54	04	22	102	207	540422102207	麦村

续表17

省级代码	市级代码	县级代码	乡级代码	村级代码	十二位区划代码	区划名称
54	04	22	102	208	540422102208	卧龙下却村
54	04	22	102	209	540422102209	普龙村
54	04	22	102	210	540422102210	甲格村
54	04	22	102	211	540422102211	日旭村
54	04	22	102	212	540422102212	仙村
54	04	22	102	213	540422102213	单嘎努觉村
54	04	22	102	214	540422102214	扎村
54	04	22	102	215	540422102215	江中村
54	04	22	102	216	540422102216	阿拉塘村
54	04	22	102	217	540422102217	真多村
54	04	22	102	218	540422102218	塘崩巴村
54	04	22	200	000	540422200000	丹娘乡
54	04	22	200	201	540422200201	丹娘村
54	04	22	200	202	540422200202	白拉村
54	04	22	200	203	540422200203	仲萨村
54	04	22	200	204	540422200204	鲁霞村
54	04	22	200	205	540422200205	桑巴村
54	04	22	200	206	540422200206	康布热村
54	04	22	201	000	540422201000	南伊珞巴民族乡
54	04	22	201	201	540422201201	南伊村
54	04	22	201	202	540422201202	才召村
54	04	22	201	203	540422201203	琼林村
54	04	22	202	000	540422202000	扎西绕登乡
54	04	22	202	201	540422202201	彩门村
54	04	22	202	202	540422202202	萨玉村
54	04	22	202	203	540422202203	甲玛村

续表17

省级代码	市级代码	县级代码	乡级代码	村级代码	十二位区划代码	区划名称
54	04	22	202	204	540422202204	康萨村
54	04	22	202	205	540422202205	龙安村
54	04	22	202	206	540422202206	森波村
54	04	22	202	207	540422202207	吞布容村
54	04	22	202	208	540422202208	扎村
54	04	22	202	209	540422202209	多卡村
54	04	22	202	210	540422202210	雪巴村
54	04	22	203	000	540422203000	里龙乡
54	04	22	203	201	540422203201	里龙村
54	04	22	203	202	540422203202	仲萨村
54	04	22	203	203	540422203203	才巴村
54	04	22	203	204	540422203204	巴让村
54	04	22	203	205	540422203205	甲帮村
54	04	22	203	206	540422203206	玉松村
54	04	22	203	207	540422203207	朗贡村
54	04	22	203	208	540422203208	德吉新村
54	04	22	204	000	540422204000	羌纳乡
54	04	22	204	201	540422204201	羌渡岗村
54	04	22	204	202	540422204202	巴嘎村
54	04	22	204	203	540422204203	西嘎门巴村
54	04	22	204	204	540422204204	岗嘎村
54	04	22	204	205	540422204205	结果村
54	04	22	204	206	540422204206	朗多村
54	04	22	204	207	540422204207	米尼村
54	04	22	204	208	540422204208	娘龙村
54	04	22	204	209	540422204209	色沃村

附 录

米林县2019年国民经济和社会发展计划执行情况与2020年国民经济和社会发展计划的报告

——在米林县第十二届人民代表大会第八次会议上

米林县发展和改革委员会

（2020年4月1日）

一、2019年国民经济和社会发展计划执行情况

2019年，面对持续加大的经济下行压力和严峻复杂的宏观经济形势，全县上下坚持以习近平新时代中国特色社会主义思想为指导，在县委、县政府的坚强领导下，在县人大、县政协的监督支持下，全面贯彻党的十九大和十九届二中、三中、四中全会精神，按照区党委九届五次、六次、市委一届八次、县委九届四次全会及全县经济工作会议精神安排部署，牢牢把握稳中求进工作总基调和新发展理念，以实施乡村振兴战略为契机，站在更高起点全面深化改革开放，全县经济顶压前行，运行总体平稳、稳中有进，发展质量稳步提升，"十三五"规划主要指标进度符合预期。

（一）经济运行总体平稳增长。2019年实现县域生产总值18.44亿元，同比增长11%，分产业看：第一产业增加值完成1.84亿元，第二产业增加值完成9.04亿元，第三产业增加值完成7.56亿元，三次产业结构比为10：49：41。一般公共财政预算收入完成1.2亿元，同比增长7.2%。社会消费品零售额完成3.12亿元，同比增长16%。城镇居民人均可支配收入实现32648元，同比增长10%。农牧民人均可支配收入实现19710元，同比增长12.7%。全社会固定资产投资完成25.3亿元，同比减少23.59%。

（二）产业发展质量稳步提升。农牧业稳步发展。坚持走高质量绿色发展路子，"一带三区一基地"产业发展基础更加巩固。全县农作物播种面积达5.49万亩，全年新增林果种植2100亩、藏药材230亩、设施蔬菜210亩。玉米、小麦产量达7767.55吨，青稞产量达1799.35吨，油菜籽产量达998.09吨，蔬菜产量达1599.22吨。非洲猪瘟疫情得到有效防控，藏猪产业"十百千"建设扎实推进，藏猪存栏量

达 7.2 万头，藏猪养殖逐步规模化。全县牲畜存栏数 12.58 万头（匹、只），肉类总产量达 1613.57 吨。成功举办全区首届林芝苹果标准化种植现场观摩会，农牧民专业合作社达 22 家，特色农牧品牌优势进一步凸显。工业经济保持稳定。全年在册统计的工业企业 24 家，工业生产总值实现 5645 万元，比去年同期增长 10%。旅游服务业快速发展。不断强化"山水米林 · 花谷药洲"旅游形象宣传，积极参加旅游推介会，成功举办以"山水米林 · 花谷药洲"为主题的桃花旅游文化节和黄牡丹藏医药文化旅游节。大力发展民宿经济，旅游住宿接待能力不断提升。本年度全县 85 家家庭旅馆及 11 家初拟民宿共接待区内外游客 25.57 万人次，家庭旅馆综合创收达 5132.21 万元。加快实施景区建设，雅鲁藏布大峡谷景区创建国家 AAAAA 级旅游景区工作稳步推进。我县全年接待区内外游客人数 160 万人次，旅游综合收入达 14.52 亿元，同比去年分别增长 23.14% 和 29.04%。其中，一日游客 104 万人次，一日游收入 8.6 亿元，与去年同期相比分别增长 29.39% 和 36.01%。

（三）重点项目建设稳步推进。坚持项目带动，扩大有效投资，增强发展后劲，抓好项目管理、项目建设、项目储备。强化项目调度，把项目"挂图作战"摆在更加重要的位置，进一步提高项目开复工率、竣工率。全年开复工项目共计 167 个，总投资 15.82 亿元，本年度累计完成投资 7.84 亿元。其中：续建项目 68 个，总投资 11.88 亿元，本年度累计完成投资 5.2 亿元，已竣工项目 64 个；新开工项目 99 个，总投资 3.94 亿元，本年度累计完成投资 2.64 亿元，已竣工项目 61 个。31 个"挂图作战"重点项目进展顺利。其中，续建项目 16 个，总投资 2.09 亿元，本年度完成投资 9970 万元，续建项目已全部竣工；新开工项目 15 个，总投资 1.68 亿元，本年度累计完成投资 8257 万元，完成总投资的 49.15%。彩门旅游景区、丹娘乡河道治理等 7 个项目已竣工。项目监管水平有效提升。大力推进投资项目在线监管平台应用，2019 年累计录入项目 56 个，不断优化了办事流程、提高了服务水平。加强项目开工督办，健全资金使用、管理、监督办法，深入开展清理"双拖欠"工作，将项目资金尾款拨付与工人工资发放挂钩，切实维护农民工合法权益，保证了政府投资资金安全与投资效益发挥。项目审批有序推进。2019 年各单位送审项目 90 个，送审资金 3.74 亿元，批复资金 3.29 亿元，审减 0.45 亿元，较好完成了政府投资项目的审查工作。"十四五"规划项目盘子初步形成。根据米林实际，经充分征求各部门对"十四五"期间项目建设诉求及意见，结合"十三五"规划项目实施情况，共梳理出 159 个"十四五"规划项目，主要涉及民生改善、基础设施建设、生态环境保护、基层政权及社会管理能力建设和特色优势产业发展等五大类，规划总投资 103.21 亿元。

（四）城乡面貌持续得到改善。大力实施以"神圣国土守护者、美丽家园建设者"为主题的乡村振兴战略，将新农村建设和人居环境综合整治工作紧密结合，编制完成乡村振兴实施方案。以全方位提高城乡居民生活质量为目标，以农牧民增收为核心高质量推进新农村建设。着力打造绿色文明宜居乡村，积极引导群众自建家园，增强群众对小康村建设认可度。以"能干会干"为原则，激发群众热情、发挥主观能动性，变"要我建"为"我要建"，形成"人人参与、共建小康"的良好局面。我县边境小康村共 43 个，先期规划资金 9.379 亿元。截至目前，主体已完工 43 个，主体工程完工率达 100%。持续推进非边境小康村建设，2019 年度建设非边境小康村 9 个。按照"四性三化"打造"八个阵地"要求，2019 年统筹资金 2288 万元新建和改扩建 31 个村级组织活动场所，现已完工 25 个。以加强县域基础设施和公共设施建设、城镇管理、城乡居民文明素质为重点，结合文明城市创建活动，进一步提高了群众文明素质和城市文明程度。城乡管理不断加强，户外广告、车辆停放、渣土运输管理进一步规范，市容、交通秩序进一步好转。乡村垃圾实现集中转运处理，城乡环卫管理水平进一步提升。

（五）坚持改革创新发展后劲增强。大力推进开展农村集体产权制度改革，持续释放改革红利。先后出台了《米林县农村土地流转交易程序》《米林县农村土地流转制度》《米林县草场承包经营权流转程序》等 12 项规章制度，完成了全县 1 个居委会、66个行政村、68个村民小组的农村集体资产清产核资系统数据录入工作，当前系统内账面总资产共计1.49亿元，其中经营性资产0.56亿元、非经营性资产0.93亿元，现金702万元，负债319万元，集体土地总面积20.16万亩。农牧民耕地、宅基地、房屋实现了“地定权、房颁证、人定心”。农牧民通过土地流转、“两权”抵押贷款获得了更多财产权利。截至目前，全县土地流转面积共29950亩，其中企业流转土地24366亩，农户流转3187亩，年均流转收益1350万元。探索以农村承包土地经营权抵押贷款保障机制，在林芝市率先发放土地经营权抵押贷款共26笔587万元。进一步深化“放管服”改革，动态调整县级权责清单，精简行政审批事项，持续简政放权，完善政府权力、责任和涉企收费清单制度。大力推行“互联网＋政务服务”，电子政务二期工程全面实施，全县18家单位电子政务外网全部接通，服务事项网上可办率达70%，各行业部门全部入驻，行政效率大幅度提高。深入推进商事制度改革、医药卫生体制改革和公平性竞争审查改革，构建现代化经济体系取得积极进展。加强社会信用体系建设，社会信用体系架构初步形成，守信激励和失信惩戒初显成效。在生态文明体制改革上，严格推行“河长制”，扎实开展水污染防治、城乡人居环境综合整治、河道治理、防洪度汛等工作。招商引资工作成效明显，全年招商引资项目16个，协议资金31.4亿元，实际到位资金6.23亿元，完成投资5.7亿元。

（六）民生福祉持续增进。始终将民生问题放在发展首位，突出重点、完善制度，认真落实民生实事，全县上下公共服务水平再上新台阶。教育事业蓬勃发展。2019—2020学年，学前阶段在校生1005人、小学阶段在校生2421人、初中阶段在校生849人。学前教育毛入园率为89.76%，小学净入学率为99.96%，初中阶段毛入学率104.7%，均超任务完成林芝市既定指标。全县残疾适龄儿童少年77人，残疾儿童入学率97.40%。双语教育普及率、小学数学课程开课率、中学理化生课程计划完成率和实验开课率均达到100%，基本实现“五个100%”教育发展目标。教育保障力度不断加强，2019年县财政配套教育资金为2211万元。学校建设稳步推进，完成7所村级幼儿园建设、8所村级双语幼儿园附属工程、米林县中学教学综合楼等23个项目，总投资4315万元。医疗卫生保障水平不断提高。扶贫群众参加农村合作医疗到达100%，医疗保障采取大病统筹＋商业保险＋民政＋县级医疗兜底一体化报账模式免除建档立卡户医疗支出的后顾之忧。与林芝市人民医院正式签订了“先救助，后结算”的建档立卡户救治的绿色通道。2019年，享受绿色通道相关服务政策的精准扶贫建档立卡户13人，住院花费30.53万元，实现全额报销。扎实开展基本公共卫生服务，严格执行药品零差率制度，加大疾病预防和地方病防治力度，全面开展健康教育工作。加强与珠海市中西医结合医院、珠海市第五人民医院和中国解放军联勤保障第904医院沟通交流，促进我县医疗事业发展。卫生服务中心依托检验科平台建立输血科。投入资金400万元新建、改扩建卧龙镇卫生院、扎绕乡卫生院。认真开展学校常见病监测，对监测发现的近视、龋齿、脊柱弯曲异常的学生，向学生家长发放了300余份的告家长通知单。文旅融合有序推进。立足转变政府职能，按照“宜融则融、能融尽融，以文促旅、以旅彰文”的总体要求，坚持“三产带一产、一产促三产、接二联三”的产业融合发展理念，文化和旅游业工作平稳有序推进。广泛开展群众文化活动，丰富农牧民群众生活。借助“3·28”“丰收节”“庆祝新中国成立70周年”等重大节日开展文艺演出60余场次。大力发展乡村文化和乡村旅游，结合“文化五下乡”活动，积极打造乡村旅游示范村，截至目前，已形成6个特色旅游村庄。推进公共文化设施免费开放，举办为期20天的第二届公共文化服务免费开放吉他基础乐理知识及基本弹唱培训班，新编制作《林芝工布锅庄》，丰富群众精神文化生活。稳步推进雅鲁藏布大峡谷景区创建AAAA工作，全面提升景区标准化建设，加强设施提升改造。认真开展《米林县全域旅游发展规划》编制工作，狠抓项目建设，加强人才队伍建设，实施“冬游西藏·共享地球第三极”政策，打造文化旅游精品，提升产业发展动力。就业和社会保障稳步提升。全年新增城镇就业535

人，城镇登记失业率 2.29%；开发岗位 228 个，完成目标任务的 114%。大力推进农牧民劳动力转移就业，按照“准确、清楚、动态”原则，开展本地农牧民劳动力调查摸底，依托基层就业公共服务平台，进一步掌握农牧民劳动力基础信息和各项培训、就业需求，有针对性地开展技能技术培训与就创业服务。2019 年实现农牧民转移就业 3870 人，完成目标任务的 104.6%；实现转移就业收入 3324.86 万元，完成目标任务的 112.3%。全面巩固就业脱贫，制定就业脱贫实施方案，2019 年开展建档立卡贫困劳动力培训 9 期，培训 347 人，培训后实现就业 114 人。充分发挥县、乡（镇）、村（社区）三级人力资源服务机构信息联动机制，有针对性地开展就业指导、信息发布等活动，全年收集并发布企业岗位用工信息 228 个，成功使 153 人就业。持续加大高校毕业生帮扶力度，健全高校毕业生实名制登记，完成系统信息校对工作。对 170 名 2019 届高校毕业生基础信息、就业意愿进行核录，实行跟踪式管理。2019 年，已实现应届高校毕业生就业 167 人，就业率达到 98.2%。“堰塞湖”灾后重建顺利推进。整合各类资金对加拉村、直白村民小组和赤白村村民小组实施安置搬迁，截至 12 月底已完成整体搬迁入住工作。

（七）合力打好三大攻坚战。出台《米林县政府债务突发事件应急处置预案》《米林县非法集资处置攻坚规划》，每月开展 1 次地方性债务自查清理，坚决打击非法金融活动，坚决防止发生新的扰乱金融市场、损害群众利益的问题。集中解决“两不愁三保障”突出问题。对贫困人口“两不愁三保障”落实情况进行逐人逐项排查，遍访贫困群众 747 户 2351 人，排查发现的两项问题已全部整改落实。投资 843.29 万元实施农村安全饮水维修项目，解决 24 个村庄 986 户 4240 人饮水安全问题；印发了《关于开展 2019 年春季控辍保学工作的通知》，与 8 乡镇签订控辍保学目标责任书，目前 44 名疑似失学儿童已全部劝返。持续抓好中央环保督察反馈的 2 项重点问题整改，目前 2 项重点问题均已上报销号。加快生态创建工作，目前我县已获得自治区级生态县、7 个自治区级生态乡（镇）、54 个自治区级生态村（居）的命名。巩固农村生活垃圾收集处理模式，建立了“‘双联户’清扫、村收集、乡（镇）转运、县处理”垃圾转运处理模式。严格建设项目环境准入，从严控制高能耗、高排放等两高项目的审批，预防污染源产生。

二、国民经济和社会发展存在的困难和问题

2019 年，我县国民经济和社会发展计划执行情况总体良好，但受外部经济环境变化和自身发展基础等因素影响，经济社会发展中仍存在不少困难和问题，主要表现在：一是产业转型步伐还不快，招商引资的企业落地较慢，实体经济发展还需要进一步加力，带动产业发展的龙头企业数量少、规模小，部分涉农企业与群众的利益联结机制还有待进一步完善。二是安全生产、生态环境保护的任务还比较艰巨，安全生产工作、生态环境保护专业化水平较低，群众对安全生产、生态环境保护的防范和保护意识还不足。三是财税收支矛盾加剧。税源结构单一、财力自我积累能力弱，依靠自身财力支持经济发展的能力不足，财政支出增长速度超过收入增长速度，财政支出刚性需求大，收支矛盾突出。四是就业、教育、养老、医疗、交通等基本民生还需要进一步改善，城乡基础设施建设依然滞后，缺乏配套服务，不能满足旅游服务等新业态发展需求。五是创新性、改革性和发散性思维不够，个别领域主动改革的思路和办法不多，与时俱进、开放合作力度有待进一步加强。我们要客观公正、高度重视、标本兼治对待上述问题，下大力气解决前进道路上的困难问题。

三、2020 年国民经济和社会发展主要目标和任务

2020 年经济社会发展任务重、难度大、要求高，必须统筹兼顾，既要有效应对经济下行压力，确保与全国同步全面建成小康社会，高质量完成“十三五”规划目标任务；又要坚持问题导向，增强忧患意识，强化底线思维，因势利导，把握机遇，主动作为，以更高标准、更严要求、更实作风统筹推进全年各项工作。

2020 年经济社会发展总体要求是：以习近平新时代中国特色社会主义思想为指导，全面贯彻党

的十九届四中全会精神,以全县经济工作会议部署为目标,坚决贯彻党的基本理论、基本路线、基本方略,增强“四个意识”、坚定“四个自信”、做到“两个维护”,坚持稳中求进工作总基调,坚持新发展理念,坚持以供给侧结构性改革为主线,坚决打赢三大攻坚战,全面做好“六稳”工作,以处理好“十三对关系”为根本方法,全力谱写好以“万头猪、千亩菜、万吨果,一片村、一方人、一带一心”为核心的“通、业、民”三篇文章,推进“一带三区一基地”建设,大力实施乡村振兴战略,持续推动“四个米林”高质量发展,全面提高人民群众幸福感、获得感、安全感,确保全面建成小康社会和“十三五”规划圆满收官。

2020年经济社会发展的主要预期目标是:结合米林县经济发展实际,力争县域生产总值增长10%以上;全社会固定资产投资增长10%以上;民间投资增长15%以上;社会消费品零售总额增长16%以上;公共预算收入增长17.6%;农村居民人均可支配收入增长13.5以上%;城镇居民人均可支配收入增长11%以上;城镇登记失业率控制在2%以内;旅游接待人次增长18%以上;旅游总收入增长18%以上。

围绕实现上述目标,全年要着力推进以下工作:

(一)更大力度加快发展特色农牧业。根据我县“一带三区一基地”的产业发展思路,推进农业供给侧结构性改革,提高农业综合效益和竞争力。在稳定粮食生产的同时,积极培育特色产业发展壮大。一是林果产业。在标准化水果种植方面,以引进品种表现良好的瑞阳、瑞雪为主,推广标准化水果种植3000亩。根据市场化发展需要,提升改造水肥一体化林果基地2000亩。延伸林果产业链,促进林果深加工,不断挖掘优势、树立品牌,开拓市场通道,使林果产业提质增效。在庭院经济方面,以沿江休闲农业作为产业发展的主线,围绕着“小庭院大经济”的理念,充分利用现有土地资源,在挖掘成片水果种植基地的基础上,发展庭院水果种植,形成每村每家都有水果产业,让每个村民成为水果种植能人。二是藏猪产业。围绕“抓生产、上规模”的阶段性目标,实施“十百千”工程,结合“公司+合作社+农户”的发展模式,大力发展藏猪养殖,加强藏猪良种繁育推广、规模化养殖,打造米林藏香猪产业品牌,促进农牧民增收致富。力争今年,扎绕乡雪巴尼布沟藏猪标准化扩繁场规模达2000头,康萨村、卡娘村、扎村等3个示范养殖合作社规模达6000头。三是“菜篮子”工程。持续推进“菜篮子”工程“保供应、跑市场”,新建功能齐全的保鲜冷链冷藏基地1座,“菜篮子”基地1个、温室大棚100座。充分发扬“石榴籽”精神,团结鼓励从事专业蔬菜种植的各族群众就近就便发展蔬菜种植。力争全县蔬菜年产规模达5000亩,出棚4500吨。四是夯实农业发展基础。加强涉农资金整合利用,实施米林县里龙灌区工程,米林县丹娘乡崩嘎水土流失综合治理工程,米林县“三岩”搬迁灌溉工程,米林县扎绕乡康萨片区灌溉工程,加快推进“三岩”搬迁安置点道路建设,抓好防汛抗旱、安全饮水等基础设施建设,改善农业生产条件。

(二)更大力度推进全时全域旅游。一是加大文化旅游设施建设,整合文化旅游全域资源。积极争取各类资金,完善乡村文化、乡村旅游服务基础设施,提升乡村文化品质,提高乡村旅游接待水平,带动当地老百姓增收,推动乡村振兴发展。紧扣生态旅游示范县、全时全域旅游发展目标,围绕“旅游+”“+旅游”,深度融合文化旅游产业,丰富乡村旅游供给,重点扶持1—2个具有地方特色的文化产业资源,积极打造文化旅游名村,实施文化精品战略,提升乡村旅游接待水平,形成独具魅力的文化旅游品牌。二是提升文化旅游服务标准,推进文化旅游产业精品。加快推进雅鲁藏布大峡谷创建国家AAAAA级旅游景区创建、南伊沟景区重塑,丰富景区文化内涵,辐射带动我县旅游全时全域发展。强化文化和旅游市场监管。继续深化联动执法工作机制,有针对性地对文化和旅游行业安全生产、文物安全、文物保护等开展定期不定期检查,加强旅游市场规范整顿,加强文化和旅游行业安全生产监管,强化文化和旅游安全责任意识,开展安全隐患排查和应急体系建设,推动建设平安旅游、诚信旅游。同时,积极围绕文明城市创建工作,创新开展系列文明旅游活动,并引导景区、宾馆酒店参与其中，进一步营造我县文明旅游良好氛围。三是创新文化旅游宣传营销，打造文化旅游特色品牌。持续举办好文化旅游节庆品牌活动，扩大节庆品牌影响力，不断提升“山水米林 花谷药洲”旅游知名度。创新宣传方式，开辟旅游宣传新渠道、新方式，持续加强对外宣传营销工作，继续发挥好米林旅游微博微信、旅游网站等新媒体宣传功能。配合举办好在全国各地的旅游推介会，扩展旅游市场。四是强化文化旅游队伍建设，提升文化旅游服务水平。借助多方力量，采取“请进来、走出去、下村上门”培训方式，对已参与或有意愿参与文化和旅游服务的农牧民群众开展行业教育培训，切实提高文化和旅游从业人员的服务意识与服务质量；同时，加强景区管理人员、从业人员的专项技能培训，提升景区服务水平、从业人员综合素质和业务水平。强化文艺队伍建。加大对民间艺术团专业水平提升的培训，积极争取，对演员进行专业培训，打造一支“一专多能”的文艺团队。打造基层业余文艺队伍，在“一乡一品”的基础上，鼓励扶持乡镇打造一支稳定、专业的乡镇文艺队伍。

（三）更大力度推进环境治理。始终坚持“绿水青山就是金山银山”的发展理念，严格落实生态红线、水资源红线、耕地红线制度，立足生态提质，深入贯彻落实河长制，突出环境治理，坚决打赢“蓝天、碧水、净土”保卫战、统筹大气、水、土壤污染防治，不断巩固和发展我县良好的生态优势。一是深入推进“河长制”。强化责任、强化措施、强化考核，切实形成水环境综合治理齐抓共管格局。加强水源地保护，规范河道采砂管理，严厉打击河道内倾倒垃圾、渣土等行为。二是继续严把环评审批关。进一步强化对污染源头的控制，严把建设项目环境准入关，严格执行并落实“环境影响评价法”和“三同时”制度，抓好项目环保审批管理。三是强化环境执法监察。深入开展环境监测工作，建设一定规模的监测站，加强执法队伍相关法律法规的业务培训；严厉打击环境违法行为，加大对拉林铁路、派墨公路等重点项目的环境监管；联合林业局加强对自然保护区的监管。四是扎实推进生态文明建设。推进节能降耗，发展循环经济，大力倡导绿色低碳生活方式和消费模式，健全完善山水林田湖草系统治理和保护管理制度，提高生态系统生态产品供给能力。继续推进生态创建，积极申报“国家级生态文明示范县创建”“国家级生态文明示范乡（镇）创建”工作。深入开展城乡环境综合整治工作，完善各乡镇环境保护基础设施，继续巩固“双联户清扫、村收集、乡转运、县处理”垃圾处理模式运行成果。

（四）更大力度推进重点项目建设。全县上下要形成一盘棋，统筹谋划、推进实施好重点项目。一是加快项目前期工作。对资金来源明确的项目，要盯紧靠上，及时了解新情况新要求，根据反馈情况抓紧完备相关条件并及时完善相关文件资料，力争项目尽早批复，尽早落实投资；对已落实投资，单位完成审批手续的项目，抓紧催促设计单位完成初步设计、施工图设计文件，尽快上报审批，争取项目早审批早开工；对已完审批，但未完成招投标的项目，要抓紧组织招投标；对已完成招投标和落实建设条件的项目，要抓紧做好资金拨付、三通一平、施工备料、人员进场等开工准备工作，尽早开工建设，不断提高项目开工率和资金到位率。二是强化项目督查。紧紧围绕项目进展情况，进一步完善推进机制，细化工作任务，强化督查通报，对行动迟缓、措施不力、工作滞后的项目单位和部门，要限时整改、定期通报，倒查原因、追究责任，保障“挂图作战”月进度及年度建设任务的顺利完成，确保“十三五”项目建设完美收官。三是抓好重点项目的组织实施。2020年，全县计划开复工项目132个，总投资19.29亿元。加快实施高标准农田、农村人居环境整治、非边境小康村、派镇索松灌溉工程等续建项目。重点抓好村级双语幼儿园、派镇地质灾害整治、黄牡丹文化公园等资金已到位项目的开工建设。四是全力推进招商引资项目落地见效。坚持精准招商，突出项目税收贡献率，完善考核激励机制，强化签约项目后续管理、跟进服务和落地考核，营造良好招商氛围。全面推动11个重点招商引资项目开工建设，力争完成全年7亿元招商引资目标。坚持以项目落地检验招商实效，争取早落地、早建设、早见效，不断提高招商引资项目开工率和资金到位率。五是切实抓好“十四五”规划编制工作。进一步加强对项目包装升级和上级业务部门的沟通衔接，牢牢把握国家的投资政策和资金投入方向，进一步加强项目储备，谋划一批有利于改善边境条件、提升城乡环境和增进民生福祉的补短板惠民生项目，及时调整、充实、完善现有的“十四五”项目库，确保更多更好项目进入项目盘子，为“十四五”的顺利实施开好局、奠好基。六是全力推进第九批援藏项目。2020年确保环雅江乡村振兴产业带（江北段）项目顺利实施、南伊珞巴民族乡琼林村抵边安置旧村改造项目争取实施，同时利用对口援藏平台，不断深化与珠海、广东其他城市的合作，建立紧密型、常态化对接合作机制，加快构建全方位、宽领域、多层次开放发展新格局。

（五）更大力度加快改革创新步伐。以“放管服”改革为重心，不断深化重点领域改革，大力推进政府职能转变。一是深化“放管服”改革。加快推进审批职能转变，突出经济调节、市场监管、社会管理和公共服务，把简政放权、放管结合、优化服务工作推向深入。加快“互联网＋政务服务”和信用信息平台运用，规范政务服务中心运行，推动部门、行业信息共享，着力降低办公消耗、提高行政效率。二是做好米林县农村改革试验区工作。以城乡融合发展体制机制创新为主要目标，积极探索城乡要素流动有效实现形式，完善农村土地三权分置制度，加快农村集体产权保护交易制度框架基本形成，规范各类经营主体逐步实现规模化标准化，重塑新型城乡关系，明显改善“三农”领域短板。

（六）更大力度增进民生福祉。全力改善民计民生，着力解决人民群众最根本的利益问题，切实提升人民群众的幸福感、获得感。一是巩固脱贫攻坚成果。严格按照“四个不摘”要求，深入开展“补针点睛”专项行动，坚持联点帮扶不变、驻村帮扶不变、协作帮扶不变，紧紧围绕“巩固、提升”强化利益链接，切实形成防、返贫长效机制。开展脱贫攻坚工作成效“回头看”，确保脱贫攻坚工作高质量通过国家验收。建立完善贫困监测预警长效机制，增强脱贫稳定性，提升致贫返贫风险防控能力。坚持“富脑袋”与“富口袋”并重，加大扶志扶智力度，持续开展乡村精神文明建设。深入推进扶贫领域监督执纪，强化扶贫资金监管使用，确保发挥最大效益。二是积极促进就业增收。坚持把稳就业作为重中之重，鼓励发展以旅游产业、藏医药产业为基础的现代服务业，充分发挥服务业对促进就业的作用，推动一批中小型服务企业做专做精。支持劳动者自谋职业和自主创业，鼓励企业吸纳重点群体人员就业。实施鼓励劳动者多渠道、多形式灵活就业的扶持政策。促进重点群体就业，突出抓好高校毕业生就业工作，加强对高校毕业生就业“一对一”服务和政策扶持，畅通大学生到中小企业就业及自主创业的渠道，促进高校毕业生实现稳就业。完善就业援助政策，多渠道开发基层服务性岗位，形成及时有效帮助城镇就业困难人员和零就业家庭就业的长效机制。积极对接“三岩”搬迁群众，做好各项就业服务，促进“三岩”搬迁群众就业，实现增收致富。加强职业能力建设及跟踪服务。统筹利用各类培训资源，落实培训补贴政策，大力开展就业技能培训、岗位技能提升培训和创业培训，着力提高培训后的就业率、提升创业能力。依法治理恶意欠薪行为欠，有效保障农民工工资。三是全力办好民生实事。注重普惠性、基础性、兜底性，进一步提升基本公共服务能力和水平，做好县城桃花漫道提升项目、新建县级综合农贸市场等十件民生实事。实施教育强基工程，计划新建4所非边境村幼儿园、6所边境地区小康村双语幼儿园，改扩建县城幼儿园运动场。持续推进卫生事业发展，加强地方病管理、重大传染病防治和急救体系建设。实施健康米林行动，深化三级医院对口帮扶，全力办好县医院、推进标准化乡镇卫生院建设、改造村卫生室，构建县、乡、村三级的城乡医疗服务网络。加快米林县数字电影院、有线电视数字化、乡镇综合文化站能力提升等文化惠民项目实施。制作《珞巴始祖传说》舞台剧、打造琼林文化艺术村、稳定乡镇文艺队、加强非遗宣传保护、开发一系列地域代表性强、文化内涵深厚的文创产品。全面解决好“三岩”搬迁水、电、路等基础设施配套，土地整治、灌溉等产业配套问题，切实保证搬迁群众的正常生产生活。四是提升社会法治水平。巩固深化扫黑除恶专项斗争成果，推动专项斗争由深挖整治向长效常治转变，推进法治米林、平安米林建设，建立健全遏制黑恶势力滋生蔓延的长效机制。严格按照属地管理、分级负责的原则，坚持领导干部接访、包案制度，完善矛盾纠纷多元化的调解机制。扎实做好安全生产工作，强化重点领域安全监管，加强各类灾害防范和应急管理，坚决防范和遏制重特大事故。开展安全生产专项治理，拉网式排查治理各类隐患。强化食药品安全监管，健全完善追溯体系，着力整治突出问题。

各位代表，完成2020年经济社会发展目标，意义重大、任务艰巨。让我们更加紧密地团结在以习近平同志为核心的党中央周围，坚持以习近平新时代中国特色社会主义思想为指导，增强“四个意识”、坚定“四个自信”、做到“两个维护”，在县委、县政府的坚强领导下，自觉接受县人大指导监督，积极听取县政协意见建议，统一思想、坚定信心、真抓实干，促进经济社会平稳健康可持续发展，圆满完成“十三五”规划各项目标任务，决胜全面建成小康社会，奋力开启米林建设新征程！

米林县党政机构改革完成情况回头看暨检查评估情况报告

为巩固机构改革成果，做好机构改革“下半篇”文章，推进机构改革落地见效，米林县高度重视，提升站位，积极进行自查评估，现将有关情况报告如下：

一、机构数、编制数等相关基本情况

米林县机构改革前机构总数31个，其中党委机构数量8个，政府机构数量23个。机构改革后机构总数37，其中党委机构数量10个，政府机构数量27个，设置议事协调机构9个。

二、《中国共产党机构编制工作条例》第二十六条贯彻落实情况

米林县委编办全体工作人员坚持加强理论学习，切实提升综合素养和业务水平，认真学习习近平新时代中国特色社会主义思想，自觉参加支部集中学习，积极组织开展习近平总书记在中央编委第一次会议上的重要讲话精神、自治区关于机构编制工作有关会议、文件精神及中共林芝市委机构编制委员会第一次会议精神及中共林芝市委编委印发的《中共林芝市委员会机构编制委员会办公室工作细则》《中共林芝市委员会机构编制委员会办公室工作规则》切实提升理论素养和业务水平，促进工作科学化、规范化。

县委编办全体工作人员及县各单位各部门共计45人参加《中国共产党机构编制工作条例》视频培训会，会后认真领会，把握核心内容。县委编办全体认真贯彻落实条例精神，坚持党对机构编制工作的领导，坚持机构编制工作原则，针对贯彻落实条例实际，向上级部门提出相关建议1条。

针对条例第二十六条相关规定条款，县委编办进行自查，不存在贯彻落实党和国家机构改革和机构编制重大决策部署过程中有令不行、有禁不止，上有政策、下有对策，搞变通、拖延改革或者逾期不执行、不报告；伪造、虚报、瞒报机构编制统计、实名信息和查核数据等六项严禁行为。

三、党政机构改革完成情况回头看暨检查评估情况

米林县党政机构改革工作，认真贯彻落实中央、自治区、市委关于机构改革的相关政策规定精神，在县委、县政府的正确领导下，理顺机构改革的思路举措，确保了各项工作有条不紊、有的放矢、取得实效。一是加强领导，精心组织机构改革工作。2018年10月16日，九届米林县委第38次常委会会议研究同意了《关于深化米林县党政机构改革的工作方案》，成立了以县委书记李牧之为组长的领导小组，明确了我县党政机构改革工作的时间表和路线图。同时，结合米林自身实际，以部门“三定”为抓手，采取部门自查、征求意见、召开座谈以及实地调研的方式就机构改革有关具体问题进行深入调研，在深入调研的基础上起草制定了《米林县党政机构改革的方案》。二是统筹协调，全力推进部署实施。2019年1月，我县召开全县组织工作会议暨深化党政机构改革动员部署会，深入贯彻落实全区、全市组织工作会议及深化党政机构改革动员部署会精神，对全县深化党政机构改革工作进行动员部署。2019年3月，经市委、市政府批准，印发了《米林县机构改革方案》，及时组建新机构筹备组，扎实稳妥推进明确班子、转隶组建、“三定”规定拟定报批、办公用房调配、印章使用、挂牌办公等事宜，确保按时完成机构改革任务。我县机构改革工作领导小组办公室积极与市改革工作领导小组办公室及各改革专项组加强沟通交流，统筹协调全县机构改革各项工作，全力推进我县党政机构改革。县机改办和各专项组与市机改办、对口指导部门积极沟通联系，上下联动做好改革工作。各单位主要负责同志牵头挂帅、靠前指挥，制定本部门机构改革组

织实施工作方案，既当好“指挥长”，更当好“施工员”，确保机构改革推进顺利、实施有序、节奏不乱，于2019年3月，集中完成了19家涉改单位31块牌子的揭牌工作。三是理顺职能，扎实推进“三定”工作。我县加大机构调整和优化力度，着力构建有利于更好服务人民群众的机构职能体系。组建卫生健康、应急管理、退役军人事务等机构，强化社会管理、公共服务、生态保护等职能，使各类机构在保障和改善民生上有更大作为。同时，坚持原则，彰显特色。坚决做到党政主要机构设置和职能配置与自治区、林芝市基本对应。严格落实改革“规定动作”，不打折扣、不搞变通，做到县委职能部门和县政府组成部门在机构设置和职能配置上，与自治区、林芝市机关保持基本对应。这次党政机构改革没有涉及的部门，也按照上下对应的原则对部门间职责关系进行理顺，确保上下贯通、执行有力。此外，在自治区、林芝市改革大框架下，结合我县实际，搞好“自选动作”。把机构改革与县委谋划推进的全局性、战略性重点工作结合起来，围绕实施乡村振兴、社会治理、服务型政府建设等重大战略，因地制宜设置行政审批和便民服务局、城市管理和综合执法局、外事办等单位。注重优化整合，协同高效。把转变和优化职责作为改革关键，在改职责上出硬招。坚持一类事项上由一个部门统筹、一件事情由一个部门负责，不仅改头换面，更要脱胎换骨。对自然资源管理、市场监管等方面的职责和机构进行大幅整合，划清部门职责边界，减少职责交叉，明确职责定位。截至目前，全县31个党政部门“三定”方案印发。四是严肃纪律，确保机构改革顺利实施。在机构改革期间，我县坚决服从大局，强化责任担当，深入贯彻落实习近平总书记关于深化党和国家机构改革的重要讲话精神，认真贯彻落实《中国共产党机构编制工作条例》，全面掌握机构编制情况，严格执行机构编制工作纪律，不擅自设立、撤销、合并机构或者变更机构名称、规格、性质、职责权限，不擅自增加编制种类、突破行政编制总额增加编制、改变编制使用范围、挤占挪用基层编制，不违规核定领导职数或者超职数超规格配备领导干部等。严守保密纪律，控制机构改革及部门“三定”方案等有关工作知悉范围，自觉遵守各项工作规定，坚持工作原则，五是担责履职，着力转变政府职能。为全面推进我县机构改革落地见效，切实转变政府职能，我县已完成“三定”方案印发的涉改单位，积极融入，凝聚力量，按照“三定”方案职责权限，主动进行统一社会信用代码证书领取、变更等工作，切实完善制度、强化管理，推进“互联网＋政务服务”一体化平台建设，进行“一网通办”事项梳理，强化管理服务，推动优化审批流程、提高行政服务效能。截至目前，全县涉改单位的班子组建和人员转隶工作均已完成，办公场所调配、经费安排、资产划转处置、人员安置、公章管理、档案移交等工作有序推进完成，涉改单位均建立新机构工作联系渠道，对外以新机构名义开展工作。

在全县组织工作会议暨深化党政机构改革动员部署会上的讲话

米林县委书记 李牧之

（2019年1月3日）

今天，我们召开全县组织工作会议暨深化党政机构改革动员部署会，主要目的是，深入贯彻落实全区、全市组织工作会议及深化党政机构改革动员部署会精神，对全县深化党政机构改革工作进行动员部署。刚才，县委常委、组织部部长许登顺同志传达了区、市两级组织工作会议和深化党政机构改革工作动员部署会议精神，并宣读了《关于深化米林县党政机构改革的工作方案》。下面，我就贯彻落实全区、全市组织工作会议及深化党政机构改革动员部署会精神，讲几点意见。

一、学深悟透，把准上级对组织编制老干部工作的安排部署

党的十八大以来，习近平总书记围绕“长期执政条件下建设一个什么样的党、怎样建设党”这个党的建设根本性问题，创造性提出一系列新理念新思想新战略，推出一系列重大举措。特别是总书记在全国组织工作会议上提出的新时代党的组织路线，是对我们党97年历史经验的科学总结，是十八大以来党的伟大自我革命推动伟大社会革命成功实践的理性升华，是对马克思主义建党学说的开创性贡献。吴英杰书记在全区组织工作会议上，用五个“坚定不移”对做好新时代全区组织工作提出明确要求，为新时代西藏长足发展和长治久安、谱写好中国梦的西藏篇章进一步指明了方向、划出了重点。马升昌书记在全市组织工作会议暨深化党政机构改革动员部署会议上，全面总结了一年来全市组织编制老干部工作情况，为“五个林芝”目标的实现，在组织编制老干部工作上提出了新要求。全县各级党组织和广大党员干部要切实增强“四个意识”，坚定“四个自信”，深刻领会新时代党的组织路线和建设总要求。坚持和加强党的全面领导，坚决维护党中央权威和集中统一领导；坚持党要管党、全面从严治党；坚持民主集中制，严肃党内政治生活，发展积极健康的党内政治文化，全面净化党内政治生态。

深化党和国家机构改革，是以习近平同志为核心的党中央着眼党和国家事业发展全局作出的重大政治决策部署，是着眼实现“两个一百年”奋斗目标和中华民族伟大复兴中国梦的重大制度安排，是推进国家治理体系和治理能力现代化的一场深刻变革，是关系党和国家事业全局的重大政治任务。6月28日、9月30日区党委、市委先后召开深化党政机构改革动员部署会，明确了工作方向，部署了任务重点。希望同志们一定要把思想和行动统一到党中央、区党委和市委的要求上来，齐心协力地把这项事关全局、事关长远的工作做好。

二、肯定成绩，认清米林县组织编制老干部工作的短板不足

近年来，在区党委、市委的坚强领导下，米林县认真贯彻新时代党的建设总要求，按照“1531”党建工作思路，坚持“重点工作出成果、难点工作求突破、常规工作有创新”，全县党的建设和组织编制工作取得了新成绩。一是党的领导全面加强。县委带头加强自身建设，着力建设对党忠诚、同心同德、敢于担当、风清气正的坚强集体。深入开展乡（镇）和县直单位党委（党组）书记述职述廉工作，层层

传导压力，压实全面从严治党政治责任，各级党组织“四个意识”更加坚定，抓班子、带队伍、谋发展、促改革、保稳定能力显著增强；广大党员干部坚定不移拥戴信赖忠诚捍卫习近平总书记这个核心，把对党绝对忠诚变为思想自觉、纪律要求和实际行动。二是基层堡垒有效巩固。突出政治功能和服务功能，加大软弱涣散基层党组织整顿力度，实现村（居）“两委”班子成员100%是党员，活动场所标准化建设不断推进。以米林镇、派镇为试点，通过基层党组织“四个增强”“双服务”特色党建示范乡村创建活动，打造“生态旅游”示范乡村2个，“城市党建”示范社区1个，市委党校挂牌现场教育示范点6个。扩大党的组织和党的工作覆盖面，先后成立国税局党委、退休干部职工党委、“两新”工委，增设非公企业、大学生创业、退休等7个党支部，在虫草采集点、学习培训班、驻村工作队成立临时党支部。探索琼林村边境“小牧屋”、西嘎村党建促乡村振兴、岗嘎村军地共建、邦仲村双联共建4种边境党建模式，构筑米林边境党建红色屏障。三是人才队伍不断壮大。积极贯彻落实中央和自治区、市各项人才工作政策，做好专招大学生、公选干部和选派干部的管理使用工作，着力推进医疗教育人才组团式援藏，切实加大本土人才培养，大力推动大学生创新创业，全力推进米林县卫生服务中心创建“二级甲等”医院。四是机构编制更加规范。梳理确定29个县直部门行政职权3689项，做好事业单位网上登记、党政群机构统一社会信用代码赋码等工作，有效推进机构编制信息化。加强机构编制实名制管理，实时掌握全县编制和人员情况，完成超职数配备干部清理消化工作。推进转变政府职能，整合人社、民政等22家单位行政许可、公共服务等事项390余项，成立林芝市首家县级政务服务中心。五是制度建设大力推进。扎实推动中央和自治区、市委出台的各项党内法规制度落地生根，结合米林实际，先后制定下发了《米林县基层党建工作督查制度》《米林县村（居）“两委”干部轮值坐班制度》《米林县村级公章使用和管理办法》等9项制度，对《米林县各党（工）委书记党建交流述职制度》《米林县村（居）干部考核激励办法》等7项制度进行了修改完善，为全县基层党建工作的扎实开展提供了制度保证。六是离退休干部余热进一步激发。在提升组织力、突出政治功能上下功夫，在巴宜退休安置点成立1个退休党支部，在米林增设2个退休党支部，成立中共米林县退休职工委员会，建立完善退休干部党组书记委员工作补贴机制，建立退休党支部志愿服务队，组织开展退休党支部活动。坚持采取座谈学习，举办讲座、订书订报等形式主动送学上门，使老干部学有所获、学有所乐。完善老干部参观学习和健康疗养制度，今年以来，带领2批74名退休干部赴区内外参观学习和健康疗养活动。认真接待老干部来信来访，全年共走访和接待老干部28人次，收集老干部意见建议28件并全部办结。制定《米林县特殊困难退休干部职工帮扶实施办法》，落实好老干部走访慰问制度，春节藏历新年期间，对全县475名退休干部，每人发放慰问金500元，共发放23.75万元，覆盖率100%。

这些成绩的取得，得益于市委的坚强领导，得益于全县各级党组织、广大党务工作者和党员干部的共同努力。在此，我代表县委向同志们表示诚挚慰问并致以崇高敬意！

总结成绩的同时，我们也要清醒地看到，米林县组织编制老干部工作与区党委、市委要求相比，还存在一些不到位的地方。主要表现在：个别党员党性观念淡薄；一些党员干部对中央大政方针，自治区、市决策部署和县委工作安排了解不够、掌握不透，对新形势下工作的开展新办法、新思路不多；有的领导干部干事创业的精气神不够；有些党组书记履行管党治党政治责任不到位；极个别单位领导班子不够团结、作用发挥不明显。这些问题，一定程度上影响了党的形象、制约了全县的发展，大家务必要高度重视，切实加以解决。

三、聚焦重点，推动米林县组织编制、老干部工作再上新台阶

坚决贯彻习近平总书记关于“提高党的建设质量”指示要求，落实市委“135”基层党建工作思路，坚持高标准与高质量有机融合，从政治建设、党建引领、组织基础、人才队伍等具体工作入手，切实推动组织编制考干部工作再上新台阶。

（一）把党的政治建设摆在首位。始终以习近平新时代中国特色社会主义思想武装头脑，教育引导全县各级党组织和广大党员统一意志、步调一致、奋勇前进。一要严明党内政治纪律。坚持和加强党的全面领导，把“两个维护”落到实处，确保以习近平同志为核心的党中央定于一尊、一锤定音的权威，确保党中央决策部署贯彻落实。特别是要着眼西藏特殊矛盾，加强对党员干部进行正确的宗教知识教育，对信仰宗教的党员要耐心细致做好思想教育，讲清楚党员应尽义务，经党组织帮助教育仍没有转变的，应当劝其退党；劝而不退的，坚决予以除名；参加利用宗教搞煽动活动的，坚决开除党籍，确保党员队伍的先进性纯洁性。二要严肃党内政治生活。紧紧围绕增强政治性、时代性、原则性、战斗性，严格执行新形势下党内政治生活的若干准则，落实好民主集中制、民主生活会、领导干部双重组织生活会等制度。同时，把作风建设纳入领导干部管党治党责任考核体系，采取过硬措施，以上率下、层层带动，形成选拔看作风、培训调作风、管理抓作风的机制。三要严肃政治教育。统筹安排好党委（党组）理论学习中心组、党支部“三会一课”和“两学一做”学习教育常态化制度化等学习，广泛开展“五观”“两论”政治教育，不断创新学习方式、提高学习效果，让习近平新时代中国特色社会主义思想成为党员干部最响亮的主旋律、最振奋的精气神。要把理想信念教育贯穿于干部工作始终，采取组织党员重温入党誓词、学习革命前辈英雄事迹等形式，教育引导各族干部继承弘扬“老西藏精神”“两路精神”，确保党员干部学出忠诚、学出担当、学出本领、学出廉洁。

（二）推动形成大党建工作格局。把党建工作与中心工作紧密结合，落实工作责任和保障机制，发挥基层党组织和党员作用，推进全县稳定发展各项事业。一要推进党建引领。重点以抓党建促乡村振兴、边境党建、“三岩”搬迁、民生保障、产业发展为主要内容，打造样板党建示范点、精品党建示范区、特色党建示范带，全力创建基层党建主题品牌，起到“打造一批、辐射一块、带动一片”的示范效应。着眼基层组织有钱办事，发展壮大村集体经济，确保到2019年底全县所有村（居）都有集体经济、有稳定的集体收入。二要推进保障落实。压紧扣实党建责任，深化“书记抓、抓书记”，建立健全各级党组书记抓基层党建工作责任清单，加大基层党建督导力度，以责任倒逼工作落实。持续深化党的建设制度改革，分领域提出制度建设清单，做好“废改立”工作，强化制度执行，加大监督检查，确保各级基层党组织按制度办事、按章理事。有序稳定党务干部队伍，逐步提高基层党务干部专业化水平。健全完善基层党建经费投入机制，保证基层组织活动有序开展。三要推进作用发挥。深化“能人治村”，充分发挥村（居）“两委”班子作用，大力推进村（居）干部量化管理，加大考核激励，着力打造一支听党话、跟党走，善团结、会发展，能致富、保稳定，遇事不糊涂、关键时刻起作用的坚实力量。

（三）不断夯实基层组织基础。牢固树立抓基层强基础鲜明导向，推动基层党组织建设全面进步、全面过硬。一要实现基层党组织全面标准化。严格按照《中国共产党支部工作条例（试行）》，把党支部建设作为组织体系建设基本内容，结合全县发展需要，制定不同行业不同系统党支部建设标准。加强党组织标准化建设，认真落实组织体系、领导班子、党员队伍、组织生活、工作载体、运行机制、活动场所、经费保障八个方面建设要求，确保所有基层党组织2018年基本达标、2019年全面巩固提升、2020年均实现标准化。按照“三化”“四性”“八个阵地”要求，抓好村级组织活动场所标准化建设，确保到2019年底全县67个村（居）活动场所全部实现标准化。二要实现基层党组织晋档升级。每年按照农牧区不低于10%、其他行业系统不低于5%的比例末位倒排后进党组织，采取“一支部一方案”“一问题一对策”的办法，限期专项整治，及时整改提升。三要实现党员素质有效提升。从严发展教育管理党员，实行党员“红线”管理，严把党员“入口”关，始终把政治标准放在首位，做到成熟一个、发展一个，发展一个、带动一片。持续深化“三个培养”和“无职党员认岗认责”“党员承诺践诺”活动，引导基层党员聚焦全县中心工作，当好政策讲解员、维稳排头兵、发展领路人、群众贴心人。

（四）全面提升干部人才队伍质量水平。落实中央关于从严管理干部的要求，树牢正确的选人用人导向，加大干部培育力度，突出激励关怀，为米林全面振兴发展提供骨干力量和人才支撑。一要树好选人用人导向。严格落实新时期好干部"二十字"标准和民族地区"三个特别"要求，坚持以对党忠诚选忠诚于党的人，以事业为上选担当干事的人，以扎实作风选作风扎实的人。始终把政治标准放在首位，严格执行上级党委关于甄别政治上"两面人"的具体意见，经常性、近距离、有原则地接触、了解、考察干部，坚决把"两面人"清除出队伍。树好选人用人导向，坚持全方位多角度考察干部，把在反分裂斗争一线、驻村驻寺工作、艰苦边远乡镇和急难险重岗位上敢于担当、表现优秀的干部优先提拔使用。建立健全领导干部能上能下制度，营造能者上、庸者下、劣者汰的良好氛围，为想干事、能干事、干成事的干部搭建平台。二要夯实班子队伍建设。紧扣米林县社会发展实际，围绕县委中心工作，综合考虑班子整体结构和实际需求，优化配备干部资源，使班子专业素养整体适应米林县发展需要，适应乡镇、县直部门核心职能。扎实做好发现、储备、培养、使用一批年轻干部，努力构建年轻干部干事创业和选拔培养使用机制，帮助年轻干部在工作实践中接受锻炼、提高能力。三要加大培育培养力度。依托县委党校教育培训主阵地作用，整合援藏省（市）培训资源，根据全县实际，按照"干什么、学什么""缺什么、补什么"的原则，制定符合各行业特点、用人单位实际的各类干部教育培训计划，分批次、分领域、成系统地组织实施。把素质好、有潜力的干部，有针对性放到艰苦环境、复杂环境中，放到急难险重岗位上，加强锻炼，在基层一线增长才干。同时，注重优秀少数民族干部、女性干部和党外干部培养培育，在工作中压担子、交任务，尽快让他们成长成才。四要完善从严管理机制。坚持以《公务员法》为遵循，不断完善细化《米林县机关事业干部考核评价办法》，严格执行《米林县机关事业干部走读管理规定》、领导干部因公（私）出国（境）备案审批登记等制度，不断拓宽干部监督管理渠道，提高工作效率，抓好选人用人监督管理，严格落实"凡提四必"制度，开展好科级领导干部任前廉政法规知识测试，落实党委书记、纪委书记在廉洁自律结论性意见上"双签字"等措施，严格执行"一报告两评议"、用人职责离任检查等工作制度。五要突出干部激励关怀。贯彻好中央、区、市激励广大干部新时代新担当新作为的意见精神，旗帜鲜明的为敢于担当、踏实做事、不谋私利的干部撑腰鼓劲。落实中央第六次西藏工作座谈会确定的各项特殊优惠政策，稳慎推进公务员职务与职级并行等政策待遇，进一步拓宽干部成长空间。修订完善《米林县党员干部容错纠错实施办法》，全面落实"三个区分开来"要求，支持和保护坚持原则、敢于负责的干部，宽容在改革创新中出现失误和错误的干部，进一步激励干部在新时代有新担当新作为。持续完善谈心谈话制度，适时掌握干部思想动态，帮助干部及时清除思想上的灰尘。对干部工作生活中遇到的困难和问题主动关心，力所能及地帮助解决。六要狠抓人才队伍建设。始终将人才工作与经济发展同频共振和深度融合，根据经济社会发展实际需求，进一步健全完善人才政策，认真用好用活党中央关心西藏的12项重大人才工程，落实好"西部之光"重大人才项目建设和大学生志愿服务西部计划西藏专项工作，抓好医疗教育人才"组团式"援藏工作，探索实施其他领域"组团式"援藏，加强援藏干部人才管理服务，持续深化"双百计划"内涵，积极引导人才归位，坚持人岗相适、人尽其才。七要激发退休干部活力。依据《关于进一步加强离退休干部工作的实施意见》，认真落实退休干部政治待遇和生活待遇，进一步完善特困老干部帮扶机制。依托中共米林县退休干部职工委员会，建立健全退休干部经常性沟通交流机制，保证老同志及时了解党中央大政方针和决策部署以及全县重点工作，引导老干部积极建言献策，做到离岗不离党，退休不褪色。

（五）全面抓好机构编制工作。深入学习贯彻党的十九届三中全会精神，将机构编制工作放在推进米林县各项工作的谋划上，充分发挥职能作用，切实当好参谋助手。一要深入抓实"放管服"改革。注重事前事中事后监管，优化政务服务体系，持续精简优化行政许可事项，简化审批环节，全力推动“互联网＋政务服务”一体化平台建设，推动政府部门优化审批流程、消减申报材料，提高行政效能。严格执行《西藏自治区行政权力和责任清单管理办法》，规范完善“四书两账一指南”，积极推行“双随机、一公开”，强化监督问责，切实用好权责清单。二要扎实推进控编减编工作。严格执行进人用编核准制度，把好关口，严控总量。实行以制度管编，党政群机关行政编制、政法专项编制，事业编制，任何单位不得自行扩大。三要严格落实机构实名制管理制度。进一步完善机构编制实名制管理，确保管理系统数据真实、准确、完整，更新及时。实行实名制管理月报制度，各单位各部门逐月更新编制实名制管理信息，及时上报更新实有人员变动信息，彻底掌握全县编制人员情况，保证了全县机构设置、人员配备和财政供养人员一一对应。

四、把握全局，按照上级要求统筹做好全县党政机构改革工作

以中央、区党委和市委关于机构改革的意见为指导，按照米林县党政机构改革工作方案的要求，把握时间节点，精心组织，有步骤、有纪律地落实好各项机构改革任务。一要把握基本原则，严密改革程序。在党政机构改革过程中，要始终坚持党的全面领导，坚持以人民为中心，坚持社会主义市场经济改革方向，坚持“先立后破、不立不破”，坚持先转隶、再“三定”，坚持依法推进的原则，依照改革四个阶段的要求，重点抓好13个关键环节，循序渐进，确保改革政策合理、程序合法、操作合规。二要加强统筹协调，全面推进工作。按照中央统一部署，到2019年3月底前所有县（区）全部完成机构改革任务。我们面临的任务十分艰巨、时间十分紧迫。在《林芝市党政机构改革方案》审批后，大家要主动作为，结合实际情况，完善我县党政机构改革方案。县机构改革工作领导小组办公室要加强与市改革工作领导小组办公室及各改革专项组的沟通交流，统筹协调全县机构改革各项工作，全力推进我县党政机构改革方案的制定审批。三要落实领导责任，精心组织实施。县委将严格按照党中央、区党委的决策精神和市委的部署要求，切实履行党政机构改革的主体责任，各专项组成员要抓好具体改革落实工作，县机改办和专项组组长要做到重大方案亲自把关、关键环节亲自协调、落实情况亲自督查，各部门主要领导要密切配合。在我县党政机构改革方案批准后，要及时组建新机构筹备组，扎实稳妥推进明确班子、转隶组建、“三定”规定拟定报批、办公用房调配、印章使用、挂牌办公等事宜，确保按预期目标和时间要求及时完成各项改革任务。四要稳妥有序衔接，确保正常运转。在机构改革工作中，坚持有组织、有步骤、有纪律地推动实施，确保思想不乱、工作不断、队伍不散、干劲不减。要注意把机构改革同推进经济社会发展、保持社会稳定结合起来，正确处理机构改革与日常工作地关系，切实做到机构改革和日常工作两不误。特别要注意做好调整变动部门的职能交接工作，确保工作的连续性。决不能因为机构改革和人员变动，影响正常工作的开展。五要严明政治纪律，确保风清气正。深化党政机构改革是当前的一项重大政治任务，各部门要严格遵守政治纪律、组织纪律，坚决做到令行禁止。严肃机构编制纪律和干部人事纪律，严禁借改革之机突击进人、超编进人、超职数配备领导干部、突击提拔和调整干部，严格执行干部退休制度。严肃财经纪律，依法依规管理和处置涉改部门的资金资产。严格保密纪律，遵守保密规定。加大对深化党政机构改革工作的督促检查力度，加强监督和执纪问责，严肃查处机构改革过程中的违规违纪问题，确保机构改革风清气正。六要加强舆论引导，营造良好氛围。这次机构改革涉及广大干部职工的进退流转等切身利益，难免会出现思想上的波动。县机改办、各专项组要密切关注干部思想动态，加强正面宣传，强化思想政治工作，教育引导涉及机构整合、职能调整部门的党员干部树立大局意识，坚决服从改革要求，正确对待进退留转，服从组织安排，接受组织考验，为推进机构改革营造良好社会环境和舆论氛围。

同志们，身处新时代，担当新使命。大家一定要不忘初心、牢记使命，齐心协力、团结奋进，努力在新时代党的建设和组织编制工作上展现新作为，为谱写米林高质量发展的新篇章提供坚强组织保证！

在县委2020年农村工作会议上的讲话

米林县委书记　李牧之

（2020年4月28日）

今天的会议是县委决定召开的一次十分重要的会议，主要任务是坚持以习近平新时代中国特色社会主义思想为指导，认真贯彻落实中央、区党委、市委农村工作会议精神，总结我县2019年"三农"工作，梳理"三农"领域突出短板、薄弱环节，分析形势和挑战，部署安排今年"三农"各项工作。刚才，我们书面传达了区党委、市委农村工作会议精神，大家要认真领会，结合实际抓好贯彻落实。下面，我强调几点意见：

第一，要聚焦当前形势任务，着力提升思想认识。近年来，全县各级各部门，尤其是各涉农单位坚持以习近平新时代中国特色社会主义思想为指导，认真学习贯彻总书记关于"三农"工作和治边稳藏的重要论述，认真贯彻落实区、市各项决策部署以及县委具体安排，围绕大力实施以"神圣国土守护者、幸福家园建设者"为主题的乡村振兴战略，推进"三农"工作取得积极成效。我县顺利实现脱贫摘帽，基本完成边境小康村建设以及"三岩"片区易地扶贫搬迁安置工作，非边境村建设有序推进，产业发展和招商引资卓有成效，农村改革工作持续深化，农村环境综合整治深入推进，农牧区基础设施进一步完善，农牧民收入稳步提升。在看到成绩的同时，也要充分认识到当前面临的困难和问题。脱贫成果巩固提升、防返贫工作仍然面临挑战，产业脱贫作用发挥需要进一步提升，"三岩"搬迁安置后续工作仍需加强；农牧民人均可支配收入虽然在全区位于前列，但增速低于全区平均水平，收入结构不均衡，家庭经营性收入、转移性收入占比较高，促进农牧民收入持续较快增长压力较大；农牧产业生产方式较为传统，规模小、商品率低，特色产业刚刚起步、带动能力弱；农牧区基础设施、公共服务短板还很突出，边境与非边境、公路沿线与偏远农牧区发展差距较大，不平衡发展的问题仍然存在；部分农牧民群众思想观念滞后，转移就业、自谋发展主观能动性不足，等等。

小康不小康，关键看老乡。今年是脱贫攻坚决战决胜和全面建成小康社会收官之年，做好今年"三农"各项工作意义尤为特殊。全县各级党组织以及广大党员干部要进一步强化思想认识、提高政治站位，进一步树牢以人民为中心的发展思想，紧盯短板弱项、统筹狠抓落实，做到困难麻烦由政府解决、把方便实惠送给群众，以"三农"工作新成效进一步提升农牧民群众获得感、幸福感、安全感。

第二，要聚焦巩固脱贫成果，持续强化防返贫工作。打好打赢脱贫攻坚战是全面建成小康社会的重中之重，全县各级党组织要继续强化政治担当、责任担当，坚持"四个不摘"，加大党建促脱贫攻坚工作力度，保持脱贫队伍、工作专班总体稳定，确保脱贫工作的连续性。要以此次巡视"回头看"反馈意见及各类监督检查发现问题整改为契机，紧盯"两不愁、三保障"政策落实和饮水安全等问题，对已脱贫人口开展全面普查，及时查漏补缺；盯紧脱贫不稳定户、低收入边缘户、"三岩"搬迁群众等重点群体，加强跟踪监测，建立完善监测预警和精准帮扶机制，及时救助，确保脱贫户不返贫、边缘户不致贫；继续加大产业扶贫力度，组织开展产业扶贫项目"回头看"，认真梳理项目建设和效益发挥情况，加强项目运营管理，夯实巩固脱贫成效；继续加大"志智双扶"力度，进一步激发贫困群众自力更生、勤劳致富的思想行动自觉，坚定感党恩听党话跟党走的信心决心。同时,要结合“扶贫工作重心将转向解决相对贫困,扶贫工作方式将由集中作战调整为常态推进”的要求,统筹推进脱贫攻坚与乡村振兴有机衔接,加强脱贫成果巩固与边境小康村建设、非边境村建设、特色小城镇建设、农村人居环境整治、产业发展、招商引资等工作的有序对接,进一步夯实巩固脱贫成果、防止返贫和持续减贫的基础。

第三,要聚焦补齐短板,全面提升“三农”工作质效。要持续改善农牧区基础设施和公共服务。在全面收官“十三五”规划的基础上,认真研究已初步形成的“十四五”规划项目盘子,加快补齐农村基础设施短板。以实施乡村振兴战略为抓手,结合自治区农牧业生产生活“十项惠民措施”,加快边境小康村建设收尾工作,有序推进非边境村、特色小城镇建设等项目,统筹推进人居环境整治、“厕所革命”“四好农村路”等工作,完善“三岩”搬迁安置点配套设施,改善农牧区供电、供水、道路、信息、冷链物流等设施,着力补齐农牧区基础设施短板。同时,要有效提高农牧区公共服务供给能力和水平,解决好教育、医疗、社保、文化等群众关心关切的热点问题,办好承诺的“十件民生实事”,进一步增进民生福祉。要持续推进农牧特色产业发展。围绕“一带三区一基地”产业发展布局,持续巩固生态旅游产业支柱地位,积极推进产业融合、农旅融合,加快传统农牧产业转型升级。围绕东、中、西三大区域布局,合理调整农畜林产品层次结构,积极发展林果种植、庭院经济、藏猪养殖等,落实好各项扶持措施,加强各产业基地运营管护,强化与企业、高校的对接联系,不断提升农牧产业市场化、规模化水平,增强农牧产业带动能力。用好用足用活区、市关于农村改革的一系列特殊优惠政策,认真总结农村改革试验区工作经验,深化落实土地流转、专合组织发展等措施,提升农牧产业科技支撑能力,推动农牧产业、城乡融合体制机制创新。要持续盯紧农牧民增收工作。继续将农牧民增收工作作为“三农”工作的中心任务,紧盯今年农村居民人均可支配收入增速 13.5% 的目标,深入分析农牧民增收形势,按照洛桑江村主任在区党委农村工作会议上“五个再下功夫”的要求精准发力做好农牧民增收工作。尤其要聚焦工资性收入占比不高的问题,进一步加强群众教育引导,加大农牧民技能培训和转移就业力度,强化精准订单式培训和就业稳岗各项措施,鼓励引导群众通过劳务输出、零散用工、运输、旅游服务等多种方式参与产业发展,拓宽收入渠道,优化收入结构。

第四,要聚焦治理有效,进一步提升乡村治理水平。要加强农牧区基层党组织建设。认真贯彻落实《中国共产党农村基层组织工作条例》,优化农牧区基层党组织设置,加强村干部、农牧民党员教育培训,扎实开展软弱涣散村党支部整顿提升工作,严格落实“四议两公开”“一事一议”等制度,加大村级党务、村务、财务公开及监督检查力度,切实把基层党组织建设成为听党话、跟党走,善团结、会发展,能致富、保稳定,遇事不糊涂、关键时刻起作用的坚强战斗堡垒。要坚持工作重心下移。树牢大抓基层的鲜明导向,做到县乡村三级联动,推动社会治理和服务重心向基层下移。进一步完善县级领导包乡镇、县直部门主要负责人包村居工作制度,坚持领导干部定期下基层接访,用好县乡村三级便民服务平台,做到困难问题矛盾发现在一线、解决在一线。积极推进自治、法治、德治相结合的乡村治理体系建设,加大普法宣传教育力度,积极弘扬社会主义核心价值观,健全完善村规民约,深入推进移风易俗。要着力维护基层和谐稳定。继续做实做细农牧区疫情防控工作,深入开展扫黑除恶打非治乱专项斗争,加强虫草采集服务管理,加大平安创建工作力度,认真落实“双联户”、网格化管理等工作措施,强化党政军警民合力稳边固防,严厉打击非法集资、非法借贷、强买强卖等行为,确保基层和谐稳定。要坚持既管“肚子”又管“脑子”,牢牢掌握意识形态领域的领导权,以“四讲四爱”群众教育实践活动为抓手,深化爱国主义、反分裂斗争、民族团结、法制宣传等群众教育工作,教育群众珍惜来之不易的大好局面,以包容心态对待民族交往交流交融中出现的矛盾,自觉加强民族团结、维护祖国统一,坚定坚决与十四世达赖和达赖集团作斗争,淡化宗教消极影响,过好今生幸福生活。

第五，要聚焦强化保障措施，坚持和加强党的全面领导。要进一步树牢农业农村优先发展理念，强化“三农”领域项目资金、发展要素、科技人才等的保障，注重在“三农”领域锻炼干部、使用干部，充分调动发挥驻村工作队、第一书记、乡村振兴专干等基层力量作用，切实做到人往基层走、钱往基层投，树立鲜明工作导向。要加强和改善党对“三农”工作的领导，严格贯彻落实《中国共产党农村工作条例》，落实五级书记抓乡村振兴工作责任，压紧压实各级各部门一把手“三农”工作责任，将“三农”政策贯彻落实纳入监督检查和县委巡察重要内容，确保各项工作落地落实落细。要树牢全县上下一盘棋的思想，县委农村工作领导小组和农业农村部门要认真履行牵头抓总职责，各级各部门要理清各自职责任务、不折不扣抓好落实，凝聚全县上下抓“三农”工作的强大合力。

同志们，做好今年“三农”工作，事关脱贫质量、小康成色，具有特殊重要性。希望大家集中精力、扛起责任，求真务实、开拓进取，扎实做好巩固脱贫攻坚成果、补齐全面小康“三农”领域突出短板各项工作，进一步开创我县“三农”工作新局面！

李牧之、才拉在米林县创建全国文明城市暨新时代文明实践中心试点建设工作推进会上的讲话

（2020年7月9日）

县委书记李牧之的讲话

今天，我们召开创建全国文明城市暨新时代文明实践中心试点建设工作推进会，主要目的是针对创建工作进入攻坚冲刺阶段，对相关工作进行再安排、再部署、再强调，进一步统一思想、提振精神，细化举措、压实责任，督促各级各部门切实把迎检前的各项准备工作落实落细落到位。刚才，才拉同志针对迎检工作进行了安排部署，很全面、很具体、很明确，我完全同意，大家要认真抓好落实。几个乡镇和单位进行了交流发言，有经验总结、有计划重点、也有决心表态，大家要相互学习、相互借鉴，共同努力把创建工作做扎实做圆满。

借此机会，就全国文明城市和新时代文明实践中心国家级示范点创建工作，再强调几点意见。

一是强化思想认识，站位要再提升。我们米林是第五届创建全国文明城市提名城市，同时也是新时代文明实践中心国家级示范点，区、市把这两项创建工作交给我们，一方面，体现了对我们米林的肯定和信任，说明我们米林基础夯实、条件优越，有条件、有能力创建成功，我们一定不能辜负上级的信任和重托。另一方面，通过创建这一载体，我们也能办一批惠民利民的好事实事，解决一些社会关注的民生问题，使各族干部群众更好共享发展成果。目前来看，我们已经获得了“全国文明城市提名城市”的荣誉称号，但是还没有圆满创建成功，后续仍有常态化的监督检查，还需要持续努力、不能松懈；建设新时代文明实践中心是党中央部署的一项重要工作，是推动习近平新时代中国特色社会主义思想落地生根的重大举措，是进一步加强和改进基层思想政治工作的迫切需要，也是推动乡村振兴、满足群众精神文化生活新期待的战略之举。这两项创建工作都十分重要，全县各级各部门以及广大党员干部一定要深刻领会重大意义，进一步强化思想认识、提高政治站位，增强紧迫感责任感使命感，切实把思想和行动统一到县委、县政府关于创建工作的各项决策部署和具体要求上来，克服厌战心理、消除松懈意识，迅速行动、主动作为，查漏补缺、精益求精，确保创建工作圆满成功。

二是细化工作措施，重点要再聚焦。现在距离检查验收只有3个多月的时间，可以说时间紧、任务重，各级各部门要按照创建工作的具体部署要求，围绕工作中的薄弱环节，既统筹兼顾、又精准聚焦，着力补齐短板、打造亮点，推动各项创建任务落地落实落细。

一要持之以恒抓好全国文明城市创建。要始终把加强宣传、营造氛围贯穿始终，继续加大宣传力度、扩大宣传范围、创新宣传方式，充分利用广播、电视、网络等各类媒体，通过张贴横幅标语、制作宣传专栏、设置公益广告、创作宣传片等多种方式加大内外宣传力度，及时曝光不文明行为，广泛接受社会监督，形成全员出动、全民参与、全城满意

的良好局面，确保创建知晓率和参与度达到100%。要将开展专题活动作为提升创建成效的有效载体和有力抓手，遵循主题新颖、喜闻乐见、多多益善、贴近群众的原则，以业务工作为主推，以建设“八大环境”为外延，将创建工作与业务工作紧密结合起来，与弘扬社会主义核心价值观、倡导理性消费、绿色出行、保护环境、志愿活动、倡导文明新风等内容结合起来，加大文明创建评选力度，开展形式多样、内容丰富、覆盖广泛的系列文明实践活动，大力弘扬共筑美好生活的时代新风。要加强各类资料的收集归档，在保证创建工作全面铺开、有序推进的同时，通过图文、音视频等客观真实的资料详细记录创建活动，分级分类归档、存放资料，充实完善创建资料库，为迎接创建文明城市的测评检查做足准备。

二要凝心聚力推动新时代文明实践中心试点建设。要精准聚焦志愿队伍建设这一核心内容，充分调动发挥已经注册的3800余名志愿者的作用，坚持党员带头，特别是机关干部带头参与志愿服务活动，着力打造以党委、政府为主导的红色志愿服务体系；要坚持多方发动，把退休下来的一些老同志、老干部以及医生、教师等专业技术人员充分调动起来，注重发动乡贤力量，推动志愿服务深入基层、深入群众、深入人心；要探索实行志愿服务积分兑换制度，加大宣传引导力度，推动志愿服务活动常态化、长效化。要加强资源统筹整合，在权属不变的情况下，打破条条框框的界限，把现有的各类公共服务资源整合好，实现联通共享、综合利用。特别是要充分利用县委党校、白鹭文化活动中心、青少年活动中心、全民健身中心、新华书店、数字影院、体育公园、老干部活动中心以及学校德育室、少年宫等公共服务资源，为基层群众提供教育、文化、科技、体育、卫生等全方位服务。凡涉及整合的各类平台主管部门要密切协作、积极配合，不断提升全县公共服务供给能力和水平。要统筹谋划、一体推进乡(镇)新时代文明实践所、村(居)新时代文明实践站建设，立足基层群众生产生活的实际需要，充分挖掘、有效运用本地优势资源，组织开展群众喜闻乐见、易于接受的各类活动，丰富群众精神文化生活、提振精气神，打通新时代文明实践“最后一公里”。同时，也要高度重视新时代文明实践中心运行机制的建设，健全完善群众按需点单、基层志愿服务队报单、文明实践中心(所、站)派单、志愿者接单、群众评单的“五单”运行机制，主动对接群众需求、梳理实践清单、常态化开展实践活动，确保新时代文明实践中心服务平台、实践阵地的作用充分发挥。

三要注重结合，实现联动推进、互融互促。创建全国文明城市和建设新时代文明实践中心都是宣传思想工作的重要内容，是加强意识形态建设、提升全民文明素养的重要载体，工作关联性、融合性、互补性很强，要坚持统筹推进、有机结合，联动推进、互融互促。要通过基础设施整治提升、窗口单位服务提升、城市志愿服务、公益宣传等文明城市创建工作的深入开展，带动新时代文明实践中心试点的深入推进。结合文明城市创建理论宣讲活动，引导农牧民群众自觉抵制腐朽落后思想的侵蚀，消除不良风气、破除陈规陋习、弘扬文明新风，把新时代文明实践中心建设成为学习传播科学理论的大众平台，以新成效体现文明实践中心建设成果。

三是压实工作责任，合力要再凝聚。创建工作涉及面广、持续时间长，需要全县上下共同努力。各级各部门要把创建工作作为当前和今后的一项重要工作，结合各自职责分工，主动认领任务、周密安排部署、精心组织实施，全情投入、全力以赴，推动创建工作取得实效。主要负责同志要切实担负起“第一责任人”责任，亲力亲为、靠前指挥，经常过问、关心、支持创建工作，及时解决工作中遇到的困难问题；分管同志要切实担负起具体推进责任，常态化谋划部署、督促指导、沟通汇报，确保工作高效务实推进；其他同志也要关心关注创建工作，抓好分管行业领域的协同配合，切实凝聚工作合力。县委宣传部要充分发挥协调指导督促职能，对标评估检查各项内容、指标、要求，制定创建工作路线图、时间表，明确工作要求、细化工作举措、完善推进机制、强化对接指导，着力建立起横向到边、纵向到底、环环相扣的任务清单和责任链条。同时，要加强对创建工作的日常督促检查，注重提炼工作经验、挖掘特色亮点；对于工作不重视、措施打折扣、任务不落实的要及时指出、限期整改，对于推诿扯皮、问题反复、影响全县创建工作大局的，要严肃追责，绝不姑息。

借此机会，再强调一下脱贫攻坚迎普查工作。现在距离脱贫攻坚普查只剩下一周多的时间，之前已经多次进行了部署强调，各级各部门任务、要求、责任都很明确，希望大家重视再重视、落实再落实，全面补齐短板漏洞，把迎接普查各项工作做扎实。

同志们，创建全国县级文明城市、建设新时代文明实践中心是一项政治任务，也是一项民生工程，现在已经到了关键阶段、攻坚阶段、冲刺阶段，大家一定要坚守初心、坚定信心，敢于担当、积极作为、扎实工作，高标准、高质量推进创建工作、完成创建任务，为巩固脱贫成果、全面建成小康社会做出新的更大的贡献！

县委常委、宣传部部长才拉的讲话

创建全国文明城市工作是一项能全面提升我县经济社会各项事业发展的强有力抓手，对我县全面建成小康社会和实现跨越式发展有着极强的推动作用。在全县各部门、各行业的共同努力下，我县在第五届创建全国文明城市周期（2017—2018年）中获得了中央文明办颁发的“创建全国文明城市提名城市”荣誉称号，进而有资格在第六届创建周期中继续创建全国文明城市。今年是全国第六届创建全国文明城市周期的最后一年，十月份开始中央将对我县创建全国文明城市工作进行考核检查，今年的验收成绩将决定我县是否有资格继续在第七届全国创建期（2021—2023年）创建全国文明城市。同样，新时代文明实践中心是基层宣传文化工作和群众性精神文明建设的重要阵地，担负着推动习近平新时代中国特色社会主义思想深入人心落地生根的重大使命，承担着把党的群众工作落地落实、打通“最后一公里”的重要职责。今天，我们召开2020年米林县创建全国文明城市工作暨新时代文明实践中心试点建设工作推进会，主要任务是交流经验，明确职责，促进工作。稍后牧之书记还要作讲话，请大家认真学习领会并抓好贯彻落实，下面，我就如何做好创建全国文明城市工作及新时代文明实践中心试点建设工作提出几点建议：

一、提质增效，深入开展全国文明城市创建工作

（一）进一步加强组织领导

创建全国文明城市工作分为网上申报材料、实地考察、街头随机和入户问卷调查三部分，其中网上申报材料成绩占中央考核验收成绩的40%，实地考察部分成绩占40%，调查问卷成绩占20%。考核中，未成年人思想道德建设内容单独设置网上申报材料、实地考察、问卷调查三部分，该项工作得分不及格将直接判定创城工作得分不合格。网上申报材料行文和格式要求不同于党政机关日常使用的国务院发布的《国家行政机关公文处理办法》中规定的公文写作格式；实地考察部分主要涉及各乡镇、住房和城乡建设局（城市管理和综合执法局）、公安局、文化和旅游局（两大景区）、各窗口单位等，指标内容烦琐、要求很高；调查问卷部分涉及我县城市居民、流动人口和农村居民对创建工作的知晓率、参与率。因此，今年底我们的迎检工作时间紧迫、任务繁重、标准要求高，各单位一把手要以身作则、率先垂范，认真研究吃准、吃透测评体系，按照创建责任，靠前指挥，研究解决焦点、难点问题，切实做到认识到位、指导到位、安排到位、发力到位，示范带动全县干部群众积极参与创建工作。各乡镇、各部门对待创城工作要持续高度重视，坚持主要领导亲自抓，分管领导具体抓，具体工作专人抓，层层落实责任，强力推进工作，切实按照上级要求，在规定时限内完成好各项创建任务，确保顺利完成各项创建目标。

（二）进一步强化责任落实

各乡镇、各单位要根据《关于做好2020年创建全国文明城市工作网上申报材料工作的通知》（米县创城办〔2020〕3号）和《2020年米林县创城工作网上申报材料写作规范》按时高质量高标准报送网上申报材料，不能拖延不报，敷衍了事。各乡镇、各单位，尤其是县城市管理和综合执法局、各窗口单位要根据《关于做好2020年米林县创建全国文明城市工作实地考察工作的通知》（米县创城办〔2020〕4号）文件要求，认领任务职责，做好城市

环境卫生,基础设施建设和维护,行业规范、文明旅游、文明交通等设置。各乡镇、各单位本周五下午下班前务必将负责人和材料填报人员名单报送至县创城办,相关人员因需长期负责创城工作,一经报送,不可随意更换。总之,创城工作决不能因为某个部门、某个干部的失职影响创建大局。

(三)进一步补齐补强短板

当前,我县的创城工作还存在很多薄弱环节,离精细化、标准化、常态化、机制化的要求还有较大差距。例如,市民问卷调查参与度不高,城市环境、卫生死角、社区管理不到位,街道上烟头多、小广告多、行人乱穿马路及车辆乱停放、公共卫生间无保洁记录等问题,需要迅速制定措施,大力推进整改。要规范志愿服务工作,在公共服务场所设置志愿服务岗、志愿服务岗位牌、志愿服务记录本。要抓好市容环境整治,城市管理和综合执法局部门要重点加强农贸市场、主干道、商业大街等区域规范管理,重点治理好垃圾乱堆乱放、乱贴乱画、乱设摊位、占道经营等现象,切实搞好硬件设施的日常维护,防止脏、乱、差问题反弹。

(四)进一步抓好创城活动

各级干部要把群众满意作为文明城市创建的出发点和落脚点,努力在思想大解放、作风大转变、效率大提升等方面下功夫、出实招,真心真意为群众办实事、办好事,从小事做起,从细节做起,努力提高市民满意度,使创城工作成为"民心工程""惠民工程"。要继续开展好文明旅游、文明交通、文明餐桌、文明网络四大文明引导行动,评选宣传一批先进典型人物,深化移风易俗,遏制城乡陈规陋习和不良风气。各乡镇、各部门要深入创城工作第一线,到街头去、到社区去、到公共场所去,把形象树立在基层,以为民解忧、为民造福的实际行动感染群众、得到理解、赢得支持,不断提升群众广泛参与文明创建工作的积极性和主动性。

(五)进一步推进未成年人思想道德建设

要全面推进我县中小学文明校园创建,切实解决乡村学校学生综合素质提升问题。要加强未成年人心理健康辅导站建设,面向家长、教师和青少年普及心理健康知识,提供心理维护服务,指导、监督、检查校园和社区未成年人心理健康辅导机构工作。要不断净化青少年成长环境,教育局、网信办、文旅局、市场监督管理局、公安局、城市管理和综合执法局等部门要加强网吧、网络和中小幼学校周边文化经营场所监管治理,为青少年健康成长构筑"防火墙"。

二、上下联动,扎实推进新时代文明实践中心试点建设工作

(一)进一步规范新时代文明实践中心建设

1. 组织体系规范。目前,我县已按照《西藏自治区新时代文明实践中心试点建设实施方案》(藏文明委〔2020〕5号)文件要求,在县设立新时代文明实践中心、乡(镇)设立新时代文明实践所、村(居)设立新时代文明实践站,但是部分乡(镇)仍存在领导配备未严格按照《西藏自治区新时代文明实践中心试点建设实施方案》文件要求执行的问题,比如,新时代文明实践所所长未由乡(镇)党委书记担任,副所长未由分管宣传文化工作的乡(镇)党委委员担任;新时代文明实践站站长未由村(居)党支部书记担任,支部宣传委员未担任副站长。下一步各乡镇各单位要严格自查,对领导配备问题进行规范;其次规范责任界定。《西藏自治区新时代文明实践中心试点建设实施方案》(藏文明委〔2020〕5号)文件中明确规定地市、县(区)、乡(镇)党委书记是本级新时代文明实践工作的第一责任人,县(区)委负责具体落实县域新时代文明实践中心(所、站)建设。各乡(镇)党委书记是新时代文明实践工作第一责任人,要亲自抓、带头做,认真推动工作落实落地。

2. 工作队伍规范。一是规范工作人员。新时代文明实践中心办公室设在县委宣传部,由宣传部部长担任办公室主任;新时代文明所与乡(镇)综合文化站两块牌子、一套人马;新时代文明实践站设在村(居)党群服务中心。宣传文化部门、县综合文化活动中心、县艺术团、乡(镇)综合文化站、村(居)业余文化队、农村电影放映员、农牧民宣讲员为骨干力量,该项范围内的所有人员为新时代文明实践工作者。二是乡(镇)综合文化站编制人员迅速返岗。根据区党委组织部、宣传部,区人力资源

和社会保障厅，区文化厅联合下发的《关于乡镇（街道）综合文化站（文化服务中心）编制人员迅速返岗就位的通知》（藏党宣发〔2020〕21号）文件要求，相关单位要准确核实乡（镇）综合文化站编制人数，在岗人数，除驻村其他编制人员要迅速返岗就位，不再借调抽调或安排与本职岗位无关的工作。三是规范志愿者队伍。县党政机关、国有企事业单位及全体乡镇干部、双联户户长等构成志愿者队伍，成为基层志愿者主体。四是规范业务培训。《2020年新时代文明实践中心工作要点》明确，要常态化开展人员培训，100%覆盖中心（所、站）工作人员和志愿者，100%覆盖文明实践工作内容和文明实践活动项目。确保工作人员和志愿者熟悉工作流程、把握方法要求、掌握服务技能、在推进工作、开展活动、提供服务的过程不出现任何偏差。自治区已在六月份开展全区培训，待中心选派所（站）工作人员参加市级培训后，县一级将统一举办业务培训。

3. 阵地建设规范。今天的会议材料中有《关于进一步规范新时代文明实践中心阵地建设的通知》（藏文明委〔2020〕10号）文件，各乡（镇）、村（居）要严格按照文件要求进一步规范阵地标识、阵地布局、阵地功能和阵地范畴。根据《西藏自治区新时代文明实践中心试点建设实施方案》（藏文明委〔2020〕5号）要求，统筹县级融媒体中心、"网信米林"微信公众号、县委党校、白鹭文化活动中心、青少年活动中心、全民健身中心、新华书店、数字影院、体育公园、电子阅览室、公共图书馆、电子乐器室、老干部活动中心、学校德育室、少年宫等公共服务资源，打通宣传、教育、服务群众的"最后一公里"。同时涉及各平台的机构、人员、资源设施等权属不变，由县委宣传部（县文明实践中心办公室）按照规定统一调配使用。

4. 运行机制规范。一是规范工作规划机制。工作规划、工作计划发挥的是总体设计作用，指导着全年工作方向、实施步骤、责任落实等，是中心（所、站）一切工作的先导，务必抓好抓实，绝对不能马马虎虎，更不能可有可无。按照新时代文明实践中心县域年度工作计划，乡（镇）文明实践所制定本乡（镇）年度工作计划，抓好理论宣讲教育、精神文明创建、文化体育活动、志愿者服务等文明实践工作的落实，推动村（居）新时代文明实践站开展活动常态化；村（居）文明实践站根据文明实践所的年度工作安排，制定本村（居）年度工作计划，以群众喜闻乐见的方式，开展宣讲教育、精神文明创建、文化体育活动、志愿者服务等工作。二是制定联席会议机制。文明实践工作是一项系统工程，不是哪一家单位可以单独完成的，要建立以文明委成员单位为基本组成部门的新时代文明实践中心建设联席会议制度，让相关单位积极主动参与进来，共同做好群众工作。三是制定资源调配机制。要定期召集联席会议成员单位，统筹调配阵地资源、沟通协调活动计划，统筹调度相关活动场地设施及场地设施管理人员和服务人员。

（二）进一步规范新时代文明实践中心文明实践活动

1. 工作内容规范。一是工作范围规范。新时代文明实践中心的工作范围为：学习实践科学理论、宣传宣讲党的政策、培育践行主流价值观、推动民族团结进步、丰富活跃文化生活、持续推进移风易俗、淡化宗教消极影响、深化精神文明建设，要按照工作范围制定工作计划、安排。二是工作重点规范。《米林县2020年新时代文明实践中心工作要点》已下发，今年要根据文件要点重点抓好理论宣讲活动、基层文艺文化活动和群众性精神文明创建工作。今后无论是工作规划、项目设计、志愿服务安排都必须围绕上述三项重点任务进行，确保工作方向不偏、力量不散。三是工作统筹规范。全区宣传部部长会议和自治区《2020年新时代文明实践中心工作要点》明确要求新时代文明实践中心建设要与"四讲四爱"群众教育实践活动要紧密衔接在一起，统筹部署、统筹推进。明年，新时代文明实践中心将全面承接"四讲四爱"群众教育实践活动，为做好相关工作，各乡镇、各单位今年开始就要主动抓落实、有序做衔接。四是工作指标规范。《米林县2020年新时代文明实践工作要点》对指标进行了细化和明确，要求新时代文明实践中心全年开展文化文艺活动不少于12场，乡（镇）、村（居）新时代文明实践所（站）全年开展文化文艺活动不少于

10 场。其中集中活动和分散型活动(根据群众点单开展的活动),不包含在两项指标。五是工作流程规范。根据《西藏自治区新时代文明实践中心试点建设实施方案》(藏文明委〔2020〕5 号)文件要求,我县结合实际制定了点单、报单、派单、接单、评单的"五单运行机制",既方便了群众,又有助于提升工作水平,大家一定要长期坚持,每周五务必前主动报送点单、派单情况,同时各乡镇、各单位无法解决的问题要及时反馈至文明实践中心,由中心统筹资源调配解决。(截至目前,1—6 月,报送项目报单表次数分别为米林镇 1 次、丹娘乡 2 次、派镇 2 次、南伊珞巴民族乡、里龙乡、卧龙镇、扎绕乡、羌纳乡 0 次;信息报送期数次数分别为米林镇 3 次、南伊珞巴民族乡 1 次、卧龙镇 1 次、扎绕乡 2 次、丹娘乡 4 次、派镇 32 次、里龙乡、羌纳乡 0 次;活动开展次数分别为米林镇 3 次、南伊珞巴民族乡 1 次、卧龙镇 1 次、扎绕乡 2 次、丹娘乡 19 次、派镇 21 次、里龙乡 0 次、羌纳乡 0 次)

2. 活动组织规范。一是统一称谓。从现在起凡是新时代文明实践中心(所、站)组织的活动,对外统一称谓为"新时代文明实践活动之某活动"。例如:新时代文明实践活动之文艺进万家活动,新时代文明实践活动之电影放映活动。二是工作主体。新时代文明实践工作的主体是宣传文化部门、县综合文化活动中心、县艺术团、乡(镇)综合文化站、村(居)业余文化队、农村电影放映员、农牧民宣讲员等骨干力量,主要负责组织、策划、实施文明实践工作;志愿者是服务力量,主要职责是按照中心统一调度配合从事相关工作,骨干力量和服务力量的作用切忌不能混淆。三是报备审批。文明实践所(站)开展的集中示范活动年初要向中心办公室备案,小型活动按月向中心办公室备案,中心办公室负责做好实践活动的指导、监督和效果评估。(截至目前,各乡镇都未进行报备审批)

同志们,一个时代的画卷,底色是民生,一项事业的成败,关键在精神。创城迎检工作已经进入关键时期,全县各级各部门务必迅速行动起来,立即进入迎检状态,认真迎接中央文明办的考核,全力以赴,众志成城,以饱满的工作状态确保创建全国文明城市工作取得成功、圆满完成新时代文明实践中心试点建设各项工作任务。

在米林县2020年全面推行河长制工作总河长部署会上的讲话

米林县委书记　李牧之

（2020年7月9日）

今天，我们召开全县2020年全面推行河（湖）长制总河长部署会，主要任务是贯彻落实中央以及区、市关于河（湖）长制工作的有关会议精神和部署要求，总结成绩、分析形势，对当前和今后一段时间我县河（湖）长制工作进行安排部署。刚才，西热江才同志通报了我县河（湖）长制工作开展情况，明确了下一步的工作重点，我完全同意，请大家结合实际，认真学习领会，切实抓好贯彻落实。

借此机会，就落实好河（湖）长制工作再强调三点意见。

一、提高政治站位，切实增强抓好河（湖）长制工作的责任感使命感。全面推行河（湖）长制，是中央完善水治理体系、保障国家水安全的一项制度创新、一项重大改革举措，也是推进生态文明建设的重要抓手、践行新发展理念的重要体现。自河（湖）长制工作2017年全面推行以来，全县上下进一步树牢“四个意识”、坚定“四个自信”、做到“两个维护”，认真贯彻落实中央以及区、市相关部署要求和县委、县政府具体安排，制定完善相关工作方案，建立健全县乡村三级河（湖）长工作体系和推进机制，认真开展实地调研、巡河巡湖、河道治理等工作，实现了区、市“四个到位”的目标要求（工作方案到位、河湖长体系和责任落实到位、相关制度和政策措施到位、监督检查和考核评估到位），取得了阶段性成效。在看到成绩的同时，也要充分认识到当前我们存在的短板问题，主要河流河道及重点沟道乱占乱建、乱采乱挖、乱倒乱排等问题还时有发生，水生态损害、水环境污染、水资源短缺等问题依然突出，群众水环境保护意识还不强，等等。对于这些问题，我们一定要引起高度重视，各级各部门以及广大党员干部，特别是各级河（湖）长要站在政治和全局的高度，深刻把握全面推行河（湖）长制的重大意义，主动对标中央和区、市相关部署要求，切实树牢以人民为中心的发展思想，不折不扣落实好河（湖）长制这一治水管水护水的新模式，积极开展水生态治理和修复，以水生态环境的不断优化促进区域生态涵养能力的持续提升，为巩固脱贫成果、全面建成小康社会创造持续向好的生态环境。

二、坚持问题导向，突出重点推进工作落实。要认真学习贯彻习近平新时代中国特色社会主义思想，把做好河（湖）长制工作与坚持生态优先、绿色发展的理念结合起来，紧紧围绕推行河（湖）长制的目标任务，按照“见河（湖）长、见行动、见实效”的要求，逐项列出任务清单，全面落实“一河一策”。

一要突出源头治理，持续强化水资源保护。要坚决摒弃“先污染、后治理”的发展模式，做到科学规划、源头治理。要严格水资源管理。认真落实最严格的水资源管理制度，严守水资源开发利用控制、用水效率控制、水功能区限制纳污“三条红线”。加强水源地保护，依法清理水源保护区内违法建筑，确保城乡居民用水安全。要强化岸线管控。扎实推进河流管理保护范围划界确权，严格水域岸线用途管制，严禁以任何名义侵占河道、围垦河道、非法采砂，努力塑造健康自然的河道岸线。要注重源头整治。全面落实属地管理责任和行业主管责任，严格执行河道采砂规划方案，切实提升河流沟道管理保护水平。

二要突出过程治理，全面加强水污染防治。坚持从大处着眼、从小处着手，注重运用专项督查、专项整治等方式，着力管控各类破坏水生态环境的行为。要加强日常监管。各级河（湖）长要加强日常巡查，定期对所管辖河道进行巡查检查，及时发现并协调解决破坏水生态环境的突出问题。水利、环保部门要定期对河流水质进行检测，并及时向各河（湖）长进行通报，确保问题发现及时、处置迅速有力。要加大专项治理。围绕"河面无大面积漂浮物、河岸无垃圾、无违法排污口"目标，结合"清四乱"专项行动，全面梳理排查各河流污染源，扎实开展生活污水、工业废水、弃土弃渣、倾倒垃圾、水土流失、抽砂采石、侵占河道等专项整治，加强生活垃圾污水治理，积极推进农村环境连片整治和美丽乡村建设。

三要突出执法检查，切实改善水环境质量。解决复杂水问题、守护生态文明，必须牢固树立法治思维和法治理念，综合运用法律手段依法治理。要完善执法监管机制。各成员部门要加强统筹协调，扎实推进流域综合执法和执法协作，形成依法管河治水长效机制。要加大执法监管力度。始终以"零容忍""出重拳"的鲜明态度，持续开展侵占河道、沟道及岸线、非法设置入河排污口专项整治，坚决遏制"四乱"问题，从严查处涉河涉水案件及暴力阻碍行政执法行为，保持高压态势。要积极推进群防群治。广泛开展普法宣传，把广大党员干部、人民群众等社会各方力量调动起来，广泛参与河道整治、护水治水等行动，在全社会形成爱水护水、节约用水的良好氛围。

三、强化组织领导，全面压实河（湖）长制工作责任。推行河（湖）长制是一项长期的系统性工程，涉及上下游、左右岸，治理战线长、任务重。全县上下要牢固树立大局意识，思想上高度重视、工作上持之以恒，注重协调配合，抓好推进实施。要压实工作责任。各级河（湖）长要切实加强对河流治理工作的领导，定期开展巡河检查，研究解决存在问题，督促指导工作落实，真正做到守河有责、守河担责、守河尽责。县河（湖）长办公室要充分发挥职能作用，主动承担组织协调等日常工作，发挥好专项办公室作用。河（湖）长制各成员单位要各司其职、各负其责，密切配合、协调联动，共同推进河（湖）长制工作落实。各乡镇要细化分解目标任务，确保每个河段都有人抓有人管，形成一级抓一级、层层抓落实的工作格局。要强化经费保障。河流管理保护工作内容多、任务重、投入大，县财政要将河（湖）长制工作经费足额列入财政预算，保障好水质水量监测、规划编制、信息平台建设、突出问题整治及技术服务等工作。要注重营造氛围。加强宣传引导，充分利用微信、电视、网络等媒介，多角度、全方位解读河（湖）长制的政策要求，在社会面营造良好氛围，引导群众进一步增强爱水、护水、节水意识，以实际行动参与河流水质保护工作。要强化督导考核。认真贯彻落实河（湖）长制巡河督查检查、考核等制度机制，县河（湖）长制办公室要定期对河（湖）长制实施情况进行指导督促、监督检查，强化结果运用、完善责任追究机制，对落实不力、渎职、失职、履职不到位的严肃追责，倒逼责任落实。

在此，强调一下防汛工作。近期，全国多地持续强降雨，其他省市许多省市发生了洪涝灾害以及塌方、泥石流、滑坡等地质灾害，严重影响群众生产生活和生命财产安全。我区也已经进入汛期，降雨量持续增多，318国道波密段地质灾害近期也多发频发。我们一定要提高思想认识，水利、自然资源、应急管理、交通等部门以及各乡镇要持续加强群众宣传教育，组织开展应急避灾演练，提升全民安全意识和应急避险能力。要加强源头治理，组织力量对各河流、各重点沟口、交通要道开展拉网式排查，加强隐患问题治理，做到源头预防、源头管控。同时，要用好基层群防群治力量，加强应急巡查值守，认真落实汛期值班带班、平安报送等制度要求；加强应急物资储备、应急队伍建设，确保如遇突发问题，能够第一时间妥善解决。

同志们，推行河（湖）长制、保护水生态，事关生态文明建设，事关长远发展大局。各级各部门一定要强化担当意识、积极协同配合、凝聚工作合力，落实落细河（湖）长制各项工作要求，切实保护好米林绿水青山的秀美环境，为巩固脱贫成果、决胜全面建成小康社会做出新的更大的贡献。

在米林县深化党政机构改革工作动员部署会议上的讲话

米林县委副书记、政府县长　才旺尼玛

（2019 年 1 月 3 日）

刚才，县委常委、组织部部长许登顺传达了区、市两级深化党政机构改革工作会议精神和《米林县关于深化党政机构改革的工作方案》，明确了我县党政机构改革工作的时间表和路线图。希望同志们一定要把思想和行动统一到党中央、区党委和市委的要求上来，进一步提高政治站位，强化责任担当，按照县委的统一部署，把握时间节点，精心组织、狠抓落实、有步骤、有纪律地落实好党政机构改革任务。下面，我就扎实推进全县党政机构改革工作，讲几点意见：

一、统一思想认识，提高政治站位

深化党和国家机构改革，是以习近平同志为核心的党中央着眼党和国家事业发展全局作出的重大政治决策部署，是着眼实现“两个一百年”奋斗目标和中华民族伟大复兴中国梦的重大制度安排，是推进国家治理体系和治理能力现代化的一场深刻变革，是关系党和国家事业全局的重大政治任务。吴英杰书记亲自担任自治区深化党政机构改革工作领导小组组长，对机构改革工作多次作出重要指示和批示，为全区深化党政机构改革工作提出明确要求。市委书记马升昌亲自抓、亲自管，先后在全市深化党政机构改革动员部署会、市委常委会等重要会议就扎实做好全市党政机构改革作出安排部署。希望同志们切实提高政治站位，增强“四个意识”，坚定“四个自信”，进一步增强工作紧迫感和责任感，把牢原则方向，严肃纪律要求，确保 3 月底前完成全部机构改革任务。

二、强化政策引领，理顺思路举措

深化党政机构改革的政治性、政策性、程序性都很强，为确保各项工作有条不紊、有的放矢、取得实效，县机改办和各专项组要吃透、把准中央和自治区关于机构改革的相关政策规定，理顺机构改革的思路举措，确保我县机构改革工作始终沿着党中央划定的方针政策和区党委统一部署要求，精准务实、优质高效地推进。一要始终坚持和加强党的全面领导。要旗帜鲜明地把坚持和加强党的全面领导作为改革的政治主题和首要任务，从体制机制上对全面加强党的领导作出制度安排，从机构职能上把加强党的领导落实到各领域各方面各环节，建立健全县委对重大工作的领导体制机制，加强县委对涉及发展稳定全局的重大工作的统一领导，优化县委议事协调机构；要统筹设置党政机构，增强党的领导力，提高政府执行力；要强化党的组织在同级组织中的领导地位，确保党的方针政策和决策部署得到贯彻落实；要更好发挥县委职能部门作用，加强对本系统、本领域工作的归口协调管理职能。二要全面贯彻以人民为中心的发展思想。要加大机构调整和优化力度，着力构建有利于更好服务人民群众的机构职能体系。组建卫生健康、应急管理、退役军人事务等机构，强化社会管理、公共服务、生态保护等职能，使各类机构在保障和改善民生上有更大作为。三要坚决做到党政主要机构设置和职能配置与自治区、林芝市基本对应。要严格落实改革“规定动作”，不打折扣、不搞变通，坚决维护党中央权威和集中统一领导和国家法制统一、政令统

一、市场统一，做到县委职能部门和县政府组成部门在机构设置和职能配置上，与自治区、林芝市机关保持基本对应。这次党政机构改革没有涉及的部门，也要按照上下对应的原则对部门间职责关系进行理顺，确保上下贯通、执行有力。四要注重彰显米林特色。在自治区、林芝市改革大框架下，结合我县实际，搞好“自选动作”。把机构改革与县委谋划推进的全局性、战略性重点工作结合起来，围绕实施乡村振兴、社会治理、服务型政府建设等重大战略，因地制宜设置机构和配置职能。五要更加突出优化协同高效。要把转变和优化职责作为改革关键，在改职责上出硬招。坚持一类事情原则上由一个部门统筹、一件事情原则上由一个部门负责，不光改头换面，更要脱胎换骨。对自然资源管理、市场监管等方面的职责和机构进行大幅整合，划清部门职责边界，减少职责交叉，明确职责定位。

三、加强统筹协调，全力推进改革

深化党政机构改革是一场系统性、整体性、重构性的变革，县机构改革工作领导小组办公室要加强与市改革工作领导小组办公室及各改革专项组的沟通交流，统筹协调全县机构改革各项工作，全力推进我县党政机构改革。一要加强沟通协调。县机改办和各专项组要加强与市机改办、对口指导部门的沟通联系，上下联动做好改革工作。各单位主要负责同志要牵头挂帅、靠前指挥，制定本部门机构改革组织实施工作方案，既当好“指挥长”，更当好“施工员”，确保机构改革推进顺利、实施有序、节奏不乱。二要统筹推进党政军群各类机构改革。切实提高改革的系统性、整体性、协同性，使各类机构有机衔接、相互协调，各项改革相互促进、相得益彰，形成总体效益。通过此次改革要完善党政机构布局，理顺党政机构职责关系，系统谋划和确定党政机构改革事项，统筹配置行政执法职能和执法资源，减少执法队伍种类和执法层级，下沉执法力量，提升执法效率；同时紧密衔接深化人大、政协和司法机构改革，发挥人大及其常委会职能作用，推进人民政协履职能力建设，提高司法公信力；更要健全县委统一领导群团工作的制度，推动群团组织增强政治性、先进性、群众性，更好发挥群团组织作为党和政府联系人民群众的桥梁和纽带作用；还要加快推进事业单位改革，实现政事分开，推进事企分开；并且依托县政务服务中心，进一步整合各单位行政审批事项，全面推行审批服务“马上办、网上办、就近办、一次办”；稳步推进军地改革，按照军是军、警是警、民是民原则，积极配合做好有关武警部队、公安现役部队建制划转、整编移交等工作。

四、严格责任落实，精心组织实施

深化党政机构改革关乎长远，责任重大。前段时间，县委已经组建了机构改革工作领导小组及办公室和各专项组。接下来，要建立领导小组及办公室和各专项组工作运行规范，明确责任主体，规范决策程序，做到在机构改革组织实施中有统一的工作遵循和政策标准；建立改革任务总台账，定点、定时、定期跟踪问效；建立机构改革信息报送、督察评估等规章制度，通报米林县机构改革任务的推进落实情况，抓好机构改革决策部署落实情况日常督察和机构改革成果评估，精准务实、优质高效完成党政机构改革任务。一要抓好方案谋划。把《西藏自治区机构改革实施意见》和《市县机构改革总体意见》作为总遵循，县机改办加强与市机改办的沟通联系，重点在明晰政策口径方面争取指导和支持，突出米林特色，精心研究制定米林县深化党政机构改革方案。各专项组要指导相关部门研究制定机构改革组织实施方案，做到环环相扣、有序推进；二要抓好班子组建。组织部门要紧跟县委工作部署，同步研究机构改革涉及部门领导班子建议方案，提交县委常委会审定，及时宣布新组建机构的党组织负责人和筹备班子，县级分管领导同志要同新班子谈话，提出工作要求。按照先转隶、再做“三定”的原则，统筹做好新组建、撤并等机构改革涉及部门的办公场所调配、集中挂牌、经费安排、资产划转处置、人员安置、公章管理、档案移交等工作，建立新机构工作联系渠道，对外以新机构名义开展工作。三要抓好“三定”制定。以市委批准的《米林县深化党政机构改革方案》为准绳，改革涉及部门要在各专项组的指导下，主动对标衔接上级部门职能，聚焦主业主责，按照优化协同高效的原则，理顺部门职责关系，认真起草“三定”规定草案，按程序报批后实施。同时，要注意聚焦机构改革问题，与机构改革无关的事项一律“不搭车”“不叠加”，待机构改革后再统筹研究解决，决不能影响改革进程。

五、严明政治纪律，营造良好氛围

深化党政机构改革是当前的一项重大政治任务，要始终把执纪问责和思想政治工作贯穿机构改革全过程，为改革顺利开展营造良好环境。一要严格遵守政治组织纪律，坚决做到令行禁止。坚持有组织、有步骤、有纪律地推动实施，确保思想不乱、工作不断、队伍不散、干劲不减。严肃机构编制纪律和干部人事纪律，严禁借改革之机突击进人、超职数配备领导干部、突击提拔和调整干部，严格执行干部退休制度。严肃财经纪律，依法依规管理和处置涉改部门、单位的资金资产。严格保密纪律，遵守保密规定。加强监督和执纪问责，严肃查处机构改革过程中的违规违纪问题，确保机构改革风清气正。二要加强舆论引导，营造良好氛围。这次机构改革涉及广大干部职工的进退流转等切身利益，难免会出现思想上的波动。县机改办、各专项组要密切关注干部思想动态，加强正面宣传，强化思想政治工作，教育引导涉及机构整合、职能调整部门的党员干部树立大局意识，坚决服从改革要求，正确对待进退留转，服从组织安排，接受组织考验，为推进机构改革营造良好社会环境和舆论氛围。

同志们，我县深化党政机构改革工作已进入关键阶段。大家一定要在区党委、市委和县委的坚强领导下，按照《关于深化米林县党政机构改革的工作方案》的要求，厘清职责，严格时间进度，扎实推进各项工作，高标准、高质量、高效率地完成我县党政机构改革各项任务。

索 引

说 明

一、本索引采用主题分析法编制。索引范围包括篇目、类目、部(门)目、条目等。
二、本索引按主题词首字汉语拼音音序(同音按音调)排列,若首字拼音相同则按第二字音序排列,以此类推。
三、索引款目后的数字表示内容所在的页码,数字后的拉丁字母(a、b、c)表示栏别(从左至右)。
四、篇目、类目、部(门)目用黑体字。

A

B

C

D

E

F

G

H

J

K

L

R

S

Z